中国近代人物日记丛书

中华书局编辑部 编 童 杨 校订

孙寶瑄日記 下册

中华书局

光绪三十三年丁未(1907年)

正　月

朔日　天朗气晴

起犹未明,盥漱毕,俄东方渐白,肃衣冠拜天及祖先。遂登车行,已日出矣。与慕兄及子瑜、梦庚、春生等期会于东华门内政治馆。比至,则诸人已先在,并晤宝瑞臣、刘仲鲁、左子异、林诒书。俄晨钟八鸣,俱集于皇极门外,朝贵络绎至,皆貂服峨冠,雍雍济济。面北有墙,琉璃砖为之,雕刻成五彩九龙形,谓之九龙碑。相向有重门,内即皇极殿,为皇太后受贺处。俄报驾至,佩刀前引者,皆御前大臣。天子自迤西锡庆门外,降舆步行而入。御容瘦削,突额而颀,薄回切,颐曲而微向前。亦奇相也。久之,闻乐作,天子率王公、贝子等拜于内,百官拜于外,皆三跪九叩。礼成,驾返乾清宫。公卿以下,纷纷趋集太和殿前。余及子瑜、孟庚等,随慕兄登殿陛层级而止。陛高三丈许,殿纵横数十丈,高五六丈,规模雄丽闳壮,甲于地球。殿之后曰中和殿,如亭然。右顾西山,朗朗在目。再后曰保和殿,为天子临轩试士处。时钟九鸣,乃俱下至百官品级山许,约一里馀。良久,钟鼓徐鸣,幢盖绮列,静鞭者三,百官跪听宣诏。久之,乃俱三跪九叩。礼成各散,鱼贯而出。余至绚斋家投刺,即至署,留午饭。适陈朴斋、黄柄清皆值班,因与纵谈。昳,出城,至仁钱、杭州两馆拈香。晤撷兄及朱巽斋。又诣少怀师及勉丈许投刺。在履平家小坐,俄又至张少玉、唐春卿两侍郎之门,遇章曼仙。晡,复诣新吾,即归。拜母。是日,早眠。

二日　　晴

起补前夕日记,即趋署。是日,阖署同人行相见礼。饭后,在东城一带贺岁。晤穰卿,遇健斋,又见子瑜。诣肃邸,绕北城归。夜,观侄女辈为六博之戏。

三日　　晴

不出。鸟声嘤嘤,有春意。昳,陈朴斋过谭。

观《丹铅总录》,其中证误数条,极有趣致。如月中嫦娥,为常仪之误,盖古称羲和占日,常仪占月,皆官名也。古仪娥音同。又羿射日落九乌。乌最难射,日落九乌,言射之捷也。而后世遂以为射九日矣。《檀弓》曰:细人之爱以姑息。注:姑,且也;息,休也。其义晦。按《尸子》云:纣弃犁老之言,而用姑息之语。注:姑,妇女也;息,小儿也。义始明白。

柳子厚《铁炉步志》云:江之浒,凡舟可縻而上下曰步。《青箱杂记》:岭南谓村市曰墟,水津曰步。东坡诗:"萧然三家步,横此万斛舟。"盖步即今之所谓埠也。

四日　　晴

薄午,往视冶老疾。遇罗彦东谭。即趋署,商酌书记事。饭后,出城拜客,车中观书。

《天香楼偶得》云:《尚书·康诰》曰:若保赤子。传曰孩儿。未详赤字何义。愚按:尺字古通用赤,尺牍古作赤牍。《文献通考》曰:深赤者,十寸之赤也。是知赤子者,谓始生小儿,仅长一尺也。古人多以尺数论长幼,如三尺之童、五尺之童,谓成人曰丈夫。

又云：女之幼者曰婴，男之幼者曰儿。故婴字从女。今则不分男女，皆谓之婴儿。

《尔雅》：女子谓晜弟之子为姪，所以姪字以女。今男子称兄弟之子皆曰姪，失之矣。兄弟之子，当称从子，谓从子而别也。檇李虞氏曰：不读《尔雅》，即三党亦混乱无辨。

《左传·昭十三年》：郑会晋于平邱，子产争承曰：诸侯靖兵，好以为事，行理之命，无月不至。杜注：行理，使人通聘问者。正指使人。古理李通用，即行李往来之行李，今作为装具，误。晡，至会经堂，释衣冠，游厂甸。今年巡厅布令，别辟东北隅地，支搭棚厂买茶，一切鸒杂物戏具者，皆移徙之，使游人无拥塞之虞，并有巡兵监视，南北其出入，而东西其往来，善政也。

晚，归。夜，诵左太冲《咏史诗》，清雄古壮，前无昔人，后无来者。

五日 晴

在城内外贺岁。在二我许午饭，又遇余子厚。闻子厚自述，撰丁未年春对极佳，句云："丁父樽子孙永宝，未央瓦当寿无疆。"皆钟鼎文。

昳，复拜客。晡，至厂肆荣宝斋小坐，即归。余思将十二年日记，分类编辑成书，为忘山著作之初集。然亦非三二年不为功。

殆字古训疑，见《公羊》注，然后《论语》思而不学则殆及多见阙殆，二殆字皆有解矣。从容二字，《楚辞》注训举动，然后《戴记·中庸》所谓不勉而中，不思而得，从容中道之从容有解矣。物字训类，又训法则，然后《周易》"言有物而行有恒"之物字有解矣。说皆见高邮王氏书。忘山曰：今之用古语者，往往与古义背。如赞美人之文章者，曰言之有物，其意盖谓文有包含也；不知物字训法，仅可曰言之有法而已,与包含无涉也。

六日　晴

起盥漱,早食毕,即衣冠登车,往祝戴少怀师寿。因诣王书衡、严伯玉、施伯彝许投刺,遂趋署。闻吴侍郎明日晚车到都。饭后,又在东城贺岁。车中观书。

三山余氏《板桥杂记》,专记金陵花丛之盛,并各名姝小传。余氏名怀,字澹心,明末人。文章家之神力,与留影机相似,被其一番模写,遂使当日风流踪迹,顿不磨灭,如历其境,如观其人。

七日　晴,风起

观《积古斋钟鼎款识》。

阮芸台《商周铜器说》下篇,大略云:三代时,鼎钟为最重之器,故有立国以鼎彝为分器者。武王有分器之篇,鲁公有彝器之分,是也。有诸侯大夫朝享而赐以重器者,周王予虢公以爵、晋侯赐子产以鼎是也。有以小事大而赂以重器者,郑赂晋以襄钟、齐赂晋以宗器、燕人赂齐以斝耳是也。有以大伐小而取为重器者,鲁取郜钟以为公盘、齐攻鲁以求岑鼎是也。有为述德徽身之铭以为重器者,祭统述孔悝之铭、叔向述逸鼎之铭是也。有铸政令于鼎彝以为重器者,司约书得剂于宗彝、晋郑铸刑书于刑鼎是也。且王纲废坠之时,以天子之社稷,而与鼎器共存亡轻重者,楚子问鼎于周、秦兴师临周求九鼎是也。此周以前之说也。自汉至唐,罕见古器,偶得古鼎,或至改元,称神瑞,书之史册。儒臣有能辨之者,世惊为奇。今略数之:汉元鼎,汾阴得宝鼎,四年六月得宝鼎后土祠旁。宣帝时,美阳得宝鼎献之,张敞辨之。永元元年,窦宪上冲山甫鼎。吴赤乌十二年,宝鼎出临平湖。宋元嘉十三年,武昌县章山出神鼎。唐贞观二十二年,遂州涪水中获古鼎,旁有铭刻。开元十年获鼎，改河中府之县名宝鼎县。自汉至唐，类此者甚多，不胜枚举也。北宋以后，高深古冢，搜获良夥，始不以古器为神奇祥瑞，而或以玩赏加之。学者考古释文，日益精核。故《考古图》列宋人收藏者，河南文潞公、庐江李伯时等三十馀家，士大夫家有其器，人识其文。阅三四千年，而道大显矣。

映，汪穰卿过谈良久，即去。

忘山曰：聪高耿介之人，往往厌薄酬应，以为俗人所重，以为琐鄙事，抑知不然。盖既居社会间，处万事，临万变，无往而非应。善应者吉，不善应者凶；善应者安，不善应者危；善应者为圣贤、为豪杰，不善应者为憸邪、为小人。孝于亲，忠于君，应也；戡大乱，成大功，亦应也。腹饥则应之以食，渴则应之以饮，倦则应之眠，寒则应之衣。人来而我往焉，人问而我答焉，无在而非应，无事而非应。薄晚，趋署，与向辰、诒重饱食讫，往迎吴侍郎于车栈。侍郎自信阳州来。

八日　晴

在西城一带，投刺数家贺岁。向午，趋署。往谒吴侍郎，未见。映，至厂肆。晡，归。观书。

《连筠簃丛书》，为灵石杨君墨林所刊，平定张石洲一一为之序。中有吴才老《韵补》、《元朝秘史》、徐星伯《唐两京城坊记》、邱长春《西游记》、《汉石例》、《镜镜诠痴》、魏徵《群书志要》等书共十种。

学问之繁博，浩如大海，靡有涯涘，吾身孑然厝其间，欲强记而兼览之良难。方寸之脑，能容几何，疲焉者精神，靡焉者岁月，不见其乐，恒睹其苦。学岂困人哉！不善其学，是故堕于荆棘中，不克自拔也。善学者维何？曰：观其大，据其要，高瞻而遐瞩焉，执简以驭繁焉。诸葛忠武之观大略，陶靖节之不求甚解，恢恢乎能读书者也，善治学问者也。

或曰：观大略者不详，不求甚解者不精。不详者，其弊浮；不精者，其弊浅。浮也浅也，何名学问？曰：不然。吾深嫉夫学之苛缛，而伤夫细也，故以观大略救之。吾深病夫学之穿凿，而失理也，故以不求甚解疗之。为夫学而过者言之也，非为不及者言之也，期于中而已矣。彼浮浅之人，庸足自托哉。

九日 晴

往视风老疾，又诣长沙，见其子稚冶，谭医药良久，即行。又投刺数家。薄午，趋署。晡，归。观书。晚，秉庵过，留晚食，夜去。是夕，风。

《镜镜诠痴》，姚氏复光著，专论光学之理，及制远镜之法，乃姚自凭其理想，穷思而得者，彼固未探泰西光学之原理也，亦可称我国之制造家矣。我国人脑思，殊不亚欧西，惜国家不早定专利之法，无以鼓舞之，使进而益上耳。

邵康节云：《庄子·盗跖篇》言事之无可奈何者，虽圣人亦无如之何，庖人虽不治庖，尸祝不越樽俎，言君子思不出其位也。杨龟山曰：《逍遥游》一篇，子思所谓无入而不自得；《养生主》一篇，孟子所谓行其所无事。杨升庵云：能以此意读《庄子》，则所谓圆机之士，可与论九流矣。

杨氏云：唐开元宰相奏请状，及郑畋《凤池稿》，多用四六，皆宰相自草，五代亦然。至范质始除其烦辞，故莱公谓杨文公曰："予不能为唐时宰相。"盖娴于命词也。

闻秉庵云：西国大著作家，往往自著一小说，名驰一世者，即身自登台演其剧，故其神情言动，一一如书之人复生。歇克洛斯著《包探案》，即自为福尔摩斯登场写照。秉庵曾目睹之。

十日

未明起，盥漱毕，冠带。东方已白，登车行。仍与慕兄期会于政治馆。子瑜、春生皆在。俄诣乾清门外朝房，又见佩葱、幹臣、班侯及沈敦老。是日，浙江京官谢蠲免杭嘉湖灶课恩，在乾清门外望阙叩头。礼毕，登陛，观保和殿筵宴所陈礼器。食时，集饮于东兴楼。向午，仍登车行，至杭州馆。撷兄眠未起，遂访二我谭。

胜固忻然，败亦可喜。二语无限意味，惜无以属对。穰卿前以"小时了了，大未必佳"对之，殊勉强，且意不相敌也。

心闲则万物皆自得，此语亦无以对之。二我无心见小鸟三五，游行啄食，偶拈得是句，意本"万物静观皆自得"句，而神味迥殊。所谓自得，万物邪？我邪？大有庄周梦为胡蝶之旨。

盛弘之《荆州记》载鹿门事云：庞德公居汉之阴，司马德操宅州之阳，望衡对宇，欢情自接，泛舟褰裳，率尔休畅。忘山曰：此两人亦精神之交也，余与二我有焉。

人之自视也，无往不觉其可乐；其视人也，无在不觉其可悲，方是圣贤豪杰心胸。反是者，俗人矣。

十一日　晴

览《落帆楼文稿》，乌程沈君子敦名尧著，亦嘉、道间人，精西北舆地。张石洲称其有三反：一生鱼米之乡，而慕膻荤麦；足不越关塞，而好指画绝域山川；笃精汉学，而喜说宋、辽、金、元史事。

向午，出城。是日，吴雅初约饮，先赴焉，小坐即去。投刺数家。趋署，闻吴侍郎十三日莅任。晡，绕道地安门，沿途投刺而归。展报纸阅之。

旧金山留学生上政府书，吁请持约力争彼邦黄白分校之议。澳洲雪犁华商上汪钦使书，请设领事，保卫商民，免为种界所苦。

暹罗商民亦上书两江督,诉该国之苛待。嗟乎,国弱矣,其民几何不随所向受人之侵欺乎!

杨升庵爱盛弘之《荆州记》所记沮水幽胜,云:稠木傍生,凌空交合,危嵝倾岳,恒有落势。风泉传响于青林之下,岩猿流声于白云之上。

山凹之地,堪为墟市者,曰嚻。唐诗:"春云生岭上,积雪在嚻间。"

十二日　　晴

起时,日犹未出。检阅《泽存堂五种》:一贾昌朝《群经音辨》,一顾野王《玉篇》,一孙缅《唐韵》,一李文仲《字鉴》,一郭忠恕《佩觿》。皆小学界中之精品也。

仲骥书到,有属分致贺岁函禀,即率笔答之,并遣人分投诸处。入侍母谈。往视冶老疾,闻已略瘥,即归。观说舆地书。

晡,诒重至,略谭即去。是日,成丁未元旦早朝诗一首,录如下:"中宵耿不寐,肃驾待明发。寒裳犯朝露,陈情向紫闼。掖门何岧峣,王道直如发。朱霞丽飞甍,闾阖洞然豁。巍巍殿陛高,天语鸣九霄。百官肃无哗,一一珥金貂。始知天子尊,不惜堂廉遥。美哉叔孙功,赫兮酂侯劳。"

展报观之,御史吴钫一疏,伟识闳议,为近日言官中不多得之文字。盖即论司法与行政权亟宜分立,以祛种种弊害,语语痛切。陋哉南皮,犹断断以争也!

十三日　　晴

起盥漱毕,即趋署。是午,吴仲怿侍郎履任,阖署皆衣冠行相见礼。晡,归。展报观之。夜,家祭。

北京报载:美国有天文师,名市丙古亚,彼早已推算:前美总统麦金利某年被刺,以及美西之交哄,俄日之战争,土耳其与俄内乱,金山大埠地震为灾。所占各事,略无差误。又未来之事,预料千九百八年,英王秩郁梦为英末世之王;俄皇亦崩,土耳其国王亦逝,各国著名总大臣俱自缢,纽约全埠火灾,全球之区地震不可胜计云云。姑录是,以验其后。

十四日　　晴

绕道地安门内,投刺数家,即趋署。唐、吴二堂已先在。晡,出崇文门,投刺数家。因诣厂肆,在论古斋小坐,观名人书画。有马元驭、汪东庄诸人册页,极精品,价值极昂。又至厂甸,向妇人会内捐银饼四枚,盖为江北难民设也。薄晚,在会经堂小坐,即归。

古书以竹简,秦、汉以下兼用绢帛,观于汉文集上书囊为帷,可知。

师开鼓琴,以东方西方之声,而知室之朝夕。师旷吹律,以南风北风之声,而知军之胜败。艺之精也,通乎天。《丹铅录》云。

古者以马驾车,无用骑者。骑士乃胡人之制。赵武灵王令国中胡服骑射,其事始入中国。是否待考。

《汉书》:虞诩疏:公卿巽懦,容头过身。盖以猫犬喻之,凡猫犬钻穴,头可穴,身即过矣。

十五日　　晴,大风

观徐星伯著《西域传补注》。星伯谪伊犁数年,故于山川道里,知之最详,因萃力于是书,以今证古,精确可据。又毕秋帆《晋书地理志补正》,唐初诸贤,疏于地里,撰志多漏误,毕据古志书正其得失。

向午,出城,至杭钱两馆焚香。晤撷兄谈,留午饭。晡,过虎坊桥迤西,投刺数家。因访二我谈,见翁常熟山水册十二帧,浑厚超绝，直逼耕烟。又画《秋山旅行图》手卷，点染青绿，竟是宋、元家法。晚，归。家祭。观报。

忘山曰：犹太人为世界上第一资本家，我华人又为世界上第一劳动家。盖凡地球上大工，强半藉华人之力而成，今巴拿马河事，又向我国开募矣。

《管子》有云：人皆贵，则事不成。今始韪其言。

十六日　晴

本朝康、雍考据家，余最所心折。惟学者从风而靡，渐演为目录校勘家，此又汉学家之一变相也。校勘目录学，诚不可废，惟专疲心力于此，而忘其大者远者，宜夫被琐碎之讥，无以自解也。

往视冶老疾，投刺数家，因趋署。闻邮部印信已铸就，奉长官谕，于明日遣人往取。晡，出城，游观陈列所。因诣新吾，适他出，与夏燕保谭。

闻夏君言：咸、同以前，士不读毕《十三经》者，不得为童子师，是知当时风尚犹重读书，不沾沾八比业也。自洪杨乱后，风气一变，往往四子书读罢，即寝馈制艺中，而经史无问津者矣。闻尝有塾师，端坐为学徒讲书，适有补瓦匠在屋檐上听之，忽大笑；既下，遂以某塾师之不通语人。盖此匠幼时亦曾从名师读书，以贫故改业耳。嗟嗟！夏君生洪杨前，故所言皆其幼时所亲历者。白头宫女在，闲坐说元宗。余为感慨系之。

十七日　晴

览惠定宇《九经古义述》，首云：汉人通经有家法，故有《五经》师。训诂之学，皆师所口授，其后乃著竹帛。所以汉经师之说，立于学官，与经并行。《五经》出于屋壁，多古字古言，非经师不能辨。经之义存乎训，识字审音，乃知其义。是故古训不可改也，经师不可废也。忘山曰：古训固不可改，而执古太泥者，亦有不可通之处。治经学者，不可不知。

禺中，趋署。晴，访叔耘，尚眠未起，入其室坐，徐待其披衣，结袜，漱齿，盥面，则亦命驾将出矣。又往谒王相，慕兄已先在，余亦入侍，坐久之。薄晚，至同丰堂。是夕，宴集旧同僚，坐有石孙、建侯、幼鹤、懿臣、敬宣、文初、静涵。夜，归。月明。

十八日 晴

观惠氏《易例》。余于国朝经学家书，亦欲博观详览之，方能辨别其优劣等差。经学至本朝诸名家，已披郤导窾，如土委地，余殊欲搜集诸家，采其精华，芟其繁芜，荟萃编纂，成一专书，以饷学者。顾此事颇不易也。

向午，趋署。观报，闻天津有搜获炸药一案，故迩今皇城门禁殊严。

荷兰人又欲取缔我国学生，不欲使日本与米利坚专美于前也。华人游海外，随地生荆棘，当自怨耳，夫何尤。

晴，归。有王姓名瑞观者，送来《国史大臣列传》一部，启视，乃先人事迹入国史者。盖王君充国史馆供事，获亲见之，乃私取别写一册见遗。

夜，慕兄宴集撷兄及春生等于家，余亦与焉。

十九日 晴

起，日犹未出。盥漱，早食毕，与慕兄同车至西苑门外朝房中坐，因昨有诏，再蠲免浙省赋税，同省京官谢恩也。食时趋署，犹寂无人来。是日，署中开印，吴侍郎日中始到，诸人亦衣冠相聚。礼成，饭罢，始各散。余亦归，濡笔欲补三日内日记。报有客至，沈公雨人也。沈公善谈名理，余静听之，得条理甚多，记之。

汉官制有曰谏议大夫,盖既谏且议也。故当时国有大事,必集议,洪容斋述之详矣。今之谏官,则有谏而无议,岂古意乎?

曰良法,曰美意,意也者,法之精神也。今之变革者,多袭其形貌,遗其精神,是谓知良其法,不知美其意。

沈公曰:一阴一阳之谓道。凡世界上有形有质者,谓之阴;其无形无质,悬诸空际,著于想念者,谓之阳。曰正心,曰诚意,曰致知,无形无质者也,属于阳也;曰齐家,曰治国,曰平天下,有形有质者也,属于阴也。其界乎阴阳之间,而为单本位者,曰身而已矣,曰修身而已矣。孔、孟皆传身学,故其言曰反身,曰诚身,曰践形。盖阳之界至身而止,阴之界自身为始,能修身而后不毗于阳,不溺于阴。阳有所附丽,阴有所发生,无所偏重,而道于是乎全。又曰:紫阳一辈专讲心性,毗于阳者也;龙川一流专谈事功,溺于阴者也。阳重于阴者,堕于虚;阴重于阳者,偏于实。皆非也。惟孔、孟言修身,而心性在是,事功亦在是。所谓支配阴阳,无过不及,而适于中也。

昔称大舜执其两端,用其中于民。所谓两端者,一阴一阳之谓也。

礼者,有形无声者也,阴也;乐者,有声无形者也,阳也。调和阴阳用其中,能中能和,而后礼乐作也。

今社界上,学问也,政治也,不流于虚,则溺于实。阴阳不交,天地否隔,安望其进化也。

二十日　晴

晨,览江慎修《古韵标准》及《四声切韵表》。

江氏曰:唐人叶韵之叶字,亦本无病,病在不言叶音是本音,使后人疑诗中又自有叶音耳。叶韵,六朝人谓之协句,颜师古注《汉书》谓之合韵。叶,即协也,合也,犹俗语言押韵。

反切二字无别,古无所谓反,创自孙炎。唐末讳言反,遂改作切。

桐城方氏曰:古音之亡于沈韵,犹古文之亡于秦篆。然沈韵之功,亦犹秦篆之功。自秦篆行,而古文亡,然使无李斯画一,则汉、晋以下,各以意造书,其纷乱何可胜道。自沈韵行,而古音亡,然使无沈韵画一,则唐至今皆如汉、晋之以方言读,其纷乱又何可胜道邪。

作"顺天府"三大字。诣长沙问疾,知昨日颇危险。到署。昳,在东城投刺数家。晚,归。是夕,可庵过谈。作复莲兄及潘经世书。

二十一日　　晴

观《蒿庵闲话》,张杨园先生著。补昨日记。又检阅先祖补笙公日记,盖在咸丰壬戌、癸亥之间。

饭罢,出城,至杭州馆,晤擷兄。时拟修葺仁钱、杭州两馆。匠人刘姓者来估工,因与擷兄先后在两馆中履勘。晡,又投刺数家。至厂肆小坐归。晚,宴集子蕃、可庵、新吾诸人于同和居。可庵能诗,工部裁改后,作无题七律三十首。

二十二日　　晴

观士礼居黄氏丛书,内有欧阳氏《舆地广记》、庞安民《伤寒总论》、《梁公九谏》、张华《博物志》诸书,计二十四种。

向午,趋署。观报。薄晚,访穰卿、绚斋、晦若,皆不遇。至贵胄学堂,晤子瑜。是夕,聚卿、叔耘邀饮,坐有杏城、新吾、景周诸君。

闻商部将开动物院,自非洲购得珍禽异兽,由海舟运至,尚在涂中。中有麒麟一双,殆自西狩而后罕得见也。忘山闻而笑曰:孔子升入祀,应有麟凤至。

二十三日　　晴

观奉省地图。薄午,趋署。晡,出城,至四如春啖汤团,皆南中风味。俄至醉琼林,敬宣、彝臣约也。坐有鹤庄、仲和诸人。逮暮,余先归。夜,作复李渭东书。是夕,枕上成《麒麟操》一首,录如下:"麟兮麟兮来何暮,海水漫漫兮山岳幽阻。我皇明圣兮仁风扇布,尊彼尼山兮宪章文武。大开灵囿兮万人游睹,珍禽异兽兮式歌且舞。与民同乐兮覆育煦妪,师彼遐荒兮复我皇古。"

二十四日　　晴

日隅中,出城访二我谈诗。二我极赞余《麒麟操》,谓此篇为颂圣之作,古茂丽雅,首二句无限苍茫感喟,最擅胜场,惜曲高寡和也。二我又谓余集中诸作,以此篇及《大钧陶万物》、《荒山无人迹》、《我有良田》四首为最高,知音者无几人。

经才丧妻,薄午往吊,遇缦仙。俄趋署。晚,归。作日记。夜,览全校《水经注》、《三国志·诸葛恪传》、《丹铅总录》。

杨氏云:世言舆地图始于汉光武披舆地图,而不知《前汉·淮南王传》已有按舆地图之语。地以舆名,取《易》坤为舆之义,犹天如张盖也。张衡作盖天图,义取此,盖天舆地,正可作对。

《三国志》:陶谦疾笃,曰:非刘元德不能安此州也。谦卒,糜竺迎备。备曰:"袁公路近在寿春,此公四世三公,君可以州与之。"孔融曰:"公路岂忧国忘家者邪?冢中枯骨,何足介意。"今《纲目》删去此公四世三公六字,后人遂不晓冢中枯骨为何语。忘山曰:古书之不可轻删,有如此。

石勒自谓:遇光武,当并驱中原。今考二人,有相类之事,可以觇其高下:光武渡呼沱河,俄顷冰合,如有神助;其后帝命其处为危渡口,示天幸不可恃,以戒子孙,此其大度何如也。石勒击刘曜,济自大碣,以河冰泮,为神灵助,号为灵昌津,只兹一事,去光武远矣。

二十五日　　晴

观吉林地图。吉林在奉省之东,南有长白山,松花江则纵亘南北,吉林城在江之西岸,北指哈拉宾,东指宁古塔,南毗奉天昌图府之伊通,若善为治,亦东方一重镇也。

薄午,趋署。观报,闻留东游学之华人,虽一万数千之多,大都习速成者居其大半,入高等学校不及百分之三四。我国人之性质,一至于此,岂不可叹。

晡,归。览陈寿《三国志》。夔章暨慕兄过,因偕迈达师。迈达以一女子,只身万里外,孜孜好学不倦,西方女界中何多豪杰哉。

晚,诣慕兄谭。

我国社会,有殊异之习惯性,为欧美所无者:富家拥巨资,辄布衣蓬门,阳为贫;其贫者,家无儋储,而门庭恢恢,裘马丽都,又佯为富。诚不可解。忘山曰:富者不如是,将被人侵欺,无以保其富;贫者不如是,必至贷贷无门,槁饿而死矣。噫!

二十六日

昨夜枕上闻雨声淅沥,醒已晏,窗不见日。起,盥漱毕,俄趋署。薄午,晴霁。是日,署中开用新印。观报。

江南大捕革命党,缇骑四出,往往希图厚赏,并无辜者罗织之,冤死无算,为丛驱爵,为渊驱鱼,一何慎邪!

赵侍御炳麟请度支部从事每年预算决算,部覆含混,要有碍难施行者。昳,至顺天府。是日,演习亲耕礼,农工商部堂司多来观者。闻有老农,年八十六,彼自云四十五岁时,即至府署供役,于今四十年矣,是亦绛县之老人也。随兄至东板桥善宅,即归。读《史记·货殖传》。

太史公言理财之要曰:善者因之,其次利(道)〔导〕之,其次教诲之,其次整齐之,最下者与之争。忘山曰:此篇实与《平准书》相表里,皆讥武帝,有微意也。

原宪不厌糟糠,匿于穷巷;子贡则结驷连骑,聘享诸侯。仲尼一门,已贫富不均如此。

白圭乐观时变,人弃我取,人取我予,趋时若猛兽挚鸟之发,曰:"吾治生产,犹伊尹、吕尚之谋,孙吴用兵,商鞅行法。"忘山曰:《新大陆游记》所谓经济界之拿破仑是也。计然之术,所谓旱则资舟,水则资车,贵出如粪土,贱取如珠玉。理财家名言。

二十七日　　微阴

览《永嘉丛书》二刘文集,即安节、安上昆仲也。又观黑龙江地图。吉、黑两省,疆域辽阔,分县甚稀,往往一县地辖千馀里,地多崇山峻岭,黑省尤甚。朝廷皆以控驭蒙古、新疆之法治之,故区画部分,极疏简也。

隅中,趋署。唐、吴二长官皆先在。观报,闻泉州械斗之风甚烈,地方官坐视不能救也。西某天文家,又预算地球将与彗星相触,不验者屡矣。

晡,诣新吾。闻益斋来,踵往中和园观剧。夜,饮于万福居,季鹰在坐。

益斋云:我国社会上,普通之性质,与东西人有异。盖彼国人大都处人之范围界域内,以不违犯人之法律为荣。我国人则不然,专以破坏人之法律,伸其野蛮自由以为荣。此大相戾者也。

二十八日　晴

观内外蒙古图,览《薛浪语集》。即趋署。观报。

自赵侍御条陈豫算决算议起,度支部始将国家历年经费出入之内容,和盘托出。盖数十年来,各省销费未报部者,有四百馀起之多。无论民不知,即朝廷亦不知也。财政之紊乱,一至于此。见正月二十七日北京报。

法国政教分立,新律案出,其原因有二:一自法国大革命以前,教会权力横肆,财产半国中,人民侧目。革命军起,悉夺之。拿破仑出,欲优假教门,为立条约,凡昔所夺,皆还之其人。又为定岁俸。晚近教士,生齿日繁,其权力之横溢,渐复其初,已非复旧时之条约矣。此一原因也。一自旧条约许教会建立学校,任教育义务,于是遍国中黉舍林立,所教之少年,皆溺于迷信;于于哲理修身外,别无所长,而宗旨又往往反对政府。于是国家设律限制教会,废止其教育权。嗣又因其不担任教育,遂并欲减削其岁俸。此又一原因也。合二原因,遂组织而成今日之新律,于是宗教之势力一蹶不振。

晡,诣湖广馆。是日,吾浙同省京官,团拜演剧。夜,五鼓,始散归。

二十九日　晴

终日不出。观新疆图,又览《德安城守记》及方氏《集韵》,皆在《永嘉丛书》中。作日记。观报。

《时报》论我国目前救贫之法,当注意私人经济收入。何谓私人经济?凡区为八:一国有土地,二国有森林,三国有矿山,四官行工业,五官行商业,六官行富签票,七邮便电信电话事业,八铁道事业。又云:澳洲政府即行此策,其一切租税,取之于民也极轻,与我国同；而一切大工厂，殆无不归政府之自办，以之应政府之度支，绰绰而省馀。忘山曰：太史公谓理财之法，最下与之争。古今之情势不同，宁不避与民争利之嫌，犹胜夫百计朘削敲剥之也。行此，实我国救急之良策。管仲强齐，何莫非本此道哉？夜，览《史记·日者列传》。

二　月

一日　晴

昨戴少怀师赠余所自撰《出使九国日记》。是日，衣冠往谢。又访叔雅谈。薄午，诣杭州馆，撷兄卧未起。俄又诣仁钱馆。盖余于每月朔望，必至两馆焚香礼神也。日中，趋署。观报。

晚，在泰昇堂宴饮，电报股柏峻山、唐遇斋诸人约也。夜，归。

二日　晴，风

观新疆图。趋署，与向辰同诣庆筱山家看屋。筱山所创强武学堂在其屋后，今将有远行，学堂停歇，舍宇一空，为吴侍郎所闻，属余等往视，欲赁焉暂为邮部公所，并相去一里馀有体操场，可以停车马。余与向辰履勘而归。唐、吴二长官皆许可，遂与议租价，犹无成议。

三日　晴，风

晨起，仍观新疆图。禺中，趋署。薄午，闻有诏以林绍年权邮部尚书。昳，唐、吴二长官咸至，以屋事白，则曰：待林公决之。晡，与次台、毅仲、瑶卿辈，衣冠往谒林，且请莅任期，未得见，传语曰：二月初六午时到署。遂皆散。余归，闻慕兄有简德使消息。

留东学生，又兴风波，殴伤监察官，曰："尔之来也，为侦伺吾曹之行止也,吾安肯受!"杨使大怒,将削其学费之支给,学界愈愤,开会集议,思有以抵制之。盖迩来在京新组织一监督处,专典领学生费用,并介绍学者为作保证书,以防弊害也。且多立监察官以稽之,学生不服,竟酿斯祸。

新名词曰无意识之举动,然哉,然哉!是足以状矣。人之有所举动也,必意以先之,识以主之,而后举无过,动无妄。是故凡暴动无礼者,干冒法律、肆然罔觉者,皆谓之无意识。

日本东京博士金井演讲货币之言曰:凡货币之单位,必适合乎社会财力赢缩之度,而后享其利。单位者何?日本曰圆,法曰佛郎,英曰镑,德曰马克。日本已失之稍高,高则其民将流于奢侈,而耗其国。盖当未改革时,日本一圆当法五佛郎,今虽减之,犹过于法,故彼惧然以为戚也。我国人锐心邦计,而铸币乃准一两为单位,抑何不自省邪?

四日 晴,微风

观舆图。益斋以电语相召,答以即去。因呼匠剃发,并饱啖,始登车去。至新吾许,见益斋、秉庵及夏燕保,与纵谈。

燕保云:刻书必用宋字,其形横瘦直肥,彼为此者,亦极有意。盖肥者较坚牢,免受侵损,并瘦者亦赖以保存之。且其外阑较粗,无非倚以固其内,诚不获已也。乃今石印书,往往亦仿宋字,而肥其阑者,何邪?又云:镂版始于五代之冯道。

昳,二我亦至,共饭尽饱,遂相与谈谐。益公与二我皆通音律,乃各尽其技。二我若鹤鸣九皋,益公如雁唳长空。

晡,各有事出城。余至厂甸,观慈善会男女学童体操唱歌,凡入观者皆出银饼购券,别以优等及次优之坐。夜,有烟火之戏。余未能观,逮暮遂行。至万福居,又与二我相见。

迄今京师暨诸行省学校林立，其中学子诚不免嚣动，染诸不端气习，然强半智量雄大，有高瞻远瞩之概，纯是生机，顾未可遏抑，以挫其生长也。挫焉彼将化为卑荼羼懦，举天然之美质，斩然无遗，不深可悼惜邪！且时方幼稚，血气未定，何用苛求为？苟加之学问，彼英厉之气，炼焉愈精，摩焉愈纯，精光内含，自无虑其散乱弗之救也。万事本自然，独何于学子而违之？噫！

五日 晴

观张氏丛书，有《风俗通姓氏篇》。衣冠过冶老问疾，遂趋署。观报。

法兰西教宗，遭新律之颁，失教育权，教力微矣。我国乃际斯时益隆教主之祀典，相反也，抑何泰甚，虽然，我国之尊孔，虚也，教之无权力，自若也。

晡，诣鹤庄送行。又谒闽督松鹤帅，未见，至顺天府，因往游太学，观孔庙石鼓。时乐器盈庭，俎豆肆列，明日上丁，天子将亲行礼，已先斋三日矣。

衍圣公来都，今日召对，盖谢升大祀恩。

晚，归。得少川族叔书。夜，作日记。

六日 晴

观张氏所辑《世本》，此书为周秦遗老所著，今已亡失。张公复从散见于古书所引者，汇集成篇，亦颇不易矣。日隅中，趋署。车中观书。

高邮王氏，解《易》有精确不移者。乾天行健，以天道解天；行谦尊而光，以撙解尊；不可荣以禄，以荧解荣；女子贞不字，以怀孕解字；恒杂而不厌，以迎解杂；师出以律，以法律解律。

薄午，林公莅任，诸人以次晋见，皆一揖而退。观报。

美国通国铁道之长,过于月地之相距离;其一年遇险伤人之多,犹逾俄旅顺死绥之人数;其每年获利,亦擅非常之厚。

英印度议院,有倡许土人自治之议,其言近公。

昳,往贺吴仲老七十寿,在云川别墅款客。余俄造二我谈。逮暮,乃归。

七日 晴

观西藏图,又阚骃《十三州记》,亦张氏所辑也。趋署。为公所赁屋事,请长官之命。昳,又往履勘,与居停开谈判,已有成议,并绘图归。晡,林、吴二公始散,署中人渐空,余犹坐观报。

政党之于国,精神也欤哉？东西皆有之,党援纷歧,至各树帜,不相下,往往以抵拒既久,相激相摩,而反相成,此吾人所共闻也。日本三十年前,改革大业,政党实握其无上之枢机,政府不敢违,遂造成良宪法,以利其国,厥功伟哉！乃新社会既成,屡以兵威其邻,华败于前,俄蹶于后,武功耀大地,其程度殆益高,法令愈益齐矣。而政党顾苶然不振,是独何欤？盖处患难,则相持以公敌号;当安乐时,不免沾沾惟私权之是竞,昧其所宗,其堕于卑弱也,宜矣。

曰政党内阁,以战胜向据政权也;曰超然内阁,不囿于政党者也。政党内阁,以英吉利为获优胜。

八日 晴

观云南图,又观张氏所辑《凉州记》、《三辅旧事》共五种。趋署。薄午,诣万福居,二我约饮,坐有出使日本参赞杨君赞臣,谭东洋风土甚详。

日本有三异焉,他国所绝无,或罕有者：一帝统之一姓相续,一饮食之简薄,一妇女之无耻。

日本山水绝秀,迄西京之日光,景物幽胜,我国江南名山无有突过之者。

其商贾之对,遇异国人最无品格,能欺则欺之,独待本国人则异是。

日本屋舍,结构局小,而精雅殊伦,无一家不莳花木,尤爱畜鱼,或聚小石。

日本无奇寒,无盛暑。

日中,微阴,有雨意。晡,归。作小字。夜,观书。倦而思卧。

九日　阴

观图,又览《子夏易传》、《司马法》及皇甫、张、段诸人集。趋署。观报。日前北京报颇可观,连日殊无精采,不解其故。昳,诣灯市口,看邮部新屋,部署一切。晡,出城,赴范松槎之约,于闽学堂。酒罢,与慕兄偕归。观书。

《史记·酷吏传》:杜周之言曰:三尺安出哉?前主所是著为律,后主所是疏为令。忘山曰:律令二字,乃如是分别者,余今方悟。

汉自博望侯开外国道以尊贵,其后从吏卒皆争上书,言外国奇怪,求使。盖与今之纷纷求出洋者相似。又燉煌置酒泉郡尉,西至盐水,往往有亭,而仑头有田卒数百人,因置使者,获田积粟,以给使外国者。与今之海关道,筹备出使经费者,亦无以异。

稼霖将至天津,入巡警学堂,明日行,三月始得归。是夕,余饯之于同和居。

十日　晴

观图。又观《三辅决录》及阴常侍铿诗集、李君虞尚书诗集。趋署。观报。

是日,稚夔没之周年,在关帝庙礼忏,与陆衡浦偕往拜焉。晡,诣湖广馆，吴侍郎在彼演剧款客，达官贵人咸集。晚，先归。观书。

《太平御览》引魏侍中周生烈子之言曰：天下所以平者，政平也；政所以平者，心平也；心所以平者，衡平也；衡所以平者，铢两平也；铢两所以平者，毫厘平也。无所不均也，无所不平也，谓之太平。又云：行赏不治，是春半生也；行罚不威，是秋半死也。皆极精语。

十一日 晴

星期，休息。

迩来新机大启，官府学校，无弗有休沐期，七日为常。肇端于景教，诸国民俗靡然从之，今兹骎骎流入吾华。推稽其故，曰元始神人，合宇宙，铸万物，六日而毕，七日乃告厥成功之期也。以故教家徒党，循是日次，周杂复始，瞻拜造物，顺是为常。智者笑之，然多谨守弗失。于斯日也，农辍其耒耜，工休其斧斤，商止其营业，士罢其所学。群利用之，若不以理之既昧，而违其则者，抑何故欤？且吾国《大易》有之矣，七日来复。而丧家子弟，其于既殇之父兄也，更七日辄有所礼敬。彼茫茫万里，山川遥阻，越千馀年不相交通，乃于是习，无端吻合如响，果遵何道哉？意者，阴阳之精，造化之权，运乎自然，发乎不自觉欤？不能，何远迩之无间若斯也？吾又闻诸医家言曰：人身小天地，其精气流转，更七日一周。骤得其说，若有所疑，终乃益信彼为是言，必有所验，要非无根。夫天地亦人耳，又奚足怪。

访沈雨人谭。雨人善言数与理，推本万事，以为哲学之原。更举《周易》《洪范》二书，曰是至精之作也，圣人以是垂教，笼括宙合，靡弗赅者。又曰：《周易·下经》言人事，《上经》言天运，三千年一卦，五百年一爻。主夫卦者圣，主夫爻者贤。吾骤闻之，若河汉也。

又云：五兵配五行，土首用事，其次木，其次金。方今火当令，故弩矢戈矛废，而枪炮行，终当用水，莫识利用术，天故不可测也。

昳，往妙光阁吊杨仲庄妻丧。绷斋、希洛、仲华皆先在。晡，归。观书。是夕，诣泰昇堂，可庵召饮，子蕃、叔和、芝樵皆见。

十二日　　晴

观图，又览钱溉亭《淮南天文训补注》。贩书及碑帖者二人来。

趋署，闻冶老病亟。林公至。晡，以事见，坐谈铁业久之。

潮汕铁轨成，商业也，南皮上疏，更三十年公家赎焉，纳为国产。岑帅争之曰：是堕商人之志，遏其机也，将皆观望，夫谁踊跃以从事？农工商部却之曰：国民实业匡助之不暇，胡为限之？且邻邦眈眈攫我利权，限年赎之，厚国力也。齐民擅之，利匪外溢，奈何外之与敌国等？诏下邮部议焉。所关甚大，未可造次言之。忘山曰：我国处积弱之势，负外债累千百万，新猷草创，百端待举，需财孔亟，将多方侵削于民，泽竭矣，脂穷矣。夫惟从事私业，若路，若矿，若森林，若邮电，惟公家专之。若澳州所为者，匪敢夺国民之利以为己有也，财有所出，斯敛诸民者薄，害群之事简矣。是故潮汕铁路，限年赎之，以归国有，不悖于正也。独我国人性习，所望者奢，岁逾三十，犹患其眇，是诏一下，人将裹足，将诸行省自办之路皆废不举，岑振之说，匪无见也，据为恒理，是又不然。

晡，归。为川如讲《左氏》。夜，作日记。雨。

十三日　　阴，雪盛

堕地辄融。观图，览郭璞《葬经》及《黄帝宅经》。薄午，趋署。闻三长官皆至。逾午，微晴。昳，与向辰偕至灯市口新公所，纳租受屋。与庆君谈,并履视各地须完葺者,一一指视隶役,使从事焉。晡,归,犹未晴霁。

晚,闻冶老病危甚,往视。与诒重、时百谈。

十四日　阴

起观姚氏《周易学》。

包慎伯撰《姚君配中传》云:姚氏知音律,善鼓琴。其鼓琴也,于对几设副琴,鼓至窈眇之时,副琴弦不动而自鸣。又几案所置杯盎,及桃楄,时或响应。今怪问之。君曰:各物皆有数,数同则声应。《唐书》所载寺磬每无故自鸣,僧虑其不祥,万宝常为克磬成痕,而鸣止。盖其磬与官钟同数,鼓钟于宫,磬应于寺,克痕虽么细,而磬之数已与钟异,故鸣止。忘山曰:余于是悟无线电之理。二我言电无线而通焉者,其数同也。夫钟犹然,凡物莫不然。

禺日,趋视冶老疾。诒重、时百皆蹙额。久之报内务府大臣至,盖奉太后命来视疾者。家人跽以迎,既入省视,且索医方观之,并欲赐药,异数也。

趋署,吴长官先在,与向辰入见,坐谈。

西国语言文字,其音读有平与入,而无上去。闻诸那锡侯,细绎之果然。

晡,偕向辰诣钱粮胡同看屋,仍还公所。晚,诣冶老。书衡、力腴皆相见,闻是日医者二人皆云不治,肝脉已绝。不复下药。

十五日　半阴晴

观图,又见胡墨庄《仪礼古今文义疏》。禺中,往视冶老,闻晨已昏晕二小时,气尽矣。举家匆遽将为治后事,俄气复回,喘声又作,然奄奄一息矣。余遂出城,至两馆拈香。薄午,趋署,以电话探询,气犹未绝。同僚嵩鹤孙者,满人也,尝为余言其父垂危,有赵姓者来,为疗救获愈。余是日因挽嵩偕诣冶老家,以语时伯、诒重辈,曰:事急矣,盍延赵君至一试之。皆曰:可。乃以车往。晡,赵至,入视,始曰:不可为矣。既而曰:姑以至宝丸投之,或有救,余夜必至。是丸绝少,鹤孙家尚有数粒,倩仆取以来,童便下之。至晚,无变动,夜间微有效。赵复至,曰:丸可复进也。

是夕,余宴同省诸京僚于醉琼林,席散往视,如初。

十六日　　阴

观图,见黄太炎《今水经表》。趋视冶老,云有转机,然未敢信。薄午,趋署。观报。

中亚美利加二小国交哄,一曰尼加罗瓜,一曰洪丢拉。美人时劝阻之,战犹未已也。

摩洛哥土人毙法医士茂森,法人大怒,索摩严捕犯者,并偿巨款,且疑及德人阴主之。德报力自辨也。

琼州兴学,教黎人,报纸腾誉,谓我国苗、猺、獞、猓,何不遍教育之,使为国民。闻傜俗有奇特者,人病不召医,杀鸡以祀神,不愈祭以豕,复不愈以牛。杀牛而疾如故,则曰是获罪于天,无所祷也。迷信至此。

晡,往观邮部新公所。俄仍诣冶老,闻颇有生机,丸之功也。盖易喘为鼾,足僵复和,能咳能咽,呼之自开,但不能言耳。而诸报传单,已声言昨晨出阙。

十七日　　阴

起闻仆人报称,冶秋尚书昨夜丑刻薨逝,为之怆然。余于壬寅春来都,即受冶老知,命入编书局襄理分纂事。其冬,以他故告退。自是居京师数年以来,虽踪迹较疏,亦不时相见。去秋新官制下,又蒙冶老首调入邮部,佐理一切,自顾菲材,感深知己,岂期不数月而公病,终致不起邪!公固为新学界中伟人,吾为天下痛,又哭其私也。日中,在冶老许。时宾友纷至,群共部署丧仪。俄又至署。昳,往东堂子胡同,勘视屋舍。晡,又至甘石桥,即冶老许。晚间,来宾益夥。酉刻入棺,先行家人奠,用湖南风俗,以赞礼郎读祭文,次外宾叩拜,礼成各散。

十八日　　晴

晏起,盥漱毕,即趋甘石桥。时鼓乐仪饰毕具,宾客如云,闻恤典优隆,已派洵贝勒亲往奠醊,并赏银二千两治丧。日中,天使至,礼成而去。

是午,余在松筠庵宴客,约期在先,不能不往。坐有雨人、益斋、叔雅、穰卿、二我诸人。晡,席散,又群至二我家小坐。晚,归。

穰卿患噎,喉间时作响,已久,无大妨害,自成一联云:"百端到眼都成梦,万感填胸欲转雷。"颇佳。

余拟成挽冶老联云:"论华夷教育旁施,公导先路;开世界交通匪易,帝鉴纯忠。"跋云:长沙张尚书,负天下重望有年,庚子乱后,除旧布新,公首创学务,擘画贤劳,虽未竟其绪,至今海内庠序林立,斌斌多向学之士,虽北蒙、南黎,亦渐被教育,厥功顾不伟哉!去秋朝廷改革官制,复以公任邮部,事务丛繁,心力交瘁。偶感寒疾,误于医药,寖至不起,岂非天乎!公德量过人,表里纯一,人游其宇,如坐春风。宝琦兄弟,尤荷垂爱,为天下痛,又哭其私。用制挽词,以申哀悼。

十九日　　晴

观图,又览章宗源《隋书经籍志》。遂诣甘石桥,晤时百。薄午,趋署。观报,有论东西各国裁判之种类,谓大别有二:曰普通裁判,曰特别裁判。普通裁判者,即各级司法裁判,关于民刑诉讼属之审理焉。其特别裁判，类则甚多：陆海军裁判，农工商务裁判，宫内裁判，警察裁判，财务裁判，行政裁判，权限争议裁判。忘山曰：今朝廷革官制，厘权限，期清界域不相侵也；而诸部院行政范围，犹视其长官之强弱为广狭，强者往往横溢其势，虽涉人之藩不顾。弱者含忍，不敢与争，乌得云平，是固当置权限争议裁判矣，乃阒然无闻，宪法安在乎？

　　昳，往贺新吾夫人之寿，见益斋及夏燕老。

　　晴，吴经才为其妻治丧，往吊，见穰卿。闻德意志与我有邻，外交乏人，多失礼也。津镇铁路士民又交争，应之者术几穷。

　　晚，在长沙家酬接宾客，见子蕃。是日，闻学界人将为长沙开追悼会，又为范铜像，感其有功于兴学也。生荣死哀，长沙有焉。

二十日　　晴

　　观图，又览刘孟瞻《左传旧疏考正》。诣长沙许，见书衡。又趋署。车中观书。孙叔然未创反语以前，所谓不可为叵，奈何为那，何不为盍，如是为尔，之焉为旃，者与为诸，之矣为只，皆古之反切音也。

　　顾亭林云：三代而上，言文不言字。李斯、程邈出，文降而为字矣。二汉以上，言音不言韵。周颙、沈约出，音降而为韵矣。又云：凡《易象》、《左》、《国》、《楚辞》，秦碑、汉赋，以至上古歌谣、箴铭、颂赞，往往韵与诗合，实古音之证也。忘山曰：研究音乐，亦考古家极有趣味事。

　　晴，在仁和许，与梅先为象戏。是夕，邻居宴客，余往佐饮。

二十一日　　晴。连日奇暖

　　观朱紫阳《楚辞集注》。诣长沙许，遂趋署。观报。

　　邮传部将移新公所，在灯市口路南。奉长官指，择月之二十

四、五两日迁彼。是日，随那参议往视，区画部居，宽广足用。晡，归。复过长沙。天雨，与时百略谈，即匆匆至家。雨甚。

　　二十二日　　晴

　　书长沙挽联，又改数字，云："看神州教育重兴，公（道）〔导〕先路；谋世界交通不易，天鉴孤忠。"薄午，趋署。饭后，诣新公所。晡，归。

　　昨见阁抄，有礼部奏覆汪学使诒书呈请归宗一摺，酌古证今，允合情理之当，读之典雅有味。

　　诸部治事，惟礼与刑二者须用博古家为之，彼引经据典，能见诸实行。

　　余书日来颇觉其退，是固我国美术工之良不易也。盖虚实必兼到，其味乃自然而有。

　　二十三日　　晴

　　趋署。车中观书。本朝治汉学诸儒，闳博渊澹，考核精确，费数十年之功，仅仅解得经文字句明白，供人之诵读而已。学问之道綦难哉！

　　到署，观报。伊犁将军将徙川北民实边。农工商部欲实行广西垦荒。皆迩日重要事。

　　坐人力车至新公所，时完葺已竟，洒扫净洁，以待迁入。屋舍朗朗百馀间，殊可喜。晚，归。余近年市买魏碑甚多，王僧、司马晒、崔敬邕、崔顾诸人墓志，及姜纂等造像，共十馀种。

　　观《典故纪闻》，明交河余继登所辑也。

　　二十四日　　晴

　　观图，又览《刘静修文集》，在《畿辅丛书》中。趋署。车中观书。是日，署中始迁移，几榻厨笥皿碗，及一切什物，皆纷沓狼藉，络绎运往新屋,肩挑背负,人役繁杂,尽庶务责任。故余连日颇不得息,而文案、会计公事,皆停不治。

是午,与向辰、文舫小饮于同和酒肆。同翰卿暨陆衡甫踵至,即席共饮尽欢。

晚,归。读《史记》魏其、武安、韩长孺诸人列传。

二十五日　　晴,暖

观图,又览《万善花室文集》,大兴方彦闻先生履篯撰也,嘉庆间人。

向午,趋署。旧公所已空,有邮局西人来接受屋舍,行将改为邮政总局也。因至新公所,已部署安妥,规模楚楚。是日,星期,人数寥寥。庶务室面北,窗明几洁,胜旧屋多多,观报,无甚要闻。

晚,归。偶览亭林先生《经说》。亭林为本朝汉学开先,然彼说经,犹不沾沾考证琐屑,颇抒大义。踵其后者,自著名数家外,皆流于入海算沙,困而不知返矣。

经学别为三:曰经考,曰经解,曰经义。义焉者,治义理者也;解焉者,治小学者也;考焉者,治校勘者也。

汉学之精者,余无责焉矣。语其流弊所及,有二言足以括之,曰:以校勘蔽群书,以小学蔽全经。校勘、小学二者,疲弊人之精神数十年,以为经学在是,更无暇问义理,不审古圣贤留是经典,欲何为者也。

二十六日

晨起,观图,又览《居业堂文集》,大兴王昆绳著。昆绳,即与李刚主同师颜习斋先生者也。俄趋署。是日,长官皆至,为迁入新公所之第一日。

晡,诣长沙。时有德国人来吊。挽联遍悬颇多。

归，观《京报》，汪君穰卿所为，其本日论说中有数语云：口北之马出于吾国者，每匹价不过数十金，一至日本，加之训练，转售吾国直千金，各省购之，争先恐后。同一马也，何一经出洋，价增数十倍，其理不可解。忘山曰：不独马也，凡物皆然，惟人亦然。又论经济之原理曰：生产之数，过于消费之数，乃谓之经济之消费；生产之数，不敌消费之数，则谓之不经济之消费。

时阶前春草遍地，海棠滋新绿，生意盎然。尝得句云："春来万物多颜色。"犹无以属对。

二十七日　　晴

里衣及裤皆易袷，惟犹著绵衣。观图，又览《帝王讳名录》，通州刘锡信撰。趋署。是日，无长官至。观报，无要闻。晡，至顺天府，慕公出，春孙户亦键焉。遂归。

前闻英国颇留意空中战斗艇，其制作已臻美善，盖为军中利器之一。忘山曰：海战将一变为云战，此其造端也。电器日精，火药终废。海战之用火，又将一变为云战之用电。

又某报纸云：西人某将在海舶中设新闻报纸，用无线电通陆地之消息。又云：法国某欲创浮海博览会，用巨舰肆列百货，游行五洲著名商步，纵人来观。

二十八日　　晴

早间，与慕兄在长沙许公祭。遇陆凤老暨戴少怀师。薄午，过新吾之门，即趋署。是日，林长官至，林颇虚心访问，力图振作。余及向辰，以他事见，因牵连论及大局，固劝林速规画官制，厘权限，然后议治事。林唯唯。

晡，归。北城壖道已通，至家未暮。观书。

顾宁人说《易》艮其限，引慈溪《黄氏日抄》之言曰：古人之所谓存心者,存此心于当用之地也;后世之所谓存心者,摄此心于空寂之境也。造化流行,无一息不运,人得之以为心,亦不容一息不运,心岂空寂无用之物哉?世乃有游手浮食之徒,枯坐摄念,亦曰存心;而士夫溺于其言,亦将遗落世事,以求其所谓心,此大谬也。忘山曰:佛教人无妄念者,非欲人无念,但不可妄耳。昧者习为静生无念一派,是二乘家言,非佛本旨。

二十九日　　晴

观图。昨观刘锡信《潞城考古录》,今又览耿极《王制管窥》。趋贺新吾寿。与燕保、益斋谈。薄午,趋署。是日,署中议购避火铁笥。观报。

上海一区,昔者人人谓乐土,而今盗贼横行,至白昼劫人,西捕亦弗克禁。天下事不可思议者如是。

英人迫我禁绝雅片,曰:十年后此害断尽,当遣使相贺;否则徒令我商家损失贩运之利,当罚尔偿三倍焉。

晚,复诣秉庵,与益斋辈谈语歌嬉。夜深,始归。

三十日　　昨夜雨

起犹霏微不绝。观图,又览《樵香小记》。即趋署。雨止。昳,阖署人公祭长沙,乃皆具衣冠,往行礼。晡,归。母微感寒,昨卧不思食,今日略愈,四肢犹痛。晚,慕兄过即去。作日记。

比利时皇帝荒淫,甚多内宠,又穷极奢靡,宫厦之巨丽,仿佛秦之阿房宫,见《中外日报》。

忘山曰:用人之道,当善其操纵之宜。操也者,干涉之谓也;纵也者,放任之谓也。纯操,人将病其太严;纯纵,又将病其太宽。惟能操能纵,宽严并济,又用当其时,顺乎自然,斯得之矣。情之在天地间,足以固结人群,和焉弗戾,让焉弗争,相感于不觉,相缔于无形,社会赖之以生活者也。譬之水然,滋养万物,常润泽腴美,无枯焦之患,是以足贵。

悍戾之气,理不能喻者,情足以消之。故情常能助理之用。

三 月

一日

晏起。昨夜雨,稍稍晴开。赴城外两馆拈香。时举贡应考者,纷纷至都,盖朝廷颁特恩,使凡被举于乡,而未成进士者,或仅得副贡生者,虽科举罢后,犹得再试国子监,畀以出路。

薄午,趋署。观报,英、日、法、俄将缔四国联盟。

以公所将构架苇幕,召工估贾,请长官命。晚,归。母疾略愈,川妹感热。作日记。

得上海电,桃源地交割已告成,浙路股银已交。颇慰。此地当议购之初,无数胶葛,今当出售,又费如许时日,难哉,难哉!

二日　晴

起,览宛平何辉《简通录》。何氏论忍曰:居家之道,莫善于忍,亦知所以处忍之道乎?盖忍有藏蓄之意,人之犯我,藏蓄而不发,不过一而再而已,积之既多,其发也如洪流之决,不可遏也。不若随而解之曰:此其不思耳。曰:此其无知耳。曰:此其失悞耳。曰:此其所见者小耳。曰:此其利害宁几何,不使入于吾心,虽日犯我十数,亦不至形于言也。然后谓之善处忍。忘山曰:诚如所言,岂特不形言色哉,其心固未尝为之动矣。夫所谓忍,犹有强制之意也。心未尝动,谓之有量,加忍一等矣。

禺中,出城,访二我略谭,闻其将赴津。

余成挽俞荫甫先生联语云："公身既寿，公名亦寿；前有随园，后有曲园。"

日中，余兄弟在江苏馆宴集同省京官四十馀人。

是日，湖广馆中学界人，为长沙开感悼会，来者数千人。余至已散。晡，在仁钱馆相度屋舍，备举贡来都下榻。晚，归。过子蕃小谈。

三日　　晴

观图，又览献县王馀佑《乾坤大略》。向午，趋署。三长官皆至。昳，与王啸龙、翁铜士诸君谈。晡，归。日犹高，整理书斋，静坐神怡。

庭前海棠数株，两年来花绝稀，今兹始盛，皆含苞欲吐。薄晚，坐檐间，吟诗饮酒殊乐，几忘世事。

灯下临摹古碑板，颇得闲趣。作日记。

学书，作画，咏诗，皆能发人自然之天机，超然出尘，不受羁縻，所谓自由，其真谛也。惜解是理趣者，艰且少哉！

四日　　晴

观图，又览祁州刁包《潜室札记》。因访益道人，同诣岳柱臣谈。柱臣，皤然老者，余识之三五年前，通化学及制造学，当光绪初年，朝野固蔽，风气阻塞之时，彼即潜志研究，受知于醇邸。是时人以西学相诟病，故其名不著。如徐建寅，如李善兰，皆其同时至契者也。

昳，益斋随余至署午饭，益斋先去。晡，观报。端午桥请开爵捐，此议蚤有人创之。薄晚，归。观书。

汉高成帝业，莫不曰淮阴、酂侯诸人功；然而据敖仓之粟，塞成皋之险，形势既得，又以口辩说齐，而撤其备，使韩信长驱无阻，郦食其之力也。吕后既崩,扶立代王,尽诛诸吕,以安刘氏,莫不曰陈平、周勃功也;然而交欢将相,俾能同心戮力,以成反正,又赖于陆贾之一言。夫郦、陆二人之于汉家,诚握兴亡安危之枢纽者也,其功大矣,而人多忽视之者,何邪?

五日 晴

览元安敬仲熙集,有虞道园序。作"顺天高等学堂"六大字。访益道人谈,益公自谓能通鸟雀语,约有数十种,如结伴寻食、夫妇口角之类,盖幼时为塾师禁锢斋中,自朝至夜深,不许阑出,读书馀暇,辄留意于此,久而通焉。忘山曰:昔万季野童时不羁,为其叔闭一楼中,禁之下楼,乃尽取楼上所藏书遍观之,卒成博学,益公即其人也。

前见某译书云:凡血统昏姻者,非聋即哑。益公云:以实验之,亦不尽然。惟同母之手足,或有是耳。又云:禽类纯是血统昏姻者,所生亦不弱。余征之鸽类而信之。

晡,访叔雅。叔雅所居,乃潮州馆,有林木,门宇极幽,室中图书皿碗皆精雅。蓄兰及他卉数种,馥郁盈怀袖。叔雅方鼓琴,为余徐奏一曲,泠然也。促坐谈久之,因出酒肴对酌,纵论名理,乐也奚如。

六日 晴

观图,又览元东明王鹗《汝南遗事》。趋署。晡,大集合部同僚,饮于德昌饭店,入坐者三十馀人,歌呼笑乐,倾罍空樽,盛会也。是夕,吴绌斋复召饮于鄞县馆。夜,归。

七日 晴

时海棠盛开,白者与梨花无以异。慕兄过,闻德使消息已确,行将出奏,又有远行。禺中,诣衡浦贺寿。薄午,到署,与翁铜士谈。观报，无要闻。晡，归。作日记。

顾亭林云：唐、虞稽古，建官惟百，夏、商官倍。考其实，唐、虞之官亦何止于百，盖其咨而命之者二十有二人，其馀九官之佐殳斨伯，与朱虎熊罴之伦，暨侍御仆从，以至州十有二师，外薄四海，咸建五长，以名达于天子者百人而已。其他则穆王之命，所谓慎简乃僚，而天子不亲其黜陟者也。夏、商之世，法日详，而人主之职日侵于下，其命于天子者多，故倍也。观于立政之书，内至亚旅，外至于表臣百司，而夷微、卢烝、三亳、阪尹之官，又虞、夏之所未有，则可知矣。杜氏《通典》言：汉初王侯国百官，皆如汉朝，惟丞相命于天子，其御史大夫以下，皆自置。及景帝惩吴、楚之乱，杀其制度，罢御史大夫以下官。至武帝，又诏凡王侯吏职秩二千石者，不得擅补，其州郡佐吏，自别驾、长史以下，皆刺史太守自补。历代因而不革。泊北齐武平中，后主失政，多有佞幸，乃赐其卖官，分占州郡，下及乡官，多降中旨，故有敕用州主簿郡功曹者。自是之后，州郡辟士之权，寖移朝廷。以故外吏不得精核，由此起也。是日，阍者持刺入，则俞樾二字，旁书辞行，又其遗诗一册。

薄晚，金向辰过谈，引观园中林石，并赏花，流览碑版。饭后，去。夜，余诣衡浦许观剧，益斋、秉庵皆在。余为益斋诵《曲园留别俞樾》诗云："平生为此一名姓，费尽精神八十年。今日独将真我去，任他磨灭与流传。"盖曲园于去年十二月二十三日考终，年八十六。

八日 晴

向午，趋署。闻唐少翁已简奉天巡抚，盖东三省改建行省，徐世昌为总督；巡抚三人，唐与段芝贵及朱家宝也。览报，无要闻。晡，诣徐朗秋，贺其母寿。又谒唐贺喜，即归。风起，尘沙蔽天。

夜,作致许星墀书。

九日

晨,观书,不出。薄午,益斋过谈,留午饭。

是日,论古斋携来董东山山水长幅,及高澹游、张东谷山水册页,皆精品。

严伯玉、胡芰孙来,预祝母寿。新吾、叔耘亦至。

晚,随益斋至化石桥,因诣惠丰堂,顾君召饮,主人犹未至也。余遂去至六国饭店,饱餐即归。

十日　　晴

母亲寿日。沈公雨人来贺,即去。薄午,邵二我至,留午食,饮酒餐面,酒罢,相与纵谭。稼霖引瞽者来,弹丝击鼓,奏百种伎,乐甚。二我又唱学校中制歌,词语慷慨悲壮。俄二我又至余案玩赏各种魏碑,有古而媚者,有圆而劲者,盖由隶初变楷之时代,神味含蓄,未尽散泄,唐以下遂不足观矣。

又,余厅东壁所悬唐伯虎《抱琴归去图》,二我叹为真迹,人多疑为赝物,非也。符子琴所书集《爨太守碑》字一联,苍劲有神,子琴是二我老友,当光绪初,二我年十四五,符已七十馀,书画皆精,并工篆刻,风雅冠世。

晡,孟庚来。二我先去。

十一日　　晴

到署。时邮部左侍郎已简授朱宝奎,旨于前日已降,余两日不至署矣。是午又观邸抄,顺天府尹简裴维侒署理,心知慕兄已放德使,盖自来隐秘,不见明文。晡,诣府署,慕兄未出,子毅在坐。薄晚,归。慕兄先到家,在母室中谈,俄闻子瑜至。夜,沈公雨人在慕许谈,余及稼霖、子瑜皆旁坐静听。

十二日　　晴

诣肃邸谢寿。又诣朱长官,未见。遂至署。观报,无要闻。晡,诣叔耘,又至祁罗佛洋行购铁厨,须自上海运至。俄往贺寿州寿。晚,诣二我谈。

忘山曰:茫茫社会中,可惧者势也,可爱者情也。势如山,情如水。山之崩也,能压毙人,固可畏矣;水之泛也,亦能溺人,岂不可畏?人当不得志时,万势交迫,如山之崩,至无容身之地;稍稍得志,又虞万情交迫,如水之泛,既无以御之,人之居世,岂不难哉!

十三日　　晴

览《申端愍集》。申公名佳允,明末殉国人,国初魏裔介表彰之。又观舆图。

潘经世过谈,俄去。星墀之婿程君来。

薄午,趋署。观《时报》论欧洲政教分离之原因,《顺天报》论东西统计术之善,皆有见。览小说。晡,归。仍观小说。夜,作日记。

顾亭林有言曰:殷之亡其天下也,在纣之自燔;而亡其国也,在武庚之见杀。盖武王伐纣,宗庙不毁,社稷不迁,殷固未尝亡也。所以异乎曩日者,不朝诸侯,不有天下而已。武庚之存殷,犹十馀年,使其不叛,则宋可毋封,而与周相终始也。

又解《洪范》所谓彝伦曰:彝伦者,天地人之常道,如下所谓五行五事,八政五纪,皇极三德,稽疑庶徵,五福六极,皆在其中,不止孟子之言人伦而已。

十四日　　晴

观舆图,览明赵南星著《味檗斋文集》。遂出城,答拜来访者。诣杭州馆,又至仁钱馆,晤诸同里举贡来应试者。昳,至义善源午饭。趋署,闻部中长官以京汉铁路侧煤窑及南苑枝路,交评议员会议,余迟到,未与议也。无事静坐,观小说。薄晚,复至顺天府,知裴公已履任矣。即归。

余尝持论,以为万事皆暂,无有常理,以语二我。二我曰:惟暂乃佳,譬如花之有结蕊、含苞及盛开与飘落之时,皆暂也。苟求其常,纸剪之花反能耐久,不虞零落,何以人不爱之。

十五日

观舆图,览灵寿马从聘《兰台奏疏》。趋署。是日,朱长官履任,群衣冠进见。晡,诣喜雀胡同,晤绳伯,并入见王相。晚,归。是夕,沈雨人召饮,慕兄在坐,席散月明。

十六日 晴

趋诣慕兄谈,忽报称黄春生至,有事相语。急归,则别偕一人在坐,盖顺天候补人员王姓者,在署充监印收发,忽自辞差,谋入法政学堂肄业,已获慕批准;今见裴公履任,又以他故自悔,谋挽回,遂来丐余向慕兄关说,收回批准之判语。余因为言慕兄,慕允之,始去。是日,慕留春生午饭。俄严伯玉至,遂同过慕许,子瑜已先在。饭罢,伯玉去。春生、子瑜同诣余,游观园中,登台眺望。俄坐余斋中闲话,述灯谜极夥,有绝佳者,姑录一二:乜字射《四书》七句:"子路率尔而对曰:是也。颜渊喟然叹曰:非也。夫子莞尔而笑曰:若是也,直在其中矣。"丿字射《四书》一句:"一介不以与人",又"是非之心"。響字去上一点,射一物:爆竹。盖一点即響。极有趣。

晡,有姚姓者,小坐即去。佐安至。薄晚,乃去。夜,作日记。观小说。

十七日 雨

观书及舆图,又览小说。俄趋署。薄午,闻长官命阖署司员研究调查,为分定职掌之预备,颇有治事之意。盖署中数月以来,官制不定,人心摇摇,无不烦郁失志。长沙既死,少川又去,开部之长官遂无一人,岂不可叹!林公又权篆若不理者,或疑无人主持,今闻有是机兆始,皆欣然也喜。

薄晚,晴。自署归。仍观小说。

我国小说中之空前绝后者,几无如《顽石记》一书,盖得《史》《汉》之神髓,超化而出者也。是书外国已有译者,当与地球同毁。

十八日　　晴

观书。往贺桂月亭家取妇。出城,至仁钱馆。昳,至署。观向辰辈围棋。览小说。人言《顽石记》为《周易》而后第一部书,非过誉也。其书实含道旨,观其初开卷之《好了歌》,即可恍然。大约如葛纪翁辈闻而力不足者,遂成是书以寓意。晡,归。是日,临池,人舁西式倚二具来,坐之颇安适。时窗外林树蔚然,新翠入画。海棠花已尽,绿叶成阴,所谓春夏间景物,使人胸次怡爽。梦庚至,即去。

夜,作日记。慕兄归,往谈。

十九日　　晴

晨起,慕兄在母房中坐谈家常。余出盥漱,观舆图。薄午,趋署。观书。晡,往祝那锡侯之尊人寿,宾客满堂,丝竹杂奏,遂留观剧。是夜,宿于邮部公所。

人有爱独而恶群者,其性毗于静也。亦有乐群而悲独者,其心毗于动也。虽然,人不能常独,必与人合,则有群;又不能终群,既合必离,则有独。是故独之与群,时为消长;动之与静,亦互为消长也。苟知其消长为必不可逾之数,则当顺夫自然,焉用爱恶与忧乐为耶!

《顽石记》载眉公处人家繁盛宴聚之会，不以为喜，而以为可悲。所悲者何？曰悲其终归于散也。忘山不然之，曰：使常合而无离，是合也何乐之足云？

二十日 晴

在署，早起，俄见同僚渐集。观小说。晡，诣肃邸，贺其取妇，即归。仍观书。

历观诸小说中，专说人一家之现象者，厥惟《顽石》一书。虽然，一国者，即百千万家所集而成者也，揆诸今日，我国其不能免于是现象者，十家得其八九，夫已占大多数矣，虽谓为我一国之现象在是，乌不可！噫！

二十一日 晴

张君孝准来，自云：留学东国三年，习陆军，今将诣德调查，欲一见慕兄。余遂偕之往见，适养坡、佐安皆在内坐，余亦入与谈。禺中，诣张文达许。是日，大学堂旧时僚佐公祭，余亦与焉。有祭文一通，书衡撰也。昳，造新吾家，晤益斋诸人，纵谈。晡，至署，始闻岑云阶补邮部尚书，蜀督以赵尔巽调补。岑之来都，前数日知之，自陈疲病，蜀道远不能去，连召对三日，为上所哀怜，遂有是命。时探知其寓法华寺，与向辰等投刺通谒，获晋见，自云尚欲乞假一月，不克即履任。晚，归。观书。

二十二日 晴

慕兄生日，贺寿毕，即趋署。昳，至于公祠。是日，同里诸京僚齐集，行春祭礼。余至已礼成，合饮。晤子穀、笙叔、撷兄诸人。是日奇暖。晡，微阴。访景侍谈，遇陈梦陶，坐久之去。诣厂肆，购书。晚，归。作日记。

国家犹一人之身也，血脉不流通，精神不贯注，其人必病。三代之世,封建相袭,大小侯国累百盈千,各君其国,各子其民,土地狭小,不过方今之州县,血脉易通也,精神易周也。今则大不相侔矣,合数万里而为一国,以一家一人统辖之,皆弗能自治,曰惟上之所以命之,夫岂不可哉!顾以一人之耳,不能俄顷听于万里之外;一人之足,不能匝旬周于四海之内,则必有鞭长莫及,尾大不掉者矣,其何能治?今者幸赖海外新机关之出,有铁轨焉,有轮舶焉,有邮电焉,可以缩地,地之遥无以限之;可以缩时,时之长无以限之。特患谋国者之无其人耳。有人以提其纲,絜其领,则血脉亦易以通,精神亦易以周。

英人铁路线,今已增长至二万一千馀里;日之路线,增长至四千馀里。英之商船,每年贸易于外者,增至一万二千馀艘;日之商船,每年贸易于外国,增至一千二百馀艘。以我国视之,瞠乎远矣!

船业苟属于国家,非确定奖金及津贴不办。日本创始于三菱会社,初由政府借银八十万圆,其后又每年津贴二十五万圆。既而共同运输会社成,政府又助给以二百四十万圆。后两会社合办,政府复每年以八十八万元津贴之。至大阪会社出,政府又每年以五万圆津贴之。皆见《日本维新三十年史》。

二十三日　　晴

星期,休息。童亦韩过谈。薄午,访二我于纸烟公司,谈及岑云老之为人,二我以为的是人物。时壁上悬联,有云:"心上无钩常挂事,眼中有尺惯量人。"与二我同诣宾宴楼,与益斋相见,偕访一隐者不遇。晡,小雨,即归。闻邮部左侍郎朱宝奎以声名狼藉褫职。

我国政府借外债之例,往往百两之债,实得八十两至九十两,或实得百两,而须偿百二十两之本与息。今探得日本国债之借于民者,亦然。盖百元之数,往往民只交九十圆,或九十二圆。

世界之进化也，人力渐演为兽力，兽力又演为汽力、电力。

铁路之分类为四：曰腹地铁路，曰边疆铁路，曰原野铁路，曰街市铁路。其目的亦有四：曰为军事而设，为商旅而设，为矿山而设，为农事、工事而设。

汽船之别有五：曰商船，曰兵船，曰邮船，曰矿船，曰漕船。航路之别有四：曰远洋航路，曰近洋航路，曰沿海航路，曰内河航路。

电报之种别有五：曰官报，曰局报，曰私报，曰军报，曰商报。其作用亦有五：曰代送电报，曰同文电报，曰至急电报，曰追尾电报，曰外国邮送电报。

美国电局七万六千馀所，英国四千三百馀所，我国仅五百四十馀所，望尘莫及。

二十四日　　晴

昨日归来，闻朱宝奎之褫职，又闻吴仲老转补左侍郎，于晦若补右侍郎。今晨趋署，观邸抄，见尚有诏旨一道，乃命庆邸管理陆军部也。推其原因，盖岑来都陛见，面劾多员，自朱以外，如庆，如袁，殆皆不免。劾庆有二事：一用朱侍郎，一擢段芝桂，谓如芝桂以夤缘贿赂，故以道员骤晋巡抚。风闻慈圣大怒，见庆邸大加诃责云："如是欺蔽朝廷，不如用麻索缢死我母子为佳。"庆、瞿震慑，叩头不止，比举首，则两宫已退入寝殿矣。事尚未已，深惧波浪尚须大作。

昳，吴仲老至，群跻堂贺。晡，诣新吾许。新吾园林中有面南三楹，极幽爽，前望山石林树，罗罗清疏。晚，复至仲老家投刺，即归。夜，作日记。

国家欲伸张航业，须知有国际船籍。盖国际订约法，凡船舶之通行各国，非有国际船籍，则不能受他国之保护，而皆将以贼船视之,是不可不注意也。

电话之设,非仅供人之通情意,使相隔数十里,有造膝对谈之乐;其于警察之捕盗诘奸,无穷便利。故人称电话为无上上法官,盖信然也。

二十五日　　晴

趋署。涂遇那锡侯,同诣岑尚书,未见。仍偕至署。昳,倦极,假寐一小时,忽被人惊醒,则见邸抄至:段芝桂果有诏旨,罢黑龙江巡抚之命,而令程德全权摄。又有旨称:据御史赵启霖劾,段芝桂夤缘亲贵,物议沸腾,谓曾购歌妓献于载振,并以十万白镪为庆亲王寿,特责成醇亲王载沣、大学士孙家鼐确切查明复奏云云。使人震悚。忘山曰:盛极必衰,泰极否来,祸福相倚,古有明训,是不足异也。当前月廿九赐寿之辰,歌舞连宵,貂蝉满座,一何盛也。未逾三旬,父子交困,报纸之呵讥,台谏之弹射,严旨之究诘,几无以自容矣。噫!

是晚,诣肃邸观剧,即还。宿于署中。

二十六日　　晴

黎明起,衣冠静待同僚诸君,俄顷皆集,盖岑尚书是日履任。既至,皆晋见,一一命坐,自书履历。久之,始毕。薄午,余诣张文达许。昳,归。观报。作日记。

振贝子受段献歌妓一事,京报备登之,段颇欲自辨,然外间喧传,遂登白简。衮衮朝贵,其肆然无忌,竟以国家之土地生民,供其纵欲之具,可谓暗无天日。犹赖岑帅之突至,以霹雳手段为政府当头棒喝,岂不使人可爱,岂不使人可敬!

岑尚书乃一活炸弹也,无端天外飞来,遂使政界为之变动,百僚为之荡恐,过吴樾怀中所藏者远矣。

晡，大风，扬沙。作日记。

二十七日　　晴

趋署。俄岑、吴二长官咸至，闻已催定官制，索观诸评议员所拟底稿。又闻明朝有封奏，大约保荐堪胜丞参之员。

晡，出城，至义善源小坐，遇健斋。俄诣仁钱、杭州两馆。仁馆已工竣，杭馆尚稍需时日。晚，归。是日，风终日不息。观书。前闻那参言：邮政应归部辖，而目前不敢接受者，以邮业毫未发达，每年须贴补费三十万之多，部中空虚，无可筹垫，殊觉为难云云。今观《日本交通史》载：日本自明治四年，邮政归官办理，至九年为止，大率所入不敷所出，政府每年要补贴二万圆至十万圆。自十年以后，除十五、十七、十八三年外，年年收入，不止足敷经费，二十六年以来，每年殆赢馀百万圆以上。至三十年，则溢利殆过二百万外。由此观之，我国初办邮政，即每年贴补三十万，又何足奇。但能经理得人，其赢馀自在后也。今以一时绌款，遂不敢接办，何其胆怯乃尔。

二十八日　　晴，风

晨，诣张文达许奠醊。向午，趋署。是日，闻西林抱微疾，不能至署。晡，复诣甘石桥，诒仲、时伯诸人皆在，闻所保丞参，有郑孝胥、张元济、李稷勋、冯元鼎等六人。薄晚，归。

前闻向辰谈李文忠轶事云：瓦德西者，德之健将也。庚子岁，团民肇衅，联军入都，两宫西狩，瓦时为列国军大元帅，高踞仪鸾殿，凡禁地重门洞开，车马驰而出入无阻。适文忠犯险来京师，舍贤良寺，瓦帅召其入议事。李相至掖门，即下车步行，至殿又不肯登陛。瓦大惊，下阶与言，询何故。公答曰："此我国天子之居也，鸿章身为大臣，非君命何敢上殿。"瓦闻而肃然敬之，遂不相强，自是不复召公。凡议事及开谈判,磋商条约,皆身就贤良寺为之。

又云:两宫之西行也,瓦德西矢欲追之。李相阻其行,谓曰:"尔联军之来犯,皆我边隅港岸,故易取胜。苟深涉腹地,重山峻险,皆有重防,万一挫跌,列国军威将皆失矣,必不可也。"瓦曰:"无虞。我率单军从之,必取以归。"李曰:"如是,则弥不济。"瓦怫然曰:"吾与尔盟之,苟无成功,唯命是听。如其胜也,将如何?"李曰:"尔之获志,分也,曷能加焉。万一有失,吾与子盟之,和约之事,当谈判时,毋得要挟。"瓦慨然允之。李要书状,瓦因与列国使臣皆画诺。顷之,瓦果率一军前往。李急密饬内地诸将曰:"汝侪望其军来,皆勿与战,退走以诱之,至紫荆关一带,则慎埋伏,以精枪利炮待之,萃而歼诸。"瓦果中计,初见官军之望风遁也,长驱而行,如入无人境,大笑曰:"李某欺我,是何能为也!"遂骄怠不为备,比至关,伏军四起,仓卒应战,竟不能支,败还。以故庚子之约,仅赔费四万万,更无其他之亏失焉。

二十九日 晴,风止

晨,诣徐菊帅。遂趋署,闻岑仍不至署。览报,观书。与向辰谈。

晡,归。作日记。夜,佐安、养坡偕来,留晚饭。以车送之归。

四 月

一日 晴

卖碑帖者来,披阅数纸,俄去。余即出城,访二我于纸烟公司,纵谭。

见好花则生爱怜之心,人人同之,余以问二我曰:是何故邪?

二我曰：此天地生生之机也。余又问二我曰：爱也，憎也，惧也，乐也，悲也，凡人目有所见，皆不免动于斯五者；独不能寻一物焉，呈于目前，而觉其可怒。是知怒也者，后天之蔓起者也，非先天之所本有也。

视小事如大事，视大事如小事，无所谓大小也；视常事如变事，视变事如常事，无所谓常变也。治事之学理有然。

二我曰：仲尼云：智者动，仁者静；智者乐，仁者寿。余以科学推论之，其理无差。盖凡好动之人，其周身之血脉运行也速，速则能伤人；惟恬静者，其血脉之运行也迟，迟则足以保生，而延其年。忘山曰：是足以入吾日记矣。

忘山自状其人曰孤岭春云，二我自状其人曰古木寒鸦。

斗室中，二人促坐清谈，忽闲步出屋后私焉，见马系于绿阴之下，仆夫与人箕踞偶语，不觉有浴乎沂风乎舞雩之乐。

晡，访童亦韩谈。余谓国民无品格，犹人身无筋骨，何以立也。

又访叔雅，遇罗彦东。暮，归。

二日 晴

趋署。涂过景月汀之门，入见焉，纵谈久之。

魏武帝驰驱戎马间，数十年不废书史。曾文正戡定洪杨之乱，指挥诸将，羽檄交驰，然在军中犹每日读书，或与人围棋。果持何术以致此？忘山曰：其心静也，惟静可以制动。

至署，闻岑、吴咸至，并有新调部数人来，曰高凤岐，曰丁澜生；尚有张姓、胡姓者，皆分职派差。此外即参议上行走之姚君。是日，下堂谕，增司员中数人之津贴，并定办事章程，及每日司员来者须上堂画到。是为岑到部后第一之新政。

晡，散署，答拜吴顷之，略谈。复答拜杨彝卿。暮，归。家祭，祖父忌日。

三日 晴

观图，即趋署。岑、吴皆来观铁路讲义要领。是以衣冠答拜诸新得参议行走及新到部者。是书为日本商业校师关一著，我国湖南人译之。其铁道之定义曰：铁道者，于布设轨道之通路上，使用机械力，兼有迅速载重二德，以供公众陆上运送之用者也。忘山曰：彼所以不提明蒸汽力者，以铁道包电气铁道而言之。

铁道之种类，有平地铁道、山间铁道、登山铁道、市街铁道之别。其轨间之广狭，有广轨、狭轨之区别。盖轨间标准，以四尺八寸半为率，广于四尺八寸半者为广轨，狭于四尺八寸半者为狭轨，此标准盖原始于英国也。

考铁道原始之最古者，莫先于德国哈尔枝矿山所用之矿石搬运法。此矿山车道，当英国依利萨伯时，输至英国，矿山外之平地亦有采用之者。但其制与今不同，不过敷设枕木，钉以铁片，使车辆走行于上而已。自后逐渐改良，至一千七百六十七年，有某铁业家以铁之贩路滞塞，乃试制轨条，以供铁道公司之用。其初不过为销铁起见，行之既久，遂为社会交通之大计。始制之轨，为凹字形，不免有越轨脱线之虞。一千七百八十九年，始改用凸字形，而附轮缘于车辆之上，遂成今日铁轨之制。

创蒸汽机关车者，在一千八百二年，脱佛西克氏初发明，时法极幼稚，仅载重十吨，每一时间驶行五里。次于脱氏者曰斯皮新梭，于一千八百十四年制一机关车，其法益进，为英政府所特许。至一千八百三十年，曼且斯他及里比亚布铁道成，遂采用斯氏所制之车，以展其运送通信之能力，而为铁道发明之终了时代。

晡，出城，至仁钱馆，遇笙叔。又至杭州馆，晤枚仲，遇绚斋。

四日　晴

观图。俄即趋署。岑未至。时署中新自北洋索得之《约章成案汇编》，计十部，已分散将尽，仅馀一部，余取之。书为连平顾韵伯所编，分甲乙二篇。

静坐无事，观书及报。

是晚，景月汀召饮，余赴焉。慕兄已先在，坐有端仲刚及衡姓者。景公落落不群，虽垂老，犹好读书，记力甚强。夜与慕兄同车归。

五日　晴

趋署。昳，见邸抄，载本日谕旨：醇王等覆奏已上，仍以查无实据为词。而赵侍御因此罢职。闻者多为不平。晡，归。作日记。是晚，与赞尧谈。

忘山曰：天下有无用而有用者，宜莫如诙谐。盖诙谐者，非仅以娱乐人而已，其为功甚大，能于无形中和解多少猜嫌，消除多少意见，泯却多少是非，为合群之无上妙药。是以前辈贤豪，能办大事者，皆利用此二字，以驭其下。如曾文正、李文忠皆然。

舞台上所谓生旦净丑，天下之大，不外此四种人，盖一一为其写生者也。曰旦者，吾取其能敛；曰净者，吾取其能放；曰生者，吾取其能中；曰丑者，吾取其能和。偏于一者，皆有所失，兼斯四者，乃为全材。

六日　晴

趋署。观书。昳，见邸抄，振贝子自请开缺，奉旨允准。盖惧人言，示敛退也。庆王父子，年来盈满已极，稍稍自损，亦是养福之道。

晡，诣甘石桥，晤时百、诒仲、瑶琴、一山、誉虎诸人。晚，归。

七日　　晴

晨，趋署。是日，长沙张文达灵輀南行，丧仪甚盛，宾友步送。昳，余迎至虎坊桥。晡，丧至车栈，本部长官吴公率僚属就路旁奠饯，礼成，相与送柩登车，即鼓轮行，送者各散。余至义善源小坐，仍至公所观书。

日本关一氏有云：铁道之功能，不仅往来迅速也，其行驻时间亦有定限，是使人类行为渐趋于一定规律之中。往时旅客货物，每以天时障碍，生中途之迟滞，遂影响于计学界之困难。自铁道运送时间确定，计学行为之信用，愈以增进其势力，是故泰西人号称铁道为国民之一大时辰机者，诚罕譬而喻矣。

是夕，一山、穰卿等召饮于德昌饭店，慕兄及子丰、䌹斋诸人皆在坐。

朝廷用人之道，纯循资格，非也；纯破资格，亦非也。两者当相辅而行。大氐破格而超擢者，有奇材异能非其人莫任者则行之，然使并时而有数人焉，其才相等，其德相钧，于是又不能不较其年劳之深浅多寡以衡量之。向之所谓资格，仍不废也。是皆政界中最切要之哲理。

八日　　晴

晨起，盥漱毕，金向辰过谈，久之心锄、衡浦踵至。会益道人亦来，因联车出城，赴颐和园，观邮部新赁之公所。余车轮遇石几覆。公所在马厂之娘娘庙中，西偏别辟一院，面南三椽，高爽可居；面西亦三间，装饰未竟。心锄携皮酒数瓶，相与饮之。俄还车至海甸肆中，饱食毕，遂偕至万寿寺观赛马，游人甚众，树林中构棚厂卖茶。俄日西斜，与向辰、益斋游寺中，楼殿重叠，佛象庄严。门外临河，有御舟泊焉，两宫幸此，则乘以入湖。舟严饰颇丽，岸上男女聚观。

薄晚,驱车,沿柳堤归。连日极热。

九日 晴

庄幹卿来,小谈即去。禺中,至署,见邸抄,陆总宪及赵炳麟各上一疏,为赵侍御辨冤,奉诏旨称:言官之有胆识敢言者,朝廷亦深嘉许,惟赏罚之权操之自上,不能因臣下奏请,即予加恩云云。是日奉堂谕,商定本部权限,有陈诒重底稿颁示大众,命合署司员评议,限三日内呈堂。余就陈稿中签注数条,即日缴卷矣。晚,归,见芝樵。是夕,宴饮于稼霖斋中,尽欢。夜深乃散。月色不明。

十日 晴

闻徐汝霖伴撷兄眷至,汝霖在慕兄许,余趋往见之。遂诣署。观书。

铁路之国有民有两问题,颇难决议,盖各有所持之理,而弊害亦互见者也。论者折衷之,以为凡须中央集权之国,利于国有;反是,虽民有亦无害。此说近是,而尚有未尽者。盖天下凡两端对持之理,欲决其为是非,必相其国体民势以立论。所谓中央集权与否,固是一原因,亦尚有他原因,或与此反对者不可逆料。所谓事势之变无穷,而学理未可拘于一也。

晡,答拜来访者数人,因诣杭州馆见汝霖。晚,归。

十一日 晴

趋署。观报及铁道讲义。晡,诸人皆散,余端坐作日记。晚,子毅、笙叔等八人公饯慕兄于六国饭店,余往陪饮。是夕,与心锄谈。宿署中。

讲义中所言铁道之原理,亦与寻常经纪商业者无殊焉。如所谓铁路资本金,当常使股金居多数,债款居少数。又铁路建设费之固定金居多数,而营业费之流通金居少数。又营业收入之与支出,其多寡成反比例。又营业费之节约,常因运输之日益繁多而得效果。皆普通商业家之金科玉律。

十二日 晴

晨起,观书。诸人咸集。薄午,闻明日将开议官制,因诣丞议堂论评议之规则。晡,归,与赞尧谈。

铁道讲义云:铁道扩充,则销路增;销路增,生产地之物价必腾,消费地之物价必落,而各地之市价不平皆渐归于平矣。忘山曰:求平者,必先求通。货产流通,则物之价值平;理想流通,则人之智慧平。譬之水然,通则所在高低必平,此一定之理也。

十三日 晴

访那锡侯谈。即至署。观书及报。昳,诸人咸集会议所,由参议行走姚君宣布宗旨,即将提议十二条一一询诸大众,并相与反覆辩诘。其官制大纲,皆当场决定,略记其数款:曰取积极主义,曰承政、参议分两厅,曰设邮、路、电、航四司,曰设庶务一所,曰两厅分七科,曰四司不分科暂分股办事,曰员缺请由堂定,曰设掌印主稿诸名目。至晡,乃散。

十四日 晴

趋署。连日奇暖。观书及报。

《时报》论道德法律两者性质之殊异:盖有道德所许者,而法律不许;亦有法律所许者,而道德不许。赈施穷困,好行其仁,道德中之所贵也;而绳以法律,则谓人当图自立,不可有依赖性。纯行其道德,是教人偷惰,养成坐食,最为社会之害。父讦其子,子控其父,法律所不禁;而道德界中大非之,曰充其所为,将化骨肉为路人矣。又法律诛行为,不诛心意;道德乃并其无形之想念而悉绳之。是皆法律与道德相反对之重要件也。要而言之,道德者内导,法律者外导。

昨夕访应季中于陆衡甫许,深谈五年间契阔。夜分始归。今日晚,又置酒于燕春园,款饮季中,坐有衡浦昆仲。归时,夜又深。季中即于明日行。

十五日 晴

出城,访诒重。因诣杭州、仁钱两馆,工程皆将告竣。见佐安、仰坡。日中,访二我,纵谈至暮。

以精明称者,难得忠厚;以忠厚称者,难得精明。余不知西林之为人何如,但见其奏调到部之人,一一皆忠厚而精明者也。人材难遇,何其所选竟有此资格,余不能不服西林。

以静制动,以虚运实,治事家之原理也。

文有三要:贵达,贵简,贵雅。此应用之文也。若高等之文,则加二字:曰高,曰深。不达则意晦,而读者难明;不简则词冗,而读者亦难明。简之与达,常互侵其界者也,惟简而能达,乃为可贵。

何以雅为?曰:文太鄙俗,则人倦于寓目,遂难于传。所谓言之无文,行之不远也。

高等之文,不主于应用,故其运词行气,布局造句,不妨师法周、秦、汉、魏,苍劲典重,耐人绅绎,而味弥永。人或疑文太高深,妨人不达,非也。此等文,非为浅学者设,彼学问深造者,亦自觉其易达耳。

十六日 阴,风

昳,微雨。在署中与向辰闲谈。晡,晴,即归。新吾过。晚,作日记。与赞尧谈。

十七日 雨

趋署,雨微止。以事,往与诒重谈。忽报正堂岑到,方议上堂,行过电话室,闻接电者声言:岑宫保已补授两广总督。大惊异,遂与诸同僚集堂上揖贺。岑公言:"朝廷用人如此！既有今日,则当时何必移我滇与蜀？我咯血犹未止,方冀休息,而不获如志,我命苦耳。"言毕,匆匆去。时官制甫议成,奏稿已就,将上达天听,而命先下,所谓迅雷不及掩耳。方岑之来,人人惶恐,及闻将去,又多依依不忍舍者,天下事往往如斯。

余既送岑之去也,返至庶务室,狂笑不止。人问故,答曰:"自邮传部创办起,至今日止,尽于我一笑中矣。"

昳,出城,至义善源小坐。因至杭州馆一视,即访叔雅。正谭间,忽阍者持刺入,陈毅二字。叔雅曰:此亦名下也。延之入,素衣,方居亲丧者,名与诒重同,字曰士可。盖同时有三陈毅:其一湖南人,诒重是;一四川人,字瑶圃,在午帅幕中;一湖北人,即此公也。倜傥多姿,既入,遍检视书册,见叔雅室中罗陈释藏,因谈佛经版本,并流览目录,吐属风雅。余默坐观其与叔雅言谈,犹见二美人相倚而笑,为之神怡。

薄晚,仍访二我。二我云:"凡英雄出而身任天下事,所谓生旦净丑备于一人,如子所云者是矣。吾解四者之义,盖旦主细,净主大,生主正,丑主和。"余曰然。

十八日　　晴

于电话中得消息:陈璧补授邮传部尚书。薄午,慕兄来谈,即去。杭城驻防营佐领贵公翰香至,余甚惊,比见貌犹两年前。所学猛进,于大乘界中已得初登欢喜地,视天下人无一非可怜者。惟静觉己身日日欢喜,虽明日缚赴东市处斩,犹是欢喜无量。彼固进国民主义而为众生主义,日以救苦拯难为愿力。余仰视之,犹见大士云中坐也。彼为今日我国演说大家,能悲人喜人;惠兴女学校,彼为监督,自云代惠兴女士治事,如居其丧。其待人也以至诚,自杭州来时,与女校生别曰:"我此行虽两匝月,视尔等不能释然。"女生皆大哭曰:"先生行矣！我辈谨守法,以待先生之归。"其感人如此。

昳,芷香过。晡,向辰过。薄晚,偕赴颐和园邮部公所。昏黑,吴长官始至,因共宿焉。是晚,缮改孙荫亭书。

十九日　晴

是日,黎明,乘舆至大钟寺求雨。晨正始返。吴长官遂诣宫门候旨,盖邮部奏事,未召见。禺中,与向辰、衡浦衣冠往贺林赞老。时林已补度支部右侍郎。薄午,复还公所,见吴长官。吴饭后诣诸要人投刺,然后入城。余三人亦共饭,饭罢小待,乃命驾将归,时日微昃。

时所居屋面西,自朝至午,不被日光,故甚凉爽。连日昳而光热渐渐移入窗户,余顾谓向辰曰:富贵之逼人,亦复如是。

俄绕道万寿寺柳堤上行。晡,始到家。是晚,与赞尧纵谈。

二十日　晴

趋署。上堂画到,高君啸桐犹在,自云:明日将别诸君去。盖云帅赴粤,凡所调部之人,皆将携之去,盖皆其股肱手足,不可须臾离者也。观报及书。与铜士谈。忘山曰:利欲者,凡民之生机也;名心者,士大夫之生机也。无是,则不可活。

仲尼云:君子可大受,不可小知。忘山曰:非不能小知,无暇于小知也。

将欲治大事者,不可轻小事弗为;盖治小事,即为将来治大事之练习试验地也。

晡,至义善源小坐。赴仁钱馆,又诣杭州馆,见昌士小谈。遂入城。夜,作日记。

忘山曰:凡大英雄出任天下事,必备六体,何谓六体？一曰脚根,二曰肩膀,三曰面孔,四曰手段,五曰眼力,六曰肚量。阙一不可。

或问面孔云何？答曰:所谓生旦净丑四种之面孔也。必神其变,乃能有济。西国侦探家往往善变形貌,使人不测,而功用胥赖焉。治大事者何独不然？

二十一日　　晴

趋署。与志钧、伯珩辈谈。观报及书。

晡,诣西林及唐少翁,遂往谒夔相,与陈梦陶同见。晚,在新吾家饭,与益斋辈谈。

二十二日　　阴

唐少翁于是日行,其旧僚属皆衣冠至车栈送,余亦往。俄投刺数家,遂造二我谈,留午食。因以贵公翰香之为人告之,并约其于月之二十四日晡时,在公司静待,余将偕其人来访,二我诺焉。晚,又投刺答拜数家。至杭州馆,见撷兄及巽斋、汝霖。会香湘至,相与纵谈。晚,归。见慕兄。夜,作日记。

二十三日　　晴

霖伯过谈,即去。俄昌士至,昌士将随朱中丞赴吉林。是日,震侄弥月,衣冠向兄嫂贺喜。将登车趋署,得署中电话:于晦老将到,急赴车栈迎焉。时来者纷纷,多署中同僚。薄午,车至,群登车相见一揖,又相随至栈舍小坐。晦老即赴北洋公所。余等皆至署。观报载:户部开股东会议。晚,又偕向辰往谒晦老,请到任日期,获见晦老,口授谢恩摺,属为备办。履任期,择廿六午刻。余等还署,相与默写摺底,使笔政往呈阅。晡,余遂归,与赞尧谈。

二我前谓余乃五百罗汉之一,有降龙伏虎手段,以视如来及观音,则犹未也。

余之视二我也,则如尧之许由,孔子之长沮、桀溺,汉高之商山四皓,光武之严子陵。

二十四日　晴

汝霖来,与偕往慕兄许谈。俄余至嫂室中坐谈笑,见孟赓及子瑜。昳,袁伯骙召饮,余及慕兄皆在坐。晡,驱车赴颐和园公所,晦老已先在。又有杨君彝卿督办电政,是蚤亦来湖上,正与晦老谈。余至,亦与相见,遂共晚食。彝卿仍入城,将于明日南去。余留宿焉。

二十五日　晴

晨起,晦老亦起,俄冠带赴宫门请安,并谢授邮传部侍郎恩。闻是日召见。余在公所静待,久不归,知被宝瑞臣邀去午饭矣。余亦饱食,始归。

《中国铁路指南》,粤人胡栋朝著。栋朝为美国康里鲁大学堂留学毕业生,最研究工程学,故其书多述工程测量构造之术。

其原理曰:举凡起筑建造,能使世界日进文明,人类日多幸福者,皆谓之工程。如起屋工程、修路工程、卫生工程、水利工程、铁路工程是也。世界文明愈进,则工程愈大愈灵;工程愈大愈灵,世界文明又愈进。忘山曰:工程之有关系于世界如是,确有所谓学问,非可一蹴几者。惜我国相沿委诸贱役,学士大夫鄙焉不讲,非伊朝夕之故矣。

晡,又访二我。是晚,宴集翰香、二我于燕春园,纵谈。入夜,送慕嫂登汽车。嫂挈侄辈赴汉口,乘江轮抵沪,由海道往欧也。

二十六日　晴

蔡鹤卿来访,即去。诣慕兄谭。禺中,趋署。是午,晦老履任,群衣冠晋见,礼成各散。在署无事,观报。

《时报》之议论,颇有可观,其评断朝野之得失,极公而确。彼谓迩来之诏旨,颠倒错谬,不可究诘,皆衰败之气象也。言之使人懔然。又云:我国如仿东西列强,售随意公债券,宜改造有信用之政府。余深然其言。

晡,归。与稼霖谈。夜,作日记。

二十七日　晴

肯斋过。隶古卖碑版者来,为余装潢隶联及横幅,已完好。俄偕肯斋诣慕兄,遇履平。顷之,方勉丈至,余即趋署。是日,吴、于二长官皆至。观报及《东方杂志》。

外国官制中,有所谓执行机关者,内阁及诸部长、地方官之组织皆是也。又有所谓意思机关者,即中央议会及地方议会之组织是也。意思机关四字,余所未闻。

今世俗之相往来酬酢者,其目的不出三端:一曰借钱,一曰荐人,一曰托事。苟离是三者,则人之与人虽同居一社会中,可以老死不相见,守老聃之主义矣,岂不可哀。

晡,诣徐颂老,吊其丧。遇慕兄。俄至喜鹊胡同王许,遂出城,过义善源小坐。诣仁钱馆,晤佐安。又至杭州馆,勘视工程。因访霖伯,见伯唐。晚,入城,访子蕃,留夜谈,各诵所著之诗。子蕃为述赵侍御留别诗有云:"屡闻诏旨彰公道,始识朝廷有苦心。"此公已南归,今日首涂。

二十八日　晴

肯斋又至,与同诣慕兄。俄趋署。观报。

天津海关搜获私运枪械七千馀枝,又闻营口亦同时发见一案。危哉,今之时势也!彼革命党人潜滋密布,自京师及各省,随地皆是,乱机之将发,间不容发。纵皆乌合,不获遂其志,而以扰治安,则有馀矣。

《时报》云:朝廷用人,如劣手围棋,屡悔其着,置子不定,岂不贻笑外人。

前闻日、法有同盟之举,已有旨遣人调查,与我国有无影响。

署中马厩之棚厂,闻已构成,因往观焉。绕道临记洋行归。晚,汝霖、仰坡同至,俄撷兄亦来,因约稼霖与诸人同宴于同和居。夜深始散。

二十九日　晴

隶古及会经咸来。往视慕兄。薄午,出城,访绎之谈。

观人不易,大奸似忠,大谲若朴,君子可欺以其方,人果难知哉。

余昨夕似梦非梦,忽成一挽吴赞甫先生联云:"在曾李生前,惟我公亲观战迹;自方姚没后,更无人能继文名。"

日中,方勉丈约集同里人,为慕兄饯别,以明日将赴津也。坐有百约、班侯诸公。晡,归,伴兄至夜。

三十日　阴

随慕兄至车栈,送者衣冠如云。车既发,遂至杭馆小坐。薄午,至署,向长官乞假十日。晡,归。检理琐杂。夜,雨。

五　月

一日

起,雨声微渐止,云阴未开。屏当两馆计簿,为人书扇。夜,作日记。

二日 阴

晨钟八鸣,至前门外登汽车行。微雨。薄午,到津。时慕兄居河北李文忠祠,有马车来迎,比至,则慕兄及陈雨苍尚书皆为项城邀饮,并观剧,即在祠内。余晤芷香、葵章。俄履平折简招饮于九华楼,余暨芷香赴焉。盖祠后有园亭,曲折入胜,惜少林木,然风廊水榭,颇足消夏。九华楼者,假其地供游人宴赏,取资以为修葺祠宇之费。是日,履平所约,坐有谨斋、荫图及王钦尧、向子和诸君。谨斋至自塘沽,荫图来由汉口,王、向皆相随赴德者也。谨斋善谐语,终席甚乐。

晡,叔耘来,将归京,来与慕兄一揖而别。俄张伯讷、瑞玉如亦至,谈良久去。余因访彦复,又半载不相见,谈久之,为其书扇,并自书所著之诗视之。彦复有古钱癖,搜求甚夥,往往典衣购置之,乐是不倦也。时在津地,为项城所困,金尽裘敝,穷无所告,神志消苶。晚,随余至祠中,待慕兄归,小谈,留晚食。夜,与余同出观剧,散归时已夜深。

三日 晴,渐热

衣冠往谒陈雨苍尚书,谈良久始归。日中,独游祠中,殿宇巍峨,碑碣林立,联语甚繁。殿后有曲廊临水,迤西过板桥,至一圆亭,皆宽闲雅净,可坐以品茶。迤东面南,又有水阁,陈几榻精雅,时键闭,未许人入。余绕观即归。饭罢,与荫图、葵章等谈。晡,诸人皆他出,独余与荫图闲步,至圆亭中坐,纵谈。

前闻西国天文家言:今日为彗星与地球相触之期,当坐以待命。忘山曰:西人为此事,推算凡几次,皆无验。天学家之不足凭,于是觇之。是日,岑西林出京,将赴粤,过津与项城相见。

晚,与荫图坐人力车至日本界,因至餐馆,饱尝东国风味,其献食皆女使也。东人酒食简薄,余素闻之,从未领略,今始知之。

夜,归观芷香译电。昨闻子颐之子廷士又没于金陵,可怜其一家妇稚将安归?

四日 晴

慕兄将于是〔日〕离津,往谒项城。薄午,余及芷香至车栈待之,送者无数。未几车至,遂随慕兄登车,同车者六人,余兄弟外,即荫图、芷香、葵章叔侄。俄轮动,车去如电,风甚急。至塘沽,小驻即发。过芦台、唐山、滦州,重山四合,风景如画。俄逾昌黎,至北戴河,高柳夹路,凉风袭人。遥见秦皇岛所泊之船,闻西林已登舟由此赴岭南。时临榆县谭令之子鸿仪来迎。薄晚,至山海关,其地有外国逆旅,高楼大厦,供赡华美,遂入居焉。慕兄欲在此憩息三五日,乃出关。

五日 阴

是日为端阳节,谭鸿仪昆仲衣冠来贺。晡,谭令广生跨马至相见,谈久之去。与慕兄、荫图、芷香倚栏闲话,时所居楼高数仞,连楹十数丈,一览平旷,中起茅亭,四围皆杨柳,足娱旅客。薄晚,乘车入城,至广生治所,门宇颓蔽,墙屋倾圮,西偏一荒园,起室三椽,几榻整整,可以留客。俄出酒食相饷,并以光学留影,谈笑尽欢。夜,出城观剧,前数年所昵之女优金月梅者在是。

六日 阴

三五人联车往游海壖,曲折行,垂杨夹道,冈峦起伏,八九里始望见水色。其地有天后宫,及海神庙对峙,潮势崩腾。滨海有西人起浴房一所,乃相与趋视。水声猛壮,拾得海物甚夥,有形状极奇者,莫辨其名。遥见迤东有物峙立,以远镜窥之,其状似人,名曰望夫石。时风甚，奇寒。俄归途复至天后宫登眺，见西妇六七人憩是避暑。有僧献茶极恭，予银饼二枚。薄午，还。饭罢，慕兄熟睡，余与芷香、葵章诸人寻诗觅对为乐。晡，慕兄眠觉，时闻潮声震耳，葵章无意得句云："高楼听海潮。"绝佳，无以对也。晚，云势愈重，俄而雨。

七日　雨犹未止

余昨夕得诗一首，题为《丁未仲夏邻居使德，相送榆关，高楼瞰海，山雨欲来，感而赋此》，录如下："到此一为别，关山万里情。断云含雨势，高枕听潮声。且尽杯中酒，谁知海外名。凭栏无限恨，遮莫赋长征。"

饭后，晴霁。慕兄午眠。余与芷香、荫图、葵章联车出长城阙，纵览形势，但见群山雄峙，雉堞荒颓，海水梢远，不能瞭见。俄相与自关门入，路石凸凹不平，车为颠顿。门有二重，外额曰山海关，内曰天下第一关，五字绝雄秀，悬城楼上，面内向，即十年前所见者。余与芷香诸人登其楼，高约二十丈，楼中题壁有南海桂东原一首。时有佣杂人十馀，短衣聚坐而讴，作秦声，俗称帮子腔，其音哀厉，说者谓此声即秦皇造长城时所留遗，未识确否。晡，余一人先归。芷香诸人诣谭广生治所。慕公已醒，方据案作朋僚书札。俄芷香、奎章等咸至。晚餐，闲坐楼阑间共谭。

八日　晴

拜别慕兄，即登汽车返京师。慕兄暨芷香诸君相送至车中，盖慕兄于初九出关，余以署中假期满，故先归。广生父子亦至，坐久之，闻铃响皆下。俄轮动车发，遥望慕兄等犹伫立道侧，须臾不见，时头等车人仅余一人，过北戴河，始有西人三五来同车。薄午，过唐山，车中午餐。晡，抵天津，车小驻，瞥见有人推车房门入，则金谨斋也。不期而遇，狂喜。彼亦欲入都，遂同坐。俄又有人至，视之乃夏履平，三人皆大惊，盖皆未尝相约，以为奇。俄车动复行，谨斋、履平共谈昨日上谕，方知瞿相已开阙回籍，恽薇孙所劾也。瞿之亲属余肇康，江西案内被议，获降调处分，此次法部保授参议，瞿相隐而不言，为恽所弹，遂获咎，余亦褫职。瞿尚有授意言官私通报馆等事，旨派孙相、铁尚书查办。薄晚，到京，又以电话询署中，闻陈尚书已于初七来都，明日履任。外部尚书补吕海寰，民政部尚书肃邸充焉。

九日 晴

都中始终未得雨，麦苗皆槁。往视陈德庄之太夫人，又见子瑜，彼于明日出京。薄午，趋署。晡，陈尚书始来，拜印毕，接见僚属，传谕自明日起改早七钟到署，午后散值。是日，闻有诏旨，以鹿定兴充军机大臣，醇邸在枢廷行走，陆凤老得吏部尚书。薄晚，诣王相，闻抱病，未得见。因衣冠诣凤老贺，遂归。夜，与稼霖等谈。

十日 晴

到署。观报。

前在津观男女合演之剧，皆曰此西俗也，岂知吾国古时本自如是。《京报》论戏剧考证极详。据《太和音谱》曰：凡演剧，曰正末，曰副末，曰孤，曰靓，曰捷讥，皆男子当场为之。曰狙，曰鸨，曰猱，曰引戏，皆妓女当场为之。又据胡应麟《少室山房笔丛》曰：元杂剧，旦有数色：所谓装旦，即今正旦也；小旦，即今副旦也；以墨点破其面，谓之花旦，今惟净丑为之。而元时名妓，咸以此取称，如荆坚坚、孔千金之类是也。又妓李娇儿，为温柔旦；张奈儿，为风流旦。则知元杂剧装旦多妇人为之矣。又曰《武林旧事》载宋世杂剧，已有装旦，盖旦之色自宋起。沈德符《顾曲杂言》曰：演剧称女曰旦，不知何义。《辽史·乐志》：大乐七声谓之七日，凡一日管一调，则旦司乐之总名。故金、元相传，遂命歌妓领之，因以作杂剧，流传至今，旦皆以娼女充之，无则以优之少者假扮，渐远而失其真耳。由斯征之，有戏剧之初，凡所谓旦者，皆以妓女充之，故元演戏有娼夫娼女之称。其以男优假饰为旦，则起于晚近自明以来耳。

戏剧之大别，曰南曲，曰北曲，其小变至不可胜数，而今世所行二簧诸调不与焉。北曲，金董解元创，元代遵之。南曲，出于昆山魏良辅，自明以来，逮数十年前，皆相绳奉。盖南曲盛，而北曲几绝；二簧诸调盛，而昆词亦式微矣。要之，北曲以弦索为主乐，其音刚；南曲以箫管为主乐，其音柔。

昳，往视吴佩葱，未见。因诣车栈，送子瑜行。其同学送者甚夥。俄至仁钱、杭州两馆一视，遂访二我谈。暮，归。朱氏二表侄来京，觅余图事。

十一日　　晴

晨，衣冠往贺肃邸，遂趋署。观《政艺通报》。是日，王相奏请开缺，奉旨允准，并赏给驰驿。

《政学文编》载黄晦闻《孔学君学辨》，与余数年前所主持之说正合。彼谓自秦李斯焚书以来，历数千年，阳借孔学之名，阴实行君学之实，盖即阳儒阴法也。彼未指法家，稍异耳。

黄氏推重战国之魏文侯，为表章孔学之第一人，盖彼受经于子夏同时之田子方、段干木，皆出子夏之门。是故战国而后，寻孔学之真迹，莫此为著矣。观于田、段二子，其与文侯之相处，皆有裁抑君权，醇然出于儒者之行者，足知吾国君权之无限，以为儒术所改，竟大不然。

黄氏又论曰：专制君统之成立，其条万端，而其原则由于人各为一身计。暴主操富贵利达，以役天下士，众人不计其群之利害得失也，为一身则奉之矣。奉之且不惮自残其群，以保守一身之所有。忘山曰：名论。

昳，往贺鹿芝老，遂诣新吾，见益斋、秉庵。晡，归。浴身。得诗一首，赠彦复姬人彭嫣。盖彭嫣与吴瓔相识风尘中，遂以终身许焉。其人能诗，工篆刻，善书，风雅绝世，彦公亦引为佳友，征文及诗，遍海内名士。余亦赋五律一首赠焉，录如下："知己千秋感，无端遇此人。红颜非薄命，明月岂前身。馈粥朝犹给，文章君不贫。陶公遗业在，相送五湖滨。"是晚，阴云四合，微闻雷声。

十二日　　晴

到署剃发。

蚊蚋与臭虫，最能苦人。大凡屋宇不洁，此类繁生。昔人咏二物云："饱似樱桃重，饥如柳絮轻。"二语工稳。又闻有人呼为飞禽走兽者，余戏之曰："尔每夜就枕时，尚欲猎一围也。"

薄午，陈长官以事召，既见，始闻瞿相之园屋在湖上者，已为部中购置，命余率人往接受。饭后，余遂偕向辰、心锄驰车往视。地在马厂相近，约一百馀亩，绕以河，植杨柳及杂树甚繁，中有亭舍三十馀椽，瞿相所自筑也。登其堂，几榻尘积，窗壁萧然，大有今昔之感。俄又相与至娘娘庙小憩。晚，归。微雨洒涂。到家已昏黑。夜，月复明。

十三日　　晴

连日酷暑，盼雨甚艰。是早赴陈长官许，面陈公所事。以星期不趋署，家中闲坐。薄午，作书致慕兄。昳，谨斋过谈。

陈善闭邪谓之敬，啜菽饮水尽其欢。成联也。上言忠，下言孝，谨斋嘱余书大楷，悬诸中堂。

天下有短于小人之才，不敢为恶，而自附于君子者，其人不足贵也。谨斋云。

又云：吾恨伪君子，贪小人之利，而博君子之名。

又云：情中有淫，淫中无情。忘山曰：精语。

余询谨斋以所见之人才，谨斋举三人：一曰李祖植，字敷青，直隶通州人；一曰巢凤冈，字季仙，江苏常州人；一曰洪寿彭，字述轩，安徽人。

十四日　　晴

晨，趋署，闻瞿相园屋中器物及庭前花卉皆赠部中，即遣人至园检视保存。俄陈长官召余，以刊刻部中告谕及用铅字排印命余措办。又命购冰箱一具。昳，诣王相，晤奎章昆仲，见陶兰泉。晡，出城，诸事皆一一办结。诣《京报》馆访穰卿，不遇。又至杭州馆，晤汝霖、撷兄。俄至山会邑馆，访童亦韩，纵谈。

哲学之大，无所不包，为万种学问之政府，如百川归海。是故无一种学术中无哲学，其大无外，其小无内。凡从事于此者，当视天地万物为其学校，且无毕业期限。非如其他科学，可择地而求精、克期而待其成也。吾闻友人蔡公以名翰林剪发短服，自储学费，孤身游欧西，入其名学校，求侪身学徒中，询其所学何科，则曰哲学。嗟嗟，蔡公可谓有志矣！惜其望哲学而未之有见也。何也？彼视哲学与诸科学等。

人格至于无上上乘，其学其识，其才其德，皆化合而为一，无有界域，不能为之分析而指名也。今之有闻于海内者多不然。

暮，归。夜，坐明月下。

十五日　　晴

趋署。部中欲与瞿相家成立契券，以部署未完，故实行交涉，须待明日。

晡,访叔耘谈。

知人之学,不可不深注意人之性质才格,千歧百异。知其长,尤须知其短;知其优,尤当知其劣。平日所知,必多所储,一朝握权,临事方获无穷之臂助,而无误用人及受人欺之害。

薄晚,在新吾许,留晚食。夜,归。

十六日 晴

趋署,急摒挡契券事,而瞿相旧园屋中得一奇闻:有二妇人入门来,自称屋主,于昨晚间留宿不去。俄电话传云:又来一男子,其势汹汹,称欲率人撤屋,卖其材。乃以实告长官。长官曰:此无赖也。遂遣一马弁,持刺至海淀厅所,请勇数名前往缉治。至而询之,果原业主,遂好言劝其归,曰:"汝家有夫男在,何苦如是?兹事如何,部中必善处,尔勿忧也。"二妇始勉强去。日中,余归。昳,始往,于路遇马弁归,备告余。余遂诣其地,徘徊久之。乃至娘娘庙,见文舫,闻屋事又有变动,向辰、季武诣瞿交涉,未成而归,盖原业主意不愿也。薄晚,衡浦至,陈长官亦到,乃以实告之。陈公曰:需者,事之贼也。此事误于儒缓,若于受屋之翼日,即成契纳银,何至是!是夜,皆宿庙中。

十七日

晨,余及衡浦先归。昨午后戴赤日往,酷暑蒸逼,今早一路凉风袭人。到署,两堂已先在,亦陈明此事。吴、于二公大惊。俄那锡侯称,有法挽回之。乃暂不撤守屋人,以待后命。晡,闻陈公已归,乃往面述情状。陈公颇喜,盖犹恋其林泉之佳,而不忍释手也。俄归,晚饭罢,纳凉庭院中。表侄朱栋臣来小坐。稼霖为余述满人家庭风俗极详。

十八日　　晴

趋署。与向辰谈。

凡人有生而表里如一者，有生而表里不如一者；有外似浑厚而内实精刻者，有外似精刻而内实浑厚者。人之品类性质，其不齐有如此，知人其难哉。

有溺心仕宦之人，或讥之曰：何其一热至此。余为代答曰：家寒。

昳，归，阴霾四合，大风而雨，雷击不止。俄雨歇。薄晚，云开，瓦上见日。为二表侄改削禀牍，作寄荫亭书。夜，纳凉，成五律一首，题为《晚凉庭前坐与友人话旧》，录如下："爱说少年事，故人今见君。河梁几携手，樽酒共论文。明月藏深树，高天隔暮云。不知衫袖薄，清露坠纷纷。"

十九日　　晴

昨知内兄佑三到，在余斋中坐，余归适去。今日趋署，无事。长官悉在园。薄午，即诣义善源，晤佑三，留午餐，纵谈。昳，至仁钱馆，遍视应试之诸举贡。晡，访二我谈。晚，归。作日记。

吾读《史记》，魏李克之言曰：夫贵者则贱者恶之，富者则贫者恶之，智者则愚者恶之。又云：贵而下贱，则众弗恶也；富而分贫，则穷士弗恶也；智而教愚，则童蒙者弗恶也。不觉有所慨叹。盖世间贵者、富者、智者，每为人所嫉妒怨恨，是不得咎夫人也。大氐贵者不善自处其贵，富者不善自处其富，智者不善自处其智。苟善自处焉，嫉妒怨恨何自来邪？由是观之，数千年来，君子常为小人所攻，亦君子之不善自处也。君子而能善自处，匪特不为小人所攻，且能善驭小人，使为我用。彼小人者，奚足害天下邪？

二十日 　晴

星期,终日不出。陈朴斋过谭。

饮冰梁氏,奔走海外十年,其言论理想,屡腾诸报纸。人有讥其宗旨累变,所谓种界也,保皇也,共和也,立宪也,开明专制也。始谈革命,继又日与革命党宣战。始谈公德,继又提倡私德。综其前后所言,自相反对者不知凡几,岂非一反覆之小人乎?忘山居士闻而笑曰:不然。饮冰者,吾诚不知其为何如人,然据是以定其为小人,言者之过也。盖天下有反覆之小人,亦有反覆之君子。人但知不反覆不足以为小人,庸知不反覆亦不足以为君子。盖小人之反覆也,因风气势利之所归,以为变动;君子之反覆也,因学识之层累叠进,以为变动。其反覆同,其所以为反覆者不同。虽然,饮冰者,吾诚不知其何如人也。

余推许二我为天下第一等人,或问曰:"公心中推为第一等人乎,抑京朝士夫共推为第一等人乎?"余笑曰:"若京朝士夫皆知其为第一等人者,天下大治矣。"

昳,朴斋去。余无事,整理书斋,检视琐屑,涤除垢秽。

二十一日 　晴

趋署。闻瞿相园屋有副将王某出为调停,可仍归部有,事有成说。又奉长官谕,办文咨民政部,索取西长安街怡王府迤西之公园屋地,营建衙署。余及向兄撰稿,呈堂改定;并缮函致姜军门,嘱其勿撤驻守瞿相园屋之兵。

昳,诣王相。晤绳伯。晡,入见相国,谈良久。俄出城,至杭州馆。微雨即止。区置几榻等物,与汝霖谭久之,即归。适佑三在余斋中坐,昏暮始去。

闻稼霖言:有人条陈民政部,欲禁止露袒在街上行者。兹事一时颇难著为令。

二十二日　晴

趋署，闻西长安街之屋地，肃邸已面允陈尚书。是日，长官命速行文，待覆到即可收地，衙署成立，邮部大局定矣。观报。

《时报》论各国议会，多采两院制度，盖皆成于自然之结果，非强之使然也。如英国当八百年前，即有贵族平民之竞争，两院成立，实基于此。独德国不然，亦以本国历史上之势态组织不同。今我国宪法始萌芽，将来若仿行议会，似以一院为宜。何也？我国自皇家外，素无贵族贱族之分，故白衣可致公卿，而宰相蒙罪，下侪平民。如是，则又何必强分两院，使政界中多一重侵碍，而徒博崇效欧法之虚名无谓也。忘山曰：论颇近理，待余研考后决之。

昳，余驱车绕西长安行，即归。得邻居哈尔宾函，述及到沈瞻谒两陵，太祖及太宗者。佳城葱郁，足征本朝气脉之厚。至行宫，又见高宗纯皇帝圣容，及太宗所留战袍，尚有血迹，此外古铜磁器极□。因告徐、唐二帅，谓可仿外国博物院法，一一罗列，罩以玻璃，纵人游观。如是，则内地人来奉者必多，省会必益兴盛。徐、唐二公诺焉。慕兄月之十六到哈，即晚乘车西行。

薄晚，诣爽夫谭，即归。王相廿八行杭郡，同人欲公饯，具帖往请，相国力辞，乃作罢。

二十三日　晴

趋署。无事。作日记。是日，闻瞿相园屋售与邮部，已有成议。那参已赴园勘视。晡，归云已订明日成立契券，盖其地本属皇家，历年有人承佃，其转展相售者谓之倒佃，若彼坚不允售，则部中可行文内务府，或出奏指索，彼时一无所得矣。那参议深悉其原始，遂能以利害动之，事卒成。

二十四日　晴

赴园,至海淀饭肆中待向辰。俄至,已携来购屋价银四千五百两。时微阴,与向辰对酌,饮冰梅汤。昳,赴瞿相园屋,晴,日光炎烈。有副将王某为部中斡旋此事者已先在,谈及庚子乱事极详尽。晡,屋主王冕斋始来,始成契,将屋价交纳。屋主有女,极不驯,颇解读书,又娴拳勇,乃父懦弱,殊受制焉。是役也,种种生阻力者,其女居大半,而冕斋之债主孙姓悍妇亦与焉。

园地约二顷,四围皆河,杨柳绕之。濒东略种荷莲菱芡,屋之左偏有花洞,兰蕙幽繁。入门内,见曲径画堂,杂花盈阶前。炎夏避暑,风景殊胜,宜陈公之恋恋也。

薄晚,与向辰至同和居,登小楼对饮,肴馔丰洁。夜,复偕至陈公许,述今日成契交银事。陈公甚喜。

二十五日　晴

赴署,三长官皆至,下堂谕,规定官制,分五司:一曰船政司,一曰路政司,一曰电政司,一曰邮政司,一曰庶务司。凡不属于前诸司之事件,皆归庶务司,并命画一合部所用簿籍文书格式。是日,民政部有人来,磋商所让公园地价银。晡,归。晚,陈公召,遂往,始闻明日将考试书记。

二十六日　雨,俄止

三长官皆来,发给试卷四十馀本,命排列几坐,编号数,遂传众书记齐集,领卷就位,由长官命题。题为整顿航路邮政之告示,限数刻交卷。未午考毕。昳,长官始散。晡,余诣王相,未得见。绳伯属余代拟恭报到籍日期奏摺。余即归。夜,大雨。余所拟奏稿成,中有四六数联云:"臣以樗庸之质,衰朽之年,渥受皇恩,久羁宦海。民生国计,徒怀报称之心;魏阙江湖,不胜瞻依之感。"末又云:

"从此优游林下,莫非圣主之隆施;依然慨念时艰,不改儒生之素性。"余向厌四六文,今勉强低首为之,其似与否,不计也。

二十七日　　晴

趋署。是日,五司正稿帮稿派员:船政司以庚耆为正稿,章梫帮稿;路政司陈毅充正稿,关颖人、叶公绰帮稿;电政司龙建章充正稿,王鸿犹、谭祖任帮稿;邮政司同林充正稿,陈士苣帮稿;庶务司以余充正稿,金恭寿帮稿。谕既下,遂与同僚奉派,登堂揖谢。晡,与向辰合拟庶务司办法规则。俄访佩葱。晚,在杭州馆夜宴,撷珊约,坐有班侯、穰卿诸公。

二十八日　　晴

趋署,与丞参厅商酌庶务司规则,又奉长官命,分划署中屋宇为五区,以给五司之用。是日,闻安徽巡抚恩铭被刺而死,凶手何人,即巡警局会办徐锡林也。徐以巡警学生行毕业礼,请中丞亲临,乘机以手枪毙之,并伤及同僚三数人。徐当场即被擒,自称革命党,讯实口供,就地正法,取心血以祭恩焉。

晡,诣王相,与相对饮。日犹未落,相乘肩舆赴车栈。步军衙门派巡兵,列队荷枪以送。京官同乡到者寥落,以相行太急,皆不及送也。惟旧同僚及亲友皆集,车发时,犹未暮。是日,佩葱以电视余,知慕兄已于廿六抵圣彼得堡,去德京尚有二日程。汽车之速,究胜轮舟。圣彼得堡至贝加尔湖八日,贝加尔湖至哈尔滨六日。

二十九日

到署。所划之五司区所,皆以朱油木板墨书标题,使人一望而知。同僚已纷纷移居。从前之内外文、总务、电报、收发,皆销归于无有矣。是日,那参以病未至。晡,忽折简相召,云有密事商诸余,趋往,则出陈长官手谕,云今日奏请革办书记委员胡国瑛,速即密拿解顺天府。那因询余办法。余答曰：今日适有铁路巡警调来四名，如其人在署，必可获之。遂归，至电报股，伺其人在焉，遂出而传巡警至，系其人至警室中监守之。未几，那参亦至，以既获其人告，那遂率步军衙门练勇数名，持部中片文，押往顺天府。

晚，出门至燕春园，宴集同乡七八人。暴雨忽至，俄晴。夜，归。过陈长官许。

六 月

一日　　晴

趋署，长官咸集，同僚自正帮稿外，馀人分司行走，是日揭晓。名单不及备述，独记余庶务司者共六人：杨宗稷、润璋、庚续、傅增潚、陆大湘、徐象先。群衣冠登堂揖谢，退而相揖贺，终日冗迫无暇。随余办事最得力之员曰恩培，竟无故咨回吏部，冤哉！

二日　　晴

庶务司已移至前总务屋，其旧屋改承值所，内掌电报、监印、收发三事，奉堂派笔帖式三人。又每日责成司员二人值宿。晡，衣冠至晦老许，投刺。过仁钱馆，闻佐安病，未入。遂访二我。

余询二我曰："迩来奔走颠倒于簿书鞅掌中，敢问先生，一见余觉其有尘俗气乎？"二我笑曰："忘山尘俗，则二我市井矣。"相对大笑。

晚，又至吴仲老许，投刺遂归。

三日　　晴

趋署。时承值所隶于庶务司，余因见陈长官，请示由司稽核承值所办法。长曰："我有新规则。"遂付余誊清后排印。是日，急将堂交前数日之奏咨片诸草,补录正稿,呈画。晡,诣新吾谈。俄又往谒陆凤老,获见,谈久之。

连日实无事,尘俗所驱,竟不得读书,及弄诗篇,故日记中无一字可味者,奇窘。

四日　晴

到署,催安电机。承值所规则始誊印成。大雨,即止。归。是日,赞尧辞馆将归,夜与庭中共坐。闻长官赴园,以明日与民政部会奏要事。

五日　休息日,晴

答拜丁锡五归,心锄来,小谈即去。会园中电话来,促余入署,遂往。在署午饭。时向辰、衡浦皆归自园,云:"民政部公园地,已奏准归我,已奉堂谕,派四人,即君与杨时百,又我二人也。"急发文去收屋,何时当问民政部。俄待回投至,摇电询之,始知皆已散值,乃作罢。晡,余与衡浦绕道正阳门,车过其地,入游观,园亭清旷,堂宇整雅,老树数百株成行,改建治所,非多造屋不足供用也。

晚,归,宴赞尧、锡五、芝樵及朱氏昆弟于同和居。夜,散归。

六日

到署。陈、吴咸至。是日,办秋俸册,沪有电至,云拿获柯道家丁郑宝英,附新裕舟解入都,促部中迎提。乃以电询津,知舟尚未抵口。晡,诣义善源,与佑三谈。俄过厂肆论古斋小坐,观书画。又至荣宝,订刻图记。遂入城,闻陈公召余,遂往,仍以公园地事,属余与民政部接洽。又命于郑宝英到时,为留一影,再解大理院。

七日　阴

趋署。吴、于二公至,颁发钤记,各司承领。余司中办秋俸册。雨。是日,以承值所值班不齐,奉堂谕,增派二笔政襄理。晡,与向辰往祝陈梦陶寿，见其子玉年。晚，诣陈长官许，贺喜。

八日
趋署。吴、于皆至。各司开用钤记。是日，办片迎提郑宝英，解送大理院。向路政司索大理院原咨，盖陈长官前奏劾柯鸿年舞弊营私，并及其家丁郑宝英受贿等情，请旨交大理院查办。院中行文本部，索其人。陈公因密电沪道，解其人入都，故余索其来文。路政司始不允，争之至再，始移送到司。余遂抄录存案。晡，大雨。归，补作十馀日日记，枯涩异常。

九日 晴
趋署。陈公已至，下札二通，简派丁惟忠、林寿熙二人营办新署事宜。是日，司中补稿甚夥，仍办秋俸册。晡，归，小憩。闻赞尧已行。余在稼霖许小坐。薄晚，赴颐和园公所，以明日本部值日奏事也。时近湖一带，山色如画，流水潺湲，仿佛钱唐风景。比至公所外，则乱柳绕门，稻田数顷，夕阳欲堕，清风徐来，为之流连不置。是日，长官皆未至，由电机传语，知明早始出城。余在公所中宿，与二笔政谭，一寿介眉，一荣向春。

十日 晴
晨，三长官车连镳而至，既入小憩。俄闻独召见陈长官。余以无事先归，赴署办秋俸册，犹未毕事。至丞参厅小谈。饭后，又至船政司，与章一山谈。晡，往谒陈瑶圃先生，获入见。晡，出城，至仁钱馆，晤同里之新至者邵君小谭，因属馆役涤除秽积。俄赴杭州馆，小坐即行。诣聚宝堂，同翰卿约也。主客皆未至，坐以待之，又索食。翰卿始来。薄晚，以腹痛先辞归。庭中坐缮致成子蕃及吴绅斋书。夜深眠。

十一日　阴

趋署。陈、于二公至,补办调员奏稿,并咨行各衙门。盖陈公昨已奏请调借农工商、度支、吏三部人员来襄办一切,已得旨允行,今日始行文。

雨,终日不绝。晡,复诣船政司,与章一山谭。俄归已暮。饭后,与朱氏昆季谈久之。金陵大小学校,竟有三百馀所,可谓盛矣。属于武备者,以陆师、将备二学为最巨;属于文学者,以高等小学及师范学为巨。

又闻江宁贡院,已被张季直以十馀万金购去,改为妓院,岂非奇闻。

前得《天禄阁外史》一书,题曰汉黄宪著,检其弁言中,知后人有疑为晋人所伪托者,尚无实据。曾以示子蕃,子蕃断为赝作,以文气之厚薄决之。

自恩中丞遇害,凡达官贵人,皆有危心,朝廷则更甚,至引见之礼废,改为验放。革命党人之势焰,岂不盛哉。

连日匪特不观书,并不观报纸,自知面目可憎,语言无味。

雨,至夜未息。又补数日日记。余之于日记,视等身家性命,十二年之精力萃于是,乌肯轻易弃之,故虽极忙迫,亦必补记。

慕兄必早至柏林,屡得其途中信片,无不盛赞一路山景之美,其片之背,即留其影也。

十二日　雨

是日,星期。冒雨赴民政部公园,向辰已先在,尚有丁厚斋、林颂清二君,方聚而共食。余到,亦入坐饱啖。食已,始相与持盖,周视各地。园中屋约百馀间,自民政部收买后,有仍旧贯者,有修补者。最整洁无如正屋二层,回廊曲折,髹垩明鲜。迤西平台,可以远眺,惟前无正门可通马路者。时已奏明让归邮部,遂拟逐渐购买迤南众民居,为建造署门计。是日,雨中与丁、林诸君察勘众屋,分别等次,估度价值。事毕先归,缮致莲孙、振清、渭东诸人书。

十三日 雨,微止

趋署。是日上堂,大受陈长官之呵责,其故盖因此次甄择司员,中有恩培者,自开部以来,即随余理庶务,号称得力,众口一词,无端被逐,余不免为其称屈,且向陈公昌言之。不期为报馆所闻,竟登载焉。陈公见而大怒,疑余所嗾使,遂致有今日之辱,而余处之坦然也。世上风波之险,有过此万万者,余何能为之动心。

是日,新到部者有陈应涛、蒋尊祎等共四人。陈应涛获派充庶务司额外主稿。雨仍不绝。

十四日 雨未止

趋署。陈长官忽降严谕,不许书记在司中,恐其助司员拟稿件也。余尚有相随理庶务之书记二人,以故亦不得在司中。是日,又有新调到部者六人:曰夏仁虎,曰唐浩镇,曰六保,曰梁用弧,曰阮永和。其一人不审其姓名。唐获派在庶务司行走,其馀分配四司。是日又谕刊告示,将招考举贡之落第者充录事。

晚,归。闻东邻沈雨人君邀余往谈,夜见之,亦道及陈长官与余冲突事,盖闻诸杨杏城侍郎。陈犹疑余为其登报也,忿忿不已,逢人遍告,谓余负之。余闻而大笑。

十五日 晴

晨,趋署。又诣那锡侯,俄仍至署,见于晦老谈久之。是日,公事颇简,招考告示刊就,遂命人分携至城内外张贴。晡,散归。浴身。庭中纳凉。

十六日　　晴

答拜诸来视余者。访二我谈。

二我云：西国天文家，屡算彗星与地球相触而不验，彼其所测之轨道诚不谬，不知天空中永无有两星触伤事，盖星之外各有气以围之，相遇则生弹力，自能相避而不相损。彼精天学者，犹未审此也。

地球必有毁期，其毁也，海水必先枯竭，人物必先尽，而后地心之火炸裂之。若虑其为他星触伤，是大谬也。

薄午，赴民政部公园。是日，肃邸遣员，将其地移交邮部，余故往接收之。日中，仍至署。连日雨后奇热，挥扇不止。招考录事告示既出，报名者纷如，已盈百馀人。晡，诣义善源，又遇晦老。俄诣厂肆，代路政司刊关防。晚，归。佑三在余家，俄去。夜，坐院中。补日记。

十七日

趋署。晴，稍凉。丞参堂聚多人，纷纷据案写摺底，盖官制已定，将出奏也。是日，司中办稿二：一咨内阁，不开送堂衔；一接收公园，咨复民政部。庶务所司，皆此类杂事。陈玉老理繁治剧，眼敏手辣，不得谓无才者，然性太褊急，以意旨为宪法、喜怒为是非，司员皆重足而立，侧目而视。语云：大弦急则小弦绝。又云：水至清则无鱼。为政当责大指，不苟小。玉老抑何其不惮烦也。

晚，归。坐庭前纳凉。夜，缮致慕兄书。

十八日　　终日雨

在署事简，为路政司刊刻关防，盖颁给滇越、九广、粤汉者也。晡，发丞参司员等津贴。晚，冒雨归。雨甚。

观《六研斋三笔》，多论古画家轶事，亦无甚可观。读我国书，如披沙拣金,当其不得金也,使人烦闷,略无趣兴。

古格言云:人生当小不得意时,便是莫大之福。余三复斯言。

余视世间横逆之来,等诸蚊蚋之钻肤,略不介意,毫无忿怨。独至闻人一语相褒,不免含泪欲下,亦殊不自解何故。

雨声不绝,寐坐作日记。

十九日　　醒时雨声浪浪

盖终夜未已。闻电话传云,部中长官今晨到署,促余速往。急披衣起,著油履,踏流而出,庭院中水满。在斋中盥漱毕,方欲登车,忽闻轰然一声,则见屋外老槐一巨干折断,枝叶蓬然覆院中,因雨湿过重,木心已空,遂不能支。余亦弗顾也,急登车去,一路沟浍皆泛溢,甚至没轮,雨犹如注。抵署,陈、于皆已至,盖所奏官制摺,欲易数字,拟从缓递。陈公俄去。逾午,余往访佩葱,闻慕兄于本月初二三已到德矣。晡,诣陈长官祝寿,即归。微晴。

览陆桴亭《论学酬答》,其与陈言夏书有云:凡民之身,有动有静;凡民之心,有动无静。君子之身,有动有静;君子之心,有静无动。语极精。忘山曰:君子之心,出应万变,因物付物,行所无事,虽动亦静也。

二十日　　阴,雨犹廉纤

晨,趋署。是日,三长官皆在湖,未至署。余在司中,整理簿籍及稿件纸张。丁厚斋至,与商订购屋付价事。晡,出城,至厂肆,饮信远斋之冰梅汤,其味至清而釅,京师其独擅也。俄诣吴长官许。又访二我谈。晚,归。

德律风,至便捷之物也,而遇有重要事,则又当防人之假托,断不可凭也。此事余今日始亲历而知之。语云:不经一事,不长一智。然哉!

二十一日

趋署。吴、于二公先至。余昨日颇受德律风之误,致蹈绝危险,赖今日丞参相助,乃获无事,其详亦不便形诸楮墨也。是日,办画堂行稿数件。昳,至义善源,持五千两银券,破整为零。晡,至新署,即民政部公园地。是日,收买民房十一所,一一成契付价。昏黑始散归。

小人未始无才,不幸附于小人之身,吾为才惜之。

君子有才,能用小人,而不能为小人所用。

小人而据高位,必将倚势而凌践其下,使人离心叛志而后已。吾知其不久也。

何以谓之小人?曰:遇事苛诘琐求,不知大体,所谓斗筲之士,何足算也。名之曰小,乃最的当之名词。

二十二日　晴

趋署。昨闻丁厚斋收购屋价直尚缺三千两,属余补发。适陈长官已赴湖,吴、于二公来,余白之。二公迟疑久之,曰:是非询诸玉苍不能发也。昳,二公皆至湖,余先归。佑三暨夏燕保来小坐,余以明日署事官制入奏。薄晚,亦赴湖,途遇庚仲颐,告余言:"陈堂催汝发款。"余曰:"不得堂谕,丞参岂敢擅发,是非面见陈公不可。"比至公所,三长官皆在,陈公意甚怒,曰:"房价何尚未发也?"余答曰:"此国家公款,不奉堂批,谁敢擅与。"陈默然,俄又促归,速办其事。余因索陈手谕,曰:"得是方足为凭也。"陈公急书以付余,遂归,入城已黑。夜,饭于同和居。时佑三犹未去,闻亦趋来共谈。

二十三日　晴

晨,趋署,持陈堂手谕,向丞参堂领款三千。会新署监工者丁厚斋,是日有事,改于明日午后二钟相会发价,因禀达陈堂。是日,邮部官制入奏,奉旨依议。三长官皆召见。邮部自去秋八月开始,至今已半载馀,大局始定,而已易长官八九人。风涛起伏,余皆亲历之,岂不难哉。昳,饭于纯利西餐肆。晡,仍至署,俄归。先诣沈雨人谈。雨翁出所制古体诗示余,皆伤时慨世之作。顷之有客至,余遂还。庭前所折覆之大树,枝已被匠人截去,虽重阴稍阙,其直干尚高,犹不觉也。居家最喜树多,若无树是一大苦境。观《王右丞诗集》。

余生平从未遇拂逆之境,此次小小尝试,正造物所以试炼余之心也。十年读书,所学何事,苟因是而易操堕志,平日之抱负皆虚矣。

二十四日 阴,微雨

诣杨杏城侍郎小谈,即趋署。雨甚。于长官先至,吴、陈先后到,呈画堂稿数件。是日,约午后至新署发放屋价,盖续收买西偏屋地也。余未午即行,至西餐肆午食,尽饱。诣义善源。雨微不绝。时携银券三千两,破整为零。因赴公园,途泥泞难行。既至,厚斋、子寿皆未来,小待始相继至,屋主亦络绎齐集,一一成契,纳银去。晚,归。览王右丞五古。

右丞古体,不如律诗,尤以五律为最。如:"倚杖柴门外,临风听暮蝉。""流水如有意,暮禽相与还。"颇得陶之神髓。

人当俗务猬冗、劳悴烦乱之际,抽暇读古人诗,为之心境清凉,其味弥永。

二十五日 雨,俄渐止

驱车赴公园,以尚欲续放款也。至则寂无一人,坐以待之。园中林木极盛,花果繁多,雨后众绿敷披,风物静美。

皖抚遇刺，内外戒严，革命势焰益复涨盛。道路传闻，江西之瑞，新疆之联，皆遭不测。事之有无，尚在疑似，政府顾皇皇然不可终日。或献策媚之者，曰：尽捕馀党，务绝根株，其害方息。岂其然哉？此风之播，急如瘟疫传染，遍国中不可究诘。唐人诗云："野火烧不尽，春风吹又生。"专事斩杀，奚能尽之，其祸愈烈。惟赖朝廷执持公道，以服其下，且尽心教养，多启生途，以收贫民，俾有所归，如是则附从者寡，党人势孤，不攻而自息矣。

薄午，复买屋二所，又随丁、林履勘数家，即趋署。晡，归。剃发。薄晚，赴湖。时以长官命，五司主稿明日随班祝嘏，故是夕仲颐、诒重、伯扬、翰卿暨余，皆宿公所中。

二十六日　　晴

余五人皆蟒服补褂，随长官至仁寿门外。时朝贵咸集。辰初二刻礼成，纷纷各散。余等随那锡侯至外部公所更衣。是日，那约饮于养年别墅，在海淀迤西，地名巴沟，那氏之家园也。有稻田二顷，荷花数亩，筑屋其间，遍植杨柳及杂木，廊宇幽胜，丛竹萧森。迤东土山昂起，亭曰旷然。余及仲颐等五六人，宴集其地，谭咏尽兴。并见那之尊翁，即明将军那相之叔。年八十，精神矍铄，每年夏初来此，秋末入城，晚年萧散，足以娱乐矣。晡，联车归。至家小眠。晚，风起，雷电甚猛，有雨势。夜，雨声，俄止。作日记。

余今晨起，见同僚四人者，皆疾首蹙额，曰：昨夜蚊多，一夕不能眠。余则不知也，笑曰："始登榻微闻其声，迨彼聚而噬余，余早睡熟矣。"皆为抚掌。忘山曰："余之处世亦然。"

二十七日

晨，趋署。吴、于、陈皆至。是日，拟请铸五司印信片奏。又办定期招考录事告示。

邮部既设,大端良多,某尚书不之问也,独斤斤于封套之大小,纸张之厚薄,行款之疏密,以是日斥司员,岂不可哂。甚至自定格式而自违之,专苛求其下,彼心已乱矣,安望员司之治?噫!

某君之去,余略作不平语,彼即种种与余作难,若与余有宿仇。旁观者见彼蹂躏余,多抱不平,余不之觉也。余视彼如小儿,岂愿与之较。

昳,至工程处,见林君颂卿。俄诣新吾,与秉庵、益斋谈晡,访二我。

二我云:"岁寒三友,我梅花也,子其千丈松乎?再寻一人,顾不可得,无已,独有明月可以为侣。"

二十八日　　晴

趋署。陈堂命测绘新署地基,因请购测量仪器。晡,出城,至义善源小坐。即至公园,尚有续收之屋,计价四百六十两。俄诣贺佑三,不遇,盖新由邮部保丞参也。归途遇子蕃,因至其家小谈。晚,抵家。佑三至,谈至夜深乃去。

风闻内外大臣有更调之说,并欲组织内阁,盖为革命党人声势所动摇也。又云:过七月初一,即将发表。

前有二表侄,来都投效,皆江南武备学堂毕业生也。铁帅不敢留,曰防其为革命党;又闻是浙人,愈不敢用。嗟嗟,广立学校,教育人材,所以备用也;今于学之既成者,又惮焉而不敢用,设学将何为乎?学部殆可裁去矣。

二十九日

趋署。是日,发定期考录事告示,已派多人监场,借用五城学堂,以期屋舍在暑假内空闲也。晡,雨。归。

凡人性太缓有失,性太急亦有失,得中之为难。

今日人才消乏,遇小有才者,亦目为人物,而大用之,鲜不覆矣。

三十日 晴

趋署。昨日署中又有漏泄登报事,长官怒,命严查何人通报馆者。薄午,访冯次台谈,在纯利饭肆午餐。诣义善源小坐,遇叔耘、佑三,往吊唐温斋母丧。又因厚庵周年,在长椿寺设祭,余亦往拜。晡,访二我。

旧俗:治丧必饭僧,亦借梵乐申其哀悼之情而已,非必有所迷信而然也。今者谈新者,多欲矫俗,罢其事以邀誉,亦殊太过。

二我为余之第一知己,余之真相,惟二我能灼见之。盖历二三年来,察之于微,证之以实体,会之于无形,遂能窥见全豹,不啻然犀之一照也。

人谓我愚,二我独称余智;人谓我拙,二我独称余有能力:动与舆论相反。所谓生我者父母,知我者二我也。

余与二我,自相友后,两人之品格日益高,学识日益进,自谓皆是星气界中人物,俯视馀子矣。

今者国家之危如累卵,天下人莫不战兢耸惧,而我辈视之,正绝好一生机萌动社会,当视为可喜,不必忧也。二我首肯余言。

七月

一日 晴

趋署。是日,有新调到部者二人:一曰贺良朴,一曰郑诚。

凡为大臣者,其治事也,当知以静制动,以简驭繁。而反是者,乃以动制动,以繁驭繁。于是当局者不胜其烦劳,而事之丛脞如故也。

事有当急者,有不必急者;有可以急者,有不能急者。苟事事求急,必有阻于理而不可、扞于势而不能者。

小人不必即是恶人,其才小也。才小而任大,其偾事也,吾静以俟之矣。

以喜怒为是非,以意旨为宪法,专制之横暴,吾今始目睹之、亲尝之。

晡,诣公园,见林涌清。俄归,过沈雨老谈。

雨老主持孔孟,身学其说,是真能立二千年来未泄之秘也。宋儒以心学代之,遂堕于空虚,而儒教晦。

夜,无云而电,俄而大雨。

二日　　晨,晴

趋署。尹芝田至,亦新调来部者也。玉苍尚书命余司中造六月分度支出入总册,时余司中典度支者,徐君慕初。

部中考录事在即,其未应礼部试之举贡,虽报名亦扣除也。已向礼部取册来核对。向辰等司其事,故甚无暇。

晚,归,闻芝兄已到。饭后,灯下作日记。

闻是日有诏,欲混合满汉,不分畛域。盖鉴于革命党之事也。虽然,党人岂少休哉。

三日　　晴

诣武定侯胡同陈德庄许,见有云南举人请废女学文。俄访佑三,留午饭。是日,丞参揭晓,那晋补右丞,张元济补左参议,李稷勋补右参议。昳,至义善源小坐。晡,诣芝兄谈。又造履平,访叔雅。晚,归。

昨闻雨老云:天象家言:凡彗星扫文昌尽,主五十年晦盲否塞,天下无文。记唐末某年,曾一见。同治十二年,又一见。现今尚不满五十年,犹在无文期内。盖所谓无文者,非无文字之谓也,不明伦理,不知人道,浼然纷乱,偶有谈及修身立品之学,辄诋为迂腐,今之风尚正与是相合,其为晦盲否塞也极矣。天运如是,谁能回之?再越十五年后,或有幾乎?

四日　晴

往贺那锡侯。即趋署。是日,陈、于派阅卷未来,吴仲老至。奇热。观慕初造度支册,又见唐符郑所拟庶务司规则。考录事卷备齐,监用钤记。逾午,出城,至义善源小坐。因往贺李瑶琴,即归。时风起云合,微雨俄止。

观《陆桴亭集》,又览明末人杂记及太白诗歌。

闻明崇祯时,于芦沟桥造一城,左扉曰顺治,右扉曰永昌。其后闯军西来,僭号永昌;本朝入关,建元顺治。亦预兆也。

明福王淫昏已极,大兵南渡,兵败地蹙。一日,召见群臣,不谈国事,仅叹后宫之寥落,欲妙选美人以补之。举朝愕然。由是以观,虽无阮大铖、马士英辈,其国亦未有不亡者也。

太白诗,豪雄有馀,沉郁不足,其逊于老杜者在是。

五日　阴

趋署。那、李皆至,衣冠诣丞参堂贺。俄于晦老至,吴、陈亦来。是日,考本署书记。大雨。题为《淘汰冗员告示》。雨至晡始息。诸人纷纷备明日五城学堂应考之外来录事,场卷皆用庶务司钤记。逮暮乃毕。

归已昏黑,吟诗不成。

余尝戏谓:学化满汉之见,须汉女放足,满男加冠,盖满人名刺多不加姓,一望而知,何如尽取满姓之首字,加于名上,使人忘其满籍乎？又汉女放足后，犹须满人闺中改其严苛之礼法，使为妇者不苦，如是则满汉可通婚姻，而形迹胥化矣。

各省驻防，本为防汉人设，现既欲化除畛域，何如悉撤之，以坦怀示天下。将军、都统之名，本赘疣也，不撤驻防，而以是等缺授之汉人，则防于何有？

六日　晴

趋署。是日午前，三长官在五城学堂考录事。昳，考竣，咸至。向辰、子如辈亦归。前日本部奏请颁给《图书集成》，是日派人领归。陈长官大怒，谓：无地可藏庋，何不待长官命而为之？余深受诃责。昨闻郭侍郎授邮部左丞，是日往谒，不值。因访二我。

君子而居人上者，恒以君子之心待人，故能容小人；小人居人上者，专以不肖之心疑人，故不能容君子。

小人而有君子之才量者，谓之奸雄；其才量不足，而据君子之位者，适成其为小人而已。

七日　晴

趋署。时三长官仍在五城学堂考录事，盖皆落第之举贡，两日间分省入场。薄午，向辰归。俄吴、于相继至。余以庶务司事多人少，因开列各种事宜单，请多派人，并本司司员单呈堂阅，且分注某告假，某丁忧，某兼差，在司者寥落，以致事涉纷纭，冀彼可以醒悟。岂知陈茫然不省，且笑曰："吾有一人，即足任十人之事；如尔之才短者，无怪其辅张失错也。"余闻之，遂有去志。晡，余先归，以司中印钥、印牌等件授向辰，因诣杏城言其事。既归，又出城，视徐慕初。复至义善源，留晚饭。夜，归与沈雨老谈。时缮致那右丞辞邮部差书已就，明日驰骑送之。

是晚奇热，汗如雨下。

八日　　晴

遣仆投余辞邮部书。余即乘车访二我，纵谈。日中，对酒啖鱼虾。

在邮部几一年，朝出暮归，自星期外未少休一日，至此如释重负，快然怡然。

赵孟之所贵，赵孟能贱之。彼某公者，固操是权以相待，余若翻然媚之悦之，人爵无患不得矣，如天爵何。

《鲁论》云：君子易事而难悦也，小人易悦而难事也。

昨闻雨老言：朗润园会议，诸大老皆有忧色，独某公喜笑自如，或讥之曰：《诗》云乐子之无知。彼无知也，无怪其乐。

晡，访叔雅谭。薄暮，归。夜，作日记。

九日　　阴

衣冠往贺某君，即访佑三，尚眠未起。余入易便服，久之佑三延余入，谈久之。时佑三已为某公保荐丞参，未获简放，已有札文，调其行走，佑三未往也。薄午，诣新吾，晤燕保、益斋、秉庵。余自诵辞邮部书，录如下。书云："某自问虽非才长，半年来于部中重要公事，并无贻误。此次仅因料理杂务，臂助无人，前助办事者有恩培、保桂、延昌三人，恩被咨回吏部，保、延皆笔政，被驱入书记房。余之手足，尽被断截，遂成人儇。一笑。种种不合，惟有自认无能。去志已决，即恳费神代回大堂，开去主稿乌布，别简贤员，不胜欣幸。司中文牍一切，金向辰兄掌之；经费报销，杨时百、徐慕初两君掌之。杂项一门，纸张归丞参厅，其馀一切陆衡浦兄尚能接洽。某并无经手未完事件，合并声明云云。"书致那右丞锡侯也。

在化石桥午餐罢，即出城访芝生兄谈，抵晚共食于燕春园。夜，归。雨。

得向辰书,知余事昨已由那右丞白于长官,竟无下文。今早向辰以印钥交陈子绶,陈不敢纳。于是长官召向辰,面命其暂行代理。向力辞曰:"前以事屡拂堂上之意,皆某帮稿无能之故,今忽代办主稿,势更不支。虽一日之短,亦不敢承任。"于是长官随下谕曰:孙某既暂请假,该司印钥暂交庚某兼理云云。余闻而异之,因拈毫作复向辰书云:"弟视富贵功名如浮云过眼,此番在部中半年劳扰,亦等诸浮屠氏之游戏三昧,原可暂不可常。独今日之乞假,乃常也,非暂也,即望速将鄙意转达锡公,弟志已决,无所谓游移,断不可因弟一人耽误公事,从速请堂谕选人接办,将庶务认真整理,则弟虽去,心亦安矣。"

十日 早阴,午后微晴复阴

终日不出,览《古欢录》。那右丞锡侯来访,殆为调停余事也。余早知之,预嘱阍者,凡客至皆谢绝,故未能见余。

夜,沈雨老过谈。余写诗二章视之。

十一日 晴

方勉丈过。是日,浙学堂行开学礼,余先至长椿寺小坐,即诣学堂,晤徐班侯。俄访二我,留午饭。

二我得咏团扇二句云:"明月入怀袖,清风吹我衣。"又与余相对半晌,忽得句云:"坐看红叶不知晚。"余因为属对云:"每对秋山常忆君。"二我大悦。

晡,答拜那锡侯,不遇。因往视叔耘。俄益斋亦至。闻彗星出东北方,尾向西南,四更时见。

荧惑入南斗,天子下堂走。古语也。历代有验有不验,前数日荧惑确在斗心,今已出矣。或云应在韩皇之逊位,又缅甸国君亦被退。

十二日　晴

昨夜四更,起视彗星,光已暗淡,约一丈馀,视已复眠。起时,日已高,盥漱毕,观《周易·系辞》,至负且乘致寇至。子曰:小人乘君子之位,盗思夺之矣。不觉有慨,从古盗贼遍天下者,皆坐小人之执国柄,乌能为寇贼罪哉？噫!

薄午,诣叔雅,留午饭。为题黄忠端公真迹卷轴,因偕游法源寺,与寺僧茗谈久之,徘徊前殿,摩挲古槐苍柏下。时绿阴四布,障炎日为清凉界。二人并坐殿砌上清谈,时闻钟声动地,心境悠然。俄复还叔雅许,饮冰,啖西饼。晡,入城,诣凤老,病喘未愈。因过子荟,则知与陈某冲突事已登北京报矣。

十三日　晴

将作天津之游,命仆检束行具,附日中汽车去。余先出城,访芝兄谈。

余今兹之弃邮部如敝屣,然所谓果决力者,余信有之。彼梦梦者,犹挟持其能贵人贱人之权力,以为人皆屈于我下,岂知天然之富贵,君子能自得之,能自保之,不授权于人也。

小人长戚戚,日疑人之加害其身,盖彼日存害人之心,遂不免以此度人,于是人人皆成仇敌。

至车栈,午车已去,遂独诣广和居,饱啖鳝面。倦极而眠。醒则坐小车,访二我谈,手携日记一册。晚,至义善源小坐。因造新吾,月下与益斋辈共谭。

十四日

早起,即赴车栈登车,俄展轮行。同车者张君哲夫,农工商部供职者也。一路纵谈,渠云与慕兄素相稔。未午,至津,行具皆在长发栈。余恶其不洁,移居大来客舍,法人所设之逆旅也。室宇崇丽,饮食精美,器用整洁。有侍者蔡姓,极殷勤,且求为脱衔轭。余颇异之。案上陈风扇,以电力运之,风力甚猛。独坐观报,且剃发。晡,访彦复。有云妹者,海上旧相识,五六年不见,适来自都,不期而遇。三人纵谈。彦复又述其姬人彭嫣事甚详。晚,归。饭罢,观旧日记。夜,蚊盛不寐。月明。

十五日

晨,急归长发栈,欲附早车还京,不果。访孙荫亭。荫亭新赁屋在海大道,楼宇整整,遍莳花树。共谈时事,娓娓忘倦。留午食。是日,微阴,不睹日光。俄返栈中,瞥见叶誉虎在焉,自称来津迎眷属,立谈久之。俄有报称,宝昌隆餐楼折简相邀。余意必彦复,赴焉,果遇彦、云二人。又有魏铁山者,名缄,亦知名士也。因共喧宴,良久始散。余因乘电车往访襄孙,就见于督署后花园内。襄孙文牍山积,日无暇晷,佐项城记室,六年于兹矣。晚,归。又与誉虎纵谈。俄偕诣裕中餐馆共饮,室尤雄丽,欧人之严饰也,仿佛游泰西,肴馔尤丰赡。余二人皆醉饱而归。是夕,宿长发客栈。

十六日

早车回都,同车者瑞京堂玉如。瑞君为造币厂会办,时来往于津京间。又一人朱姓,江苏人,在京榆车栈理事者也。瑞君手持陈玉苍考察铜币覆奏摺一册,卧而阅之。车过廊房小停,有贩桃者,桃味绝甘。瑞君购桃无算。日中,抵都。余下车,即乘人力车奔赴东单牌楼,觅东洋餐肆曰扶桑馆者,入而索食,仍脱履登阁,席地坐。牖外绿阴布护,静雅可爱。俄侍者奉盘入,陈于前,皆食品也,且倾酒欢饮,余为尽数杯,即索饭饱哦。其肴多鱼虾,亦清洁可食。食已,予以直,遂去,绕后门归,与母妹诸人谭。晡,诣贺杨杏城拜考察南洋商务之命。薄晚,复访二我。归已昏黑。夜,作日记。

十七日　晴

定可庵过谈，俄去。金向辰过，留午饭，为谈余辞差后情形甚详，并云于晦老极思劝驾，且自欲造访，无非冀调和其事。余答云：造访则不敢，迟日当往谒，惟欲我之出也，须约法三章，皆一一许我，我方可唯命；不则汶上之行，终身焉已。向辰允为言之。昳，去。晡，陈诒重过，坐良久去。李瑶琴亦至，余悉与论治事之学理。二公皆首肯。

时余北窗下竹，青葱峭倩，萧然出尘，静坐对之，不觉神往。

晚，家祭。

十八日　晴

起，剃发。为丁叔雅书联。坐观《古欢录》。向午，有客至，素不相识者也。饭后，命驾出，答拜来观余者。晤绌斋，谈久之。晡，又见芝兄。俄至杭馆，晤撷兄。

昨得振兄书，知三叔父已于六月初四病殁，我家诒字行辈遂无人矣。

薄晚，至余浙新馆，闻方子壮之死。又访陈志钧，不遇。归已昏黑。夜，饮葡萄酒，尽醉。作日记。仲骥复有书至。

十九日　雨，骤凉

独坐观书。

《语林》载：苏养直隐京口，绍兴间与徐师川同召。养直不起，师川造朝，便道过养直，留饮甚欢。徐弈品高于苏，是日对弈，养直拈一子笑视师川曰："今日须让老夫一着。"师川有惭色。

饭后，衣冠冒雨诣长椿寺。是日，唐春卿侍郎为其夫人治丧，宾友甚夥。晡，仍访二我谈。二我日在大象公司理事，其公司专制纸烟，自日本购来机器，中秋后兴工开市，楼舍精丽，建筑措置，皆出二我意匠。老树两三株,蟠郁苍翠,顾盼生姿,是天然物,非人力能骤致也。二我屡邀余夜凉赏月,卒不果。是日雨中,二人相对,沾酒饮之,听檐溜声浪浪如鸣鼓。二我欣然曰:凡人静中耳所闻,目所见,触物皆有佳趣。忘山答曰:然。

二我以近年南省学校中所制学歌视余,记其尤悲壮者一首录之。辞曰:"风云紧,强俄未撤兵,呜呼东三省第二,波澜错铸成。哥萨克队肆蹂躏,户无鸡犬宁。辽东三岛,顿起雄心,新愁旧恨并。舰队连樯进,黄金山外炮声声。呜呼俄败何喜,日胜何欣,吾党何日醒!"

薄晚,驱车至义善源小坐。因诣向辰。雨犹未绝。在向辰许夜食。归已深更。

二十日　微晴

检核仁钱、杭州两馆本年出入银钱文簿。向辰复至,以长官之命,询余作何为计,彼即欲办奏留。时余之行止犹待决,一时无以答之,若骤拒绝,又惧拂其意,遂属向辰婉辞复之,但言家事烦猥待理,不能遽出而已。

晡,关伯珩过,时伯珩赁新屋,与余望衡对宇,尚未迁入也。与余谈久之。余随往勘视房舍,又同访雨老谈。

晚,驱车往谒于晦老,不值。诣那锡侯及向辰,皆不遇。是夕,在六国饭店饱食。造新吾谈。归时夜二鼓,奇凉,衣加三袭,秋意深矣。

二十一日　晴朗

暑气几涤尽,高爽快人。独坐观书。作日记。秉庵过,同至园中徘徊。老树成行,轮囷蟠薄,参云蔽日,恍在深山幽谷中,几忘城市。

饭后,观书。伸纸作行楷,录古隐士小传,共七人,将以视二我。晡,芝兄过谈,彤士亦至。晚,始各去。

二十二日　　晴

晨起,观书。薄午,彤士至,俄芝兄亦来。稼霖在坐,正疵论官场情态,穷形画状,举坐皆为抚掌。

逾午,与芝兄、彤士、稼霖偕出西直门,游万生园,即农工商部所设之农业试验场也。熊象狮虎猿咒鹿羊,种种皆备;鸟类尤繁,大者如驼鸟,其次则鹤鹭鹅雉鹦鹉,极小则翡翠芙蓉沉香,采色陆离,鸣跃可爱。游人甚繁。迤东苇棚,可以品茶。晚,归。在稼霖斋中饮,坐有彤士。

前讹传所购外国诸禽中,有麒麟一双,今乃知无之,即长头鹿也。余作操颂之,竟成虚构。

二十三日　　晴

是日,衣冠往祝那相寿,晤那锡侯。日中,饭于德昌,邀金向辰谈。昳,访葵章,甫自杭州归也。昳,至杭州馆小坐,与撷兄谈。因往谒方勉丈,遇爽夫,又访叔雅、书衡、二我,皆不遇。入城谒陆凤老,患喘犹未愈。过镜涵谭。薄晚,在陈善卿夫人许。暮,归。孙翼之丈来自南中,下榻东庑,余与共饭絮谈。

二十四日　　晴

以部中昨日奏留,因衣冠出诣各长官许,投刺以谢。先谒陈,未见。访爽夫、朗台谈。俄往谒吴仲老,仲老见余大笑不止,其意盖谓陈玉苍既与尔种种不相得,又复为尔奏留,殊堪发笑。余亦会意,因谈别事。仲老殷殷相爱,使人感激不尽。薄午,访二我谈及之。二我亦大笑,既而曰:玉苍之手段亦不恶,尔自后宜慎防之。又共谈诗,吟哦半晌,留午食。食已,与二我徙倚栏间。栏外杂花,红紫相间,秋色可爱,瞥见胡蝶翔舞花中,二我戏往扑之,蝶来去自由,不惧人也。

昳,往谒戴少怀师,谈良久去。访瑶琴,瑶琴适抱病狼狈,将登车出也,未获入谈。因诣诒仲坐久之,壁间悬胡文忠、曾文正、左文襄三公像。胡貌癯古,目瞠直视,是少福泽者。曾、左二像,皆习见者也。

晡,往谒于晦老,不值。访那锡侯,亦未遇。因谒景月老,时端仲纲在坐,方谈陈玉苍与余冲突事,而余至。月老云:"人皆为尔抱不平,彼其之子,果鼎小易盈者也。"

薄晚,又答拜顺天府学任君,在高等中学堂内,屋舍整洁,亦陈玉苍所监造。任与余道及陈之性情,平素如是,不足为异。归已昏暮,在同和居独酌。

二十五日　　晴

是日,为稼霖家中田产涉讼事,为代致书吴江县刘谦三大令。盖张氏田亩,多在江浙交界一带,以吴江、嘉善二境内最多。时以黎里镇壁字圩田亩之佃户,被人诬控其房屋侵占官路,实无其事。大抵地方刁民,因索诈不遂所为。因据契券所载与之争,当能获直也。

昳,佑三过谈。晡,去。诣杏城,余亦随往,至则车马盈门,疑有贵客,遂不入也。归,观报。

夜,宴孙翼之丈于同和居,坐有芝樵。饮罢,归。佑三又在余斋中谈。

二十六日　　晴

复衣冠出答拜来视余者,晤朱桂老。在芝兄许午饭。晡,偕诣三庆园观剧,名优登台甚夥。有罗百岁者,以丑著名者也。闻其去岁死去，既敛复生，开棺出之，至今犹日日登场。最善诙谐，笑骂一世，由来二十馀年，今彼于死生之际，犹戏弄如此，岂不使人绝倒。

戏散，已暮，谒于晦老，方烛下作友人函，属余归时顺道投致。余因往六国饭店晚餐。夜，归。

二十七日　　晴

孙翼丈南行，送至汽车揖别。日中，在秉庵许午饭，又啖梨及葡萄。闻益斋亦将于是日行也。晡，访慕初、二我，皆不遇。入城，往游护国寺，男女杂沓，百货山积，献技及杂鬻果食者不知其数。余则一物未买。又过杏城，未遇，遂归。书扇，作小行楷，杂写二我及余小诗。是晚，知项城、南皮皆奉诏入赞枢廷。夜，诣雨老谈。

今国家号称四万万人，核其实数，尚不至此，岂不曰庶矣哉，抑知不然。夫此四万万人中，其能知为人之道者，亦直千分之一、百分之一耳。不知为人之道，即不得号之曰人，然则直寡而已矣，何名曰庶！噫！

闻两宫语庆邸曰："国事如此，人皆曰我满人为之，今且听彼汉人了当一切，看如何。是故袁、张二大臣所议办事，我曹自今勿阻挠也。"

二十八日　　晴

时庭前新种鸡冠花十馀本，秋色烂然。又购桂花四本置阶上，花犹未吐，已得深趣。是日谢客，检理冗杂。作日记。晡，剃发。又为仰坡书联。薄晚出诣芝兄。是夕，同诣福寿堂观剧，盖为顺直水灾，梨园中皆尽义务，开慈善会，名优皆集。夜深，演《群英会》一出，即孙曹赤壁之役，蒋干渡江说周瑜事。桂官肖公瑾，桂芬之鲁肃，罗百岁之蒋干，金秀山之黄盖，黄三之曹孟德，皆各得其身分，聚精会神，无一懈笔，诚绝唱也。

二十九日　晴

观书。

士大夫不幸处逆境，忠孝两尽者，自古难之。必不得已，舍忠而取孝，盖孝之为道，视忠为重也。观于汉赵苞、晋周虓二人之事，可恍然于其得失矣。赵苞为辽西太守，遣使迎母妻，道为贼虏。贼出母示苞，苞悲号，泣谓母曰："今为王臣，义不得顾私恩。"遂进破贼，母妻皆死。苞谓人曰："食禄以避难，非忠也；杀母以全义，非孝也。"欧血而亡。周虓为梓潼太守，遣骑送母妻归，道为苻坚所获。虓不得已亦降，坚以为尚书郎。虓曰："蒙国厚恩，以至今日，但老母见获，失节于此，母子获全，秦之惠也。虽公侯之贵，不以为荣，况郎仕乎？"坚乃止。忘山曰：苞执小义，致死其母，以亏大道，虽死仍无以对其母也。虓能全其孝，不惮屈节，实未尝亏其忠，君子处此，当知所法乎？

又田邑报马衍书云："间者老母诸弟执于军，而邑安然不顾者，岂非重其节乎？倘使故朝尚在，忠义可立，虽老亲就戮，妻子横分，邑之愿也。"忘山曰：恶是何言欤！夫忠也者，孝之所移也；孝为本，忠为末，二者不可得兼，当舍末而取本。今杀母以成其忠义，漠然不顾，岂非忍人之尤者乎！孝亏，虽忠亦不足贵。立身者其知之。

前自二我许晚归，口占一诗，苦吟未就，今始成之。诗云："坐久不知暮，悠然醉独归。白云满怀袖，明月照罗衣。暑气消难尽，蜩声渐欲稀。酒醒何处是，深巷掩柴扉。"题为《自二我家晚归口占》。

晡，访一山于译学馆，谈良久去。饮于日本扶桑旅舍。夜黑，诣向辰谈。

三十日　晴

衣冠乘车赴海甸，谒项城宫保，未得见。晤襄孙。

朝廷频年凡百作为,无一是者,惟此次用项城为相,内政外交悉以畀之,差强人意。

坐海甸肆中,饮酒观书,啖生虾及蟹肉,甚乐。

吾浙处州,始名括州,唐德宗名适,以触其嫌名,遂议改之。适处士星应括州分野,遂改为处州。忘山曰:自古地名官名,往往历时而更易者,多因避讳,不胜枚举也。

今人以北堂言母,桑梓言乡里,皆失诗人原意。见《野客丛书》。

《晋书》载陆机造王武子,武子置羊酪,指示陆曰:"卿吴中何以敌此?"陆曰:"千里莼羹,末下盐豉。"千里与末下,皆地名也,乃《世说》载此语,则曰:"千里莼羹,但未下盐豉耳。"从此沿误踵谬。试思既专称莼羹之美,下复赘此一语,绝无意思,恐当时不尔也。

晡,归。诣杨杏城侍郎,略谈即归。观报。作日记。晚,得慕兄电。

八 月

一日 晴

访二我,时尚未至公司,因造其家。二我云:"汝前续假十日,今已满期,曷不到署?"余曰:"尚须观望数日,不肯遽前也。"二我曰:"色斯举矣,翔而后集,忘山有焉。"

俄又与偕至公司,纵谭至晡。

余携日记视二我,见余论汉赵苞、晋周嵩二人事,大然之,曰:孝本忠末,此种名义,千古所未发也。然孔孟宗旨,固自如是,特未明言之。观于父为子隐、瞽瞍杀人二章,已有微意。万行孝为先,孝既失,则他种名节虽能成立,皆不足重。是不刊之论。

忘山曰:今欲破君权专制之习,必先阐明孝道,以此名义鼓吹一世,盖保全个人道德中之自由性,而后不为独夫民贼所羁制也。吾闻商鞅、李斯,以法家战胜学界,始举忠置于孝之上,以隆主威。甚至教人尽忠于君,而并禁其孝悌之行。自是以来,大义寖晦,天下人无复知孝之为道实先于忠,反视忠重于孝,而孝悌忠信四字自然之次序,亦习见而漫然不省矣。然则我辈生今之世,欲挽颓波,其以是为先乎?

余问二我曰:周公诛管蔡,石碏杀其子厚,皆号称大义灭亲者,是耶非耶?二我曰:二人皆失道。管蔡无良,放之足矣,何必杀之。石厚不忠卫,岂无诛之之人,乃诱而致其死,亦伤天理。千古惟脱脱最善处,彼于伯颜,不过屏逐之耳。所谓大义灭亲,当以脱脱为法,过此即非道矣。

薄晚,至杭州馆。是夕宴集方勉丈、徐花农、汪伯庚、吴经才、姚翼堂及肜士、履平诸人。余于本年四五月间,将仁钱及杭馆重加修葺。杭馆堂宇,严饰尤闳丽,几榻形式,新旧间之。壁悬汉碑、魏造像,盖于文明燠烂之中,犹存古意。

二日　　晴

起,作书致同僚庚仲颐、陈子寿,乞代向长官前求调司,及降乌布,命仆驰马投之。昳,归。不得复,惟闻于晦老已简放出使国考察宪政大臣,因衣冠往贺。晡,出城,晤芝兄。复答拜章曼仙,未遇。仍至杭馆。是夕,宴集戴朗台、魏聪肃、冯令之、杨仲庄、龚仁舫、高子毅诸君。

览邸抄:汪大燮英国,达寿日本,考察宪政,与晦老同。

三日　晴

早间，增达臣过谈。薄午，诣六国饭店，拜法国人沙里昂，盖为迈达女弟之夫也，未值。即诣秉庵许，晤益斋、公坦，相与弦歌为乐。昳，同往观剧，遇祁景沂及陈诒重。晚，各散。余至杭州馆。是夕，宴集吴绎之、孙仲华、许季芗、吴仲籨及撷、芝两兄，稼霖亦在坐。夜，归。云电大作。既眠，大雷雨。

四日　晴

遣仆驰马赴署，取回答。昳，仆始归，则知合部乌布尽被裁撤，咸改为行走。余则调邮司。窃谓陈尚书此举甚奇，因余一人，牵动大局，殊无谓也。俄于晦老暨关伯珩偕至，晦老有移居伯珩许之意。晡，出城，贺郭春畬署邮部侍郎。俄旋车，又往谒陈尚书，未得见，即归。唉浑屯。倦而小眠。晚，佑三过，谈至夜深乃去。

五日　晴

晨，往谒杨杏城侍郎，谈良久，即归。薄午，罗彦东过。晡，微阴。夏爽夫至，余时头作热，乃餐面汤，欲使发汗。晚，履平复至，渠于初七将东行。

《野客丛书》考论古今米价之贵贱，录于此：《前汉·食货志》曰：汉兴，接秦之弊，民失其业，大饥，米石五千，人相食。高祖令民就食蜀汉。又按《高祖纪》：二年，关中大饿，米斛万钱，人相食，令就食蜀汉。皆一时事，所书米价不同，恐稍先后，亦未可知。王莽末，黄金一斤易粟一斛。晋愍帝时，米斗二金，是一斗粟易钱二十缗，一石粟为钱二百缗也。后汉末董卓之乱，百姓流离，谷石至五十万。唐潼关失守，鲁炅所守郡中，米斗五十千，是一石谷为钱五百缗也。梁侯景食石头常平粟尽，米一斗七八万钱，是一石米为钱七八百缗也。自古米贵，未有如此之甚者。汉明帝永平间，粟斛三十,正与唐太宗米斗三钱之价同。东魏元象间,谷斛九钱。《赵充国传》金城湟中谷斛八钱,《汉宣纪》谷石五钱。自古米贱,又未有如是之甚者。等一石谷耳,贱而至于五钱,贵而至于七八百缗,毋乃太悬绝乎?

六日　晴

观书。

据王氏所考证,佛入中国,不仅自汉明帝始。《魏略·西戎传》曰:昔汉哀元寿元年,博士景虑受大月氏王使伊存口传浮屠经。又观刘向《列仙传序》曰:得仙者百四十六人,其七十四人已在佛经。则知汉成、哀间,已有佛经矣。观《汉武故事》,昆邪王杀休屠王以其众降,得金人大神,上置之甘泉宫。金人皆长丈馀,其祭不用牛羊,惟烧香礼拜。上使依其国俗。又元狩三年,穿昆明池底得黑灰。帝问东方朔。朔曰:可问西域道人。是又知佛法自武帝时已入中国矣。

晡,访二我小谈,即归。夜,热复作。早眠。是夕,家祭,不与。

七日　晴

畏风,不敢出,坐卧室中终日。时自海外为翁敬之购金丝镜已寄到,是日饬仆送去。晨,热略减。逾午,加增,遂折简邀吴绎之兄,明日来诊视。

八日　雨

晨,热顿减。余以雨故,用电话止吴君之行。午后,复热如故。

九日　晴

绎之来,一见余面色,即云是受暑湿所致,因为诊脉,并观舌苔,毅然断其为湿。遂执笔作方,皆理湿开中之品,曰:可服二剂。余询以:金鸡那霜可服否?绎之曰:否!湿可降不可升,此物乃提升者也。时余已服四枚。

十日 晴

昨服绎之药，胸膈甚畅，坐卧室中，窗下观书。

古人京朝尚书官僚，多携家居省。观于东汉赵岐，初名嘉，生于御史台，因字台卿，可知矣。晚近则除外省地方官外，其京官无以家入公署者。

晡，芝兄过，就卧室视余，谈久之始去。

十一日 晴

静坐无事，未服药。晡，撷兄过，亦就卧室相视，并阅希尚自陕来书，与余谭久之。余连日皆侵晨热解，逾午热又增长。是日，以谈笑过度，当日晡，头热微作之际，忽汗出如雨，于是热顿解，透体清凉。

十二日 晴

小愈，遂披衣至林园中散步，因至斋中，桂花欲吐。

翻阅诸书，流连碑版。是日，饮食略知味。

十三日 晴

自是每晨必诣斋中坐，盖病后尤以吸纳净空气为佳。余斋前有高槐，后有修竹，其馀罗映于左右则榆也、松也、棠也，植物甚夥，皆日日食去炭气，故空气最清，能养人。

十四日 晴

至斋中，诸书皆厌读，抽得释藏中《大集经》一部，坐而观之。晡，就卧室小憩，闻陆凤老以事相召，辞以疾。晚，佑三过。

余日内又熟览《西厢》词曲，余于词素不甚爱，嫌其纤巧，又近俗也。

十五日　　晴

芝兄来贺节,俄去。仍观《大集经》。薄午,还卧室。晡,雨。凤老有书相询云:"张少玉侍郎欲调尔至大理院,愿否?"余急缮复书,称愿往,但惧材力有未及耳。薄晚,秉庵至。

十六日　　晴

绎之来诊。观《大集经》。晡,返卧室。

十七日　　晴

览经诵诗,观《三国志》。肯斋来,午饭。时大理院调余札文已到,幼予侍郎并有亲笔书函,词意谦雅,使人感佩。晡,余在卧室,秉庵复至。

十八日　　晴

绎之复来诊。日中,即至卧室,观傅云龙《说文古语考证》及《西陵跸程记》,考订极详核,学人所擅也。又览郑氏《诗谱》。

晚,新吾过,衣冠新整,盖甫开坊,得撰文,连日城内外拜客。

十九日　　晴

使人邀绎之,未至。观《芥子园画谱》,并见《李文忠公事略》,桐城吴先生所辑也。又览《石头记》一段。俄复希尚兄书。希尚专人来此,犹未归也。日中,饭至,不敢尽饱。昳,作连日日记,又录写旧作诗歌。

观报,粤路已被邮部奏请派前美使梁诚为总理。

资政院已奉旨建设数日矣,约在中秋节前。傅伦、孙家鼐为总裁,议院之基础也。余前在海上,主持议院者八年,今已置不谈,而朝廷乃稍稍萌芽矣。

晡,命仆将桂花入卧室,时母妻等皆往游万生园。

薄晚,二我过,就卧室视余,谭至暮乃去。

余云："日来览诸书,皆觉无意味,此何故也?"二我云:"味在君,不在书。君以为有则有之,以为无则无之。"余叹为名言。

二我以将取妇,诸事猬集,无巨细必躬亲,虽至裁衣刺绣之事,亦不免以身任之。然二我殊以为乐也。

二十日　　晴

晨起,临刘文清行书册页。

绎之来诊,云湿未尽化,肝有馀热,应以辛开化湿芬芳疏肝。

览蒋苕生《一片石》传奇,是篇盖吊明宁庶人宸濠之娄贤妃而作也。妃为上饶娄谅女,当宸濠萌逆,妃曾作诗讽之,且力诤不听,卒至殄灭,乃自沉以殉,尸漂至德胜门外河边,被南昌渔人网起,见其遍身皆纸条密结,知是贤妃,遂厚殓葬。自葬之后,二百年来,无有志者。乾隆辛未,江西布政司彭家屏与铅山蒋君士铨,同留意访古,表彰忠烈。一日,偶有所闻,遂使人访之,得其处,因树碑表识之。其地盖在江西城外隆兴观侧,上饶、新建两漕仓之中也。蒋又著传奇,专叙访墓树碑,此外则皆烘染之笔。

阅报,陆总宪请开下议院,不知确否。秉庵至,俄去。

晚,雨。母妻等皆游郊外,甫归,雨声渐急,雷作。川如在余卧室谈。是日薄晚,无事闷损,乃取《国风》,朗诵《周南》、《召南》一过。

二十一日　　晴,风

连日大便滞塞不下,舌苔黄腻,每于中午辄发冷作热,故所染之疾始终犹未愈也。晨,坐窗下观《阅微草堂笔记》排闷。

是书之可厌处,即好言狐鬼,而大致相同。其可喜处则每于叙事之馀,忽夹以精思伟论,多反俗见,使人警快欲绝。

秉庵两至,皆即去。

阅报,已奉诏筹各省驻房旗民生计,俾尽归农,自食其力,与汉民无异。将来一切丁粮词讼,举归地方官统治。

日本对于吉韩界务之阴谋,及其无理之举动,亦一重要事也。记之。详见八月二十一北京报。

薄晚,叔耘暨又山相继至,皆公服,将诣人家贺喜。

二十二日　　晴,无风

精神略爽,因戴纱便帽,复至斋中,适向辰至,遂促坐纵谈,良久去。日中,入卧室,午餐。连日胃纳少佳,每食能尽一器。

昳,金赞尧至,余复出见之。是日,在客座中移置几榻方位,汰除猥杂,洒然新整。

肯斋来,仲华踵至。仲老丧新生六月之幼子,以误服药,致出痘而殇。

晚,入卧室,仍观《阅微草堂》。

二十三日　　晴,微风

晨起,服药毕,大便始下。进早食尽饱。仍至斋中。时庭前新购丛菊数十本,待重阳相近,可以赏花矣。客座中又有秋海棠二株,绝鲜艳。

日中,在客座中午饭,与稼霖谈。

昳,访关伯珩谈,俄归。作函致凤老。阅报。

东京留学之华人沈其昌,贻书远近,欲为祖国编纂法典,甚盛事也。晡,观《古今说海》,内有《隋炀帝海山记》一种,皆备载帝之穷侈极欲,造西苑,外为四海五湖,内为蓬莱三岛,宫室崇峻,雕饰巧丽,不惮耗海内元气,一供一己之乐。其后江都被弒时,犹不闻帝之有悔志也。

晚,入卧室。饭毕,仍前至母房中坐谈,俄始归寝。是晚,袁伯葵过,谈良久去。

二十四日　　晴

早食毕,至母房中坐。俄徐步至斋中,又观《炀帝迷楼记》。所谓迷楼者,如阿房宫,千门万户,大氐皆曲室洞房,专藏美人,以备帝行乐者。人每入,辄迷其出路,故名迷楼。比帝幸江都不返,唐兵入,为太宗所焚。

据案作复友人于梓生书。饭后。又观《阅微草堂笔记》。

晡,乘车出访罗莘甫于帅府胡同,适芝生先在,不期而遇。莘甫屋颇幽曲,别有庭院类园亭,瓦舍二楹,窗明几净,可以款客。

俄与芝兄同归小坐,即出城。观报,昨又诏旨二道,言立宪者,语无精神,颇难动人,而项城已公然为报纸所不满矣。

江西赣州教案又起,昨袁伯葵已言之。作日记。

晚,雨廉纤不绝。薄暮,持盖诣母房中坐谈。上烛时,遂入卧室。

二十五日　　晴,无风

蚤起,徐步至斋中,盥漱毕,寂坐无事,观《隋炀帝开河记》,灵奇幽怪,殊醒目也。所谓麻叔谋者,于是河之经营有巨功,卒不免斩尸三段,岂冥冥中有天道哉！虽然,隋帝之开是河,与秦皇筑长城无异,天下病苦之,而后世则颇利赖焉,今之南北运河是也。顾炀帝之初意,则不及此,彼其志一则欲便己之私图,一则欲凿断五百年后睢阳王气。嗟乎,以炀帝之为君,犹虑及五百年后,其愚殆与秦政等矣。

吴绎之来诊,谓余湿化之热未尽,药品又多易新者。俄去。

汪雪生过,谈久之。沈雨老来视余,延入略坐,即趋署。雪生薄午始去。午饭后,肯斋复至,亦留食。食已,方共谈。成子蕃至,肯斋避未见。余与子蕃纵论国事,并道及余病状。晡,子蕃去,肯斋亦行。

观报,张南皮有请立下议院之说。作日记。

二十六日　晴

坐斋中剃发。王葵章至,俄稼霖起,亦出诙谈。是午,进食,胃纳稍逊。昳,葵章去。晡,余又观《宋徽宗艮岳记》及《汉武故事》,极可喜。晚,入卧室。时馀热终未尽。

二十七日　晴

关伯珩过,余出见之,俄去。余还卧室,自后热益甚。改延钟医,服其药。钟谓犹有痰阻塞,能咳而唾之,尤妙。

二十八日　微雨即止

连日大发热,余亦时昏惑不省事,怪梦甚多。是晚,以服钟医药,热微解。稼霖入余卧室来,声言江西布政使李有芬全家覆没于鄱阳湖。

二十九日

肯斋来,余病犹未减。俄邮传部通译图书处宋君芸子来书,并录堂谕一通示余,大意谓:邮部既设,宜采选各国航电路邮四项章程,因专聘舌人译之,命宋君总其事,以余副之。余正卧病,不能作答,报以名刺,付使者使归。

九　月

一日　晴

徐班侯来,为余诊视。俄见所下药品中有石膏,盖极凉之味也。是日服之。

二日

热未减，药似无效。

三日

班侯复至，仍用前药品，曰欲速愈，则两剂并进。

是日午后，家中人相议，非延西医不可。乃使人往请。是夕，葛女医先至，饮其药味至苦，其药皆按时刻钟点，使病人服之。

四日

连日为病所缠扰，终日卧，怪梦仍夥，几若不省人事。晚，何医来，乃男医，予药皆甘。

五日

略愈。汪雪牛来视余，俄徐班老至，不知余之服西药也，仍用前药品。余是日精神略强，与谈论久之。

凡人无不爱整爱洁，余虽在病中，当昏瞀之际，则俱不知也。及略清醒，遂不免厌恶秽杂，觉室中陈设，种种皆非。于是亟命更易之，整齐之。俄而卧室中顿改观，为之大快。

时案头惟陈蓝磁花瓶一，工笔人物白磁笔筒二，壁间悬吴让之篆联，即："子瞻奇游度南海，乐天大集藏名山。"

六日

略愈。是日，肯斋来开馆，盖余延肯斋至家课二女及甥侄辈，并代治文牍。

七日

略愈。时向新吾许索名人山水画册甚多，是日展阅，皆精品也。

我国人画家，以山水擅名者，唐、宋以后，代不乏人。其神妙不测之境，殆非西人所梦见，亦可称为世界上一大美术也。惟其中间有不解测量,昧于远近大小之界,致被人讥者,殊可惜耳。

是日星期,肯斋归去,儿辈未入学。

八日

肯斋来,余属其代余复星墀书。

时病已退,惟卧床上静养。有时索牛肉汁及米汁饮之,或索梨果葡萄。其饮西医药水也,皆循晷刻,每饮二小勺,历一小时所,辄饮一次,并予丸药,亦按时服之。较之我国医药似简易,而又不免烦琐也。

九日

重阳,雨霏微不绝。成五律一首《怀邵二我》,录如下:"今日重阳节,鞠华犹未开。好风吹落叶,细雨洒莓苔。病久人俱淡,交深志岂回。登高何足论,疑有故人来。"

逾午,晴,不见日。是日,精神颇佳。晚,新吾来谈。

十日　　晴

病日有起色,观名人山水画排闷。

自新吾许假观者约七种:曰新罗山人,曰龚半千,曰瑶华道人,曰程松(圆)〔园〕,曰赵雪江,曰王摩也,曰顾见山。余家藏者只一种,即明陆包山。余谓诸人各有佳处,必欲品题,则惟余包山子可称神品,顾见山精品上上,赵雪江精品上中,瑶华道人精品中中,程松园、王摩也、新罗山人皆逸品上上,龚半千亦精品亦逸品也。

芝生过谈,云十二必行。坐良久去。

十一日　　晴

热更减。观川如罗马古迹留影,因为题签。时余尚有瑞士湖山一览及刘文清真迹,余皆为署签。晡,又觅得翁常熟在场屋中与孙寿州书札真迹,及先孟常公遗墨,甚乐,将付装池。

十二日　　晴

闻斋前阶下菊多欲放花，乃命移至卧室窗外。俄皆挈以入，计共十馀本，有已大开者，馀多含苞。因又成五律一首，录如下："报道鞠华发，忽惊病后人。晴光一窗好，秋色满园新。时节看将晚，心期谁与邻。吾闻耦耕者，千古绝风尘。"

肯斋入卧室来，余属其代复友人书数封。肯斋诺而出。

十三日　　微雨

览新小说排闷。肯斋以拟稿视余，为增损之。

又为陆包山画册题签。

病势已尽去，惟饮食未能复旧，不敢多食，惧停积也；不敢乱食，惧触犯也。每日食可五六顿，皆以少为主，所谓养疴，不得不尔。

北地早寒，九月天气已著棉衣，兼之连日阴雨，晴后必大冷。阅宪书，月之十八霜降，下月初三立冬矣。

大病初愈，亦人生特别之乐境，又况有书画之供欣赏，好花之助清兴，优游暇豫，怡精和神，其乐可知。

十四日

休息日，雨廉纤不绝。终日坐窗下览小说，又观唐人诗。时菊花犹未大放。

译外国书最难，盖西人文字与我国绝不相侔，在彼以为佳者，我则谓劣。今不善译书者，往往就彼之文法次序出之，一入我文，遂觉冗赘不堪，此译者之大病也。是故余阅小说，不为少矣，自林、魏所制以外，未见有佳者，职是之故。

薄暮，又山兄被雨至，云将至海甸，明日备见诸朝贵，谈良久即去。雨益甚，度至海甸必已昏黑。

十五日　　雨止，不见日

坐窗下，观旧时日记，饶有味。余日记自癸巳年十一月起，至次年甲午二三月间已懈，犹未辍也。至五月而遂辍。自是六月、七月以至十月，皆无所记。其后忽于十一月二十五日，再整旗鼓，嗣是以来，不复间断，越十馀年犹如一日，亦诚不解何以能如是也。

补作十馀日日记，皆在病中。晡，观报，知有明诏，京师既设资政院，各省皆立谘议局矣。

是日，屡告腹饥索食。夜眠甚安。

风气至今，可谓大转移，立宪也，议院也，公然不讳，昌言无忌。且屡见诸诏旨，几等口头禅，视为绝不奇异之一名词，诚数年前余等居海上时所梦想不及者也。

十六日　　大风，晴寒

余衷服亦著棉。起盥漱毕，食粥，观奴子移花。时菊开渐多，趣致饶佳。

薄午，日光射窗，始微觉暖。饮食所进，又胜前。

补作十馀日来日记。命仆改制裘服，以御严冬。

观报，闻铁尚书欲使铁路加价，抽取此费，以供海军之用。倘其事果确，余以为大谬也。我国今日安用海军，大可省此巨款，而铁路则万不可加价。加价，则所获利息必减于前。是理也，为万国所公许，衮衮朝贵曷竟茫乎无所闻知耶？噫！

薄晚，为川如改所致慕兄书。

十七日　　风静日丽

坐窗下，观本年日记。自正月起，以至卧病。余逐日趋署，虽极冗迫，然亦无日不读书，无日不有遣兴之事，故日记之枯窘时殆少。独至陈尚书至，余竟失其常度，其苦万状，而日记亦因之减色，然前后亦不过一月耳。过是以往,虽在病中,亦尚可观。

鞠华盛开,顾而乐之。或问曰:人之于物也,何不爱他色,而独爱花之色?答曰:花之色,乃自然而有,毫不假人为故也。岂独花为然哉?万事万物,皆必出于自然,乃为至美。故无论某种美术家,诗也,文也,书也,画也,其登峰造极者,莫不得自然之趣。所谓神来,所谓超妙,稍有容心,便成斧凿,而与今日之菊花顿殊矣。

晡,观报,有诏旨,各省设调查局。

又闻欧美无线电,通于一二日前,设厂开市,是日来通电者,竟有一万四千之多。忘山曰:无线电畅行,有线者将废矣。闻英皇深以此事为喜。

十八日　　晴

日光射窗棂间,始披衣起。进早食尽饱,乃呼仆人,使至斋中取书数种:一《四存编》,一《六研斋笔记》,一《顾亭林遗书》十种,一《六朝文絜》。俄皆携至,惟《六研斋》卷数不齐。

余静坐无事,抽取亭林《昌平山水记》观之,记载精详,考证该博,吾深服古人之读书也。其小脑有如是之肥满者,几于过目不忘,不然何其引据历史,如数家珍,滴水无遗若此。或曰:安知非临时翻阅者?曰:不然,人苟毫无所记忆,置书于前,茫无措手处。即彼偶有翻阅,亦必已心记其事,所疑者或名称有误,字句有讹,非取以校观之不可耳。

薄午,已终卷。其书前述明十二陵之规制,后述昌平一带河流山脉及道里险要名胜,并及古来征战之迹,亦考据家极有用之书也。

又览《亭林诗集》。亭林之诗,所谓学人之诗,当特别观之。

饭后,临刘文清书东坡白鹤观听棋一段。啖梨。

取菊花数枝,养室中蓝磁瓶内,觉案头书画笔研等物,皆为生色。晡,观报,据称广西南宁府有革命党占据,此风传不知确否。

读《文选·古诗十九首》,气格神味,迥非后人所及。

得渭东书,彼已知余病,盖秉庵到沪告之。渭东与余最相友善,余急挥毫伸纸作覆。

夜,复诵古诗。

十九日

醒时,窗纸微白,枕上静待,久之天始大明。俄日光射窗角,良久满窗皆日,辉映书几,余始披衣起。盥漱毕,坐窗下,观颜习斋先生《四存编》。是书余十年前曾读一过,今将复观之。

颜先生《学辨》,盖与王子法乾诘难之语也,中有数言极精。王子问:如何是中人以上,可以语上?先生曰:离下无上。如洒扫应对,下也;若以语上,人便见出敬来。弦指徽律,下也;若以语上,人便见出和来。忘山曰:先生宗旨,谓上即寄于下之中,极是极是!

汉时诸侯王,得在国中自称元年,是故鲁孝王刻石文曰:五凤二年,鲁卅四年六月四日成。见亭林《金石文字记》。

晡,观报,见度支部与农工商部相议,欲齐一天下度量衡,不知果有此事否。

慕兄前数日有信来,兹又由柏林先后寄二书,同于本日到,展阅则所询事甚多,日内当致函复之。昨所复渭弟书,已付邮人矣。

二十日　　晴

起坐窗间,弄笔札,将遗二我。俄缮就,即付奴子送去。观亭林《金石文字记》,又览《亭林年谱》。亭林寿至七十始终,其生平足迹所历,遍北五省,且至关塞外。所友者,关中李二曲、苏门孙夏峰及朱彝尊、李因笃诸君,皆宿儒也。饭后,二我复札至,则属余饮食起居,加意珍摄也。

览亭林《山东考古录》终卷。倦极而眠,亦不成寐。晡,起作复邻居书,未卒稿,报至观之,称日领事照会朱抚云:奉日本政府之命,欲在吉林交涉局设立监督。朱抚大怒,还其照会。现正交涉此事。日本无礼,一至此哉。

又云:我国照会英、法,禁私售军火,复文至,皆允代为严禁。忘山曰:嗟嗟,彼党人者,又奚能为。

晚,肯斋入谈。明日星期,休息。

夜,寂坐观《文选》杂文。是日,母妻皆至医院,假新吾马车去,暮犹未归。以电话询之,知马车轮折,时尚在新吾许。晚饭后始归。

二十一日　　蚤微阴

观颜先生《存学篇》,其诋宋儒,真无馀地。又检视仁杭两馆出入度支。薄午,诵六朝文。

饭后,作复孟晋书。晡,始卒稿,封交川如,明日同付邮局。

是日,检得恽南田山水花卉册页,此册昔在海上时,常置余斋中案头。今久不睹,以为失之,乃今无意又见之,乐甚。山水极劲秀,花木有仙家风韵,可宝也。

翁常熟之书札四叶,付装池者已完好携来;尚有扇面四页,皆装就同至,余尤快。盖是日命仆至厂肆也。

报至,无事。时《谕摺汇存》、《阁抄汇编》皆停版,宪政编查馆别出《政治官报》。

二十二日　　晴

余自病后,每日醒皆在寅卯之间,起必以辰,届时日光已盈窗几矣。至夜眠,则在戌亥之间,到枕不久,即睡熟,日日如此。

昨夕未眠之先,观颜氏《性理辨》,今早又观之,彼竟直诋朱紫阳不遗馀力。然余味其言,诚足矫宋、元以来儒生之弊。而其言因持之过激,亦不免间有偏执处。如彼谓朱门教弟子,何不使之习将略,为国家捍患,徒坐视社稷之衰危而不能救。斯言也,余将为朱子辨矣。夫南渡以来,宋之将材,如韩、岳、张、刘一辈人,不为少也。然而仍不足以救国家,岂朱门所造之人材,遂足胜彼哉?要之,人材何地无之,惟朝廷之所以用。至安危成败之数,其责全在君相。譬诸博弈,君相者下子之人也,若夫人材,则棋子而已。苟上无胸有机谋之君相,其与人赌棋也,盘盘皆输,而乃徒责匠人曰:何不多造棋子,以供其用也。是亦何益于彼哉?噫!忘山曰:余为此说,亦不过姑举是一端,至全体大用,颜氏所持不可谓非正。宋儒之专谈心性,不务实学者,诚为大弊。然当时尚有永嘉、永康诸派留心经济者,不皆堕于空虚。沿及元、明,遂专以讲诵谈心性为风尚,非独实学不讲,且并束书不观矣。洎明末国初,亭林、百诗诸先生出,力矫其非,变宋为汉,而训诂考订之风开本朝一大蹊径。然其流弊所及,又不免专事读书,明古而昧今,求其获实效于国家,则又蔑如也。独颜先生所发明之宗旨学派,虽在当时界域尚狭,然推而广之,正与处今日时势,谋社会之进化者,有不侔而合者焉。盖先生当日所知之实学,不过礼乐射御书数,以及兵农水火六府三事而已,使生今日,则又将知宇宙间更增无穷之科学,岂不大快乎哉?然而各专一门,精益求精,期获实功,有益家国,先生固已先言之矣。起欧美巨儒而问之,彼能易先生之言乎?先生真伟识哉!

吾于国初,最心折者两先生:一黄梨洲,一颜习斋。二公皆能破旧时障碍而创新知,以先觉觉斯民者也。盖梨洲能揭数千年专制之毒,于政界中放一曙光;习斋则悟孔孟真谛,为三代下儒生所蔽,专研求空虚无用之学,今欲一一返求诸实,以期有用,又于学界中放一曙光。至今日,二先生之言皆验矣。试问东西文明诸国,其政界为如何,其学界为如何?

连日饮食,极知味,惟大便艰甚。是日,向新吾许索药油归用之,始下,色黑而燥,盖犹藏馀热也。事毕,体倦汗下,几不能支。

晡,卧榻上,观《野客丛书》。时妻儿皆往贺邵家取妇,独母坐余房中相伴。作日记。报至,又无事。

二十三日　　晴

起盥漱毕,观书。是日,朗日无风。余徐步至庭院中,徘徊良久,并赏菊花。时花盛开,约数十本,颜色种类各异,绚烂可观。

观颜氏《存学编》终卷。

颜氏讥宋儒,人人心中自谓己圣己贤,然而不敢公然自圣自贤也,浑之曰儒而已。犹之五霸不敢自帝自王,名之霸而已矣云云。未免过于刻也。

颜氏云:古人教洒扫即洒扫,主敬;教应对进退即应对进退,主敬;教礼乐射御书数,即度数音律,审因磬控,点画乘除,莫不主敬。故曰执事敬,故曰敬其事,皆身心一致加功,无往非敬也。若宋儒者,乃抛置一切,专向静坐收摄、徐行缓语处言之敬,安得不流入释氏,去道远矣。

逾午,作日记。晴窗燠暖,蝇飞薨薨。余藉养疴,反得暇观书,亦一乐也。

汉碑上多有一大孔,古制也。盖古人葬之有碑,为施辘轳,以绳被其上,以引棺也。此法自周已然,其后臣子有欲追述君父之功美者,就书其上,与今墓志同。后人因之,改建于道陌之头显见之处,刻文字仍名之曰碑,而于其上遂不复凿孔焉。

魏碑中《吊比干文》，多别体字，殆当时风气如此，见《金石文字记》。

《宋书·礼志》曰：汉以后天下，送死奢靡，多作石室石兽碑铭等物。建安十年，曹丞相下令，以天下雕弊，禁厚葬，禁立碑云云，自是碑禁甚严，终魏之世，略无纪功述行之文。及入晋代，此禁未替，非有殊功特行，无敢私立碑者。沿及宋、齐，至于梁、陈，其立碑之见于史者，寥寥几于无有。嗟夫，魏武在当时，不过偶然下一禁令耳，讵知遵行者千数百年尚未替，夫亦可怪也矣。

晡，时至庭前散步看花，入室则观书。

《野客丛书》云：具牛羊豕三者为太牢；去牛，但用羊豕，则称少牢。今人误认牛为太牢，羊为少牢，大谬。然沿其谬者，殆已古矣。

昔欧公谓：牡丹初不载文字，自则天后始盛。《苕溪渔隐》、《容斋随笔》皆附和之。今读《野客丛书》则云：《龙城录》：高宗宴群臣，赏双头牡丹。始知牡丹已见于高宗之时。又阅李纬《尚书故实》，言北齐杨子华画牡丹。《谢康乐集》言水际竹间多牡丹。则六朝时已有牡丹之名。

报至，载美国银市场近日大震动，有多人追讨存款。又云得电已稍平静。

又云：在东京之我国人士，于某日开坛演说。梁任公者，主张立宪派，正演说之际，忽有多人主张革命者从旁讥诮。讥诮不已，竟欲用武。梁急避去。于是有张姓者登坛继演，则一变为革命谈矣。在坐诸人，强半附和之，至鼓掌喝采，张姓益自得，因丑诋任公，谓阳主立宪，阴通政府，指为逆党。忘山闻之，不禁狂笑曰：何我国小儿之多也。且人人自命为人豪，岂不令东人齿冷。

二十四日

醒犹未明,俄见窗纸微白,徐闻鸟雀声及鸦声,则天已大明。顾视案头钟已辰初,乃披衣起坐,观《龙威秘书》中有所谓《枕中书》,乃晋人葛洪著。又观《杂事秘辛》及干宝《搜神记》。

观颜氏《存治篇》,彼竟尚欲复井田封建,大氐不观今日欧美之治者,皆持论如此也。

饭后无事,日和风静,闲步至母房坐谈。晡,始还。仍观《野客丛书》。

服饰用黄,自古上下通行无禁。自唐高祖武德初用隋制,天子常服黄袍,遂禁士庶不得服,而服黄有禁自此始。至明皇天宝间,因韦韬奏,御案床褥望夫紫用黄制,而臣下一切不得用黄矣。

报至,阅之,余昨已见杏儿持入一纸,即浙人谋拒绝英人外债书。盖苏杭甬铁路草约,我国欲废久矣,英人始终未允,今忽变计曰:"路任尔自办,吾以百数十万之款借尔用之,将来仍取偿于兹路。然又须以他项作抵也。"外部诺之。浙人闻之惶急,曰:此引虎入门也。急联名争之。今日览报,称政府王大臣决意允英借款,以苏杭甬代表人力争之电,词意太激,怒甚,将改为官办,未知确否。

二十五日

起,日犹未出。观颜氏《存治篇》终卷。其门人李琇书后谓:先生此编,犹是壮年抱程朱之学时所著,其井田封建之说,因善尚欲进一解云云。详见原书。

早食罢,遂趋至母室中坐。并闲步至斋中,觉静洁可喜,然皆奇凉,不可久居,遂还卧室。时射窗日光熊熊,最为燠暖。

观书。午饭后,闻夏爽夫至,乃复诣前厅事见之,良久去。携《茗柯文编》及《高青邱诗集》入。

晡,报至,仍无事。是日,令修发匠为余剃须,盖余须已蓄一月,鬖鬖殊不足观,遂亟去之。发尚缓剃。

晚,董润臣甥及志任侄来谒。润臣,余嫡堂长姊之子;志任乃撷兄之子也。

二十六日　　晴

观书。连日不啖外国面包,仍食饼饵市脯及粥。薄午,观《穆天子传》,又览干宝《搜神记》。范彤士来视余,亦就卧室相见。

是日,风甚,未出屋。昳,观《茗柯文编》,张皋文先生著。本朝古文家,余最心折三先生:一恽子居,一张皋文,一汪容甫。

报至,无事。风逮暮不息。

二十七日　　晴,微风

观书。早食毕,因诣母房中坐。俄戴帷帽,前至斋中,检视书籍,携《野客丛书》及《贾浪仙集》,复还卧室。

薄午,徐班老至,视余脉曰:六阴脉也,殆是本脉。脉中六阳六阴皆绝少者。又云:脉已无病,饮食能健,可无待补剂也。余告以大便之艰,因为拟一方曰先润肠。

作致慕兄书。是午,蔬食,颇有味。

昳,复出,整饬斋中什物及架上书。时风甚,出入仍戴帷帽。携《周易集解》入观之。

俄又览《野客丛书》。

汉自文帝遗诏短丧,以日易月,流风所被,于是臣子居父母忧罕有终三年者。然当时亦知终三年为尽礼,某某以持父丧三年,显名天下。河间惠王行母丧三年,诏书褒称,以为宗室仪表。观是则当日之不能终三年丧者,其众可知矣。

班马二史,善用即字,然有二解:一作就字义,一作若字义。如曰：所治即上意所欲罪，予监吏深刻者；即上意所欲释，予监吏轻平者。又曰：其在朝，君语及之即危言，不及之即危行。以上皆就字义也。如曰：今能入关破秦甚善，即不能，诸侯虏吾属向东。又曰：即有缓急，真可将兵。以上皆若字义也。长洲王氏以为皆作就字解，非。

呼妇翁曰丈人，曰泰山，甚古。盖自唐时已有泰山之称，南朝刘宋时已有丈人之称，卒不知起于何时。

薄晚，润臣来，俄去。时报至，仍无事。

二十八日　　晴

蚤间风静。前至母房中坐，又步至海棠庭院，见肯斋，以昨夕心痛，匆匆归去。余因寂坐斋中，阴森而寒。冬日居是，不可久，卧室则最暖。因思在内设一书案，为寒天起居读书之地，惜屋太小，置一榻一案，遂几无馀间，如居舟中，未始不可自得趣也。

薄午，已移置停妥。汪伯唐过，欲入视，余因戴帷帽出见之。时微有风。伯唐谈良久去。俄一山继至，延入卧室中见。时伯唐、一山皆为苏杭甬路事受重谤，余则不能赞一词也。

昳，复至斋中坐，仍还卧室，观《野客丛书》。

王氏云：自古贱庶出之子，王符无外家，为乡人所贱。又引《颜氏家训》曰：南北朝时，江左不讳庶孽，河北鄙于侧出。江左丧室之后，多以妾媵主家事；河北必须重娶，至三四母，至唐而此风犹存。忘山曰：风俗之不同有如此者。

《毛诗》：台笠缁撮。传谓台所以御暑，笠所以御雨。

古者金多，后世金少，非特金也，如珠亦然。古者动以斗斛计，项羽遗张良二斗，孙权遗宗预一斛，今人相遗，断无有二斗一斛者。

报至，见粤督张人骏电，告防城兵匪交通、戎官作乱始末。

二十九日　晴

起观书。自病愈,颇能健饭,惜大肠燥结,艰于所遗。班老来视,服其润下药无效。是日服外国药油,亦不觉其有何动静也。

甚矣,小人之难去也!以本朝圣祖之英明,当冲龄亲政时,即能诛锄鳌拜,独振乾纲,可谓圣矣。乃临朝未久,索额图、明珠一辈人,复得结城营社于其间,致正人君子无弗蒙其侵害,有不终其位者,有罹于刑狱者,有远谪不得其死者。厥后虽因郭绣一劾,旋即罢废,而其私党已布满于朝,犹为国家之累者有年。嗟夫!群阴霭霭,易长难消,有国者可不警夫。

陈鹏年之厄于阿山,张伯行之厄于噶礼,汤斌之厄于明珠,当时圣明在上,彼小人者犹敢肆然无忌,噫!

薄晚,二我过,谈良久乃去。时自川如许得《官场现形记》一书阅之,夜眠稍迟。

三十日　晴,无风

览《官场现形记》,终日不去手。是书写今日外省官场中内容,可谓穷形尽相,惟妙惟肖。噫,我国政界腐朽至此,尚何言哉。

昨今两日报至,皆无甚事,惟理藩院无端大受申饬。嗟夫,我国政治,种种腐败,理藩院其一端而已。且其诸事不振,由来已久,岂今日之尚书、侍郎独任其咎哉?

又闻山东滨海一带,德人权力几至无限,迥非他国之在华者可比,故与办交涉极难。

十 月

一日 晴

作日记。早食毕,就母谈。俄诣斋中小坐。又与肯斋闲话良久,即入。作致王绳伯书,因与前日所缮致星墀兄书并交邮人。昳,大风,声振窗户。昨服药油,颇获效果,盖肠胃间稍稍通润矣。仍览《官场现形记》。报至,暂置书观之。

连日北京报登载度支部郎中刘次源所上条陈,洋洋万言,细观之尚有可采,惟练兵一节,与余微不合。其论自治也,所谓以官治民,以民治民。二语极可味。

《官场现形记》所记多实有其事,并非捏造。余所知者,即有数条,但易姓改名,隐跃其词而已。余览二集甫终卷。

大风,竟夜不止。

二日 晴

晨间,风稍息。至斋中小坐,时已设内书室,则外间案头,惟日中和暖时,可以偶出闲坐,及弄笔墨,翻阅古书消遣而已。客至,亦可随意入谈,且几上陈列,罗罗清疏,尤足娱目。

俄入卧室,仍观《现形记》,其刻划人情世态,已入骨髓。

晡,出诣肯斋,因散步园中,林木萧疏,落叶满阶,寒风瑟瑟,是秋末冬初景象。

是夜,观《现形记》终卷。连阅得数人事,皆笑不可仰。

三日 晴,无风

是日立冬,余在斋中检理所藏名人书画终日。晚,新吾过谭。夜,观书。

《野客丛书》云:汉官吏著皂,其给使贱役著白。按谷永曰:擢之皂衣之吏。张敞曰:敞备皂衣二十餘年。《两龚传》曰:闻之白衣,戒君勿言。注:白衣,给使官府趋走贱人。又晋陶渊明谓:白衣送酒。皆是。忘山曰:观于此,则知此习由汉及晋,相沿不改。

汉时,凡仕于州县,受其征辟为吏者,皆视其令为君,故当时所谓君,不专属于朝廷。是以观汉碑铭,其属词有为后世所惊异者,其实不足奇也。《武都太守碑》曰:赫赫明后,克长克君。《成汤令碑》曰:吏民慕恋,轮不得行,君臣流涕,道路琅玕。《郑固碑》曰:为郡功曹,忠以卫上,犯颜謇谔,造膝诡辞。《张素碑》曰:入为主簿,謇謇匪躬。长洲王氏以为古人用事无拘碍,诚然,而非所论于此,盖汉代政体郡制本自如是。

王氏云:孔门四科,是夫子言陈蔡一时所从之徒,非谓七十二弟子之中,止有此十人出类拔萃者也。后人误认夫子之意,遂以四科之人,尊为十哲,其实不然。忘山曰:斯言最的。

四日　　晴

作书致荫亭。又信笔书致撷兄。饭后,又在斋中检书画,壁间所悬,有为虫蚀者,有拆暴须卷而藏者,更易数轴,耳目为新。新吾又至,饮茶一杯,去访关伯衡。

夜,观书。

连日报至,无事,所载亦不尽实。刘次源条奏犹未登讫,其言筹款,所谓国税、地方税分界,皆诸国现行法,吾亦知国家理财不出此二术也。

五日　　阴寒

被重裘。薄午,见日稍暖,始去一袭。书致孟晋。自是每星期一寄书,且编号,取便稽考。俄又至斋中检旧书画。晡,始毕,返卧室观报。

是日报中，略有可供谈助者。在我国则赫税务司将辞职，荐贤自代，又是欧人。此事为中西人士所注意。其在日本，则为大隈伯铸铜像，称为学界伟人。在俄则有暗杀党学校，已被发觉，学生受严讯。其与我国有影响者，浑春增重兵，彼固自制其叛卒，而扰掠愈厉。我民苦之，多自投马贼。华官无如何。又，俄人在丹国举行东方各国文字稽考古今研究会，欲我遣使往与会。

万国农业会，我国与焉。自认农国居第一等，因订合同，已用御玺。前已见外务部奏摺。

夜，作日记。

六日　晴

缮改徐憃林书，又信笔答撷兄札，皆付仆递夫。因诣母谈，遇稼霖，相随至其斋中小坐，道《官场现形记》之书之佳，盖其善写世态，几使凡出与世酬接者，一举一动，一话一言，无往非《官场现形记》所有。著是书者，可谓恶极矣。

薄午，在斋中理发，因午饭。饭罢，入内见箱笼几坐，纷错相挤，又日光甚烈，室暖不能居，仍诣斋。手《儒林外史》一编，坐而览之。《现形记》即脱胎于是也。晡，润臣至，方与接谈，又报那右丞锡侯来，见之。时奇寒，斋中无炉火，虽重裘，逮晚亦觉冷。锡侯俄去。润臣适避稼霖许，又来共话。母亦出坐。久之，润臣去。佑三衣冠至，将赴陈尚书家夜宴，先来谈。上烛始登车赴焉。

夜，与肯斋纵谈。俄人观书。

军机处创始于雍正初年，时因西北用兵，遂破例创设，以其密迩皇居，免漏泄也。然由是遂夺阁权，为天下庶政汇归之地。首入为大臣二人：鄂尔泰、张廷玉。为今日枢臣之鼻祖。后皆配享太庙。

七日　　晴

观书。章霖伯来书,嘱肯斋复之。

饭后,诣母谈。又至斋中坐,观奴子移置书厨,张古碑碣。晡,阴,渐寒,厅事中不能坐,遂入卧室观书。

《大易》初九潜龙勿用。子曰:龙德而隐者也。不易世,不成名,遁世无闷。不见是而无闷。乐则行之,忧则违之,确乎其不可拔,潜龙也。余诵是数语,有触于心。

读阴疑于阳必战一语,可知物莫能两大,而社会上之不可一日无君。无君,则乱起也。读群龙无首一语,又知居人上者,不可自尊,而当时时降其心、卑其志,若与齐民平等者,社会乃可以蒙庥也。

夜,眠已迟,寝不成寐。

八日　　微阴

余不剃发,一月馀矣,是日已呼匠至,为余修容。母至,阻余曰:今日天寒,且缓。遂辍。然终日坐房中不出。

国初御史,多由州县行取,法最善,故康、雍名臣如汤斌、张伯行、陆陇其一辈,皆出是。比废此法,御史人才尽取诸曹郎,多迂腐书生,闒冗俗吏,外省情伪,民生疾苦,几无所闻知也。虽其间不乏直臣继起,强半有体无用,再与汤、张诸名臣颉颃者鲜矣。

康、雍间名臣,无论督抚州县,往往民情爱戴,或得罪及去官,万人焚香,垂泣挽留,或为诉冤。如张文恪、陈鹏年、余田生者,不知凡几。天子英明,辄从民愿。今无矣,即有之,朝廷不以为得民心也,反疑其贿嗾。奈何。

九日　阴寒

以将万寿也,闻正阳门一带街市间,张灯结彩,焕丽华艳,观者如堵,车马往来如警规,甚盛观也。母及女弟等皆往游瞻。

是日,厅事间陈铜炉一具,炽火极暖。晡,余遂出坐。

男女平等,天经地义,不可易也。讵知男子无良,诱女束足小之,使茹苦罹虐,终身娇弱,幽闭不出,百能皆废,专事媚男。于是女子几不能与男平立,而为男所制。今者天足会开,既使幼女脱难,及既长又可稳立平地,健步能行。女力强,体亦壮,于是凡百技能学问,皆可灌输闺阃中,男子不能愚而侮之,稍稍吐气矣。男与女惟太隔绝,一旦相见,电感益厉,使如泰西风俗,虽非夫妇,可以为友,谈笑游聚,莫之绳也。习见相忘,电力亦微。

夜深,犹在外坐,闻肯斋操琴声,清朗和缓。夜,入眠,又闻雨声。

十日　晴

是日,母后万寿,余坐厅事剃发。作日记。

晡,观报,有可记者:一、日人霸占间岛矿山;一、日人制造学术探检船,能寻海底鱼贝藻草等物者也;一、英政府不愿干涉总税务司权利;一、俄人阻我已赎回之漠河金矿业。又云:政府今日会议三大交涉:一对于俄、日、英、法等国协约,二对于间岛交涉,三保全东三省矿权。

目下各国开各种会:义国农业会,美国医学会,法国调寒积冷实业会。皆促我国遣人赴焉。

十一日　阴寒,飞雪

在卧室不敢出。午饭时,报荫亭来,盖至自津也。出见之,厅事间炽火竟不觉暖。俄与荫亭纵谈。是日,在厅事又坐至夜,乃入。得电:嫂氏又弄瓦,大小无恙。

积年风潮,巨莫若争铁道自办拒外款也,而某别有臆见,姑备一说焉:铁道之利国便民,促农工商进化,惟惧不能通天下省府州县,支干密布无弗遍。能达是境,人人生(济)〔计〕扩充而饶裕。何也?盖一国之大,无论远迩,所患者不通。同此地质,同此财产,流通滋生无穷,不通来源枯竭。铁道,流通机关也,前此无之不论矣,有是利便物,天欲自发泄其荒瘠幽闭中所藏精华脂膏,以润民生。顺天昌,逆天亡。是以余唯惧铁道不速发达,铁路发达,货产流通,土地尽辟,百姓饶富。百姓富,筹款易,而国富。既富矣,百废皆兴,胡不强?虽然,我国兴此大事业,当斯民穷财匮,有万难强人担荷者。富户虽有,一省寥寥,尽竭所藏,未必应急。谁无父母,谁无妻子,又可使一切不顾饥寒冻馁,举牺牲路中?即牺牲焉,犹无补万一。曷知之?以观各省铁路自办者多久不成知之。大都筹款艰难,力不能举,举焉亦枝节而为之,往往先造若干里于此,俟其成焉,移所获利,陆续造彼。吾恐延时日三五十年,不得告成也。一省如是,省省如是,人寿几何,能待三五十年?国寿几何,能待三五十年?一旦有变,地已送人,尚何待乎?百姓财源已竭,朝廷需款方殷,三十年五十年,河清其难俟也。今日外人肯出股代造,又或借我款,不以路抵,是何等幸福,而一辈嚣张少年、盲从俗子,不用脑思,毫无心得,专据日本人铁路瓜分中国案,诩诩然曰:是不可不争,为地域免蚕食争,为人种免奴隶争。严词矜气,自命爱国。岂知彼固未尝虚心权利害,及用算术计其得失也。吾今为剖论之:夫外人或投股造,或借我款股款,虽外人造成,而利用之我国民也;享铁路利益,发达生产,又我国民也。民享其利而富,国家赖焉,虽加重赋,民不病;练兵兴学,不患仰屋。政界裕如,上下交利,吾前言之矣。至疑借路据我地,乃迂论。数年前,各国创瓜分说,今久不谈,吾知其界域也:滇、黔,法;闽、浙,日;长江上下,英;山东,德;蒙古及东三省,俄。此据当日形势,今辽沈一带俄势减,日势增矣。大抵如斯。然关内外铁路,英款也,英能越德之山东而据我之京榆乎?京汉铁路,比款,又法款也,法能越英之长江而攫取河南乎?必不能也。然则彼外人何利此?曰:彼重商保民。国中富户雄商能出股营业海外辟利源者,国家听之,且为肩保,与军国交涉同,非涎我土地也。曩者景教西来,我国疑彼将吸民心而攫我土,今知不然。兹之投股造路同此,夫何畏?抑余又闻某报之言曰:日本之亡朝鲜也,即以铁路亡之也。今各国不又将以铁路亡我乎?其言更纰缪。夫朝鲜在日本掌握久矣,视等己国,为彼造路,何异自造。盖先无形亡其国,而后路之,非既路而后亡也。若我国今日果同于朝鲜之亡也,则虽无路,又何免于亡。使犹未亡也,则虽路之,亦不必因此而亡,彰彰明矣。使彼国当时有人如我今日抗拒争自办者,能有救于朝鲜之亡乎?无有也。且我国之所以略异于彼者,地大物博,非一国能独噬。必亡之,非瓜分不可,瓜分非启战争不可。既惮不敢动,我尚得因是优游其间,或不至步朝鲜等国之后也。使果能乘能奋然图治,百度皆新,犹可自强。顾交通机关不速组织使发达,国何由兴。既自苦无力,赖外国富民雄商助财应急,或投股代成,是何幸福。乃彼犹然盲持成见,坚闭固拒,果何为也?夫路由外股造及借款者,数年无不成。若各省通行之,外人必欣然纷至沓来,五六年后,机关遍布,十年后我国民富国裕,备款赎路,储金归本,何难之有?自斯以还,利皆我有,外人无与。即不然,稍留之十二三为彼股,使获沾润,亦无大碍。然而当是时也,我国岂犹是今日国乎?我民岂犹是今日民乎?财货灌输,民生富厚无论矣,其智慧学识,亦因机关灵捷,邮便迅速,新理书报朝发夕至,穷乡僻地无弗达,国民全部脑思萌芽怒发,吾见民智日开,人才崛起,加学校陶铸,中国人材不胜用矣。有人有财,以之捍卫社会,共图公益,乡而县,县而府,府而省,省而朝廷,庶政毕举,国胡不勃然强?今者嚚张少年、盲从俗子犹攘臂怒目曰:"土地送人矣!权利馈敌矣!是奴隶我也!是牛马我也!"龂龂然争。无论外人未必尽许也,即果退然让而我造路,竭蹶十年不成。一旦风云不测,内忧外患相逼来,彼横占我疆土,突据我要害,又或因腹地糜烂,阳托亲睦,代平乱,于是权利、土地、人民,真拱揖送人矣,真为奴隶牛马矣。嗟乎,抑胡不思也!岂真未权其利害得失以算术深计之乎?要而言之,铁路党派有二:甲持造路不用外股款者也,乙持造路用外股款者也。从甲说,宁路不成,或竟不造,外人毋分我毫末。从乙说,宁权利略外予,铁路不可不造,不可不速成。甲说固闭顽陋之见也,乙说开通进步之见也。甲说犹是甲午前耻和言战闭关绝市见也,乙说乃今日文明大同无国界种别共扶世界民生同享幸福见也。一彼一此,有远识者择而用之,吾奚多言?

十二日　　晴,风

坐卧室一日。晨,观书。饭后,向日记中撰《铁道臆说》数千言。

十三日　　晴

晨,作致慕书。向午,戴帏帽乘车访邵二我大象公司,其精室皆易欧式坐具,丛菊满屋。

余与二我谈,机锋相对,一吹一唱,无语不韵,无字不精,终席话皆绝妙文章,可寻味,是以相见辄大悦。

晡,绕道西珠市口,将瞻万寿残景,纵影不见。造义善源,遇季于来自山东,为又山将赴蜀,一相会。时已薄暮,急返,访对门居之关伯珩,道迕日风涛。彼深不直南中人士,英雄所见略合。余晨慕书中所谓民权狂悖,不减专制,鼓动者一二,附和者千百,良可怒也,又可怜也。

归已昏黑,啖索面。夜,观书。

十四日 晴

闲步至斋,移书几东窗下,就炉暖。菊花盈前。晡,报至,无事。外部及各国议海外侨民增置领事,犹未协。

袁项城外交不恶,能任艰巨,不避怨谤,以外无人。惜坐政府权分,不能如志,亦余慕书中语。

十五日 晴

观书。薄午,衣冠出谒张劭予侍郎。适侍郎太夫人寿日,阍者阻余,坚欲入拜,遂见。侍郎询余:愿至大理院乎?余称谢,且告以邮部图书处颠末,问:能兼否?侍郎曰:可也。时来祝者鱼贯入,皆汙人。侍郎出酒食款宴,且啖索面尽饱,始辞去。造荫亭,不值。入城,谒陆凤老,未见。归,仍观书。晚,阅报,要政猥载,记之:一、吏部将裁选班,皆发各省量才器使;一、学部将命各校教员掌管理权;一、陆军部将设军政裁判;一、驻英使臣请设印度领事;一、驻藏大臣请兴藏学;一、政府向海关筹海军费;一、海关道报镑价飞涨,还款受亏。

外国要闻惟俄少妇将施炸药,行革命。

夜,又撰设或问数条,续于《铁路臆说》后,以防此辈驳诘,如下:

或曰:各国果不觊觎我地,德胡为铁其路山东?法胡为铁其路滇越?又前者,俄人胡为铁其路东三省?其意何居,非瓜分界中乎？曰：瓜分无事铁路，不瓜分虽铁路无害。我能自强，皆得返之。惟俄稍不同，彼前据东三省，兵不撤，苟非日战败之，有吞噬意。顾咎在兵，不在路。兵退路存，无伤也。

或曰：彼路成，运兵易。曰：不见庚子役乎？京津铁路俄顷毁，苟有衅，何难如所为。铁路利承平，不利危乱，斯言久矣，犹坚执，一何迂也。且苟虑是自造之路，彼独不能夺运彼兵乎？

或曰：路由彼造，权利在彼，又托卫路，设兵驻守，与占土地何异。曰：不然，彼虽获权利，宁能尽擅。我政府与订条约何为乎？卫路我能任之，彼尚何虞而必驻兵，即驻焉，为数几何？庚子后使馆奚无兵，又何畏？

或曰：不闻人言乎？铁路所到地，即兵权、政权所到地。答之曰：凡事毋空言，当据实理。彼不与我失和，曷能用兵？彼不据有我疆土人民，曷能行政？是等浮论，所谓近是谈，苟加深究，皆非密合。骤闻之能惊人，人不用脑思，终为所惑，遂无悟时，良可悲也。

或曰：外人股款可用，既闻命矣，谓我各省必皆贫无力，侨海外华商拥巨富不知凡几，独非我国民乎？曰：是惟粤、闽两省有之，他省皆无。我国社会团体不固，信用亦寡，彼蓄财家多惮不前，即能用之，亦仅两省享其利。若举通国使肩任之，亦有弗及，又况未必能如愿乎？

或曰：与外人订约，往往受亏，借款犹之可也，听外人造路终不可，彼将尽揽一切，我国亏失，恐无以救。曰：国弱矣，外交欲无亏者，必无之事，在视所亏之多寡耳。外部若得人，固将持焉，毋堕太甚，此举通而言之也。若铁路，则彼既揽造，必不能靳我以利。其余用人，派工程师，自当任彼为之。顾权之所至，以路为限，不能稍溢也，夫何惧？是故他约或可云亏，惟铁路无亏可言。何也？我力不能造，以自博利；安坐而分人利，受益已多矣，又况路成，利于我者百倍是乎？

或曰：路成而彼不许我赎，奈何？曰：约可废，股可买还，断无路成不能赎之理。且当订约时，固有期限，非听彼永据者。远西人贪利知所止，不若我国人之无厌也。且彼犹重信，但不与失和，必俯而就范，又况造路赎路，行之屡矣，岂创例邪？

十六日　　阴

起晏。沈雨老过谈，俄去。益斋至，雨老亦识彼，出见其坐车中掩面，不知为雨老也，下车相见大笑。余及益斋拥炉坐，高睨大谈铁道问题。雨、益二公皆表同情者。饭后，余随母妹等至西直门外。是日，京张汽车始发动，关伯珩赠券四枚，获附车游三家店。万山合抱，林麓荒寒，京师迤西，景物特胜。归已昏暮。

夜，观报，载间岛与日交涉有转机，俄界碑事亦解。

雪飞。入卧室，作日记。

十七日　　大雪

起，观书。成《病后有感》五古三首："日暮晴无云，负杖步西园。悠然得佳趣，纵目天宇宽。乱叶满荒径，衰林生早寒。凉风淅然至，去去衣裳单。""离离窗下鞠，颜色明且鲜。飘飘檐前雪，照庭何皎然。块坐披往籍，所见多古贤。精神与之会，安知别千年。""养疴情自适，闭关谢宾友。岂必忘家国，寒风日夕吼。天地忽已闭，麟凤栖岩薮。瘖瘝永结叹，孤芳难独守。"

十八日

晨起，风甚，雪昨夕已止。寐辄闻檐滴声，雪有化者。饱食，登车去至龙爪槐，谒使德考察宪政之于侍郎。侍郎无眷属，终年独居，自拜命，遂自北洋公所移此。余入见，命坐，室炽火，明窗大几，一望平旷，若银海，雉堞隐隐在目。小谈，余辞去。风厉，加帏帽，遥瞩西山皆衣白。侍郎送余登车，既行，因顺道访孙仲华、王小东，皆见。又谒方勉丈，诣王书衡，皆不值。日中，在二我公司中饭，且纵谈。

二我云："吾最喜真恶伪，宁有伪言，毋作伪行。"余叹曰：然。

忘山曰：凡人一动一言，必自寻趣，虽以圣贤豪杰，建大功，树伟名，当其行之，亦曰：吾自寻趣而已。趣者无他，以是为乐也。是故称人之志，必曰：志趣志趣。二我曰：然。

晡，诣新吾谈。又谒兰秋师，已举室行，盖新简放陕西道。余病不及送行为憾。又诣又山，不遇。遂归。

夜，观报。昨以雪故，报不至，今并两日览之。要闻颇繁，最巨者莫如美政府允减我赔款，而举国赞成一事。忘山曰：地球诸大国中，吾于美无间然矣。夫今日世界成例，虽以极文明之邦，外交无弗蛮野。所谓有强权方有道理，比比皆是，何居乎美人之待我国若是其公且义也？不以华商拒美货为嫌，恒自损抑，以拯我华，且合其议会、报章，皆称许是、赞叹是。吾不谓彼邦抑何贤人君子之多也。信乎其为华盛顿所造之国矣。

政府有用侨民为领事之说，无成议也。上海公堂案赔款，拟定十二万：英五万，德七万，馀数千而已。胶州湾有孤岛悬海中，人民二十家，自耕自食，不与外通婚姻。为某国探有宝矿，欲入开之。海参威商业大兴，其暴动之由，盖乱党炸俄皇族车不成，俄官酌酒相庆，激怒使然。其党多混迹水师中。以上为两日所载新闻，馀尚夥，不胜记。

十九日　　大风

始欲诣向辰，彼忽以刺至阻余，云："明晨过我。"遂辍。余亦以病始瘥,累日在外,感寒鼻塞,下涕不止。风甚,姑避之。观书。

薄午,坐卧室中,暖日射窗,作慕兄书。晡,复出。报至,纵观。上烛乃竟。

《北京报》主笔朱君淇,持论极当,见十七日报纸中。大略谓:借款招股皆无害,俄西伯利亚路皆用法款。第法人不得干涉路权,俄自主之。我国路为他人股款,往往以权授彼。京汉初开,行旅多不便,受种种苛虐,洋奴倚势为之。自唐少川侍郎管路,始收回华人半权,今皆便焉。若纯用我国主权造路,兼招外股外款,既可辅我不足,又不以太阿授人,计莫便是。忘山曰:此为我《臆说》中所无,当采用之。

今日报又称:间岛事变,日人严查户口,若视为己有者。

其译报载加拿大工党拒亚东人入境原因,盖一则为种族歧分,一则为佣直稍廉,夺其利也。自一千八百六十年以来,华人往者,前后踵接,至一千九百一年,已有一万六千馀人。日本人数则略减此。加人欲拒者屡矣,始以入境纳身税五十圆苦之,来者不绝;加至百圆,犹不止;加至五百圆,入境乃渐寡。然工价顿增,于是嗜利者不惜重资,又趋之如鹜。加人乃不得已而有今日之举。

印度人民有拒英自立意,良以留学英校人士,亦获优等文凭,自问人格不下白人,岂甘自堕。又动于俄日一役,白为黄败,遂亦歆歆欲步趋之。故连日报中,屡载印度罢业风潮。

二十日　　　风止

观书。

国朝梁文庄公,亦浙之钱唐人,尝陈情乞养。御书"身依东壁图书府,家在西湖山水间"一联慰之。先孟常公在日,宅门联用此。

乾隆六年,梁公官侍郎,有条奏八旗生计一疏,大略谓:八旗生齿日繁，若不使自为养，而常欲官养之，虽目前尚可支持，而数百年后，旗户十倍于今，势必不给；宜令闲散人丁，于黑龙江、宁古塔等处，分置边屯，使世享耕牧之利，以时讲武，且可充实边防云云。忘山曰：今日议裁驻防，筹八旗生计，果有移置吉林、黑龙江屯垦之说。梁公当百年前已见及此。公讳诗正，号芗林。

昳，报至，称政府有裁军机处组织内阁之说。又连日载两宫重开经筵，命大臣进讲《四书》、《五经》义，及历朝掌故、各国历史。

晡，出城，赴方勉老之约，在煤市街悦宾楼。在坐自余及稼霖外，皆老者：一杨姓，年七十一；倪姓，年八十，与勉丈同齿；其一朱巽斋，年六十四。

二十一日　　晴

为关伯珩书乡祠二大字。衣冠登车，去投刺诸长老亲友家，晤李季皋、陈瑶圃、汪伯唐。最后至奎章许，尚眠未起，时已日斜，腹饥索食。俄啖索面尽饱。奎章出，同观影片四五十幅，皆我国各沿海形势风景，以及庚子年津京一带乱后情状。中一幅乃一妇人赤双足，皆已裹者，形态丑秽不堪视。彼盖警勖我国，使尽脱此苦。又日本城市山水影片，亦三四十幅。时已暮，未能遍观。是日，车中观书。既归，读报。

英国妇女争选举权，不受法律之限制。俄国学校学生多自杀者，不解何故。

二十二日　　晴

汪雪生过，俄去。因诣伯珩谈。归，坐斋中观书。

毋谓我国儒生，著书立论，无影响于社会。乾隆时，方恪敏公观承历任封圻，最尽心于农田水利，沟洫仓储诸务，所行以工代赈及周官沟树之法，多得诸方望溪先生之绪论也。

前闻荫亭言：我国今日为治，当区民为三等：最下曰齐民，稍优曰国民，最上曰公民。一切纳赋税及享一切权利，皆截然不同。而国家亦须设三种法律以支配之，其有欲由齐民跻国民，由国民跻公民者，必其程度与夫资格日高，然后许之，如是则谋国者方有措手处。余以为然。

晡，作答芝生兄书。观报。

营口豆商折阅，因而闭业，亏日、英各商银行，度支部银行，皆百馀万。于国际及内政上皆有影响，当路已力筹挽救之法。

美人在飞猎宾，改良华侨入境新章，颇极烦苛。

二十三日　　晴

观书。

余前以史当并列四种体例：一曰年史，一曰事史，一曰政史，一曰人史。具论于数年前日记矣。今于经，又别为二类：一曰哲学类，一曰史学类。《尚书》载言，《春秋》三传附载事，《周礼》载制度，《仪礼》载典礼，《毛诗》载乐章，皆史学也。《周易》发明阴阳消息，刚柔进退存亡原理，为哲学正宗。《论》、《孟》、《孝经》乃圣贤语录，其于人伦道德及治国平天下之术，三致意焉，故亦为哲学。《礼记》，丛书也，半哲半史，析而分之，各有附丽：若《大学》、《中庸》、《礼运》及《内则》、《曲礼》等篇，皆哲学也；其他《王制》、《玉藻》、《丧大记》之类，乃史学中典制一门，宜附于《周礼》、《仪礼》。此外尚有《尔雅》一书，古训诂也，学者通是，乃可以读群经；顾其释语言，释名称，释规制、器物，皆三代以前者，考古家有所取资，当附于史学焉。

饭后，剃发，登车去，先诣太仆寺街，视旭庵甥。甥肄业某学校，时以病归。又访乐叔和，谒陆凤老，皆不遇。至陈静安许，见其母,坐良久,归已暮。观报。

政府会议,有府州县久任之说,余馨香祝之。又称黑龙江以东地界,中俄颇起交涉。又云:印度拒英之风潮,乃因一学生谈革命,被英官置极刑所激而然。又云:美国极主持万国和平会者,而日益厚兵力不止。

二十四日　　晴

衣冠出门,谒玉苍尚书,不见者三月馀矣。又诣吴仲老,阍者云已趋署。遂造二我谭,留午饭。昳,诣郭春畬侍郎,投刺;访宋芸子,皆未见。既入城,访成子蕃,时已移居驴肉胡同,庭宇幽曲,余入徘徊,子蕃未归也。是日,车中观书。返家,又读报。

法有军士,将国家防敌秘密要策一书,卖与某强国之侦探员,获十馀万磅金,是所谓卖国贼。又云:印度国内无不垦之地,贸易最盛。又云:欧洲银市,多欲动摇。

是日,孟晋有书到,寄来德国街衢楼舍车马人物影册。夜,在母房中,一一观之。

二十五日　　晴

作书寄孟晋。观书。

国家办事用人,本极自由之活动机器,而为旧案成例所拘缚,此天下所以不可治。吾闻昭文吴槐江宫保之言曰:刑赏者,圣主之大柄,而其柄寄于封疆大吏,以有司援案比例求免驳斥之术处之,舛矣。例有一定,情则万端,故遇事必当详细审情,以施刑赏。赏一人而有裨于吏治民生,虽不符例赏,赏所必加也。刑一人而有益于世道人心,虽不符例刑,刑所必及也。又归安姚秋农尚书奏议有言曰:自古图治之要,以任人为本。近日科条,过于烦密,如某县得一循吏,忽有四参被议之案,不能不罢斥。又如地号难治,非得人不能胜任，然才优或有处分，合例者才仅中下，亦不能不俾之受事。是为吏议所格，而吏治皆不得其人，宜稍为变计也云云。皆至言。

报至，观之，无甚事。惟载两宫近颇注意简用督抚，嗣后出缺，必调查其服官治绩若何，然后授之。不知确否。

又云：法国水师中，革命党起，疾其水师之窳腐，较诸各国比，已堕第三，尚不知改辙，将益下矣。

迩来江浙人士，开会拒借款；粤人则为西江捕盗事，亦开会拒外人干预。我国民气，可谓大伸。

施伯彝甫归自柏林，昨孟晋书物皆彼携至者。是日来访，已昏暮，略谈即去。闻伯彝言：俄有革命党之妇人，刺死总管监狱某大臣，为最近消息。

二十六日　晴

驱车诣皇城东，答拜张仲昭。又访那锡侯，闻通译馆之宋芸子，亦以事与玉苍龃龉，辞退。俄造䌷斋谈，又往视一山，道及东南民气。余谓：从前世界所患苦者，一独夫而已，今乃有千万独夫并起，以肆虐焉，其奈之何。

晡，归。观报。

海牙平和会成，世界当冀日就泰平。乃报纸纷纷述各国增加兵备，如美，如西班牙，如俄，或拓张海军，或陆兵日益其额，所谓平和安在？

前闻韩民有相率奔入我国界，避日本之虐者。今又闻日人搜得韩民所草檄文，内称某月日在某地，约同胞二十以上五十以下之多数人，皆白衣，向各国哀诉请救，冀脱日人桎梏者。

报又称：谘议局在各省，将来有票举地方官之权，并可查办被劾之督抚。

夜宴胡馨吾,并为又山饯行。坐有伯珩、新吾、稼霖,时灯明炉暖,终席所谭皆养马之学问。稼霖最研贯,亦万条千绪,言之津津。

二十七日

晨起,观书。薄午,趋署。余自七月初旬辞差,几四阅月,今始去。时邮部治所已移西长安街,去余所居三四里,较前为近。屋故王府园亭,为民政部购去,将辟为公园,并精筑廊宇,林木甚繁。陈尚书爱之,向肃邸索焉,于是地屋皆归邮部,且增造堂舍三数重,工竣遂迁入。余之未辞也,曾奉命往踏勘,今已改观,闳峻精整。余既入,先见向辰坐庶务司,旧朋僚陆续相揖。俄登堂见陈、郭二公,又诣丞参厅,且遍历诸司,皆相见。最后至图书馆,轩窗明垲,新奉派继宋芸老任者,为陈君绎如,亦闽人,曾游学海外,精英文,以议译书,方据案标写书目,备向西洋购取也。晡,归。观报。俄开议院,议长犹宣演俄专制政体为巩固国家无上之宝。夜,复观书。作日记。

二十八日　　晴

起作答星墀书。沈雨人过谭,闻袁、张不睦,殆以国事互生意见。趋署,无事。观报。晡,出城,诣义善源小坐。俄绕道至仁钱、杭州二馆,遂归。仍观报。

闻政府欲赎还京汉铁路轨,又欲向美假款五百万。又闻政府以江浙风潮烈,欲移借款用诸铜官山矿及信浦铁路,皖人大惧,又相议拒命。

夜,观书。

二十九日　　晴

趋署,与向辰谈。俄至图书处观报,闻政府亦欲建大图书馆于京师,又欲立议事堂于各省,报纸所传此类虚语,多未足凭,必待睹谕旨奏章,乃可信也。时佑三获权邮部左参议,晡,往贺晤。又诣城东,谒陆春江中丞,不值。晤邵伯䌹谈,归已昏暮。

居停善君芝樵,昨送画卷至,云为友人托售者。是日启视,则丁南羽白描罗汉也,韵格苍秀,后有周而珩跋,皆真迹,非赝物。

夜,披李次青《先正事略》,观江岷樵、罗罗山诸公战迹,使人拔剑欲舞。

十一月

一日　晴

趋署。观报。

吾浙近有匪乱,嵊县、新昌一带,纵横啸聚,省会已遣兵往剿,时闻覆败,闻之惕然。据报纸言,内有革命党人煽动。

陈尚书责令图书馆编书,凡关于铁路电政一切合同报告,非秘密可以通晓于人者,缀载之。陈君绎如已撰拟试办规则矣。

晡,大风。归,复读报。报纸之娱人,几如以全球为大剧台,而日日观其演变。

夜,观书。

二日　晴

趋署。是日,佑三履任,群衣冠晋见,一揖而退。

《外交报》为张菊生所创,历年来留心国事者,莫不争先快睹。其报多载交涉文牍,及译东西人名论,要皆关系于国际者,而五洲之形势如指诸掌焉。

甚矣,外交界中所谓保护国者,不啻覆社亡国而举土地直献于人也。英之于印度,法之于突尼斯,日本之于朝鲜皆是。盖不论外交内政,凡被保护者之国,皆不能自由用其主权,胥听命于他人,以视往日琉球、安南及朝鲜之藩属于我者,大有异。藩属者,不过岁时贡献称臣而已,国内之主权无恙也。今则外若平等与国,且彼此订协约,而一名曰保护,遂至并其国柄而夺之,且殖民其地。所谓政由宁氏,祭则寡人,直侵灭耳,无形之侵灭也。

嵊县土匪,闻不日就歼,跳梁之辈无他伎俩,亦殊可哂。

晡,归。剃发。观《世说新语补》。夜,入卧室,又披览他书。作日记。

三日　　晴

趋署。观诒仲所编《轨政要览》,所载皆各路合同,首芦汉,次京榆,以及沪宁、九广、汴洛皆备,亦人人所愿披睹者也。

报纸载德国议会,有诽谤陆军之腐弊,而反对德相俾罗者,俾公闻将辞职。

又俄相评论国中革命党之不足畏,谓此等并非纯洁最贵重之人格,直匪党耳。彼见官府无可掠,则劫取无罪之富家豪族财产,饱所欲而去,乌得谓非世界之蟊贼?

薄晚,在新吾许晤燕保、益斋、琴若。昏暮,出城,阮君约饮。夜,归。作日记。

自唐以前,凡僚属有过,上官得以箠楚加之,习以为常。杜诗云:"脱身簿尉中,始与箠楚辞。"韩退之诗云:"判司异官不堪说,未免捶楚尘埃间。"杜牧之诗云:"参军与县尉,尘土惊勋勤。一语不中治,答箠身满疮。"是故韩皋封杖决安吉令孙㻞,刘晏考所部官六品以上杖讫而后奏。又如《北史》,库狄连为郑州刺史,开府参军皆加捶挞。《世说》载太守刘淮杖主簿向雄。《三国志》黄盖为守长署两椽教曰:"若有奸欺,终不加以鞭杖,宜各尽心。"可知吏属受杖,在古行之久矣。入宋以后,此风始改,上自宰相,下至末吏,皆谓比肩事主,更不复闻笞辱吏僚者,岂亦进化之一事邪。

四日　　阴寒,有雪意

衣冠往谒张劭予侍郎,又视诒重,病已小瘥。拜许季楼,大理推丞也。在义善源易便服,午饭于燕春园。时喉屡作噎,味酸,殆食不消化。闻新筑剧场在西珠市口,曰文明茶园,人亦售券。往观之,剧殊不佳。暮归。观报,有可记者四:一南洋华侨欲出资自创汽船会社;一日本兵舰游历欧美,大为众所欢迎;一韩义民暴动;一俄革命党人掘地道谋弑其皇者发觉。

腹泄不止,饮牛乳。夜,闻雪飞。

五日　　大风,晴

趋署,观关内外借款合同,又览《外交报》。

晚,宴集叔和、子蕃、文初、镜涵、芝樵于同和居。

六日　　晴

潘辅臣过,闻吾乡左泉师寿终,年已七十九。

趋谒大理院正少二卿,皆未见,往拜蔡右丞,谈久之。日中,劭予侍郎约饮,赴焉,坐有李皋伯、平翼侯。晡,诣周麟叔推丞,投刺。造二我谭。

二我讥余太不精于宦学,盖昨日无端又闻陈尚书以余在图书处不能和洽俦侣为言,甚奇。那右丞暨佑三,偕来警余,属勿多言,勿执己见。余茫然。

晚,关伯珩召饮,先往与谈,以腹泄未止,辞不入坐。读报,观书。

闻粤商欲集公司,垦黑龙江荒地。程军门筹办江北浦周路线。又闻俄西比利亚税关之苛难,各国人苦之。英前女皇维多利亚著述出版，人多争购之。又闻与印度毗近之必丹国，其国王为我国人，盖粤中顺德人尤姓者，犯罪逃匿，南转徙至必丹国，王以女妻之，遂留为婿。未几，王老，逊位焉。

俗语多有来历，如言事无瑕疵者曰：没包弹。始于宋包拯，为台官严毅不恕，朝列有过，必须弹击，故谓之包弹。又今人呼麻胡来，以怖小儿，则因东晋时伪赵石虎，以麻秋将军杖帅师；秋，胡人，暴戾好杀，国人畏之，有儿啼，母辄恐之曰：麻胡来！皆见《野客丛书》。忘山曰：著是书者宋人，又可知此等语相沿，由宋至今不改。

"一骑红尘妃子笑，无人知是荔枝来。"唐人诗也。按此汉时已有之。考汉和帝时，南海献荔枝，十里一置，五里一候，奔腾险阻，死者继路。唐羌上书曰：交州献荔枝，生鲜致之，驿马昼夜传送，至有遭虎狼之害，颠仆死亡，不绝道路。

七日　　晴，风

诣又山，已趋署。乃踵至署，始见之。则闻陈尚书谓余将改译书章程。余大惊，不知此语何由来也。俄到馆，陈、书两君已先至。书君字企韩，蒙古人，京口驻防。

观报，前闻俄党人有暗杀学校之设，已异之。今复观报，载俄政府设革命党博物院，凡搜获党人书信、记号及一切兵械器物，皆罗列之，以资研讨。

昨闻伯珩，粤西匪党夺据滇疆镇南关炮台，法人之在越南者戒严。

蒙古北边民入俄希腊教者三万六千余人。

晡，归，风未止。理发。翻阅《白虎通疏证》及尹健馀札记等书。

八日　晴

往谒大理院定、刘二长官,皆见。归,释衣冠,趋署。

观报,闻粤东人仅认粤督奏设备盗兵轮,不认税关代增巡舰。忘山曰:民权民权,固能自然发生,今其勾萌已勃然矣。

日人复有谋攘我东省之天宝矿利者,间岛外又生一波矣。又闻英人干涉腾越铁路,外交界中荆棘蝟起。晡,访二我谈。

万国平和会第二期已蒇事,俄、德皆获胜利,英、美失败,见本日《顺天时报》。夜,与肯斋谈。入卧室,观书。

九日　晴,风

衣冠往拜顾少池。顾官大理院推事,余明日将赴差,故先见之。又往祝张劭予侍郎寿,闻已避之他,客至无款接者,凡馈赠者皆谢绝。

趋署。图书处以陈诒仲为总纂,陈绎如副焉。余及企韩皆科员。

报载日本极意防俄,注重军备,且于蒙古一带有所营画规措,非得陇后望蜀也,其虑患之心,深且远也。

安南人不堪法人之虐,将倚日本以自纾难,故潜逸东国者踵相接。嘻!日本岂真良友哉?

墨西哥总统西阿斯,雄主也。当初立国时,亦困于财政,凡域内路矿大事业,多假外债为之,故至今利权皆在外人掌中。闻总统频年于国用中,每岁必储若干金镑,为向列强赎回计。又闻墨国中人民,西班牙种渐滋,土人弥寡,天演物竞,抑何酷烈乃尔。

葡萄牙国中银行皆倒闭,有革命者起,国内嚣然。

晡,诣新吾许,其夫人病颇重。薄晚,归。观书。夜,月明。伯珩召饮。

十日　　晴

检书。阅《全唐诗录》。剃发。饭后，衣冠将至大理院，伯珩过谈。俄联袂出，遇稼霖归，拥狐戴貂，伯珩邀至彼，云有相语事。余登车去。

大理院旧工部署，余重莅，不胜今昔感。入门迤北土地祠，今为典簿厅，凡新来署者，皆由典簿带见长官。时典簿徐君朗秋，亦旧同僚也。坐厅久待，自书履历。晡，定正卿至，入谒，一揖而退。顾君少池招余至刑科第一厅，既至，胡君芰孙在焉，相见大乐。又由顾君指引，见同厅诸友。顾亟欲余在彼共事，长官以刘少卿未至，且缓点派。是日刘竟未至，余俟至昏暮乃归。

俄党人前刺死总管监狱大臣，已捕获抵罪矣。今又有欲毙其首相者。民风若兹，履高位者皆有虎尾惧。

夜，观书。忘山曰：诗文书画，颜习斋称为天地四蠹。专攻焉，溺其志矣；以为馀事，胡不可？且人品高下，于斯亦足以窥。施愚山之诗，伊墨卿之隶书，固自超乎凡庸者也。

十一日　　晴

晏起。厂肆贾人持画数轴至，一为董东山，一为皇六子，又一为张雪鸿买花图。索直泰昂，却之。又有陶心云所集古今名人楹帖，皆似缩影而刻诸石者，饶有韵趣，留之，遂付装池。

理仁钱杭馆出入度支。逮暮，作改孟晋书。灯下观报。

闻俄国党人，近稍稍不甚仇视其政府，有欲暗中作调人者。

台湾暴民之起，党魁曰清琳，青年负才略以叛，日倡独立，煽其众。日本征之，殆将奏功。

前者法部及大理院争权限，今学部及农工商部又龂龂不休。无政治裁判，奚以定之？

保和会甫终事,而列强争扩战舰。说者曰:是反乎保和者也。余曰:不然,必如是,而和乃可保也。盖势力平均,彼我互惮,自相寻于珠槃玉敦者不休。

夜,寂坐观书。与阎百诗、万季野、毛西河诸先生相见。

西河云:性中但有仁,无所谓孝弟。然哉!盖孝者,仁于其亲;弟者,仁于其兄。人当幼时,最密近而相爱者,无若亲与兄。用仁必自近始,故曰:孝弟为仁之本。

季野云:史表所以济志传之穷。其识突过刘知幾矣。

十二日　　晴

趋署。观报。粤中廉钦之乱,官军屡报捷,匪渐敉平,已有诏奖擢出力员弁。忘山曰:今而后,土匪盖无足惧,虽再有黄巢、李闯者流,断不能縻扰天下如曩时,良由炮火之利,摧夷乌合不难也。

晡,至大理院,待刘仲老仍未至,访又山不值,遂归。月色盈衢。夜,观书。作日记。

大兴刘继庄先生云:西北乃二帝三王旧都,二千餘年未闻仰给于东南者,沟洫修而水利通也。自刘、石云扰,以及金、元人,皆草草偷生,不暇远虑,相习成风,不知水利为何事,故西北非无水也,有水而不能用也。不为民利,则为民害。旱则赤地千里,潦则泽没民居,人固无如水何,水亦无如人何。虞学士始奋然言之,郭太史始毅然行之,未几竟废,三百年无过问者。有圣人出,经理天下,必自西北水利始。忘山曰:元脱脱曾兴畿辅水利,本朝怡贤亲王、方恪敏,皆前后踵行之,不久辄废。所谓人存政举,无继其后者,虽有良功,曷能永持使不堕哉。

十三日　　晴

趋署。观报。闻政府欲删除旗人不准无故擅离京畿之例。又闻英南海风灾甚巨。

薄晚,到大理院,揖见刘少卿。归途访又山,不遇。

连日得孟晋来书,所携去一仆名白玉者暴死。万里相从,陨身异域,亦可哀已。夜,观书。

宜兴任钓台先生,讥世俗承重孙之非,曰:古者人子有为父后不为父后之分,为后者,承爵禄奉宗祀,而傅之以重者也。应为后之子亡,则適孙承之,而谓之承重。今士大夫不世爵,无重可传,漫于丧礼立长孙承重之条,驾名诸父之前,何为乎?忘山曰:此说极是。

十四日　　晴

蚤起,趋署。观《外交报》。

日本人著论,谓我国去宪法尚远,如曰组织议会,当以何等人材充任之,所谓窳腐之官吏也,嚣竞之浮浪少年也,无智无虑之守财房也。更有出此三者外,别得一种才俊乎?无有也。

本日报载:政府为间岛事,遣人向日本谢过,不知有何举动触彼怒?

俄人将于西伯里亚铁路双其轨,已兴营画工事矣。

美人战舰队航行太平洋,至非猎滨,列国惊疑。总统自表无他意,特欲水军战士操习技术而已。

晡,访二我谈。余自称新获精语二,曰:不惜费方能省费,不畏事方能弭事。

晚,归。月色清新。

十五日　　阴

趋署。观报。

今乃了然于群体之智德不进、品格不完者,虽日谋立宪,行共和政，不能隆其国也。古希腊、古罗马，岂不崇民议，尚公选？顾宠赂滋章，其衮然膺人之推者，非有材行干略之果超其伦也，徒以雄于财，有所资，以取悦夫众，斯获之耳。弊害横流，曷殊独治？是故希腊不久亡，罗马俄衰，岂非前鉴哉。

兵战易为商战，无锋镝之惨矣。虽然，自古握商权、雄海上者，咸恃兵以助之，往往血战后，其覆败之国，昔日所恢拓规谋之商业，咸为敌所攘取无馀。观于欧洲商业史，希腊之于腓尼基，英人之于荷兰，其已事矣。

晡，归。晚，又山过，留饮，俄去。夜，作日记。观书。大风震户。

十六日　　风不止，微见日

趋署。观报。

泰西考试之法，先以文字，次则问答，二者兼行。且所试皆视其所覃研之专科中选，因而用其所学。今者我国不然，专用文字，无问答以为之继，又所试题往往出所习外者，几欲其无所不通。用人亦如之，彼固不复问人之精神材力能兼习与并擅否也。噫！

闻绘图生某，痛言留东生徒之怪现象，举凡人生丑劣行，皆一一贡献之，发露之，不稍匿。犹自号于众曰："吾国民也，吾当为社会之主人也。"噫！

英人以兵舰游弋西江，粤人大哄。俄要我租借布尔哈萨，黑抚电外部议拒之。

欧洲三大国预算登揭，多出入不相抵。俄不足者一千九百万磅，德不足者五百万，思假外债及增税以补之。独法人度支稍裕。

瑞典王阿思喀尔卒，其人有文学，能著书，名满世界，又历为诸大国作调人，可称也。

晡,在义善源小憩。绕道厂肆,买纸。归,已暮。

十七日 晴

彤士过,即去。余因趋署,见邸抄粤西抚臣张鸣岐奏请设学教育土官,俟成材乃听承袭一摺,奉旨允行。又日报载,度支部将实行印花税,江督端请开国学学校,皆新闻也。

诒重与绎如互商图书处细规,又考论地图,谓以胡文忠所制为善。邹沅帆所出中学课本图,即多据文忠本而改良之者。

晡,访益斋,俄归。复观报。俄重集议会,投票公选,民主党独占优胜,政府惮之。

夜,观书。

崔东壁先生云:《风》、《雅》、《南》皆诗之体,江、沱、汝、汉皆在岐周之东,不当言化自北而南。见先生所著《读风偶识》,其言至当。

凌次仲言礼最精,其引经曰亲亲之杀,尊贤之等,礼所生也。凌氏曰:亲亲之杀,仁中之义也;尊贤之等,义中之义也。是故义由仁而生,礼由义而生,故曰君子义以为质,礼以行之,孙以出之,信以成之。《礼运》曰:礼也者,义之实也。《郊特牲》曰:父子亲,然后义生,义生然后礼作。董生曰:渐民以仁,摩民以义,节民以礼。然则礼也者,所以制仁义之中也。

十八日 晴

访沈雨老谈,会陆尚书至。余病后犹未获见也,是日不期而遇。俄客来不绝,故余与雨老未能竟谈。俄归。观书。饭后,访二我。晡,又答拜施伯彝,不值。晚,至西河沿庆升店,晤郑君鼎臣,郑治外字颇著效。晚,入城。

益斋过谈,留晚食。益斋与余纵论我国圜法之弊,并及盐河漕三大政，批郤导窾，条理井然，余皆闻所未闻。自恨空读十年书也。夜，作致孟晋书及日记。

十九日　晴

趋署。补览昨日报，度支部决铸一两重龙圆。忘山曰：银圆以重七钱有零为合用者，因与铜元价值相配，又与各国通行币轻重相等也。今忽加重一两，则合之补助之铜币，时患其奇零不便计算，是说已为上海商会再四申诉，而当局者力持之，无如何也。

晡，归。是日，冬至。晚，家祭。与稼霖共饭。夜，观书。

二十日　晴

衣冠赴城东，贺景月老家嫁女。又往谒项城，未见。视奎章新居，留午饭。昳，谒陆春老，小谈。晡，归。观报。

西江英舰以被盗故，索我赔偿。万国交涉成例所无也。

三东徐督请仿俄人故事，用遣戍之罪囚编籍入农，以兴边荒垦政，其法至善。在美之俄党主无君者，自审力单势薄，不能有为，渐渐迁徙，多入墨西哥境。美国重整海军，汰老弱，简精壮。

晚，食罢，与肯斋谭。夜，观书。

二十一日　晴

大理院有来通告者，余在民科第一庭行走。访沈雨老。俄趋署。观报。连日诏书下，纚纚千言，责民政部等衙门，定结会规律，又禁士民生徒妄干国政。盖为苏杭甬风潮而发也。

薄晚，访二我，小谈，已昏黑。驱车赴醉琼林，陈益谋、文汇东约也。数月不至，顿改旧观，高楼轩矗，金碧晖耀。

夜，归。观书。

东西圜法，不外金银铜三种，以金币为本位，银铜皆其补助，是故无涨落之虞，而便民殊甚。我国无币制，其金与银皆货也，虽有铜币,以与银货相配之故,遂亦变为货,而有涨落焉。夫货之所以有涨落者,以盈虚丰歉之故,而低昂其价,其权操之于商也。一制为国币,则与货异,有国权以定之,有国法以持之,金为本位,而银铜皆代金者也,如纸券然,故不能随逐其货质之本价为低昂,东西各国皆然。

二十二日　　晴,大风

衣冠登车,谒于晦老于龙槐。归途,谒李菊庄,民科一庭之庭长也。薄午,趋署。观报。晡,归。剃发。晚,饭罢,侍母坐谈。夜,观书。作日记。

财政艰窘,最足阻碍人之行为,而生种种困难。苟欲整救之,其法有二:一曰开源,一曰节流。交行并举,乃可冀其渐渐恢复焉。或曰:但从事于其一端,何如? 曰:无益也。源不辟则所流将穷,何事于节? 流不止则其源易涸,同于不开矣。云岫主有是言,余叹为名理,泚笔记之。

二十三日　　晴

趋署。闻陈尚书有寒疾,不能至。是日,余在承值所值班。部中设承值所,专掌者四事:一曰收文,一曰发文,一曰监印,一曰译电。凡署中司员,自签事司长外,皆轮流直日,日三人,毋能免焉。余之再出也,厕诸众人之列,故亦随逐承值,是日其第一次也。同伙者曰邢君某,甫坐其间,自朝及晡,文书极稀,寂寂无事。薄晚,纷集麻至,应接不暇。其电语及文牒之重要者,如长官未至,咸写以精楷,驰呈其第。

是夕,二鼓眠。

二十四日

起,已日高。撮举昨日所收诸文牒,并一日出纳及用印簿籍,持献诸丞参厅。俄本日承值者至,遂易班焉。余还图书处观报。

度支部泽公,将实行集权主义,凡疆吏财政,非经部中认许,不得擅有所措。然而诸行省库储竭矣,几无以应地方之急。指挥于中央者,其将何以救之?

日本之任职于韩国者,纵恣无度,为韩人所疾视。

晡,归。观书。又作答星墀及二叔母书。夜,入卧室,观书。作日记。

宋承唐制,亦列中书、门下、尚书三省,各以其长为宰相。所谓中书揆而议之,门下审而覆之,尚书承而行之。颇近三权分立之意,然亦不免有名无实。要之立法非不善也。连日览《文献通考·职官》一门,偶有所触,记之于此。

二十五日　晴

衣冠出,遍拜大理院同僚,一一投刺。午,在肯斋许唊索面。晡,谒业师杜豫堂先生,未得见。薄暮,归。观报,无事可记。夜,观书及舆图。

二十六日　阴,微雪

趋署。闻是日东南代表人来见陈尚书。饭后,衣冠至大理院,盖分庭后任差第一日也。定、刘二长官皆见。又观讯囚,傫然而敝衣垢面者,相继引入。俄鞭扑交作,呼声极惨。人生到此,吁可哀已。昏黑,出城,至银肆小坐,即归。夜,作致孟晋书。观书。

连日报纸颇枯寂,无甚新异之闻见。

二十七日　晴,风

趋署。观报。

诸报竞訾法海军之窳弱,谓不稍自整饬,将堕入最下级。夫以法之雄强,犹有是虑,其不(殆)〔逮〕法者,殆可知矣。

诏旨以铸国币问题，列二说：广诹天下臣民，即一两与七钱之孰为宜也。我国关税、田赋，皆唯两以纳，故疆臣大吏皆持一两之说。而开放门户，交通万国，取其轻重与人不相悬者，似又以七钱为宜，而铜价之相配，更无论矣。姑静以待夫建言者。

晡，至大理院。俄归。晚饭后，入卧室观书。

二十八日　晴

是日，阳历元旦，即一千九百零八年之首一日也。西女师迈达主余家园中，旅馆萧寂，孑然一身，然寝馈图书，能自得趣。余起，理发毕，整衣冠诣彼贺岁。母及妻妹等亦群至，欢然献颂词。

禺中，访益斋，闻彦复有子之丧。时益斋犹未起，顾其床侧有书一卷，细字抄者，乃明末常熟翁家轶事也。薄午，驱车城东，答拜高子益，壁间名画数幅，中有火山喷薄状，光焰熊熊，询知皆意大利景物。俄谒项城、贺佩葱。遂赴李季皋之约，坐有张劭予侍郎。又张仲昭，乃幼樵次郎，亦十年不见矣。酒罢，已晡，诣䌷斋，祝其尊人寿。即归。观报。

闻非美濠三洲，金产溢额，飞跃至三亿万镑以上。

迩日不独我国议改立宪，如俄，如土耳其，如波斯等国，皆日日言立宪。不独法国实行政教分立，如英国，如西班牙，皆谈政教分立。盖风气所趋，际时遘会，鲜不踵相仿效者也。

晚，饮于同和居，静涵约，坐有子蕃、文初、可庵、叔和诸君。

二十九日　晴

诣访荫亭，略谈。出城，答拜宋芸子。薄午，诣二我。晡，归。观报。昨闻有廷寄，责令东南三省督抚，严办防堵，盖惧革命党乘间起事也。

又闻苏杭甬路事，英人有允挽回意，但须嗣后凡英国在华有所获之权利为政府允许者,不得援以为例。见本日《北京报》。

夜,观书。

三十日　　晴

趋署。观报。

前远西先知家谓:一千九百零七年中,欧亚两洲皆有大变动,支那尤甚。今则阳历元日已过,所谓变动者安在?先知家言不足信也。

美人有新得专利之一灵妙机物,盖运用电力,以从事捕鱼也。海底潜行艇,战斗中最利用者也。俄、日役后,各国纷纷争制是物。

友人某之言曰:俗谓居家能俭素者,曰:做人家。抑知人与家有二义,专事节啬,不枉费者,于家则得矣,其如人何?但务慷慨好施与,于人则得矣,其如家何?能调停乎人家之间者,乃谓之做人家。晡,至大理院。晚,访子蕃,即归。佑三在余家。

十二月

一日　　蚤起,晴

晦老赴德起节,衣冠往送。中途遇同僚车旋,方知于已行,不及握手矣。遂谒杜豫堂师,尚眠未起。遂归。诣沈雨老,述及智侄女姻事,嘱电询其生日时,将代合星命。薄午,仍趋署。观报。

沿海疆吏,如山东、浙江等,皆纷纷维持渔业,且组织渔团及渔轮,并测量海界,以保海权;并设水产学校,招徒讲习。

俄人阻我齐爱铁路之修筑,外部又多一重交涉矣。

晡,至大理院。薄晚,归。撰民科一庭楹对,句云:"但求民隐宣昭,难得万夫一喙;休怪科条繁密,总教花落庭闲。"

夜,览《通考·职役门》,方知两汉之三老、啬夫、游徼,乃鞅、斯之遗法也,汉人因之。隋废乡官治讼,法乃李德林、虞庆则所为,当时亦见其有害,故毅然废之。

二日　　晴,风

是日星期,坐斋中,检视翰香寄来书一束,十馀册皆同,书名《学界罪言》,盖为杭州中学校长孙翼中,被人控其奸污幼童事,与祖孙者往复攻驳书札,悉哀集而石印焉。余终莫辨其曲直也。旧仆刘德之子来谒,始闻刘襄孙已简授常镇道,盖七八月间事,余适以病,故未之知。刘德年逾七十,求养老资,丐余致书襄孙图之,余许焉。

饭后,衣冠出,答拜三六桥,又至杭州馆,贺杨仲庄再娶,女家为褚百约。遇伯絅、叔通纵谈,闻方勉丈之丧。俄又答拜菊生,往贺百约。又访二我。晚,归。观报。

闻德国财计艰困,法、英皆闭不与通,遂失援助而成孤立。

俄人将征海参威关税,英舰无端驶入宁波港湾,皆报纸所言。夜,作寄孟晋书。观书。

三日　　晴,风

趋署。观报,无事可记。晡,往吊徐子山母丧,即归。

览曾文正送郭筠仙、刘椒南两人序。曾文沉雄博大,肖其为人也。夜,观书。又诣沈雨老,谈论相术。雨老云:盛世之相,观其沉;衰世之相,观其浮。骨格,沉也;肤色,浮也。

四日　　晴

薄午,往谒张劭予侍郎,纵谈久之。因诣方勉丈许,闻已于昨晚大殁,因拜于柩前。在其帐房中坐,遇仲华、肯斋谈鬼神之有无,及命数之推测。余谓精于数者,曷尝不能预测人之贵贱、贫富、寿天。然以测庸人，十验其九；以测贤智，十验四五而已。何也？贤智能自造命，往往一念之奋，足以回天，一行之善，遂通神明，有祸转为福，险化为夷者，故难推也。若夫庸众之辈，冥顽无知，任天而动，醉生梦死，悠忽没世，既无自治之力，安得造命之权？是故为数所缚，不能自遣，测焉易中，夫又奚疑？

晡，登车入城，贺子蕃再娶，宾侣盈堂。晚，留宴，与静涵、可庵辈谈。

五日 晴

趋署。观报。

俄、日之役，未交绥以前，欧洲舆论多轻日本。其陆军既获志，继出其水师，以御波罗的海舰队也，欧人犹谓其以卵敌石，盖震于斯拉夫族战艇之多，炮弹之雄，实轶过倭海军所有。比黄海一战，俄全军覆没，群乃耸肩挢舌，翻然有悟，而叹军国胜败，端在将领之得人、士卒之用命与否，而船与炮皆其后焉者也。忘山曰：是等学理，乃极肤浅而寻常者，稍明哲理，罔不知之。彼欧西人士，皆自号有宏智远识，何竟懵然于此，必待征诸实验而后知邪？噫嘻！

晡，至义善源小坐。又往视新吾。晚，归。闻孟晋所寄长椿寺笥物，被人冒取而去。与稼霖谈。夜，观书。

六日 晴

趋署。观报。

古云：兼弱攻昧，取乱侮亡。当群雄扰攘之际，则强吞其弱，大并其小，此天演之公例也。攫取人之土地以我属，有不利之者哉？乃非律滨地之夺诸西班牙，以归于美也，数年以来，美人不以为利，反以为累；盖年掷镑金数千万，曾不能毫末益于母国，于是有弃而售诸日本或英国之说，又有听其自立之说。忘山曰：嗟乎！不能自立，而仰人之代治者，其治必不进，吾以责夫非律滨也。夺人自治，妄欲代治，其治亦必不进，吾以责夫美国也。夫人必自治，而后能立；国必自治，而后能兴。彼依赖夫人与妄干涉夫人，两者安有所获乎？虽然，今天下如美国、如非律滨者，抑何多也。

晡，至大理院。晚，归。作致襄孙书。闻冒取物贼已获。夜，观书。

七日　阴，微雪

趋署。炽炉甚暖。观报。

闻法人援利益均沾之说，亦欲以借款效英所为，干涉我川粤之路。外部力拒之。未知确否。

日本之迭加盟约于英、法诸大国也，有二主义：一为伸其势力于欧洲，一为吸取金融机关于伦敦、巴黎也。

晡，诣大理院，观李君菊庄辈审判春阿氏一狱。此案悬一年馀，始终不得要领，情节离奇，莫能指实。其事之颠末，已通国皆知矣，兹不赘述。夜，观书。

八日　晴

啖腊八粥，从俗例也。杜豫堂师过，略谈即去。余遂趋署。观报，略无事可记。晡，归。检书。时购红梅数本，陈窗几间，未开放花也。晚，作复星墀、筠青及张开高书。夜，又致渭东书。

日前，成撰挽方勉丈联云：“清言亹亹，正忻撰杖坐春风，每多轶事遗闻，足资掌故；白发萧萧，未得称觞介眉寿，遽报云车风马，已去蓬莱。”

九日　晴

时所购吴石潜缩刻古今名人楹联，已装成巨册，由厂肆送至，足供观玩。薄午，伸素帛为方勉老书挽联。

饭后,料检两馆度支。暮,观报,无事。

晚,家祭。大风。夜,作致孟晋书。是日星期。

十日 晴

趋署。闻陈绎如言,前日在承值所,获睹南中电,吾浙之桐乡匪乱甚炽,省城戒严,有向两江请兵之说。而是日报纸无所载。

哺,至大理院。又闻江、浙路事决裂,非英人梗议,乃项城之坚持也。项城亦可爱哉。

夜,在醉琼林宴集诸友,坐中有子益、伯彝、书衡、伯绸、叔通、少墀、季鹰。是日,澜妹生日。归见灯烛满堂,丝竹盈耳。

十一日 晴

趋署。是日值宿,电信纷集,加南中匪乱,政府调兵,时拨姜军兵六千人前往,盖两江督所请也。运军火,饬部备舟车装载,以故往来通报多重要紧急者。

闻伙友邢君勉之手书一册,名《国粹丛编》,所搜集多禁书及不常见者,如李卓吾《焚书》,张苍水、吕用晦、戴褐夫诸人遗集,盖迩日为言论思想开放时代,之数人者皆干犯忌讳、放言辜祸一流,故新学子喜读其著作,遂据是以为国粹也。虽然,所见抑亦小矣。

夜,月色满庭,林廊虚肃,寒风袭人。二鼓眠。

十二日 晴

薄午,替人至,遂交班。闻报纸言,海宁亦被围。昳,归。时智侄生日时,已由柏林电传,遂送呈沈雨老。雨老来简称,据星命家配合,两造允为上吉,嘱转致柏林。

昳,剃发。观报。又观《青箱杂记》。

哺,诣武定侯胡同陈德庄许。薄晚,至大理院。是夕,在醉琼林宴集民一庭诸同僚。

波斯国亦以将行立宪,举国纷扰,风潮怒涌。嗟嗟,立宪二字,岂足以救亡邪?夜,归。与稼霖谈。入卧室,作日记。

十三日 　　大雪飘萧

终日坐斋中,炽炉暖甚。观书,并览舆图。

雪逮夜不绝,深逾尺,径塞。

十四日

起,视雪犹霏微牖外,俄微见日。蚤食毕,登车去吊松寿泉年伯之丧。访季鹰。时雪弥漫覆路。至大象公司,询知二我未来,寻至其家,阍者云在东院。比往白,则又云赴公司。盖二我兄伯英六十寿,殆方衣冠酬接宾客,势不能见余。余惜未携补服,否则入贺矣。雪犹不止,因回车公司中,易便衣,时殆逾午,遂直驱车正阳门外肉市中,登楼索酒,啖羊脍,醉饱甚乐。晡,入城,至大理院。闻春阿氏一狱,犹未决。比薄晚,归途雪洒车前。抵家。观报。

农工商部将于京师开博览会学堂,欲辟幼稚园,皆期明年规立。闻津浦铁路约成,袁、张几费磋议,夺回利柄匪鲜。

报律由法部及民政部出奏。

南书房将改为枢密院,是议不知确否。

土耳其忽为各国所迫,欲令允认外国有监督权。土政府不为意,注意治兵,以示犹能一战也。

俄国妇女争平等之权利,盖继英而起者。

华人及印度人之在南非洲者,皆被放逐回国。

十五日 　　雪盛

都下已数年不见有雪连三日者也。食罢,戴帷帽,登车趋署。时图书馆在大堂东南角,屋三椽南向,前后皆明窗大几。余数人拥炉坐其中,顾见雪飘舞大如掌。陈君绎如曰:对如斯佳境,宜饮酒弹棋,慎勿以俗事扰之。俄云君、企韩又道及绎如之夫人薛氏,工骈体文,有魄力裁制,盖学袁随园者。夫人幼时熟读《文选》,能默诵,盖其天资非绝优,纯用学力组织而成。

归已薄晚,作孟晋书。夜,雪止。诣沈雨老谈。

桐乡一带小有蠢扰,而苏杭路之争,平推其原,方知民变因征粮时加派路股,以致地方哗然,相与仇路。枭匪乘之,遂毁教堂,并烧铁路分局,于是向之坚持两省士民妇竖,罔不同声拒款者,始嗒然如丧,不敢复吐一词矣。

十六日　　阴,微见日

初欲命驾诣城东,闻路滑难行,骡仆于道者踵相接,遂罢。因坐卧室,观书。

古称邑有循吏,蝗不入境。征诸历史,所载綦夥,不可谓皆虚言也。国朝道光间,张皋文之弟琦,宰山东之章邱及馆陶,两次皆遇蝗虫起邻境蔽天,及界而退,是乃近事,齐鲁父老犹能道之,殆默有主持而非偶然者。

晡,观报称:柯逢时上言,国用既入不敷出,不如明加征地丁钱粮,而裁去一切杂税,庶上下两利。此奏闻已交议矣。

江、浙路事已商定,由邮传部任借英款一千万,其投诸路也,作为商民向国家措借,于英人无与。

晚,新吾过,俄去。肯斋至,留饭。夜黑始归去。

十七日　　霁,日光炯朗

诣署,与企韩等谈。观报。

粤督上奏,诉广东民力凋残,财政告匮,恳免解未完之赔款,情词凄苦,已交部议奏。忘山曰:此等情状,各省殆无不皆然也。然而朝廷需款孔急,又以借外债为大禁,其向何处罗掘邪?

晡,出城。在义善源小坐。晚,归。夜,作致荫亭书。汇洋灰公司股本。观地图。

十八日　晴

驱车访问槎于前因寺,不得其门,遂已。诣贺季皋。在六国饭店,啖西餐,烹饪之功,似逊于我,且寒天尤不宜,盖多生冷。饭已,出城。时路冻未融,骡行蹒跚,轮转迟迟。俄至义善源,坐谈久之。晡,携银圆钞赴打磨厂驻京天津银号,为汇兑事。盖荫亭与周缉之共从事洋灰公司,曾来京招股,每股五十圆,余家人中相与措集万圆。是日,贻书荫亭,即由彼银号汇往。

薄晚,诣大理院,观研鞫春阿氏一案,略无端倪。

归,观报。法国有窃贼攫去二十馀万马克,已缉获,赃物追还矣。

十九日　晴

是日,封印。薄午,赴邮部过长官拜印礼成,余及同僚皆肃冠服,登堂揖贺,又相与一揖,各散。又在图书局,与诒重辈拜关防毕。因登车,急趋大理院,则已封印,仅向李、蒋二君揖贺。昳,诣新吾许,留与共饭。又与夏燕保谈。晡,访二我谈。晚,微阴。驱车往醉琼林,李、蒋二君召饮也。夜,归。闻问槎来视余。观报。

闻姜军门南行有中止之说,盖以重兵入境,供亿之繁扰,浙抚大以为惧,因密电乞哀于项城阻焉,且报匪已平靖。

二十日　阴

披览西汉人文字。饭后,至大理院。晡,归。孟晋邮到明信片数十枚,皆为贺新岁也,纸背缕染花草人物,极绚烂。德人贺年例用此。余一一检视,同乡至好以至家中老幼,无弗遍及。

沈雨老过谈。夜,观陕西舆图。

二十一日

起,见窗外雪飞,盖自昨夜已盛。检书。是日,为川如二十初度,整冠服,向母亲肃贺。览全校《水经注》。薄午,微晴。在稼霖斋中,饮啖索面。时园内雪满,林木亭石皆冒白,皓皛璀璨。

昳,登车出宣城南,访陈叔通于莲花寺,不遇。时胡君芰孙召饮,赴焉。淮周、子林已先在,相与抵掌诙谈。暮,客始集,入坐,皆大理院同庭诸僚友。

闻春阿氏一案,已传讯其母,据称新妇过门后,其翁曾为制银索赠之。虽闲文,而全案之隐,将自是可以推勘矣。

今夜,偶阅《通考·帝系门》,内称唐自肃宗张后之后,未尝有正位长秩者,史所载皇后,皆追赠之皇太后,盖所生子为帝,而奉上尊号者也。宪宗以郭汾阳孙女为妃,既为令族,又有淑德,可以正位矣,乃以其宗强,恐既立之后,后宫不得进,遂终身为妃。自后皆不立后。观于文宗崩,既有太子,仇士良废之而立武宗。武宗崩,既有皇子,诸宦官废之而立宣宗。宣宗崩,遗命立夔王,王宗实等废之而立懿宗。虽当时中人专横,今古所无,然亦因椒房虚位,宫闱无主,所谓皇子皆无宠无威之人,故上躬弥留之际,宰辅隔在外庭,中人遂得肆行无忌,显违诏旨,私立所违,莫由禁止也。

二十二日　晴暖

檐雪皆融,滴漏如雨。趋署。观报。

德国政界,大起波澜,公平党争选举权,欲使通国议会政府一律平视。政府不允,遂起喧争。警察卒队,拥卫宫禁,防御甚严。

土耳其将在波斯宣布战事,其因何故,则不知。

福公司矿,居然由晋人争回,英廷可谓能让步者矣。

日本将开万国博览会于东京。

江西抚臣以银价大昂，州县赔累不支，请加征丁漕，规复同治十二年钱粮额数。御史上书，力阻计臣，迟回有待。盖是一问题，被驳于内，而复抗争于外者，凡数次矣。现闻又交部议。

晡，归。书楹间春帖。晚，饭后，作书致孟晋。

二十三日　　阴，飞雪屑

观书。理两馆度支。晡，出城，至打磨厂天津银号汇款，遂至大理院。晚，归。雪已大盛，洒衣如粉。夜祭灶。观湖南图。

《顺天报》载：德国欲改南非洲殖民地为保护国，议会力抗之。又称：由上海至杭州之客船，有招商局小火轮拖带者，行至松江，为盗所劫。

欧洲诸大国，其岁出甚巨，不尽为国民所担负，取偿于官业所入者十之三四。

二十四日　　晴

陈叔通过谈。

今之所谓舆论，乃最不可恃之一物也，皆社会中极浅之知识所制造而成。何也？天下普通人占多数，其所知大抵肤浅，故惟最粗最浅之说，弥足动听。而一倡百和，遂成牢不可破之舆论，可以横行于社会上，其力甚大，虽有贤智，心知不然，莫敢非之。如苏杭甬路争借款事，即其殷鉴矣。我国当新旧过渡，民智半开时代，受是病甚深，苟非当局者沉毅独断，百折不回，将误国祸民，伊于何底。幸哉其尚有人在，其人为谁？曰项城。

薄午，趋署。昳，归。李伟侯过，俄去。晡，挥毫写春联。薄晚，季皋过，坐久之去。肯斋至，留晚食。夜，观广西图。

二十五日　　晴

隶古斋程姓者，持石印汉碑百种来，余留之，仍付彼装池。

作楹联,余自觉书法毫无所进,颇觉闷闷。

晡,往吊徐子山太夫人之丧。车中观书。

凌迟之刑,古无有也,始于五代,沿宋、元至今,始一旦除之,甚盛举也。然有穷凶大憨,一人而伤多命,仅断其首不足蔽辜者,似宜留是刑以待之,方满人意。国民程度未进,徒轻其刑,亦无益也。

春阿氏一案,大理院承审者,于听辞察颜间,勘出隙窦,疑有伦纪之变,遂不敢深究,恐牵连多命也。李菊庄为余言之。

观报,无事可记。观《水经注》。夜览广东图。饮酒,啖雉麇。

二十六日　阴

徐蕃卿过谈。蕃卿官陆军部,治文书甚勤,以与司长不合,遂裹足不前。去岁又以代人输捐,转手重叠,被人欺谩,攫银潜飏。主者责偿,倾资不给,逋负累累。阅岁二周,方获脱离,遭运坎坷,朋交嗟叹,以是郁郁杜门却扫,二年于兹,盖有繇矣。

蕃卿主花农家,花农自罢职休居,贫瘠特甚,断炊覆釜,月或数见。幸多门人,类皆巨富,籍隶粤东,时或投赠,年累数千。奈彼豪侈,挥霍如土。朝萃金入,暮已告匮。时或有急,指物质钱,彼犹熙怡,不介怀抱,赋诗种花,扬扬如昔。信非昭旷,不能然也。

薄午,访二我谭。雪飞。

忘山曰:凡人涉中年,苟有子息,一室姻睦,鱼鱼如也,岂不可忻。乃耆欲犹炽,复畜姬侍,其终也非恃宠而骄,即遭妒而罹虐,求其嫡庶相安若无事者,百不得一焉。是故欲室家不宁者,其惟纳妾乎?晡,往视甘士、伯根,又诣肯斋。雪盛,通衢遍白。晚,归。夜,濯足。作日记。

二十七日　晴

范彤士过,俄去。自作精楷,备谒诸长老及朝贵贺岁名刺。又自讽诵年来所作杂诗。逾午,孙仲华、施伯彝相继至,小谈皆去。时庭户丹联,举易新者,炳焕溢目。晡,自内室出,穿栊下阶,滑而踣。盖连日雪融,檐滴濡石,又结为冰也。两臂微痛,即愈。俄又作"鸿禧"二擘窠字,据案作小行书累纸。薄晚,佑三过,留饮尽醉。所谈皆幼时嬉戏事,饶多趣兴。

夜,观江西图。是夕,祀神,陈枣栗鱼牲,然烛爇香,凡九顿首者三,始鸣竹爆送神。是余家礼,岁岁如此。

二十八日 阴

剃发,修容。逾午,衣冠出,诣大理院定、刘二长官及邮传部陈、吴、郭三长官许贺岁。又陆凤老、葛振老及戴少怀师、张劭予侍郎、孙寿州相国,皆踵其门。薄晚,归。观福建图。

夜,诵六朝小赋。又观《通考·刑法门》。

蔡九峰谓:周穆王作《吕刑》,实有矜慎庶狱之意,其所谓罚锾,皆罪在可疑者,非一切施之也。后人不深原其意,妄肆讥评,过矣。

古笞刑,大抵笞背,往往至死。汉景帝中六年,乃令当笞者笞臀,自是笞者得全。唐太宗览《明堂针灸图》,乃诏罪人毋鞭背。不知太宗以前,罪人之背是否鞭笞兼受,抑专受鞭而不受笞也。今则罪人犯法,鞭与笞皆不及背,意者其即当时之改良,留贻至今乎?

二十九日 晴

俗于岁除日,晨间不食粥,皆哝馒头,佐以肉,年年如此。

犹趋署,以是日承值也。同班者为林君松卿。是夕,独林君留宿。余薄晚归,时室悬祖先遗像,率家人瞻拜,献酒肴。俄向母辞岁,合家团而拜焉,遂举行家宴,饮葡萄酒,尽醉极饱。夜,作书致孟晋。二鼓后,祀灶,鸣竹爆。入卧室,作日记。岁烛双燃,户阄明耀。

光绪三十四年戊申(1908年)

正 月

朔日 晴

起已日出,步至斋中盥漱毕,啖莲子及枣儿等茶,皆取吉祥之意。又食肉饺。俄整冠服,南向拜天。又至像堂行礼,及受家人贺。时曦光满庭,登车去投刺数家,遂诣署,已薄午。林君松卿尚据案作字。视昨日文书,所纳计二十馀束,皆缮录入簿,其发项及用印皆无。因共午食。食已,林君去。余留待替接者至。昳,章君一山来,金向辰亦到。余始重整衣冠,往城东贺岁,如陆春帅、那鹿两相国、袁项城、肃庆二邸,皆踵其门,归已暮。夜,吟诗未就,梅已乱开。返卧室与忆莼谈。

是日,主余之迈达女师,已移具去宿高子益家,闻不日将离都矣。

二日 日色不明

早食毕,即命驾出,往来城内外,投刺贺岁,在长椿寺午食。又晤庄幹卿及撷珊兄、董润臣甥。晡,至化石桥见新吾、燕保、益斋,时阴暗有雪意。晚,抵家,新吾在余斋中坐,俄去。雪已飞。入夜,庭院尽白,厚寸许。未至立春,犹是腊雪也。据故老言,京师近十数年雪,皆不见有如斯之多且盛者。余则不能记忆也。

闻新吾言，安徽某年大雪七日，高与户齐，贫家至不能开门。又行路者往往失足埋雪中不得出，至雪融，人始知之。

三日　　晴，风

访益斋，犹眠未起，与夏燕保谈。

今之官府出巡，其鸣金开路者所戴圆而上锐之帽，及身著之衣，乃元时极贵宠大臣品服，且在四却薛之列者始服之。其后，明太祖直以是加诸隶役之身，于其所贵者而贱之也。

闻洪、杨据金陵时，其规画制度亦颇井然，且有殊异之事足惊人者。彼设天文官，其测风雨气候，辄于先一日悬牌表示，至期罔弗验者。今无论京师钦天监及上海徐家汇，皆逊是能力也。饭后，与益斋、燕保偕往游厂甸，其地为都中人新年攒聚之所。自民政部干涉后，游人益多，构棚结彩卖茶者数十家，且演剧售票，为昔年所无。是日士女如云，俄风雪大作，渐渐散去。余归已暮。

夜，入卧室，补成除夕所吟诗，题为《丁未除夕家宴后寓书柏林感赋》五律一首。诗云："今夕竟何夕，蹉跎又一年。梅花自春色，风雪逼寒天。酒饮蒲萄美，盘馀苜蓿鲜。每怀人万里，心事两悠然。"又仿骚体，为迈达赠别，有序。序云："迈达女史者，巴黎人。其父故业商，挈家来中国十馀年，居闽，女史实生其地。厥后母亡，女史返法兰西，甫十馀龄，有妹及弟相依以居。女史抚育之，皆成人。顾其父性顽，见两女皆长，不乐其适人，百计遏之。次女卒不从，已自择偶。独女史犹未婚。岁在癸卯，余兄孟晋使巴黎，挈女弟川如及子女多人以往，欲从事欧学，求可为家人师者，得女史。女史天质明秀，厉志芳洁，善读书，兼通英、德文字。自云最爱慕中国，故与我家相得甚欢。甲辰秋，孟晋任满将归，遂邀女史来华。其修脯年限皆与订约，有证券，女史诺焉。其父闻而大怒，疑彼有异志,欲禁阻之,且造蜚语腾播。女史愤极,卒毅然渡海东来,后孟晋一月至京。初犹赁屋居,凡家人愿习欧书者往受教。前年冬,遂馆我家,独处园中,意自适也。去夏,孟晋举室如柏林,女史竟留不去。女史笃志于学,自日出所长课人外,复湛研中国文字,昕夕忘倦。或劝之嫁,则怫然曰:'我性戆,厌与人为伍,不如其已也。'在我家逾一年,女弟川如与之尤契合,其他人亦罔弗殷殷爱敬无闲言。今年春,女史将往闽江视其老父,因于月之一日,骤与家人诀别。家中无少长,见其去也,皆哽咽挥涕不止。余感其事,为赋诗纪之。""有美一人兮,塞水之滨。结秋兰以为佩兮,杂兰桂以缤纷。哀高堂之迟暮兮,叹日月之代新。抚弱弟于既壮兮,胡不察夫余心。念劬劳之罔极兮,情郁邑以谁申?度沧海以远游兮,指九天以自固。苟余心其信美兮,彼谣诼吾何惧?揽图史以怡悦兮,聊适志以消摇。虽鸾皇之飞鸣兮,羌非吾之所好。纷吾独乐此姱节兮,劳謇修之见告。悯吾生之多艰兮,总四海以为家。何彼都之多情好兮,知众芳之信余。叹鸾飘与凤泊兮,又瞻歧路而回车。吾既惜此远别兮,纷流涕以踟蹰。"

四日 晴,风

薄午,趋署。是日邮部阖署团拜,皆衣冠踵集,相向一揖。昳,余先归,会擷兄过,小坐去。时风益厉,奇寒,日落逾甚,斋中爇炉不知暖也。览舆图。俄入卧室。是夕,作日记,为昨成迈达诗撰序。

五日 晴

迈达于是附车南下,川如、忆莼皆往送行。余终日不出。风甚,严寒。观河南图,览《法苑珠林》,又披阅《格致镜原》及《世说新语》。晚,入卧室,屋小,爇西式炉略暖。夜,观《通考·钱币门》。

余颇思缀取历史中法制沿革之迹,编年列表,以清眉目而便记忆,名曰《列朝法制沿革表》,惜有志而未逮也。

又酷好览《水经注》,欲倩名画家绘图,可得数十幅。盖其词丽而句古,无论濡染林峦,摹画泉石,钩镂峰嶂,雕刻薨宇,状写川原,佯境揣形,一一能得其神妙,使人如亲游其境也。故词章家最喜其书。

六日　　晴

蚤食毕,衣冠登车去,在宣武门迤西投刺贺岁。薄午,在二我坐,留食馒头。余告以近所作诗,二我为余易一字,即除夕五律中"风雪逼寒天"之"逼"字也。此字一下,全首精彩,为之透露。二我自云:昨夕父子老少聚谈极乐,所谈维何,皆不离饮食。余告以昨观书,亦在《格致镜原》中饮馔一门,可谓不期而合。

二我客座悬翁常熟所画扇面,山水郁苍,花卉韵艳,直接石谷、南田。其春秋多佳日,谈笑无厌时一联,尤遒重超拔,卓然可传。晡,二我偕余游厂,酌茗尝烟,遇林季鸿。二我又为儿子慈寿买玩具数种,又购轻气球十枚。傍晚,与二我拱手别,归于路中,将气球悉放入空中,可喜也。

报纸载葡萄牙国王及太子,皆被刺客戕毙。王名喀罗斯,太子名路易斯腓立。

七日　　晴,微风

览山西图。饭后,诣新吾许,见荫亭。晡,至义善源小坐,因往游厂,遇益斋。归已暮,月色甚明。晚,啖羊脍,以铜锅炽炭,水沸投生肉其中,熟而啖之,味绝佳。

夜,观书。我国社会当秦、汉以降,有四大进化:一席地冯几之制变而为倚与卓也,一竹帛之易为楮纸也,一抄书之改为镂版也,一钱布交易之兼用交会关钞也。

八日 晴,无风

得柏林电,询浙路如何结局,并及他事。访沈雨人,小谈即归。因拟覆电致孟晋。览山东图。薄午,季皋过谈,俄去。昳,又作书寄柏林。晡,荫亭过。母亲偕两妹游大钟寺归。薄晚,观书。夜,听川如抚琴。

又选摘《水经注》状况山水之英词丽句,分纸写录,作为十六种图,欲丐新吾画之。近今画手益鲜,且必胸有卷轴者方可下笔。

九日 晴

盥漱毕,即进食尽饱,遂命驾出,访爽夫谈。闻陈雨苍与署右丞蔡伯浩小有冲触,蔡竟髭髯怒张,抵几叱之。盖陈骄倨已甚,使人难堪也。蔡为南皮所赏,陈亦惮之无如何。

投刺数家。薄午,在益斋许,传说名伶汪桂芬病亟,恐将下世。此人驰声南北数十年,其技为当今独绝,谭伶弗及也。

诗、文、书法,我国三大美术,然皆推唐以前。盖有唐一代为古今嬗变之枢轴,故唐人之篇制碑版虽已逊古,犹可味也。后乎唐者,弥不及矣。是何也?科举盛行,以此取士,应制一体,务趋工巧,以投时好,失其天然矣。

晡,诣城东,投刺十馀家。日落,自地安门归。夜,观书。

蒲萄牙之变,欧人颇震惊之。推其由然,亦共和党人所为,期颠覆政府,以成革新而已。

十日 晴

趋署,与向辰谈。观报,日本进步党人颇反对其增赋税案,又讥其自与俄后外交之失策,及政界中有种种劣败之点。饭后,出城投刺数十家，皆来祝岁者，一一答拜之。晡，游厂甸，饮茶，啖西餐二盘：一牛舌，一加利鸡。是日风恬，醉琼林茶社中貂绮满座，其迤北阑内珠翠如云，有绝丽者，殆皆城内大家。余俄又往来人丛中，遇挨东、篆卿，立谈久之。因去至杂货摊中购得二影片。其一明太祖像，狞目长喙而突其颐，此为旧家所藏，余七八年前即见之；其一则一丽者，日本装束，雅秀无比。所谓一妍一丑，同时得之，佳饶趣兴。

是日，内子偕戚眷娣姒行亦在厂中。归，闻善卿夫人几失其子。

夜，观书。元人有特异之点者二：即禁用铜币，专以钞行；不设国律，沿用条格，为古今所无。

十一日　　晴

新年造门投一刺，不见其人，极无谓，而为社会之惯习，必不可废者。余检视门簿中，其来拜者多不相识，且所居极远，又不能不循例答拜之，年年如此。是日，绕道鼓楼后街及顺天府安定门，又由北而南。日晡，止饭肆中饱餐，仆马于焉憩息。食已，仍驾车东西驱骤，直至日落月明乃已。赖车中手一卷书观之，聊自遣也。

今场市中日演戏，其出诸史传可据者盖寡，类皆鄙俚不典。儒臣学士曷不一为倡导之，别选史传中孝弟忠义、瑰奇震愕之事迹，一一为撰词构局，编缀排比，付诸管弦，而去其淫哇芜秽不经者，似于风俗世道略有补也。

十二日　　蚤间微阴，俄晴

薄午，爽夫过。余俄趋署，见绎如。观报。

前孟晋自柏林会来白金五百，不知何故讹传于外，增至百倍。遂有玻璃公某向余假五万金者，岂不可哂。

在署饭罢,驱车出正阳门,在东大市一带谢年,诣义善源晤季于。晡,绕道西河沿,入宣武门,驱骡报子街、白庙、武定侯投刺数家而归,观报。

日人既攘三韩为保护国,遇其人民苛虐颇著,欧美多有不平者。有乞法氏,为韩代表,屡演说于美。又有美之教民自韩归者,开会提议反对日本,且谓日之据韩,美、韩商业大有损失,筹所以挽救之法。见《北京日报》。

又华工之在南非洲种种受英荼毒,强令注册印指及一切苛禁繁密,视待黑红种人而又下之,不知祖国人能为援救否?

夜,观《通考·刑法门》。又览六朝诏令教敕。

十三日　　晴

读《选》诗。驱车出城,访二我不遇。因至化石桥视益斋,尚眠,遂为开帐,促之起。以所编列《水经注》图式示之。惟欲命名,颇不易也。俄与夏彦保谈。

江南妓寮旧称八大家者,皆元朝大臣子孙,世世为倡。明人亦刻毒哉!

优伶一技,相传始于黄帝。不知何所考而云然。

妓者,天下之至贱者也,然亦有法度。如上海所称长三者,彼之构结场合,应客留宾,具有条理,未尝毫厘紊也。彼尝告人曰:"我辈下体为公器矣,自腰腹以上犹是人也。"彦保云。

晡,游厂,士女云集,几无隙地,盖无日不然。玩具中,白纸鸢外,有轻气球,树胶为之,用化学中二种药质配合,则气出喷浮,灌入胶皮,涨而圆之,色红绿不等,下系以线,一释手,球自腾起,荡漾入空,能至极高不可见。

晚归,家祭。月明,观报。

欧人著论，丑诋日本，谓其战胜而骄，敢于凌侮白人，实则地瘠民贫，所谓富强，徒有其名，其性质之窳败有悖文化者良多矣。闻德人颇有意吸取我国生徒往彼留学，东三省大吏已承诺，将实行矣。

开岛交涉，闻有结局之意，殆我占优势也。

夜，观书。甚矣，用人之难也。诸葛武侯误用马谡，违其节度，兵败于街亭；韩魏公过信任福，亦违其节度，覆军于好水川。是故将帅同心，三军用命，战胜攻取，虽曰人事，岂非天也。

十四日　　晴

访又山不遇，因造益斋，又自帐中促其起。床前置《癸巳类稿》数卷，盖益斋每夜三鼓后始归，归犹展卷，至天明方寝。夜夜如此，故起必在日禺中也。是日与谈房中术及释老家言，又语及韵学。益斋工于二黄西陂，不下汪桂芬。其辨别音律精审，分析唇喉舌齿牙每一字成声，其清浊高下尖团，无丝毫误，且善运用古音，故触耳沁脾，沈著有味。

闻水经图新吾欣然愿为余绘之，夏彦保为题一名，曰《水注名胜图》。

益斋为余言：彦复已来，叔雅亦至。晡，出城南投刺数家，视叔雅，未得见。仍至厂肆，在隶古斋小坐，俄步至醉琼林茶社，遇静涵之兄及健斋。会行人丛中又遇益谋。晚，益斋召饮同福馆，有新筑小楼，轩豁朗平，可远望也。入夜，灯火通明，诸宾咸集，曰季鸿、曰叔雅、曰二我、曰赵绳伯。酒半，美少三五人，皆梨园子弟也。久之，纷纷去。季鸿、二我各奏高歌，作变徵之音。二我尤清厉，所谓鹤鸣于九皋，声闻于天。

夜归，月明，观书。

十五日　晴

起，坐斋中，剃发。观书，作书致孟晋。饭后，在宫门口一带投刺数家。归，观报。

波斯立宪之冲突闻已平静。盖其王屈从民意，有要求之条件，七八皆已允诺。迩日以铜圆低落，银价腾涨，有诏出内帑五十万以平市价，并命铸一文新钱，以为铜圆之辅。

观书。欧阳永叔《朋党论》最精当。所谓去小人之伪朋，取君子之真朋，何等明白，然而世主往往不悟。虽以本朝高宗之明圣，犹断断然以朋党二字为臣下之大禁，不问为君子、为小人也。余有以推其故焉。盖人主者，孤立于上之人也。所惧者，在下臣民结多数团体以与之反抗，将号令必有不行者矣。是即所谓民权也。凡专制家，未有不疾首痛心于此者。是故聚众结会，惟立宪时代乃能按诸法律界内，听其自由。

是夕为元宵节。余仅啖粉团应俗，未出观灯也。

十六日　晴，风

余生日，冠带拜母。俄即趋署，方知昨日为余承值之期，竟旷未到。晤一山。一山在部一年，与余情好甚笃，将于二月初出都，索余赠诗，余诺焉。

观报。我将修新法铁路，日本抗议，谓夺其南满利权，诚不知何解也。日本在辽东直是第二俄国，是言非虚。

晴，出城，在天乐园观优，皆幼童演之。晚散，至义善源小坐，归已暮，月色绝佳。

前闻二我告余云：火神庙韫古斋有山水一册，乃先光禄公墨迹，沈子丰偶见之，不知真赝。余闻而狂喜，遂浼二我往代购，重金不惜也。是日，果送来，展视共八幅，皆淡墨写意，款为庚申新秋春宇夫子大人命画，下称受业某某制，字法瘦劲，确是当年笔迹无疑。余不啻如获至宝，亟珍藏之。先人即以庚申年中会榜，所谓春宇，不知何人？是年，英、法兵入都，乘舆狩木兰，恭亲王留守，结和约，屈指至今已四十七年，墨色如新，不意恰于余生日得之，尤可喜也。

十七日　　晴

趋署。图书局一无所事，其购自外国之书皆未到，欲纂绎缀缉，苦无取材，惟相对寂坐，或观报而已。

晡，至大理院，闻春阿氏一案情罪已露，牵累人命过多，且有巨公为之斡旋，不敢深鞫，欲办存疑，暂为结案。李菊庄云。

诣新吾谈，遇季皋。薄晚出城，投刺数家。夜饮于福州馆，坐有刘仲鲁、继坤侯、龙伯扬、关颖人诸君，高子益约也。

酒罢归，月色澄朗，一路春灯灿烂，箫鼓阗咽。

作日记。今日始询得春宇即宜学使振，其提学江苏，在同治五六年。又闻黄仲弢之卒，故湖北提学已易人。

十八日　　晴

吟诗不就。凡一诗之成，有得诸艰苦、极锻炼而后工者，有出诸自然、不假思索而工者，余已历尝其境。

衣冠至祖考像室行礼。年年自除夕悬像，正月十八始卷而藏焉。

饭后，诣武定侯胡同见陈德庄母，时德庄已聘陆氏女为妇，月之二十行纳采礼。以余及史赓云为冰人。晡，余特往拜史，遇慕初。俄又投刺数家。薄晚，晤绚斋。夜，在胡馨吾家宴饮。

坐中客有述及宣化府西宁县所产之石，多现山水人物之影，皆天然者。

馨吾有二石块，光泽可鉴，花纹盘袅，云出于法国与西班牙交界之比利牛斯山中,在我国名之曰玛瑙石。

十九日　阴

起已晏。是日辰刻,各署开印。余到邮部时薄午,闻已礼成,各司员皆齐集大堂会饮。昳,访益斋,俄偕出西便门,游白云观,人数寥寥,殆因天色晦暗,遂多裹足者。楼殿闳峻,其后辟园亭,曲折幽胜,且有演剧之台。绕而西,有侧扉,出视即(骞)〔赛〕马场,夹道皆支棚厂卖茶,与益斋坐谈久之。晚,始入城,余遂诣醉琼林,菊庄、树人约也。亦以开印故,会饮于此。夜归。是日为一山赠行诗成,录如下:"樽酒故人别,依依千里心。坐看白日晚,归去秋云深。灵鹫岂堪隐,扶桑渺独寻。横流感沧海,何处是知音?"

二十日　晴

整冠服,诣陈德庄许,其伯父丹卿俄来作主人,稼霖亦至。薄午,史君赓云来,时行聘礼物已治办,陈于庭,藻采鲜丽,以数人肩之行。余遂与史君登车去。俄抵官菜园上街陆氏宅,主人恭迎,献茶,坐谈久之。设宴于南偏之斋馆中,明窗大几,修竹便娟。酒半,闻女家回盘已先去,余及赓云俄亦起行,再诣婿家共饮,日暮始散。

归,观报。俄罗斯及突厥恐相见以兵,不知为何事也。

夜,观书。

本朝乾隆四十九年谕,民间词讼,经府州县审断复赴上司控告者,毋得仍发原审官。此制最善,与泰西制度符合,而今日未有遵行之者。煌煌谕旨,明是宪典,而竟无效力有如此者。

二十一日　阴

趋署。观报,无事。图书局已派科员数人,余名不在内。

晡归,检理两馆度支,作书致孟晋。是日微寒。

白玉柩已到津,招商局麦君函告。因饬其家属持余信往运取。

二十二日　晴

昨夜雪飞，檐瓦皆白，俄日出杲杲，雪犹未止。整衣冠，将登车，先诣沈雨老谈。时庆邸将与孟晋结儿女姻亲，以其第五子与智侄女作合，闻不日将行聘。俄出城至长椿寺，徐班老、沈子丰为仲叕设位，凡在都故旧姻戚，皆可诣彼行礼。又访二我谈。

二我云：梦中得诗，醒犹记二句云："青皮妆鱼袋，红藕嫁秋塘。"下句绝佳，上句不可解。二我梦中自云：鱼袋二字出《汉书》。

又见人悬一联云："贸易中大带市气，谈笑中常有书香。"二我为改云："贸易中居然市气，谈笑时不露书香。"此则高矣。

日中，在方勉老许陪吊，宾旧咸集。晡，入城，在新吾家与其夫人谈。晚归，观书。

二十三日　晴

蚤起，衣冠诣大井胡同送方勉老之丧。时尚蚤，柩犹未出堂，在其帐屋中遇樊介老，介老乃词林前辈，科第最早，为先人门下。余生弥月，剃胎发时，即介老抱之。余今年三十五，而介老六十有六矣。须髯尽白，而神采矍然，健饭，犹能步行十里，谈笑不改前度。有两子一弟皆殇，孙二尚未成人，困于境，为南皮所保，今复出矣。到都数日，居于公祠。

勉老丧仪缤纷，绕粉坊、琉璃街，过骡马市而西，杭人路祭焉。俄穿牛街南，又东至龙泉寺，同里如仲华、经才、健斋、伯棠一辈皆相送，在寺午餐。

昳，诣肯斋许坐。晡，访介老于于公祠。闻有旨以提学使记名，仓卒出治办谢恩摺，故未遇。晤子縠谈，见笙叔。

归已暮，观书及报。

今日远西人服御，动与我古人合，饮食用刀匕无论矣，笔亦用铅。《西京杂记》云:怀铅握椠。亦即铅笔也。

二十四日　　晴

趋署。薄午,诣益斋谈。在夏彦老斋中剃发。晡,至大理院观鞫狱,暮归。夜,诣沈雨老谭。

雨老云:仁之为字,从人者,具人之形也。重之以二者,存人之心也。有人形人心,而后谓之仁。

又云:蚯蚓之属,践而毙之,其色黄,地之色也。蝉蜩之属,破其腹,其血玄,天之色也。飞者本天而亲上,沉者本地而亲下。

又云:凡有爱情之动物,其血最热;而以人之爱情最重,热力最大。故剖人胸,手探入者辄烂而出,牛马次之,至于羽类,其血渐凉,爱情亦薄。

时同在坐静听雨老谈者,有关伯珩、袁伯揆。

二十五日　　阴寒

樊介老过谈。俄访爽夫,不见,即趋署。时招考唐山学堂学生,庶务司尤忙迫。在图书局午饭,与邢冕之谈。

日本朝市都邑悉改从西制,而穷乡僻壤依然守旧俗不变。其新岁亦用桃符春帖,书"对我生财"字样,与我国同。又称彼土人过年二次,虽通行阳历,而至阴历之除夕,依然守岁也。

又称彼国于每年盛暑时,自宰相大臣以至下吏,莫不放假两月,纵其嬉游。

晡归,作书复潘景侍。夜,观书及报。

法人在莫洛哥有战败之消息,是不足奇。要其归结之胜负不在此。

二十六日　　阴寒

起访关伯珩,小语即归。饭后,芝樵小坐去。余亦登车赴大理院,阒其无人,因诣新吾谈。晡,访二我。

二我常在大象公司,有客座数间,窗户闿明,平日闭锁,惟余至辄一开。初入无炉火,极寒。据二我云:"自君外亦几无人至。"余笑曰:"人皆走集热处,此中太冷,客自不来。"二我亦笑。

归已暮,小雨。入夜,庭阶尽湿。坐卧室观书。

二十七日　　雨

丁问槎过,与久别矣。问槎随陆专使,在保和会中,大得各国之声誉。盖从来我国遣使列国会议场,无能发一言出一难者;问槎此次临会,慷慨而谈,援引历史,大肆驳诘,各国使臣莫不动色相视,且多赞成者。皆曰列国才俊如云,不谓见屈于东方一少年,黄祸成矣。其所驳条款,重要有三:一俄人之提议,两国交争,不得以炮火宣战,须下哀的迈敦书;一德国之提议,红十字船宜置炮自卫;一英国之提议,两国在中立界内不许使用无线电。

今日内外官制,去胥吏,形式一新。无论洪纤巨细,大抵集权于长官一人之身。自次官以下,皆不负责任。于是长官不胜其烦,精神有所分,而关于远者大者竟忽焉,而无暇以讲,虽欧人亦不如是也。

与问槎并车出城至湖广馆。是日吾浙阖省团拜,召菊部演戏,置酒会饮。夜深,余始散归。

二十八日　　晴,风

薄午,肯斋来,写冰帖,为二月初二缔姻事也。晡,至大理院。晚,诣交通银行,访又山。夜,宴于醉琼林,二我约也。坐中有子丰、班侯、少墀、菊庄诸人。

二我云:养花莫善于冬,室愈冷,则花开愈久。忘山曰:善哉斯言,不独为花而发也。

二十九日　　晴,风不止

起,至斋中,盥漱毕,饱食。俄衣冠诣沈雨老谈,并送冰帖。遇李君厚祐,坐良久,即登车去。拜熙隽甫侍郎,亦是日同执柯者也。熙听事五间,极宏敞,陈设精丽。薄午,谒景月老。景时为资政院大臣。又诣李季皋送行,贺高子益,皆未见。在子穀许午食,纵谈。晡归,拂除斋几,整书籍,观报。

俄国配分地亩,计口授田之法,大有我国井田遗意。

作书致孟晋。夜,观书。

马氏端临有言曰:有宋以来,养兵愈多,国势愈弱。元昊小丑,称兵构逆。王旅所加,动辄败北。女真南牧,征召勤王,动十馀万,援河北则溃于河北,援京城则溃于京城。逮江左偏安,建炎、绍兴之间,骄兵溃卒,布满东南,聚为大盗。张、韩、刘、岳之徒,辅佐中兴,论功行赏,视前代卫、霍、裴、郭,曾无少异。然究其勋庸,多是削平内寇,抚定东南,一遇女真,非败则遁。纵有小胜,不能补过,卒不免用屈己讲和之下策云云。忘山曰:马氏宋人,而所言如是,则宋之终于偏安,不能恢复,其非秦桧之罪明矣。秦桧诚小人,观其屡兴狱,罗织贤士,残害忠良,则诚可恶;而于赵氏,则固无所负也。是故善恶与功罪,不能混而一之。信然。

三十日　　早晴。薄午,阴,风冷

在署承值住宿,与邢冕之谈。

二　月

一日　　小雪,微寒

俄雪止,瓦际林间,亦即融释,所谓春雪也。交班甚迟,与冕之谈。余谓人在社会间,赖有欲望种种,以酝酿无穷之乐趣,然而此心无一息停,故其乐也,在未得与将得之先甚长;而在既得之后则甚暂。其得在此,其所望又进而之彼。所望无穷,故为乐亦无穷也。冕之云然。

午归,饭后剃发。得孟晋电。又诣沈雨老。晡,衣冠往蔡伯浩及又山两家贺喜。伯浩得上海道,又山补左参议。因至大理院。晚,如六国饭店,与子穀公宴春、介二老及一山、清漪、笙叔、绚斋诸君。

二日　　晴

是日为智侄女缔姻,厅间整饰焕如,夏爽夫先至,俄熙侍郎来,坐语久之,沈雨老亦到,丹帛裹漆盒,启视则一赤柬,书乾造生年月日,即邸中庚帖也。余处遂亦依样书坤造生年月日,装裹讫,由熙侍郎持去。时所延陪宾如周采臣、陆芝田、邵厚夫咸至,皆农工商部人也。薄午,熙侍郎去而复返,因陈酒肴入坐,尽欢而散。

昳,登车去至大理院,蒋君树人向余索先人墨迹。余取所购得之八言联赠之。蒋君又属余跋数语,盖先人与果敏公旧交,而树人又与余同庭。兹之赠也,不忘旧好也。余是日遂本是意题于款下,约三十馀字。

晚,钱小修之嗣君召饮,赴焉,日暮即归。观报,闻我国外交官有用洋装之说。

三日　　晴

诣熙侍郎谢。俄造佩葱谈。又访季皋,晤又山、伟侯及仲昭。薄午,至邮部。是日,又山履左参任,群衣冠揖贺,在邮司午饭。昳,诣义善源。晡,赴大理院。晚,在太昇堂饮,少墀约也。夜归。白玉之子来领恤银,是夕付之。

昨闻雨老云:中医长于理气,西医长于补血。一虚一实,各有所偏,而所短亦可知矣。

雨老,名理家也。余又尝闻其论今人普通有三大病:一曰私心,一曰意见,一曰客气。

四日　晴

衣冠出谢客。晤爽夫,见季英。在大象公司午饭,共谈。

二我云:生必有死,犹昼兴必有夜寐也,勤苦必有休息也。吾甚感幸天之待人不薄,犹容我有死之一日,否则我苦甚矣。余大笑曰:是诚达人语也。

昳,诣甘士谈。见方勉老日记,闻勉老自十五岁即为之,至今六十馀年,惟庚子前十馀年遭乱遗失,馀皆存。

晡,往贺孙寿州相国重赴鹿鸣,阍者拒谢不纳。时其隔壁安徽馆演剧,则皖人团拜,余不能入,遂归。饮酒,观报。

闻法人在越南有卫护革命党人之说。我国官吏无如何。

观《宋史》。

司马温公改顾役法为差役,诸贤力与之争,温公坚持,独蔡京奉法唯谨,温公大悦。小人之媚悦人者往往如是。温公犹受其欺,何况介甫?

介甫既谪江宁,自悔为吕惠卿所误,即彼于新法曷尝不悔,所不悔者,独顾役一事耳。并顾役亦罢之,彼始大惊。

徐积以为:凡为君子,不必费财。是亦不然,譬诸遇人有急,论交谊之厚,有叹不能不解囊者,而偶当自顾不暇时,竟至爱莫能助,于是人道亏阙,岂非乏财为累乎?噫!

非独财也,即所谓才亦足以佐人之德。苟才短,往往为一善事诸多扞格,不能成功,因之被疵议者正不乏人矣。

五日　晴

趋署。在邮司坐。昳，诣新吾许，见荫亭、益斋。

余谓益斋曰：今日惟能贱者而后能贵。益斋曰然。

晡，至大理院。闻周柏俊一案，明日请旨处决。盖即西河沿旅舍中图财害命者也。

晚归，饮于沙锅居，既醉且饱。其肆中专卖豕肉，故又称白肉馆。有宴客者，可备全筵，品色数十种，皆豕身上物也。闻其所用之釜，犹是明朝所留遗者。盖开设二三百年矣。近代可追溯者已易三姓，今为王氏，王之前为侯，又前为赵。一黠役洪姓者，年五十馀，在彼三十馀年，为余述之。

六日　晴

衣冠出城，至行刑场观周柏俊处决。从前刑人在菜市口，殆数百年，今移至长椿寺之北，地平旷，外筑垣绕之，凡遇刑人，则构席棚设公案，监斩官至，坐其中。犯人至，报名讫，即牵去行刑。是日法部司员二人，大理院一人，余非有差遣，往观而已。事毕，诣长椿寺小坐，俄访唐温斋，园亭甚美。薄午，温斋约饮于西草厂之酒肆中。外极秽敝，而烹饪绝佳。坐有王石孙，纵饮，皆大醉，高睨雄谈。饮罢，随石孙作北里之游，皆醺然如堕云雾。晚入城，天色阴暗。

夜，作致孟晋书。

七日　阴

坐斋中，作致谭受钦书。饭后，至大理院。晡，与胡芝孙偕往宗人府会鞫宗室案，皆以钱债田亩相控讦者，入夜始毕，归已更深，大风。

八日　晴

乐叔和许祀神，以酢肉饷宾友。余往会食，衣冠如云，启中门迎宾，殿宇森肃，侍者雁行立，盖亦天家大典也。

晤子蕃，闻邮部右侍郎以盛杏老补授，于调礼部侍郎，仍以郭署。薄午，趋邮部画到，在司午食。饭罢，出城至打磨厂复隆店，以龙圆千枚会至天津。

访长椿寺旧住持僧静波，于芦草园之大西竺庵，有室二椽，整如也。僧与余乃二十馀年旧交，年近六十，须发半白，喜作隶楷，能视书，惜因于罂粟，自退休后蜷隐于此，娱老而已。

至仁钱馆一视，晤范彤士。晡，访二我于大象公司，小谈，风甚。登其五层台，高可五丈，四顾平阔，瞭见安定门，若三殿及景山、塔山皆在目前也。京师向无此可登之高处。既下，余得诗二句云："高台一凭眺，暮色正苍然。"

新月如银，归时灯火满城。晚食已，作书寄芝生。

是日观报，见俄国有变化之新革命党，盖在国内别辟一地，如武陵桃源者，聚族而居，推扩农业，凡亡命皆归之，一若别有天地焉。

九日 晴

衣冠出，诣城东一带，答拜诸来视余者。晤徐朗秋、周静安。周所居为班大人胡同，即殉难新疆之班第故宅。贺盛杏荪，未见。眹，在子毅许午饭。闻日本为我国捕其私运军火之兵轮辰丸事大怒，几欲开衅。

晡，至大理院。晚归，在沙锅居唼白肉，饮酒。比返，闻沈雨人权邮部右侍郎。夜，诣雨老谈。临寝濯足。

是日，又续作诗二句云："关塞无归雁，江湖有钓船。"

十日 晴

爽夫过，亦来诣雨老贺者。

忘山曰：今日国家有新设之某部，乃狗部也。其长官以善狗而得此。既得之也，扬扬自恣，视丞参以下亦如狗然，于是阖部之中狗居多数，谓之曰狗部，谁曰不宜？

出城送张劭予侍郎，侍郎请假两月归省，时往谢恩未见也。又诣吴仲老投刺，至松筠庵访聂玉叔与学真和尚谈，留午食，饮酒。昳，诣新吾许，闻其夫人病颇缠绵。又晤益斋谈，闻郑鼎臣之术颇有奇效。

晡，访书衡不遇。诣钱世兄谈。薄晚，至杭州馆，绹斋约饮，坐有介轩、伯约、子毅、经才、莘甫、又卿、希洛、笙叔。

十一日　　晴

剃发。趋署。在邮司中坐，阒无一人，独自吟咏。遂将前日五律续成，录如下。题为《登大象公司五层台感赋》："高台一眺望，暮色正苍然。关塞无归鸟，江湖有钓船。独怜春草长，还抱白云眠。六合方龙战，风霜几度年。"

观报。欧洲新发明之一绝大制造，即所谓空中航路是也。船有翼而能飞，创始于法，英、德仿效之，今已成行军之利器。

俄翰卿、益谋皆至。饭后略坐，即诣大理院。

昨有诏旨，申饬狱案之积压，指明春阿氏一狱听断逾年，犹未完结。于是正卿等茫无所措，派员数人，随同推丞商办，其能水落石出邪？噫！

观沈敦老订《满汉通行刑律》。

晚，宴邮司同僚于醉琼林楼上，坐有子衡、翰卿、仲清、翼谋、一萼五人。益斋、二我先后登楼，呼余共语，饮罢，客散。余访益斋于如春堂，晤季鸿、绳伯，又共作北里游。夜归，已三鼓。

十二日　晴

作书复渭东。楼君汝同过谈,道及辛卯在山东济宁相见时,于今十六七年矣。济宁有铁塔寺,老僧复初,当时年已七十,能吹笛唱昆曲,询知前三四年始殁,寿八十馀。其庆八十寿时,楼君赠一联云:"八十更人生所稀矣,和尚其出家之雄乎。"

吴印臣过。印臣在京张路局供差,人极博雅,工诗词,嗜金石。

饭后,访益斋,同出城,至义善源小坐。俄游厂甸,车马填塞,游观者如堵,盖为戒烟结会,演杂剧,醵金助善。

薄晚入城。观报,无要事。夜,月明如昼。

十三日　晴

将谒沈雨老,询知已出,遂访二我,见石谷山水长幅,云烟叆叇,草树凄迷,以三十年前画,复为补蒹葭茅屋,尤有神致。与二我谈笑,因道大象二字有陶诗为证:"大象转四时,万物自森著。人为三才中,岂不以我故。"二我大笑。

黄益斋自称上知天文,下明地理,独不解人事。余谓二我曰:益斋得三才之两,可上别号曰两才。二我复笑。

二我自云,制一格言联语云:"和则致祥,谦斯受益;俭能保富,静可延年。"

饭后,诣厂,至会场,券已售罄,不得入。诣王石孙,不遇。诣杭州馆,遇朱巽斋及润臣,谈久之。复视砚孙,方病卧在床,略谈去。至仁钱馆。俄又赴厂甸西门,坐隶古斋观魏碑数种。薄暮,至天鹤驭,夜宴诸宾,坐有叔雅、季鸿、益斋、二我。夜归。

十四日　半阴晴

夜,月明,大风。在邮部承值,与夏蔚如共谈。

十五日　晴

沈雨老履新，员司皆衣冠行相见礼。闻杨杏城侍郎是日午车到京，遂诣车栈迎焉。时商部长官及阖署司员齐出城，邮部三堂亦皆至，并有巡警队荷旗举枪，奏军乐，排列道左。逾午始到，相见一揖。余遂至江苏馆。是日，与经才、仲庄、笙叔、彤士等七人公宴同乡，到者仅四五十人。薄晚，访叔雅谈，留晚食。餐罢，同车至厂甸观放烟火。是夕，明月在天。始演龙灯，盘舞游曳，继以银花火树，飞月流星，层见迭起。最末则燃放花盒，悬高架上，药线爆烈，作种种形式，如宝塔、亭台、人物之类。夜间奇寒，余衣稍觉薄。

十六日　晴

禺中，衣冠往谒项城，未获见。俄至新吾许，见益斋。以昨夕感寒，四肢不舒，神疲欲卧。晡，至大理院，即归。天色骤阴，风起凛冽，归饮姜汤，是夕早眠。

十七日

睡醒，见窗纸微白，疑为天明，遂披衣起坐观书，方知为月光也。诵《文选》诗，览西汉文，俄复眠，日高乃起，盥漱。䌹斋过，方闻高子毅被步军统领衙门捕获而去。薄午，谒杨杏城，未见。访成子蕃，小谈即趋署。途遇家人报称，昨日缇骑至仁钱馆，钟笙叔被拘去。到署，午食毕，出城访二我。又诣湖南馆，长沙张文达公是日周年，其乡人为设位公祭。晡，诣仁钱馆一视，旋至大理院。晚访爽夫。到家，肯斋在余斋中，留晚饭，夜始归去。

十八日　晴

起梳发，往谒沈雨老，略谈。俄宾友杂至，余即去。衣冠出，途过北池子，闻唐少川到京，居徐菊人旧宅，因入投刺，时方宫门请安未归。遂谒袁项城，仍未见。诣王奎章许，尚眠未起，坐以待之。

昳，在彼午食。往谒吕镜宇，未值。晤杨彝卿。晡，至大理院，春阿氏一案，闻已入奏，碍难速结情形。薄暮，访又山于交通银行，不遇。即归，观报。

法兰西在摩，与摩人大战，摩人死伤甚多。

我国与日本捕船之交涉，岌岌可危，几酿衅端，各国罔勿注目。闻辰丸船我国已释放，许在海中高悬日旗，我国鸣炮谢罪。

连日奔驰，又无暇观书。

十九日 晴

衣冠出，趋署画到，即去诣王书衡谈。书衡出所刻《皕宋楼藏书源流考》赠余。盖陆氏藏书二百万卷，为日本人购去，凡我国读书人皆深痛惜。因有人为推其网罗搜集之始末，缀成《源流考》一篇，前则冠以书衡所题之词。

薄午，至长椿寺。又访二我。俄诣门楼胡同吴雅初家，贺其嫁妹，因留宴饮。昳，入城，至新吾许，晡归。朱桂卿过谈，始悉高、钟二人被捕之原因。盖外部为捕日本辰丸一案，与日使开谈判，日使直揭破我国与驻日李钦差会商密电。袁项城大惊，严查泄漏者，得电报学生数人，供出高、钟在外勾通，及种种不法事。乃奏明拿办，并搜出秘籍，凡外部所有各项密电本皆备。盖每日得外部机密电语，辄译钞出售外国使馆，据称有十四国与之交易者。是故凡政府秘不宣要件，我国人不知，外国人辄早知之。盖其为此已数年矣。志在图利，甘心卖国，不期吾浙出此人物也。噫！

夜，作书致孟晋。临眠，作日记。

二十日 晴

抽检乡先哲书画十馀轴，携至仁钱馆厅舍中悬之。是日洒扫垢积，拂拭窗几，为明日同乡团拜。在燕春园午食。晡，诣厂肆，买得前明及本朝名人手迹,因访诒仲谈。

连日京师多不戒于火者。高、钟二人被擒之日,第一楼及陈列所皆付之一炬;翼日午,则西直门外烧去多家;昨夕湘学堂又报失慎。以数日内火叠起不绝,亦为都中近年所无。

薄晚,阴。在诒仲家遇蒋树人,谈至暮始去。赴惠丰堂,锡文初约也。坐有晋锡侯、善芝樵、悦静涵诸君。

夜归,又山在余家,坐卧室中,且饮且谈,夜深始去。

二十一日　　晴

薄午,冠服登车,诣仁钱馆。是日同乡京僚皆集,约得二十馀人。昳,齐至神堂前行礼,礼毕,行团拜礼,然后群坐而饮,饮罢各散。晡,至大理院。晚,又与胡芰孙偕至宗人府会商溥飔欠债一案,归已昏暮。阅报。

南中有专电至,称日本辰丸既被释后,粤人汹汹反对,有与日人不两立之势,省城闭关罢市,张督电请开阙,日侨皆将离境,恐致决裂。

二十二日　　晴

往谒杨杏城侍郎,略谈。俄诣陆凤老及吴仲老,皆未见,因趋署。

观报,闻姜桂题兵南下,沿涂骚动,百姓携幼扶老以避兵,不啻江北又多一枭匪焉。

饭后,至大理院,呼匠剃发。晡归,车中观《茗柯文编》。阳湖派古文,气格实胜桐城,以其酝酿于经子小学者深,而非仅仅规模唐、宋之文家也。

观《宋史》。夜撰《李纲论》、《王安石论》。余素短于文,恨不能近古。今勉强执笔,而自视仍多猥俗。文不录。

是日,闻同僚言:昨日薄晚,煤市街又失火,各剧场皆骇而散,廊房一带逃奔者塞路,几不能行。

二十三日　　晴,风

坐斋中览《茗柯文编》,读《庄子》。

华封人祝尧以多男子。尧曰:多男子则多惧。华封人曰:多男子而授之以职,何惧之有？忘山曰:无职则游惰而坐食,有职既自食其力,又利其群,一国之中人人有职,此多男子所以为瑞也。饭后,访益斋。

人或以我家与邸联婚为讥。忘山曰:斯事诚非得已,纵得已焉,不犹愈于昏夜饰美姬纳诸宰相之门者乎？且朝廷志在化合满、汉,当自大臣开之,公然为昏姻,且达诸天听,亦自磊磊落落,固不足荣,又何辱之可言？或曰:不涉于攀附权要之嫌乎？余曂然曰:子以为嫌,固犹是震而惊之者也。孰若相视如布衣交,彼虽亲贵,而我已忘之之为高邪？

晡,至义善源小坐,在交通银行待又山,略谈即返。

二十四日　　晴

陈尚书之子就婚于外,是日来京,入门庙见,邮部同僚多往贺者,余亦往观礼。先去,诣爽夫许坐谈。爽夫出名人山水画扇,有绝佳者。又语及高、钟二人事,或云监禁,或云已就戮,传言皆不可信。

诣邮部,午饭。观报,无所见闻。晡,至大理院。

达赖喇嘛自甘肃来山西境,尊如帝天,疆吏郊迎十里,屈膝见之,喇嘛傲不为礼。是亦我国怪现状之一。见《顺天时报》。

薄晚,诣善卿夫人许谈,归已暮,观书。

二十五日　　晴,微阴

观西汉文,凡为文,较作诗其难十倍。

诣邮传部，观报。有谈哲学派别者，又有言伦理学者，谓个人有伦理，家庭有伦理，社会有伦理，国家有伦理。又有说公私之别者，谓公乃私之积数，私乃公之根数。

昳，往吊琦仲龢之妻之丧。为高子益送行。复至大理院。是日微寒，又加重裘。晚归，饮酒作字。

余于书法，迩来又有悟入，盖始惟知求整为工，今乃求不整为工。盖由泛览北魏碑碣中，因有所得也。

二十六日

未明起，盥漱毕，待东方渐明，登车去至西苑门外，盖是日大理院奏事。余与白君厚之约在法部公所会面，谓之听旨。时白君已先到。久之，定、刘二长官至，乃呈听旨名单。俄辰巳旨下，皆依议。又至长官前述之，遂毕事。余诣老虎洞贺胡馨吾拜日本使臣之命。出西安门，访吴佩葱，闻高、钟二人谳成，皆发新疆，高永远监禁，钟监禁二十年。又至于公祠谒陆春老，回车至化石桥，黄益斋方眠，余坐其案头观书，留午饭。饭罢，闻夏燕保谈粤东怪俗，极离奇，为夙所未闻。晡归，关伯珩许有客冯姓将来拜，余因就与谈，抵暮而返。

二十七日　　晴

衣冠往贺李旭庵纳采。出城，又贺张劭予侍郎为其犹子取妇。吊张燮钧侍郎母丧。薄午，诣江苏馆，三六桥、许季芗等召饮。余到时，惟六桥先在，他无一人，俄班侯亦至。

六桥谈及前日高、钟二君之行，惨不胜言。二人共坐一无幕之车，惟携毡席一束，馀无长物。由陆军部官役押送，按站而行，以官犯，故不加刑具。人生到此，亦可哀已。

日中，又至湖广会馆观剧，己丑世兄弟之召也。晡，诣杭州馆小坐，啖豕油饼。遂赴安徽馆，亦演剧，乃为寿州重宴鹿鸣，故皖京僚醵金为之也。观至夜半，余先归。母、妹等皆尚未返。

二十八日　　晴。午后阴，微暖

趋署。观报。粤人争辰丸船事，风波渐息。日亦许和平葳事，国民之福也。矿则重改，列国允焉。度支部今年预计不足者甚巨，将深筹而熟虑之。土、俄皆厚兵力，将有寻衅意。

诣大理院。薄晚归，灯下作书致孟晋。

二十九日　　晴

陆春老过访，余方起，盥漱毕，出见，谈及徐汝霖为临安煤矿事，春老意亦谓为之不易。我辈远在外，颇难主持也。谈次，吴君印臣以某君所画西湖图遗余，又手抄宋、元人词目三册。俄春老去。余衣冠赴庆邸许贺寿。薄午，又诣新吾贺寿，留午食。晡归，时天忽阴雾蔽日。是日成五律一首，题曰：《邮传部新署，为怡王府旧园。王后嗣零落，庚子后府第为銮仪卫有，民政部取其园为公家游地。会邮部开，建署无所，遂向民政部价买之，修筑一新，而廊宇之曲折，林石之幽茂，犹想见当年胜概也。今年春，偶憩坐其间，瞥见垂柳含新绿，抚今追昔，感而赋之》。诗曰："池边杨柳色，一岁一惊春。空馆遗珠履，高楼思美人。百年歌舞尽，几日栋梁新。惟有堂前燕，依然作主宾。"

三　月

一日　　晴

昨宵枕上，心绪如麻，千回百转，竟夜不眠。俄闻雨声淅沥，窗纸已白，鸡声四起，得句未成诗，俄渐熟睡。起已禺中，盥漱毕，饱食,即登车趋署。在邮司,与姚一萼谈。

泰西之国,重少轻老。盖谓少壮之人,能担荷国家义务,老朽则无所用之。是以其法律多于父母抚育子女之职,言之綦详;而子女孝养父母之事,往往付之阙如。皆其惟一国家主义所推演,而成此性质者也。日本则略殊,盖其财产,父母老,辄以畀其嫡长子,众子不得分润之。又惟其嫡子有孝养之义务,众子无之,故析产之说,彼国所禁也。其所以然者,因财聚则滋生益多,常保其富,国家利赖焉。一为众所分,则财散而少,母不足而子亦稀,久则消归于乌有焉。且使令贪享祖父遗资,养成慵惰。生利者益寡,社会非惟不沾其利,更蒙其害。故其法律为此限制,要亦国家之主义也。一萼云。

晡,至大理院。晚,至仁钱馆小坐,俄诣醉琼林,置酒会宾友,坐有彝卿、桂卿、厚夫、佩葱、莘甫、依三、荫亭。夜归。

二日 晴

邮传部承值,适与金君向辰同班,旧日庶务司俦侣也。是日文牒甚稀,得暇闲谈。睹沪报,内有诋太邱语,而目余曰高尚之士,不知何人所为也。薄晚,登录事处楼,瞭望久之。又闲步至迤西假山石上饮,见新起宇舍未竣工也。俄下,则徘徊廊庑间吟哦不已,续成昨早诗,题为《晓雨》:"潇潇楼外雨,孤枕不成眠。灯影摇虚幌,钟声报晓天。华胥春梦远,岭峤暗云连。忧国徒为尔,浮沉阅岁年。"

是夕,与向辰对酌,谭诗。夜,复到电书三函,译之。

三日 晴

薄午,交班,在邮司坐。时院中丁香发新蕊,古松二株,虬枝夭矫,与僚友盘桓其下,笑语移时。

昳，至大理院，剃发颒面。晚，饮于泰升堂，菊庄、树人、芰孙诸公约也。

四日 晴

冠服登车去，往谒唐少川中丞，未见。晤冯次台，冯与余同为创始邮部之人，余已投置闲散矣，冯则与宋芸子同被咨出署。老子曰：毋为天下先。今日始信。余固不足论，若次台者乃擘画铁路之老斵轮也，而太邱谓其不谙练部务，冤哉。

谒项城，未见。访高子益谈。子益兄孝桐，前随岑西林在邮部，与余相识，嗣从岑南行，岑罢职，孝桐亦留海上，就商务印书馆一席。今闻其弟将远行，来都视之，前来视余。是日已出，未获晤也。诣新吾许，晤益斋谈诗，益斋为齐鲁商人代呈请筑福潍支路禀，嘱余为投部中。

诣大理院，晡归。吟诗，成《咏松》一首。盖怡王园内有古松数株，今在邮政司北窗外也。诗曰："生长繁华地，高柯竦百寻。风霜不改色，独抱岁寒心。往事嗟零落，闲云阅古今。最怜桃与李，烂缦到春深。"

五日

星期，余不知也，犹趋署。为益斋代投福潍铁路之呈文。见向辰及异芝田，芝田道及史赓云之死，即与余是日同作冰人者也。

在邮司中独坐，观报，有欧洲之惨剧一节，即言摩落哥土人与法构衅事也。又美国之警犬，谓其材格胜于警吏，能伺盗贼，能卫冻毙者，能救迷路者。其出也有时，其蜷伏也有地，不误期也，不擅离也。凡饲犬有专人，一次予食毕，则更以他人裹香物投焉，犬裂而嗅之弃去。盖犬恶香。再投如前。久之，犬遂不复食他人之食。故当其宵间，狙察奸宄，从不至中饵以堕其职也。记者于此，盖亦有所慨云。

是日,晴,风扬尘起。访叔雅,以清明佳节,欲偕作江亭之游。叔雅云:江亭游人必多,盍改天宁寺?余诺之,遂同车去。俄出彰仪门迤北,望见浮图高矗。既入,楼殿重叠,前后周览,白桃怒放,苍松交荫。登土山,瞻白云观,京张轨横于前。草色暄萋,心目夷旷。俄南至塔院,摩挲碑碣,知寺与塔为隋家所造,初名弘业,入唐称天王,明改天宁,又更弘善,卒复今名。寺宇数圮,历朝屡为新之,有碑记可考也。与叔雅坐寺中,茗谈久之。日晡,归

夜,作寄孟晋书。

六日 微阴

枕上闻袁项城来传见,乃披衣起,盥漱,早食尽饱,遂趋署。见陈翼谋为铭将军所作寿序,通体骈丽,铺陈华艳。又见姚一萼为人书纨扇,临东坡行书,用双钩为之,疏媚挺秀,可宝爱。日中,啖索面。遂访益斋。俄衣冠往谒项城,先投孟晋函,小待即见,略谈,俄送出。余至栖凤楼答拜绳伯之弟,即往贺振贝子寿,即返。

庭中海棠已滋新绿,阶前春草萌动。

是日,车中观《邱真人西游记》。归览《庾子山集》。

屈原之骚歌,庾信之词赋,杜甫之诗,皆发诸真情至性,故能哀感顽艳,声动古今。

七日 晴

观书。

古称至诚格天。又云诚能动物。征诸史册,殊有灵奇怪异,如响斯应者,或疑为必无之事,而抑知不然。盖宇宙合间人也,神也,物也,相暌离者也,惟有电力可以通之。至诚之极,其电之蕴积也独厚,故其吸力也独大,足以感召天地,贯通万物。其理至浅显易

明,何神奇之有。

昳,至下斜街花厂中,购得海棠二本,将以植诸杭州馆。俄在厂肆中坐,买《绝妙好词》及《宋金元词综》、《祝由科秘书》三种。

晡,诣大理院。晚,至惠丰堂,熙维周等九人大会同僚。夜归。

八日　晴

趋署。闻袁海观简署山东巡抚。又阅报章,见昨有诏旨,特派恭王、鹿相国、景月老为禁烟大臣,设局,实行禁除。又东三省域内美国人不认俄、日为有主权。又称日本人审观支那乱势将成,恐己国被牵连,因令国人注意于此,以谋对待之策。又称摩、法之役,实德国人嗾使而成。盖德、法世仇,法苟壹志于摩,德患将少纾矣。

吟《天宁寺怀古》诗未就。晡,至大理院。昨奉旨行刑者,犯人十六名,皆巨盗也。张子林与将树人大相龃龉,有不能和解之势。薄晚,出城至仁钱馆小坐,又至杭州馆。见润臣,又晤砚孙。是夕,在醉琼林,沈叔瞻召饮,坐有沈立山,皤然老者,亦从前久宦京师者也。

九日　雨

是日,成七律二首,其一为《天宁寺怀古》,诗云:"太行山色古今同,百代兴亡感喟中。隋塔高寒馀落日,唐楼萧瑟起悲风。孤松盘鹤层云紫,断碣磨霜秋藓红。最是当年烽火地,米脂阵马歘来东。"其一为《万柳堂怀古》,诗云:"益都相国风流尽,古柳寒鸦带晚天。四海文章归袖底,两朝谟略到樽前。当年觞咏皆名士,今日荒凉有暮蝉。休问江南多景物,胜游同此一潸然。"

饭后,出城至杭州馆,见海棠二枝新移植阶前,以阴雨故未加灌溉,徘徊其间久之。俄至大理院,闻春阿氏一案将以误杀奏。归,观书。

夜,雨犹飞洒。览元遗山词。

十日　微雨

母生日,肃衣冠,率家人拜祝。爽夫、荫亭、新吾咸至。

晚,往谒沈雨老,时许久香、孙文翰等皆江浙代表,俱在坐。盖路事将结,国民与政府磋商借款之息已旬月之久,今议定五厘有半,月之十四五可以出奏。夫以人民派代表与国家办交涉,此友邦从古所无者,不得谓非进步之一端。

夜,诵庾开府《哀江南赋》。

十一日　阴

忆莼四十寿,故家中连日管弦杂奏,歌弹并作。早食讫,衣冠出,谢来祝母寿者。薄午,在益斋许坐,与彦保谈诗。

昳,诣吕尚书,又往谒景月老、肃邸,皆未见,晡归。是日,又成诗一首,题为《法源寺怀古》,诗云:"征辽将士归何处,幽骨长埋万古悲。绀殿云生松柏老,荒台草长夕阳迟。休寻舍利灰飞后,且读丰碑花落时。——钟声天外转,可能恩泽到泥犁。"

观南唐李后主词。

十二日　晴

佩葱过谈,俄去。是日,李家甥旭庵续娶,余往贺,观其结缡成礼。晡,出城,祝孙宫傅寿。在会经堂书坊小坐,前屡至余家之书贾程姓名永恕者,已病没家中矣。俄仍至旭庵许,逮暮乃归。观报。

美国人设法律,弹禁无政府党。忘山曰:无政府党诚世间一大蟊贼,彼用暗杀主义,如专对诸残君暴相施之,犹可警专制之毒焰,而于社会不无羽翼之功;今所杀往往为举国所爱仰者,是岂非世界之公敌乎?噫嘻!

夜，使僮执烛，剃发修容。又作书寄孟晋。

十三日　晴

趋署。就路政司借钞福潍铁路批禀，及咨山东巡抚文。坐邮司中，观报载，东南有数省，欲公举代表来都，邀求开民选议院，风气之日辟也浡然矣。又见姚君一萼双钩书联。昳，访益斋。晡，至大理院，薄晚归。

作致何肖雅书，为芝生兄谋差遣也。

车战之制，盛行于周秦以前，三代下独马隆、刘裕一辈，能以此制胜，唐房琯遂用是覆败。宋以后非无谈者，然皆不能实行。古今异宜，良有以也。

十四日　晴

坐斋中观书。昳，一至大理院，晡归，仍披览诸名著，若子山之骈骊，昌黎之古文，杜陵之诗，又《汉书》之贾谊、袁盎二传，又阅洪北江、曾涤笙诸作。夜，复展视北魏碑板，偶得句云："古书堆满几，争比乱山多。"留待将来之续成也。

是日薄午，所吟就之《松筠盦怀古》七律一首，先录于此。诗云："须眉浩气死犹生，欲斩豺狼一剑横。疏草荒残留古宅，英灵旁魄照神京。氛霾蔽日狱三字，风雨当年屋数楹。转眼山河已非昔，先生祠庙独长荣。"

美国人于日、俄之侵我东三省主权，大不满意。据报纸载，近已公然布告各国反对之。差快人意。

十五日　晴

衣冠诣爽夫谈，案头有《李义山诗集》一本。

薄午，访朱桂老谈。朱云：凡人生死，各有数存，不可强也。昔年海上某甲善画，应人之聘，买舟将行，忽梦其友，相对一室，浼之作绘，曰松与鹤。甲援笔下，误成鹧鸪，觉恶之。俄遇其友，即梦中人，因道梦境，且告资罄，不行将殆，以征诸梦，行不得也，为之奈何？友谓某甲："梦兆见告，往必有凶，不如且住。惟囊之竭，夫何忧惧？子负绝技，倾慕子者实繁有徒，将皆辇金，应子所需，子又奚患？"甲如所言，止装弗行。不逾数日，前涂告警，曩发之舟，遇险而败，死伤众多，援者束手。某甲始悟，不有斯梦，奚免其难？乃知是事皆有前定。

诣江苏馆，为人祝寿。寿者秦氏揆楚之父。遇胡芝孙，同席而宴。

晡，车过两馆，答拜诸友，遂至大理院。向晚归，微雨，黄沙蔽天。观报，露库藏之匮竭，平日仰输于法兰西，今其士庶多肆反抗，不愿为当路负荷新责，是故法财之入也，不见其出也。驻露法使察其情，遗书于国家以告，为露所得，遂摈之使归。露人诚快心焉。虽然，露之责券低落，源竭矣，可奈何？夜，月色微明。

十六日　　晴，微云

趋署，观报。

印度隶于比利敦威势下几何年，今其士民不堪虐，潜结党会，在纽约市者甚众，购运炮弹，欲图一逞，其志锐猛，不在小也。

美、德同时大火，损伤甚剧。德毁去一古庙，曰卫戍寺。

纽约有古酒，埋藏者一百数十年，今将出售，价直万圆。

览孙氏《春明梦馀录》，多载洛下古迹。

时署中花柳繁艳，春色盎盎，与诸人剧谈，甚乐，俄而小眠。晡，至大理院，菊庄、树人、芝孙等皆先在。案头置方瓯二，水清石丽，蓄金鱼数尾，游转自如。俄还，又得诗一首，题为《于忠肃祠怀古》，诗云："青青草暗湖边墓，猎猎风吹塞北霜。独秉丹心卫社稷,空流素涕答君王。国存身死夫谁怨,鸟尽弓悬剧可伤。寂寞层楹千载梦,年年俎豆荐芬芳。"

十七日

昨夕一夜无眠,月色满窗。五更披衣起,盥漱毕,进食,观庚子山铭赞文。待天曙,衣冠登车去。又为大理院听旨,在西苑门外朝房中遇法部司员数人闲谈。

同一曹省也,而新旧别焉;同为朝廷治事之官,而肥瘠相悬焉,莫识其故矣。法律者,一国之筋骨也,失是不能以立。法部等署适当其总汇之区,宜若何尊重焉,优礼焉。乃迩日法大部院值日奏事,其长官摈不得召见,一若无足重轻者。且部中僚吏何莫不劳精疲思,以治庶事,而刑狱又关天下之大命,负责綦重。乃考其累月所得,虽以曹长之尊,曾不得比夫外商邮之末秩,彼逸而富,此劳而贫,伊谁为之,不均孰甚。

钟报九时,旨始下,毕事乃散。诣杨杏城侍郎,同见者为凤阳之凌君。又视子蕃,不遇,归已薄午,掩衾而寐,醒已日昃。饭已,观书。知本朝裁并诸行省督抚之沿革。又披阅《范书》冯敬通本传,文藻丽逸。正玩味间,奉津浦路吕大臣牒文,以余为车务学校提调,悚惶久之。

观报载,美人反抗哈尔滨俄权之详情。又载俄、土有寻衅意。论者谓,俄如复兴戎于外,其腹心之疾将作,故为俄危。

薄晚,至厂肆,见百汉碑缩本已装潢成册,古味班兰。是夕,饮于宾申楼,书衡等约。

十八日　晴

问槎过谈。薄午趋署,时天骤暖,已易夹衣。昳,至大理院。俄往谒吕镜老,未见。又访袁静生,亦不值,遂归。过关伯珩谈,因以车务学堂办法情形询之,伯珩约略相告。晚,大风。

报载,俄自东方战败,遂为诸国所蔑视。奥竟败盟,毅然与土订约,许以种种利权,目中几无庞然之俄在侧。噫,势去而万事休,岂独一俄为然哉。

十九日　　晴

起略早,衣冠出,送盛宫保行。又诣那锡侯许贺寿,因造吕大臣请见,则已出矣。晤杨彝卿、冯伯言谈。俄回车至新吾家,易恒服而归。

观班书息夫躬、邹阳诸传。又览《皇朝通考·兵制门》及《国用门》、《庚子山集》、《绝妙好词笺》等书。是日成七律一首,题为《白云观怀古》,诗云:"羯胡杀气动关山,缥缈真人东海间。已看青牛度沙去,更招白鹤带云还。接天旄仗边风肃,涌地楼台晓日殷。上帝好生思及道,长春从此拥仙寰。"

观报载,波兰分割后,地之属于俄者姑无论矣,其在德者,议院中忽提倡强买田产而逐其遗民。嗟嗟,哀鸿无告,去将谁依?亡国之惨有如此者。

夜,作书致孟晋。

二十日　　晴,风起扬沙

斋中静坐,阶前海棠花渐放,蛱蝶乱飞,得句云:"爱花谁似蝶。"俄属对云:"好学不如蟫。"

观老子《道德经》,孰味"曲则全"三字,吴草庐注云:人苟贪多务广,纵心全体,不肯致曲,其弊博而不精,堕于空虚无用。惟从事于曲极深研幾,触类旁通,斯由曲以造全也,不难矣。忘山曰:凡为学者审此。

览法制史,在昔秦之尚书极卑,而后世以为六曹之长。隋之秀才极尊,而今则初入学为生员者称之,壹何悬绝至此。

谒雨老,遇伯珩。逾午,伯珩又过谈,俄登车去。拜孔仲光,又访邵厚夫,庭宇显敞,海棠高数寻,蟠根拥肿,花乱开。其客坐壁间皆名宿书画,有汪近人盲后书,古拙可爱。

晡,到大理院。是日长官高坐,曹吏旁立,囚跽阶上。一人高声朗诵其所供罪状,谓之亲提,盖已谳成罪定,虚行故事而已。

晚归,观报。无事,作寄星墀书。观班书杜子夏传。

成五律一首,即续十四句也。题为《春日斋中即事》,诗云:"古书日盈几,如见乱山多。咫尺九州远,朝昏千载过。仰窥花密丽,俯瞩砚陂陀。世事且休问,青春好放歌。"

二十一日　　晴

衣冠诣城东访袁静生谈。谒吕镜老,未见。晤彝卿、伯言。薄午,至邮传部。又晤向辰、绎如。坐邮司中,与翰卿等闲谈。时窗外白丁香粲烂,柳丝肥绿垂阶。观报。

俄、土事渐平,而意大利以置邮土国界内不遂其志,因调集舰队以威胁之,未知土国何以应敌也。

露国东边,秘密党又蓄势,将有所举动。

晡,至大理院,春阿氏一狱,闻以误杀定罪,其内容实有不可问者。盖人伦之奇变,果摘其伏横尸槀街者,不独春阿氏一人也。今终以含混决之,虽以大理长官亦有所不得已。吾深知之,未可明言。

晚,至嵩阳别业,徐花农召饮,坐有䌷斋、翼堂、健斋、班侯、爽夫诸人,终席谈谐如云,奇趣横生。

花农述及粤东某绅,归隐后筑小楼,纳二美姬以娱老。有人赠联云:"百尺凌虚,是人间天上;双星不语,问今夕何年。"

又彭刚直公题苍颉祠一联云:"一画本天成,开上古洪荒,草昧无须绳更结;六书随运转,任后人摩写,英雄未免笔难投。"

二十二日　　晴

观书。余近年于新学术几屏置不讲,每日自读报外,惟浏览古书,胸中旨趣略分为三:一曰义理,一曰掌故,一曰词章。

薄午,出城谒吴仲老,未见。赴陆君嘉藻之约,仍在嵩阳别业。晤严伯玉谭。

暹罗今兹之自远在中国上者二:一曰独一之银行,一曰专有之邮政。通国画一,权不外溢,是其所难也。

美国迩来与日本感情最薄,其舰队翔与东来,即志在耀威日本。现闻将据飞利滨群岛中形势佳处为军港。

晡,至杭州馆,易便服。馆中新植海棠已开。俄,一视仁钱馆。自正阳门入,诣大理院,将散矣,遂归。

观报,日本于阳历四月七日,即中三月三日,大雪横飞,国中电丝汽路皆塞闭不通,人民有冻毙者。举前数日嫣桃媚柳之妙景都化为玉海银涛,非常之灾也。

摩民拒法,血战横厉,法人几于不能制。

览《班书》万石君传。又观李仲轨墓志,吟杜诗,读《老子》。

二十三日　　晴

薄午,又往谒吕镜老,闻已出门。余将暂诣于公祠,甫行数武,见鲜车肥马腾跃而至者,吕公归矣。余乃复还请见,遂获晤谈。镜老风采端凝,谈辞和蔼。既见,俄回车至化石桥,与益斋谈,留午食。晡,诣定可庵贺其嫁女,良久归。是日大风,尘起扑面。

海棠花开,虽不及旧年之盛,然较之前数年已为佳矣。

得徐蕊林及希尚兄二书。观报,欧洲凡居囹圄之罪人,有许其结昏者,是乃文明社会中特异之事也。

外间谣传高、钟路毙之说,今乃访闻其事属虚。

摩洛哥拒法,报称其与德意志潜通。盖英、法为摩事前所订盟约,置德人不顾,德嗛之,故颇暗助摩。

意、土邮局之交争,已言归于好矣。

夜,观《班书》窦、田、灌三人传。

二十四日　　阴,风未止,奇寒

醒,始闻昨夕大火,在砖塔胡同迤南,相去无半里,余酣睡不知也。陆春老过谈,俄去。余遂趋署。尘沙犹飞舞,日光忽透,天色暗淡。是日绵衣加身,疑他处有雨所致。

晡,往贺孙景周取妇,因至交通银行,与佑三谈。俄诣大理院。晚归,益斋在余斋中坐,留晚食,同造沈雨老谈。

雨老云:"林、农、路、矿四者,实业之大者也,而在今日,尤为北五省之急务。盖北方素仰给于东南,今东南民力竭矣,不出十年,将号呼抢攘,求援于西北。失今不治,后将噬脐矣。乃无识者流,空言立宪也,国会也,吾恐宪未立而国已亡、会未成而民已殍矣。"余及益斋皆叹为至言。

二十五日　　晴,天寒如故

往贺吕镜老生子弥月,宾至如云,置宴款接,以俳优音乐侑酒。余俄往就冯伯言谈。又诣奎章,尚眠未起。见绳伯之弟。日晡,奎章始出,观其盥漱进食。乃行至大理院。观报。

美人既禁遏华工,于是吾支那劳力一流,胥辐辏于墨西哥。近日墨国中凡都会繁盛之区,莫不有华人踪迹,势力之盘踞,盖绝闳焉。薄晚,在陈德庄许坐谈,即归。夜,作致徐汝霖书。

是日午后,风又起,逮夕不止。

二十六日　晴

往谒沈雨老谈。归，观书，风犹未已。

余欲仿《六朝文絜》例，选汉魏六朝诗及唐人律诗，精之又精，称曰《古诗选》、《唐律诗选》，有志而未逮。盖古体诗独推六朝以前，至唐一变为律，而又杰出，其古体皆不足观矣。宋以后则并律诗亦无可取，故谓唐以后无诗可也。

饭后，衣冠出，答拜冯君祥光。又至东厂胡同吊荣文忠夫人之丧。访那锡侯，未见。谒唐少川，方命驾出。晤冯次台，谈久之。因拜胡馨吾，适仲巽已于昨日到，出见，纵话别后踪迹。仲巽作州县六年，于宦场之态度、民间之疾苦，无弗洞悉。余谓其已于吏治学校毕业矣。

晚归，观报。西人空中飞行船之发明，始于华曼氏。其法能不用轻气球，别创妙机，如鸟之双翼，运行自如，来往天空，洵神术也。

夜，作书致孟晋。

是日，闻沈雨老道及高、钟路毙乃确有其事，闻之颇惊。

二十七日　晴

邮传部承值，同伴者许君沐镠。文牒不繁，多闲坐时。是日风定云霁，澄宇如镜，然海棠被风摧落遍地。得诗一首，题为《春日即事》，诗云："东风不晓事，摇落一庭花。帘卷入双燕，日高啼乱鸦。碧天邈何极，春恨浩无涯。应有乡关思，怀归意转赊。"

夜，与许君谈。许曾游意大利，居四年。彼谓意国不过我江、浙两省之大，而国家每年度支所入五百兆，倍于我国者五。考其所由然，固由赋税之重，而烟货专卖所获赢利，实居进款十之三四焉。

又泛论欧洲之大概云：彼土所以号称乐邦者，姑不论其他也，整齐画一之气象，统乎朝野上下政俗交际之间而罔弗然。即如钱币之分配有定衡，货物之良窳有定价，虽三尺童子，千里羁孤，入市交易，无能欺之。是故居是邦、为彼民者，可省无算脑思，可减无数恐惧心。于是精神不分，乃能皆萃于有用之学，以互保于社会中也。

二十八日　　晴

日禺中，交班。至邮司坐，观京汉行车路程时刻表。

时窗外果树布叶，杂花乱开。又感赋一首，题为《同前题，并赠出使日本大臣胡馨吾行》："荒林新叶吐，冉冉不成阴。鸟啭一庭寂，花飘三月深。芳春如可驻，佳会欲重寻。馨吾曾谓余，如有暇东游，当为东道主。东望神山远，烟波劳寸心。"

日中，在新吾许晤益斋、彦保，留午食。俄至大理院。晡归，剃发。晚，伯珩过。

伯珩云："宣化县境有鸡鸣山，穹峻耸拔，可以登。上有巍庙，重阳日，约子往游。"盖京张路所必由者也。

伯珩前随考察政治，出游十一国，风土山川，阅历殆遍。为谈海外事，多瑰诡新异，亹亹不倦。是日，得孟晋自柏林来书。

二十九日　　早，晴

有客至，赵姓，名廷清，字靖波，丰润人，其入庠补廪皆出先人门下，谈久之去。余俄衣冠往祝陆春老寿，则已避而他之，凡馈赆皆力拒。日中，在义善源银肆坐，留午食。天色昏黄，将风，忽洒雨数滴，又出日。久之，复晦，微寒。至大理院。观报。

非洲特兰斯注册之苛例，英政府尸之，我华及印度人结群体，坚拒已久，英人术穷，乃许退让。又闻英海峡风灾巨，漂坏船舶甚多。

薄晚，复衣冠随蒋君树人诣宗人府会讯，宗室润文控民人勒赎地亩一案,未决也。归途大风。

北极一带有天然之无线电语。盖其寒气浓密,声浪易传,虽低语,一英里外皆得闻之。

又有凌波衣,为近今泰西某学士所制,盖以植物组织而成,入水不濡。凌波衣三字新。

夜,览《班书》扬雄传。读扬氏《反离骚》。又观师丹传,及老子《道德经》。

四 月

一日　晴

终日不出。薄午,风起。胡仲巽过谈,留午餐,始去。

是日,读《韩非子》。又观庾子山文,及《班书》薛宣、朱博传。晡,迈达之妹夫沙里昂来都,过访略谈。欧洲今日诸国,如法、如德、如英、如意、如班、如葡等国,苟不以属土并论,其疆域之大,不逾我东方秦以前之七国。汽学大明,电机发达,各逞权力,高掌远跖,遂使万里之外蒙其威势焉。是则古七国所望尘莫及也。

报中无事可记。是日,闻芝樵家人在庙会中与人口角,遂至殴搏。芝樵盛怒,波及稼霖,力辨乃解。

二日　阴,风甚,雨微洒

观六朝人诗,又详览有明一代兵制。

明人建置卫所,布满天下。无事则屯而耕,有事则应战守,颇有唐府兵遗意。乃其后法制渐紊,精意已亡,无论京营及分番入卫之卒,多以之供土木役;而在外者,又使挽漕,军人遂困。于是精健者销亡,窳弱者充数,且多空名领饷,求之更无其人者。观于刘大夏之奏而慨然矣。

饭后,关伯珩过。时京张路将成,沿途通过山洞无算。伯珩属余书其横额,作擘窠字,曰居庸关山洞、曰石佛寺山洞、曰五贵头山洞、曰八达岭山洞,皆为伯珩捉刀者也。余久不作巨字,是日勉强执笔,殊不自善也。

昳,访法国人沙里昂于六国饭店,以昨日有约也。既见,略谈。沙君颇识华字,此来有所图,闻其尚欲一游京城迤北,观永定河及沙河、白河形势。

晡,至大理院。闻是日有严旨拿办绥远城将军贻榖,交法部审讯。闻其侵蚀公款二百万,不知确否。

晚归。是日午后,即露日光,而奇寒如故。夜,观《班书》翟方进、谷永诸人传。

试观翟方进奏云:故事,天子见丞相,在座为起,在舆为下。可知汉朝君臣相见之礼,非若后世之踞傲也。

三日　　晴

往经才、花农两家贺。时尚早,彩舆犹未发。花农宅之北偏海棠树间,起屋成曲尺势,精丽无匹,客皆于先一日来。是日,寥落无几人。答拜何润夫。访季鹰,到已数日。盖其夫人病危,电促其归也。在大象公司相见,留午饭,纵谈。风又起。

万事以出乎自然为佳,苟矫揉斧凿,便失真趣。以学问言之,其尤甚者也。雍、乾诸巨儒,其考据之精者,皆得诸自然,无毫厘勉强,其书乃可传。我辈讲哲理,乌可违之?是故余生平颇多名理,然并非苦思力索而来,多由自然得之,如作诗然,当俟机之自动,不可强求者也。

二我告余云:在南中坐苏沪汽车,往来二三百里,皆是桃花或菜花丽景,使人魂销。此次北来,轮舶入大沽口,又是数十里桃柳,盖北方气候较迟,南花已罢,而北花则初放也。

又云:上海租界中大不如前,警吏无用,劫夺时闻,白昼通衢,明目张胆,人不得安居,市况萧条。所谓一盛一衰,各有时也。

晡,至杭州馆,听事后墙圮,闻昨日为风所撼而然。诣大理院。晚归,观报。土耳其国有一百三十馀岁之老人,耳目聪明,筋力壮健。

夜,作书致孟晋。

四日 星期,晴,无风

衣冠往谒陆凤老,未值。因又访孔仲光。仲光乃孔子六十四代孙,此次与余同派车务学堂提调,余正而彼副也。居衍圣公府中,庭宇恢宏多空屋,盖陈设等物,庚子后皆掠夺一空。薄午,在西河沿答拜一客。赴燕春园,范松槎约。比至,闻已改晚餐。乃在彼易衣服,独坐而饭。饭已,呼匠剃发。映,至仁钱馆小坐,见钟希洛。闻高、钟事,外间所传仍虚。盖子毅之伯父仲英,遣一奴送至太原,已归。乃云在正定毕命者,岂非讹乎?

晡,独游江亭,风渐起,万苇摇绿,泓然一水,西山蔽尘不可见。时风甚,乱柳飘扬。是日游人颇多,遇陈绎如在寺门外,闻彼将访香冢去矣。余在西向轩牖中坐,廊下妇女四五人笑语,不知何许人。江亭佳处,在能凭临四野,其远近林寺等,一一景物,咸映入窗内。晴明日尚可看山,不可谓非都中名胜之一。余是日持一卷书,坐而披览之。隔壁弦管声作,当神游千载时,闻此尤使人飘飘有凌云之思。俄日光渐暗,登车去访叔雅,小谈。室中古丽精致,花草四时不绝。薄晚,仍至燕春园,松槎客已满坐,尚有陆续来者。俄杯盘交错,刀匕纷如,酒美肴丰,尽欢而散,归已夜深。观报,作日记。

五日　　晴,无云

蚤起,观六朝人诗。俄驱车至署,坐邮司中,寂无一人。窗外绿叶成阴,因得句云:"绿叶已成幄,阴阴初夏时。"时携《春明梦馀录》观之。俄同僚络绎至,相与谈笑,或仍观书。

饭罢,登车去访彦保、益斋,见案头有戴醇士《古泉丛谈》,序中引张宗子之言曰:凡人无癖者不可交,惧其无至情也;凡人无疵者不可交,惧其无真气也。余叹为至理名言。

赵瓯北,杂家之学也,其《陔馀丛考》一书颇可观。览其论秦赵高,谓是赵国之公子,赵亡,志在复仇,遂自宫以事秦,卒覆秦之天下。彼盖据《史记》索隐注而云然。

晡,在大理院。俄归,观绥远城查办大臣覆奏折,及贻文二人互攻之奏。胡馨吾过谈。薄晚,书五言联,观《陔馀丛谈》。

夜,览《班书》酷吏传、货殖传。

六日　　晴

余迩来日寝馈汉魏六朝诗篇,反覆不已,故濡笔作五言律,居然初唐作矣。是日续昨吟句已成,题为《初夏即事》,诗云:"绿叶已成幄,阴阴初夏时。花飞蝶自去,云过鸟先知。倦倚池边树,闲敲竹外棋。莫言官冷淡,此地足栖迟。"

晨,坐斋中读书。

读史之乐,能令上下数千载事灿列目前,如曾躬历其境者,是何等福也。余尤喜观历朝制度典章之沿革迁变,盖为全史中之骨也。

晚,至大理院。观报,有三事可记:一日本兵舰在澎湖自炸而沉;一粤东人拒买日货,乃水师提督李准所为;一大清银行开股东会,演说效果三端,即疏浚黄浦,与京张、沪宁筑路,又偿救营口东盛和之倒闭,皆向银行假款为之者也。

谒陆凤老,未见。贺成子蕃新简四川遗缺府。归复观报。

远西天文家新考验火星地面发现黑沟数道,因谓彼中必有动物,此沟必是动物所为。

阅农工商部画一度量衡办法之奏并其章程,颇极缜密严切,是亦我国一新天地也。

七日　　晴

趋邮部小坐,俄同僚先后至,谈康、梁诸人事。时满园柳絮乱飞,飘萧如雪,堕地成团,逐风而转。又闻人言:署门外楸树花开已遍,如牵牛状。禺中,余将归,出视果然。未午,至家观书。

前馆余家之金赞尧过访,留午饭,俄去。至稼霖许坐。是日立夏,日光逼人,绵衣尽去,几欲著单。寂坐,详研辽、宋、金、元之制国用,览《班书》司马子长传。又观报。

英有监督在埃及者,被人戕毙。又载西天文家新测金星中亦发现沟渠形,并旁多青碧,疑是植物。

晡,至大理院。是日,同僚八九人在泰升堂开大宴会,皆同署人,饮酒极欢。

八日　　晴

晏起,观《文选》诗,又览有明一代财政之出入。

古称藏富于民,策之上者也,泰西虽重赋税,其地方自治常有馀财,不尽归朝廷也。其次藏富于州郡,郡国各有库,以贮财,备缓急。最下聚财于京师。宋明之初,其诸路各行省,皆有所储蓄。故四方有事,不尽仰给于京师。比及中叶,权幸当国,遂悉举天下库储入之大藏,于是边邑空虚,不足为缓急之应,驯致四肢溃裂,而所谓心腹头目,又奚能自存哉?噫!

览《韩非子》。申、韩之术,无非教人主以驭臣下之法,盖有鉴于春秋以来,篡弑接踵,往往主弱臣强,尾大不掉,故发愤而言,此中亦多可采之精理。

作致胡仲骥书。午后出城,往视二我。阍者云,已患病三日,不能见客。诣下斜街花厂中徘徊,无好花,欲购兰数本不得。是日为浴佛日,往游法源寺,在方丈许坐,幽室数楹,丛竹峭倩,其牡丹最有名种,南阶下已放一枝,馀犹含苞。坐久之,见有冠服昳丽而至者,花农与润夫也。不期而遇,大乐,纵谈,因留共饮酒,啖蔬饭。

昔程明道见斋僧时,千人同饭,寂然无声,叹以为三代威仪。余是日观受戒僧一百五十馀人来辞其师,肃队徐入,整然不乱。师高坐,朗诵警饬导厉之言,齐顿首诵佛号,俄又以次鱼贯出,因叹曰:真三代威仪也。

薄晚归,微阴,俄而风作云散。夜,观书,是日热甚。

九日 晴,天热如故

趋署。贺袁静生谈,在东北隅最高楼上,日光四逼,几不可居,然颇能眺远,心目怡旷。楼下即船司。余俄欲去,循梯下至司中,徘徊久之,遂沿廊南去,历路、电两重屋而至邮司,邮司窗前后通明,虽有林木,不足蔽日,乃取帏阑之,热始稍减,余虽披单衣,犹挥扇不止。观报。

欧人卫生家考察流传古旧之纸券中,有三万七千之微生物,方悟疫生之传染,此其厉阶之一也。今国家鉴于是,乃创限年更换之法以救之。

日中,访益斋。前闻花农言:某地一小村落,有板屋数椽,设坐买茶且鬻酒焉。门外悬一联极佳,句云:"为名忙,为利忙,忙里偷闲吃杯茶去;劳心苦,劳力苦,苦中作乐拿壶酒来。"

诣大理院。又观报。时聂玉叔已归。

南美智利国之华侨亦被苛虐,呼援于祖国。不审外交大官有以应之否。

晡归,微阴,风起。览《韩非子·主道篇》云:君见其所欲,臣将自雕琢;君见其意,臣乃自表异。又云:有智而不以虑,使万物知其处;有勇而不以怒,使群臣尽其武。又《有度篇》云:上用目则下饰观,上用耳则下饰听,上用虑则下繁辞。语皆有味。

饭后观书,研览运粟转漕之历史。又观《班书》李寻传。

十日　　昨夜已闻微雨

晨起已止,云犹四合。出坐斋中,观书。良久风起,雨洒然至,中庭尽湿。余稍坐阶上,静观新绿蔚然,尘浊尽洗,凉润侵人。顾视阶下幽草遍生,榆钱满地,怡然自得。薄午,云开日出,碧天无际,又为之豁然也。

读《韩非子》,又览《班书》司马相如传。

晡,至大理院。观报。

报载,印度土人有已结群体,从事地方自治,而白人不干涉之者。

又载,南洋荷属苛待华人,不胜烦苦。余前已闻诸伯玉。

又载,粤西河口为匪所据。

至打磨厂答拜李静坡。晚,宴于醉琼林,子衡、誉虎诸人约。是日微凉。

十一日

痰多,连日咳吐之不已,而胸甚快。是日梦中咳醒,窗纸已白,钟已鸣五,不复能眠,乃起观《文选》诗。日高出,坐斋中,以昨观雨得句吟未就，今日成之。题为《都下久无雨，枯燥已甚，偶得沾润，胸次快然，因移坐檐下，静看众绿，感赋一首》，诗云："密雨洒朝林，中园暖新绿。芳尘故已歇，清飔动修竹。修竹何便娟，白云已归山。日光曜帘栊，霁色澄且鲜。雨霁天气凉，幽人卧空房。咏诗怍流麦，挟策愧亡羊。亡羊谁补牢，天地一羽毛。达人贵知足，志士岂辞劳。劳生怨年迈，日月相追代。芳草方没阶，秋风已鸣籁。鸣籁声不已，壮士按剑起。会当乘风云，扫除从今始。"

寂坐观书，孰复元人漕运始末，又读《班书》相如诸赋。

叔雅过，有约在前，留午食。因共徘徊园中，登陟山石，复上平台，万绿幽暖，得少佳趣。日西斜，乃共乘车出西直门，绕御河长堤而行，水清涟作深碧色，高柳如云，远山明媚，所谓江南景物，竟自有之。将至万寿寺，狂飙大作，日光晻霭，车马湫喧，游人狂奔，声言有雨，纷纷欲散，多满族闺阃。余及叔雅不顾，仍入寺，巍楼闳殿，嵯峨崒嵂，最后有亭翼然，下拥乱石，上竦修木，石间有洞，容人入观。其西偏缭以高垣，自隙窥之，飞甍绀宇，为乘舆临幸地。俄在寺外茶幕中坐，风止，日复出，游人渐集，男女杂遝。薄晚归。叔雅出城。是日观报，有麦酒可以救火说。又云葡国新王登祚，誓效忠于国。

夜，作寄孟晋书。

十二日 晴

起少晏，至斋中呼仆移置几案，变易方向，面南窗坐。坐后阑以书架，东壁去舆地图，易以阮云台、陈曼生二横幅。西列书笥二，上悬余小像，僧衣留影者也。迤北面东置横榻，榻北依书架，南向陈西式皮椅，旁置几，复南向设一坐具，有客戾止，清谈最宜。盖部置一室内，亦使曲折幽胜，方不穷于一览也。俄又检寻书籍，一一整齐之。晡,登车至大理院。风起尘飞,然是日甚寒,疑他处有大雨。

与胡芰孙谈。观大清律。

坐久之,即归。报至,无事,观书。风逮暮乃息。

《汉书·卜式传》,以牧羊喻治天下,饶有精理。式身为匹夫,屡以家财助国,其亦非常之人欤。

余每日必取《汉书》流览数纸,绅绎其神味,渊懿奥衍,如饮醇酒。

十三日

起,日初出,披衣闲步西偏园中,高树干云,晓岚清澄,翛然怡爽。行数百步方归。盥漱乃出,至斋中进早食,命驾出诣邮部,长官犹未至,其听事檐下,幽兰十馀本,阶前杂花甚多,皆植于瓦缶中者。到庶务司一视,阒无人焉。乃至邮司,门未启,奴役方眠于内,俄排闼入,又急开窗换空气之新者。寂坐无事,案头有姚伯昂《竹叶亭杂记》一册,取观之,多载本朝天家轶事,足备掌故。久之,姚一萼至,对谈良久。时钟九鸣,遂赴大理院,盖是日始改早衙也。同僚有至者,坐至薄午,访益斋,犹卧,为诵新制五古,益斋称善;复以为丁鸿宾书联视之,盖余之字体大变厥初,亦可谓能独开生面者矣。留午食,即归。观报。安徽西边英山县有匪徒猖獗,邻省已调兵往扑治。

夕,观书,未竟数叶抛去。至耳屋中,又将堆乱架上书亲为检理,部居类别,大抵数年来译篇居多。倏忽已暮,然烛以毕其事。晚飧后,入后堂,在明月下行数百武。因坐阶间,与母闲谈。

将眠,作日记。连日寒甚。

十四日　　晴

侵晨起，盥漱、进食毕，乘车去，日光熊熊。俄至正阳门外西车站，衣冠继继，皆送胡馨吾星使之行。时钟七鸣，星使登汽车，警队奏军乐以送车行，送者各散。余至杭州馆一视，因诣大理院，僚友皆未至。闲步至大堂院中，奴役以水洒地。高槐二株，垂阴布叶。久之，庭中略有人至，余则去赴邮部。闻新乌布已有数人揭晓。未午即归，仍检书。饭后，观班书赵广汉、尹翁归二人传。

晡，黄益斋过，谈戏，以剧场中生、旦、净、丑比拟当世之人物，极酷肖。薄暮，益斋去，灯下观报。

日本人在旅顺为俄战士死者建表忠碑，亦创举也。

十五日　　晴

晨起，有客来，即黄君，名仕福。前随慕兄至法，继游俄国，充胡钦使许随员。钦使既易，萨往，黄君始归，后于胡钦使。孟晋有物托其携至。是日，余俟黄君去，即往视荫亭于化石桥。荫亭已诣寿州许，余遂踵往获见之，小谈。荫亭昨来，今午即返津。俄又往视二我病，在门外询病状于阍者，悉其病势甚猛，不减于余去秋所患，闻服西药，渐渐调治。

游崇效寺，赏牡丹。寺在牛街之西南，一路皆旷野，时见垂杨夹道，或阡陌纵横，菜圃瓜畦，绿云弥覆。行久之，见一颓庙，规制极闳，即其地亦有楼殿数重，松楸森梻，遍地皆植牡丹，有未开及半吐者，其被风摧折或已残落甚多。余坐其东厢，老僧献茶，因向其索《驯鸡图》一观。图为乾隆时宁一禅师遗像，画一鸡加膝上，前有曹侍御锡宝所制禅师小传，并亲笔书之。叙寺自唐贞观时已建，初名枣花寺，明人始改曰崇效云云。又赞叹宁一之为人，及其出身始末，以及侍御自与彼之私交颇详尽。其后题跋者夥，颇多名人，诗歌甚富。余因濡笔题以"戊申孟夏,忘山居士独游寺中,展此图一观,不可以无记"二十二字。僧名妙慈,见余书而爱之,又出纨扇索书,余为写旧制五律一首。忽隔壁有人语,聆之,则景月老也。景知余在是,就相见甚欢。月老亦有《题驯鸡图诗》一首,将展是卷书之。日中,余先辞去,至广和居,折简招叔雅来共饮高谈。叔雅将游十三陵及居庸关,余羡之,颇欲追随。

晡,至杭州馆,撷兄将于明日赘婿,重门洞开,彩舆中陈,其丽室中布列井井,与撷略谈,俄去。访佑三,不值,即归,观报。

露西亚有将辟北冰洋航路以通其水师之说。

欧洲各邦君主以畏虚无党,故多慎自防卫,故所居宫严密异常。夜与小妹同观《祝由科秘书》。

十六日　　晴

观书,研考宋代盐法,输粟请盐以裕边备谓之中盐,宋、明皆行之。宋则坏于蔡京,明则废于叶琪,皆无学术、不知大体者也。

谒沈雨老,遇荔虎。归呼匠剃发。薄午,至大理院。观报。

英、法、德、俄诸大国,其于航业,莫不兢兢保护,每年不惜重资以津贴之、奖励之。英人费一千零三十馀万圆,法人则一千九百馀万圆。

南洋华侨受荷人之虐不能堪,渴望祖国派遣领事来,略尽保卫之职,终不能得也。

昳,诣撷兄,贺其赘婿,婿为陆寿民之子,名德诚。日晡礼成,宾侣盈堂,箫鼓阗渊,与研孙、巽斋诸人谈。夜,宴饮尽欢而归,月出。

十七日　　晴

趋署,长官已至,未画到。至邮司,闻新乌布已宣布,凡未补阙者皆作为额外科员。观《北京报》。

英国陆军大佐摩特司制一最可惊之快枪，每秒钟能射三万英尺之远。

美国实业界中，凡持筹握算，以及廛肆中酬接顾客，莫不用妇人，取其存心正直，运思精细有过男子。

诣大理院，留午食。俄归，检书笥。晚，览《音学五书》。是日早眠。

十八日

黎明起，登车赴湖。连日多风，是早晴明，纤尘不动。出城未数里，日已高，天色蔚蓝，林峰如画。俄至大理院公所，即工部旧屋，不胜今昔感，盖为余旧游地也。与同僚等徘徊宫门外，横额曰颐和园，为今上亲笔书。规模壮丽，左右相向皆朝房。钟九鸣，旨始下，大理所奏皆依议。因往白长官，已即回车。一路多水田，蛙声不绝。回望高阁琼宇，俪绮丛崎，山色甚明，惟水光在长垣内，不可见耳。薄午至家，母、妹诸人皆往城外观剧。

晡，检书笥，余颇好于旧书堆搜寻，或得好书，则置诸案头，毋令埋没，亦一乐也。薄晚，肯斋过谈，俄去。观报。

河口之匪颇猖獗，其檄文狂妄殊甚，并有与外人言明对待之法。美人又有新发明，一种无声响之枪，施于临阵，尤为凶猛，是为火器中一大革命。

闻政府将于八月实行印花税，以弥洋药税之缺，不知确否。

夜，作书致孟晋，作日记。

十九日　　晴

趋署。是日邮部奏事长官赴湖未归也。访佑三，未见。至大理院，观大清律例。饭后，一至交通银行，即访夏彦保谈。时国史馆中方纂辑本朝志书。新吾无暇,彦保代为从事。

昳归,天忽阴欲雨,登车风起,尘暗衢路。比至四牌楼,雨微洒。到家须臾,已放日光,旱象殆成。盖每作云时,必有风以散之。

检书至暮,观报,无事。夜,作日记。

二十日 晴

晨访佑三,尚眠未起,坐以待之。客座中悬京城里巷图一幅,颇精细。余连日痰多,咳不止。须臾,佑三起,就与谈,因同至邮部。时大理院欲奏调,询余愿否。余商诸佑三及那、李二丞,皆劝余勿就彼。薄午,余诣大理院,遂辞焉。饭后,至打磨厂天津银号兑银,又至义善源小坐,俄归。在卧室检书。晡,报成子荨,因出共谈。

子荨自诵所作佳诗甚多,余皆不能记忆。记其送张勤果挽联,联云:"冻雪积犹飞,西北三边留旧垒;大星中夜落,东南半壁失长城。"

余与子荨,从前虽相识,而踪迹颇疏。自壬寅、癸卯间入都,卜宅西城,三访子荨。子荨时方巡城,讶余必有事相托,乃急答拜。既见,方知略无一事,但闻余言,城以内朋友极少耳。子荨至今犹津津乐道,以为佳话。

与子荨同谒沈雨老,俄去,余亦归。观报,闻滇南乱匪略靖。

雨老云:今日之时局,当以防危为先着。危可以免而后图治安。治矣、安矣,乃言富强。今则倒行而逆施之云云。余以其言良可味,记之。

二十一日 晴

趋署。陈长官欲使司员留心时政,于诸报纸载有关涉轮、电、路、邮者,则选择粘贴簿中,按月呈堂。每司派三两人。余与一荨已餍其选,将从事于此。到部无事,以此自遣,固自佳也。观报。

战争日酷,军器日良,火药可以无烟,枪弹可以无声。神矣哉!

昳归,在卧室中检书。俄坐斋中,详究元代盐则。连日热甚,窗纱透明,檐外绿阴已满。又观《班书》张敞、王尊传。薄晚,风起尘扬,俄止。灯下复蕊林书。夜,稍凉。

余昨谓子蕃云:居今之世,官愈贵则人愈贱。子蕃叹为名言。子蕃有诗云:"宦拙诗才长,名卑党祸逃。"余大然之。

二十二日　　晴

起食已,将驾而出,庄幹卿过,报告所居屋墙将圮,盖公钱公产也,故修之当自余。俄趋署,画到讫,诣图书局,与邢冕之谈,见陈伯年所著诗。良久,往邮司,因坐而选报。报中邮政事极罕,无可录者。是日,天色无云而暗,久不雨,枯燥殊甚。北窗外一松、一柳、一丁香;窗南核桃树二枝,枝叶莘莘。邮部景物,盖为京都诸衙署之冠。一尊吟诗一首示厚庵,余亦见之。饭后,一至大理院,即归。晡,天忽阴,观书。忽杨杏城侍郎来召,赴焉,无他事,以有答孟晋之书属余转寄也。俄归,雨犹未至,徘徊园石间,高柯翳蔚,殊有林丘之趣。晚,灯下闻棠叶瑟瑟有声,出视,雨已洒阶,俄止。是夕,作答郑鼎臣书,览《韩非子》。

吾始谓韩氏著书专教人主所以驭下之机权,继始知又勖人臣所以媚上固宠之巧术。韩非之人格盖可知矣。

夜,将入眠,风起。步阶下仰视,繁星满天。

二十三日　　晴

览《庾子山集》,又研究盐制,观《班书》盖次公传。又吟诵樊川诗。

是日,阖家往游农业试验场,沈雨老所创造,虽已权邮部侍郎,仍兼理焉。雨老已预使人治具款接。日中，余随母及澜、川两妹等同往，在西直门外，旧为三贝子园，周十五里，已荒废，新造楼亭，并开渠通舟。其万生园移于场之东南，珍禽异兽，笼置而槛隔焉。园之北，有方亭临渠。由兹登舟曲折行，俄至一地，飞檐画栋，穿假山洞入观，几榻精缛，备两宫憩息，名曰二卷，不知何意。迤西，步长廊数十武，望见东洋式屋，亭亭峙立，逾梁跨河，逼而观之，皆扃闭。自牖窥焉，中布几席水壶，古趣璆然。再西，有楼作卍字形，上下闿明，设坐卖茶。俄又乘舟绕北垣下行，不数里，到一境，皆竹篱茅舍，养花极繁。面场圃支棚下，可坐百馀人，闻其名曰自在庄。相与憩坐久之，复入舟回绕出东南隅，高阁凌霄，层楼瞰空，规势如欧西。排闼入，丰绮光整。拾级而登至最高处，通望周博，西山横列如黛。俯视阡陌纵横，盖场内植物几聚万种，咸标分类区，瞭视井然。其并楼依榭，多高柳长松，柯叶峻茂，水中皆藏荷芰，盛夏来此，至足乐也。楼之南有朱屋数椽，名曰三卷，亦两宫憩息地，房中供饰绝丽。余迟来数日，已多收贮，几榻空净。其东北有屋临河，盖售卖加非供游客者。自五月一日始即售券，纵人入观矣。两宫自本月十三一来此，端阳后尚欲再临。时所游已观止，乃返舟至场西寺中小憩饮茶。俄命驾联镳入城，日犹未落。

观报，无事。观石印明人手迹。又览朱、汪《词综》。夜，作日记。

二十四日　　晴

是日往邮部承值，同班者为黄君藻甫。观报。

滇督锡电告，攻剿河口党军屡获胜。不知可信否。

奥皇芙兰兹慨然许匈牙利人以平等自由权，并许其议会自开，裁判独立。于是匈人积年革命之热潮举为之融消矣。

美国电学家尼古剌留撒新创一灭海军之术,能以电气配置炸药,沉诸波浪之底,电性通时,能翻江倒海,令绝大军舰亦无以自存。

连日酷热,日既西坠,清风徐来。与藻甫同登录事所居楼顶之平台,四顾辽阔,西眺太行,东瞻禁阙,烟树万家,奔入眼底。风甚厉,俄下,徘徊庭廊间。天色渐黑,众星灿乱,坐而仰观,遂纳凉焉,室中甚热。

二十五日 晴

闻川如暨母亲赴天津,将往送行,稍迟,车已发,不相及,遂归。以昨饱食受凉,是日胃纳减,时噎气作酸。观《班书》及报,无可记。夜,作致孟晋书。

古人理想之高深,志行之芳洁,读其遗言,观其行事而悉知之矣。独有一缕幽情盘旋乎古今,绵邈乎宙合,然视之弗可见,听之无所闻,惟赖有词赋诗歌,有声韵之文章曲以传之。盖自《风》、《骚》以降,下逮魏晋六朝,以至于唐,其人虽亡,其情垂诸宇宙而不朽,百世下犹有感而兴起者矣。

二十六日 晴

观《文选》诗。饮于沙锅居。驱车独游白云观,闻是日开坛讲戒,比至则寂无所睹,盖已改期矣。见道人号鹤眠者,略谈,并为余述丘真人故事。道士似颇读书者,年六十馀,须发皓白,导余至丘祖殿一观。据称丘真人遗蜕,即藏其下。余俄辞去,入城至化石桥,与彦老谈。晡归,观书。晚,独步园中,得诗一首,并赠子蕃。诗云:"少负园林趣,如何恋一官。芳樽开月下,高树拂云端。宦拙庸非福,知希良独难。嘉陵山水好,此去让君看。"

二十七日

昨夜闻雨声淅沥，比晓又已晴。盖所谓旱者，非竟无雨也，往往数滴而止。起已日高。趋署。与一蕚谈诗，因写所作《新柳》、《落花》二诗视之。一蕚于诗颇高具眼孔，能知余诗从六朝来，余又得一诗友也。

余诗不能受人之强迫而成，故于酬应文字皆敬谢不敏。或问余曰："子非善能作诗者乎？胡为亦有所穷？"答之曰："余曷尝能作诗，彼诗自来寻我，因而成之；若我自去作诗，即无诗可言，又况能受人之强迫乎？噫！"

诣大理院，小坐。薄午，母亲自天津归，余至车站逆焉，因随归。饭后，观书。又诵庾子山《思旧录》。

晡，谒杨杏城侍郎，即归。是日延医来为杏女治疟疾。观报，英、俄二皇将图好。会摩洛哥乱未息，叛军既拒法，国王独守中立。

夜晚，风大起。

二十八日　　起时微阴而凉

趋署，俄晴。姚君一蕚和余《新柳》诗四首，皆步原韵，姿度倜傥，神态清新，洵深于诗学者也。

余谓诗宜避四气：一曰脂粉气，肥红腻绿，以涂饰为工者也；一曰油荤气，滑句庸调，不假思索，以多为能者也；一曰砖瓦气，堆砌故实，霾没性灵，失其天然者也；一曰尘垢气，渣滓未去，清光不显，宜加淘汰者也。四者之外，又有二病：一曰纤巧，词家最易犯之；一曰粗犷，文家最易犯之。四气除，二病祛，然后可以论诗。

昳，至大理院，已皆散去。遂至仁钱馆小坐。俄诣肯斋访叔雅。叔雅出其近作视余，其诗专学西昆体，极哀艳秾至，然颇有弦外音。叔雅室中，勺药初开，清馥四散。庭有绿阴，长夏清谈，殆忘暑矣。正谈而雨忽洒然,俄止,日出。晡,往视季鹰疾,见粹夫。晚归,又谒沈雨老谈。夜,观报。

二十九日　　晴

早间犹凉,著夹衣。观玉溪生诗。俄趋署。是日与一萼检理旧报,选其关于邮政者剪而取之,别粘于簿中,备呈堂也。

是日,在司中坐最久,晡始归去。途遇益斋,自云到余家坐待已久,因复折回,在斋中略谈即去。并云:明日将南旋。时有无数人来看屋者,盖居停将欲出售也。观报。

葡萄牙王之被刺也,盖为用布兰哥为相,肆其专制,废除宪法,结怨于民,国人离心,遂撄其祸。哀哉!

北满洲一带,土田肥沃,物力殷盛,人罕知之者。日本报云。

三十日　　晴

趋署,检报。晡,出城,层云蓊然起,作欲雨势,比至义善源,雷声㲃㲃,俄雨大至,檐溜如注。坐良久,雨势略微,乃行。望东北际,露蔚蓝色,云已渐西,雨即止,路多泥淖,然纤尘不起,绿树鲜浓。至家,庭院已乾。询知城内雨不甚急,仅一城之隔已相异矣。入侍母谈。昨略不适,今已愈。晚饭后,散步园中,坐檐下观书。夜,观报。

云南匪乱,滇督已迭电报捷,并云夺回河口。有旨嘉奖。

华侨在南洋荷属一带受虐已甚,兹闻外部欲设领事于爪哇、苏门答拉、西伯里、婆罗洲诸处。

又闻法兰西人允我国在安南边境捕拿匪党。

览杜牧之诗。是夕云散,明星晰晰。

五 月

一日 晴

趋署。是日所选报已齐,自正月起四月止,得六十馀条,乃悉粘入簿中。饭后,偕一萼呈堂。昳,衣冠往长椿寺吊邢冕之父丧,与僧妙均略谈,即入城,又吊陆伯揆总宪之丧,遇绚斋、奎章。俄归,观《班书》孔光、史丹诸人传。又究本朝盐法。俄览《庚子山集》。奎章过谭,即去。观报。

比利时前为各国特许,有统制南非刚果之权。比王蓄志实行并吞,欲练义勇民队肆意征敛,为英王所觉,因布告列国,削除比王在刚果权利。于是数十年经营一旦消灭。

夜,佑三过谈,留饮,更深始去。

二日 晴

董润臣甥过,俄去。观报。薄午,访善芝樵,略谈即归。

午后,为陆春江中丞书屏,录左太冲《招隐诗》二首、《咏史》八首之一。终日不出。晚,复观报。

河口克复,革党溃逃,已见明旨,革党之无能可以见矣。从前粤东之乱,一德静山足以平之;今日滇乱,一锡清弼足以制之,尚何言哉。

余前论作诗,须待诗自来。当诗来之际,有一种情境交合气象呈现于脑中,余于是不觉悟道,盖所谓天心来复,千载一遇。地出醴泉,天降甘露。万籁俱寂,迟迟月上。神哉眇乎,不可思议!

三日 晴

起略晏,驱车至大理院,小坐。俄仍至邮部,已薄午矣。日光甚烈，炎热异常。饭后，睡短榻上，听诸僚友谈。俄睡熟，醒，日犹未晡，急命驾归。窗外垂帘，略减暑气，坐而观书。是日观《班书》东方朔传，及报。晡，入卧室，与忆莼谈料量午节债务。啖角黍。薄晚，观《石渠馀记·河东盐法篇》。佑三送鲥鱼来，晚饭时尝之。此物南方所独擅，苟非汽舟铁轨交通之神捷，居北地者未克享是口福也。夜，仍热甚。

是日，作书致孟晋。

四日 晴

蚤起，命驾出，诣城东一带，肃邸、景月老许皆去，未见。见三六桥，六桥新拜权归化城副都统之命，犹未往贺。所居极狭，仅二椽，壁悬名人书画，案头有山水册页，为钱叔美所绘，乃工笔者，极雅驯。

六桥谈兵，谓：击土匪，行阵宜密而聚；若敌外人，则当疏而散。各有所宜也。

谒吕镜老，又至于忠肃祠。春江中丞病，未能见。樊介老新补侍讲，谢恩未归。因出城至燕春园，独坐而饮，且观书。

本朝河东盐法，以商人疲困，改归地丁并征而弛其禁，于是盐价低落，商民交便。始终其事者，蒋公兆奎也。蒋公以廉介名天下，能悴心盐政，上便国，下利民，殆亦本朝之刘晏。其后卒不见容于众，虽历官数行省，未能得志，郁郁以终。自古精白乃心不诡随于俗，大抵为世所忌，古今同慨。

京都炎日下支席棚高跨檐瓦，虽盛暑无挥汗之苦，至足乐也。所畏者火耳，今年灾变数起，于是人家多惮不敢用。

昳，投刺数家，至戴少怀师许贺节，俄又谒吴仲老及陆凤石尚书等处各投刺，遂归。闻迈达女史已来，入与相见，别数月矣。又报其妹夫沙里昂至，延坐斋中絮谈，进茶果，俄与迈达同乘车去。观报。

土耳其人赖有英、法诸国为其拥护，使不至见吞于俄。乃彼竟庞然酣卧，骄蹇自恣，凌制属土与其众民，于是反抗者起，犹不猛省，横用压虐，致列邦动公愤，欲共驻兵其国，始惧然敛迹。一何愚也。

夜，坐中庭，偶有所感，成一诗，题为《端午日追怀去年事感赋》，诗云："一年容易过，节序又端阳。相送塞云远，去年端阳前一日，与奎章、荫图送孟晋到榆关，在彼过节。飞来山雨凉。住榆关外国逆旅中，端阳后一日同往海壖观潮，既归，晚，凭楼栏听雨。滔滔多世变，逐逐为谁忙？余自榆关回京，适值陈尚书莅任，未一月即起冲突。余于七月初辞差。一病沧江晚，余夏间奔走湖上，饱受暑湿，八月即病，九月方愈，犹静养至十月中旬始出。秋花纷已黄。病后已是菊花满园时。"

五日 阴，微雨洒庭，俄止

午前，料量两馆银钱簿籍，俄整衣冠，至母前拜贺毕，回坐斋中，取酒独酌，加雄黄，循天中节俗例也。偶念及温州宋、陈二先生，因口占诗未成。晡，忽奉到陈介石自粤东复书，狂喜，因续成五律，题为《端午日独酌，忆平阳、永嘉二友，俄即奉介老书，所谓人心一动，感斯应之也》，诗云："独酌有佳趣，浩然思故人。云回太行雁，书送岭南春。落落岂谐俗，介石前年与平阳同还里，述及浙学堂事，非仲玙维持几受大厄。平阳云：仲玙性格与君略异，其不谐俗则同，恐亦不免受厄。今其言果验。介石函云。栖栖还养真。天涯几知己，回首笑言亲。"

是日，肯斋先至，略谈即去。薄晚，新吾来。暮，家祭，雨又微洒，即止，终日未放晴。

六日 晴

趋署。有新到司者傅君同,字尧生,江苏人。时邮司屋前后明窗如巨舟停泊,树木蔚然若夹两岸,枝叶茂盛。天久不雨,遂多尘积,不似暮春初夏时簇簇然芳且新也。

薄午,至大理院。余名心素淡,去年虽遭挫抑,心殊甚平,盖天欲留我未开之花,使多受春阴之酝酿,而不肯遽竭其菁华也,是何等厚遇,我敢有怨意乎?

昳,至六国饭店答拜自德国来之福兰格君,曾为孟晋赍物至。此君颇通我国文字,能读东方书,奉德皇命欲在青岛创学校,教育华民,且为柏林大学中增购华文书籍。孟晋书来,欲使余为导引也。

晡,又答拜沙里昂君于北京饭店,不遇。见迈达女史。俄归,天色微阴,稍凉。晚,略晴。夜,月出。

七日 晴

观《通鉴》刘宋受禅时事。成子蕃过谈,为余写其近作五律一首、七律二首。余自录旧作为其书扇。久之,沈雨老过,与子蕃谈相术,俄皆去。余复观书。时窗外绿叶如画,所谓槐夏午阴晴也。

昳,李佑三过,小坐即去。余因出城赴孔仲光之约,在聚宝堂。晡,饮罢,至厂肆,坐隶古斋,久之乃归。访关伯珩谈。是夕,伯珩复过余,坐庭前纳凉,新月初吐,繁星满天,更深月下,微觉衣薄,乃加衣一袭。又谈久之,伯珩始去。

八日 晴

趋署。以扇二柄,一丐苏厚庵书,一乞姚一萼双钩。厚庵为其尊人六十寿,绘《鲤庭献寿图》,遍征题咏。图凡四:曰祠堂授经,曰荒园寄读,曰风雪寻师,曰渡江负笈。亦请余题诗。顾余诗最不善酬应之作，盖酬应之作已含应制性质，最难制胜也。

薄午，至大理院，留午食。昳，至文明茶园观剧，逮暮乃归。遇翰卿、黄念劬，及吴虎臣之子。坐庭前纳凉。饭后，秉烛观报。

合众国民族又渐渐吸收欧洲诸邦侨移人民，其本种次第消亡，无论其二种人也，即华盛初创国时之人种已多不存者矣。

德皇威廉第二与美总统罗斯福之比较，多相同之点，亦有大相异者。即威廉好为空言，罗斯福必期实行；威廉之行每不能符其所言，盖多为众议所阻抗；罗斯福不轻发言，言则必践，虽排万难，不之顾也。

九日　　晴

是日星期，不出。为厚庵嘱题《鲤庭献寿图》诗，成五古一首。诗云："芳兰被幽渚，洞庭波水鲜。朝霞丽修木，夕日薄西山。中有黄发人，长啸怡高年。富贵非所愿，贫辛乃所甘。堂堂家门内，惟有书诗传。君家故饶足，薄有二顷田。平生好施与，千金无吝颜。族鄀戴其德，所被皆孤寒。功泽流至今，乡闾靡闲言。爰起三苏祠，堂宇闳且坚。春秋有佳日，俎豆一何繁。君家多髦俊，弦诵出其间。不惜占毕苦，但求继前贤。中年遘忧患，门庭日萧闲。家无儋石储，教学情弥颛。跋涉求名师，昕夕不遑安。岂避江水恶，宁辞风雪艰。采薪治朝炊，淅米供夕餐。携子就问业，破屋寄荒园。但愿树令名，贫薄焉足叹。岁月倏已更，天道本好还。有子富才誉，蜚声翔九天。不负勤劬苦，令闻已昭宣。归来介眉寿，酌酒高堂前。君本松乔姿，卓荦谁比肩。犹曰非吾志，躬躬曰鸣谦。子妇弗敢违，乃为图斯篇。流咏遍海内，祝君形神全。"

是日，大开园庭，宾友皆于薄晚走集，盖为长沙张文达范金铸像第二次集议，佑三、六桥为主人。六桥以病未至，佑三日晡即来。

到者为谭篆卿、关颖人、叶誉虎、陈诒重、李瑶琴、丁叔雅、章曼仙、杨时白、韩力胂、王书衡等十馀人，后至者为沈小仪、袁觉生、陈翼谋三人，皆饮于同和居，入夜始散。归时月明，庭前奇凉，灯下观报。

日本将开海军大操，其界域极大，直包冲绳，即琉球。计其操期，适值美战舰东翔，盖彼此欲互耀威武，为无形之决斗也。

十日 晴

趋署。在图书馆晤绎如、企韩。时天气热甚。至邮政司，傅君尧生已来。俄一萼、厚庵等先后至。厚庵为余书扇已就，小楷极精。一萼与余谈日本之黠恶佻薄，其为我国患过于远西。未午，至大理院，菊庄、树人、芝孙辈皆在。闻邵二我已能出房，惟羸甚。午饭罢，酣卧。昳，戴日而归。作书寄孟晋，又作复星墀书，又将昨成五古别写数纸，将以视厚庵。灯下观报，无事。惟昨日有明诏，沛覃恩于咸、同诸功臣后，盖隐然抵制诸革命党人也，虽然祖父有功德，子孙不必皆贤，春秋讥世卿，良有繇也。

十一日 晴

趋署，与杨时伯同入画到，俄至船司楼上视外人沙里昂及袁静生。到邮司选报，南中数家报纸议论尚有可采者。时报中欧洲记事，述英人在印度征敛横暴，取其财即为弹压印度乱党之用。

在邮司午食时，携《觚賸》一书去，与同僚等观之。此书杂记逸事，观之可略不用心，消夏最宜。

时部中各屋大抵皆热，独邮司稍凉，以人少而前后树木多也。倦卧，偶得句云："不敢趋炎地，翛然一冷曹。"又续句云："夏怜红藕乱，秋爱碧梧高。"以下犹未吟就也。

昳，往视二我，倏然出见，发长数寸，须髯髯，一揖曰："几不相见,我病较子去岁为重也。"问故,则云:已翻覆五次,数日内又有馀热未净。又云:"今年运太坏,家中几无不病,公司中无端有人服硝磁水自尽,不解何故。外间复有袁姓者向余索诈白金七千,至今事未已。然余固宽怀置之。日来无事,颇事吟咏。"因诵新成落花诗云:"半随流水半随风,装点园林处处红。一雨漫称春不老,数声无赖白头翁。绿阴庭院日卓午,青草帘栊燕掠空。蜂蝶可怜人意淡,且将心事付诗筒。"又云:梦中忽为家人书五言联句云:"摘叶不窥马,为书可汗牛。"句殊奇兀。晡归,作致仲巽书。晚,复草寄川如书。夜,浴身,观新作日记。

十二日　　微阴,风,天气稍凉

趋署,始知早间微有雨,而余不知也。一萼、翼谋等皆至,余俄出为厚庵题图诗视之,皆盛称余诗托体之高,韵味之厚。俄厚庵亦至,因云:尚有册页一本,索余书其上,盖所绘图四幅在焉。选报。又与同僚诙谈,甚乐。午饭后,至大理院,观报。

人生苟能勤勉有信义,黄金自奔走于其腕下,虽徒手可以成家,可以立业。自古断无能兴事创业之英雄,仅因困于资财之乏,遂生一切阻力而不觉底于成者也。余观德亚协会之开会演说而有悟于此。

往化石桥视新吾,风甚大,微晴,俄复阴。观农工商部奏定创办自来水公司招股章程,以京师三兆人,仅取给于安定门孙河一脉之水,恐不足用也。晡,至文明茶园,是日余邀同曹诸友观剧。晚,傅君尧生约饮燕春园西餐。夜归,续成昨日诗句。诗云:"不敢趋炎地,翛然一冷曹。夏怜红藕乱,秋爱碧梧高。万事浮云卷,平生斗酒豪。刘伶岂长醉,托志在蓬蒿。"

十三日

余昨宵未眠时已闻雨声,就寝后遂不知。早醒,觉枕簟奇凉。是日趋署,途多泥淖,乃知雨势不小。天气晴爽,衣觉薄。在邮司小坐,选报,俄即命驾至大理院,与同僚谈笑为乐,观报。

跌归,满阶日色,殊不觉热。作答陈介石书。俄而风起云积,雷电交作,大雨飞注。盖自今春以来,不见有此猛雨也。雨中微挟雹,大如粒,约一小时许雨止,中庭俄顷已干。

观《石渠馀记·本朝矿政考》,又览《庾子山集》及班书。迈达女史来谒母,久之乃去。

前二我于梦中得"红藕嫁秋塘"五字,确是名句。余为足成一诗,题为《秋闺》,诗云:"夜色凉如水,沉沉怨漏长。碧萝辞晓月,红藕嫁秋塘。漫理瑶琴曲,初焚宝鼎香。高楼怅离别,对镜懒梳妆。"

十四日　晴

薄云时掩日光,凉气侵人。趋署,时满园芳树,翠色欲滴。坐邮司,观《觚賸》所载,多朝野佳话,亦时有荒怪飘渺之说。时司中分科治事,余及翼谋、尧生辈皆掌规画科,一萼、汇东隶审核科。是日即有文牒一通属规画者,盖意大利改立邮政章程,凡各国人往其邮局取物者,其文券须有领事用意文书其姓名、年貌纸尾为据。我国在意无领事,乃代以参赞,书用法文,通其变也。外部来告,我部据以移税务大臣。是日,余撰稿,盖为莅司后第一次秉笔也。薄午复雨,跌晴。

冠服登车,至六国饭店答拜陶俾而德。阍者云:其人未来此。乃往谒吕镜老,投孟晋书,亦获接见。俄诣奎章小坐,观其新筑西式屋。又访小沂略谈。余谓科举废后,古学将萌芽矣。小沂以为然。

晡,马首北向,投刺数家而归。观书及报。

元之耶律楚材,仁人也,其唐之陆宣公、宋之司马文正乎？吾于有元一代,独服斯人。

滇南之乱,闻官兵无意毙法弁二人,索抚恤必不免,或不至成交涉。

晚凉,散步园林,圆月东上,因诵古诗云:"明月照园中,珍木郁苍苍。"夜,观《范书》王充、王符、仲长统诸人传。

十五日　　晴,层云犹积

趋署,选报。是日仍凉润,衷服犹著夹。胡文忠之孙名祖荫,前奉旨在邮部丞参上行走,是日履任,同僚皆揖贺。薄午,至大理院。饭后,衣冠送吴君振麟行。时吴将赴柏林,询余若有书物可以携去。

闻于晦老有奏至,反对立宪。谓日本以推翻幕府,法人以变起革命。国民皆有大功,故以立宪酬其劳焉。我国无之,何得援此为例？是奏已传播于外,颇丛诟讥。

晡,出城投刺数家,晤吴雅初、朱巽斋,谒吴仲老,不值。入城答拜耆康侯,又谒杨杏城,略谈归。观明道本《国语》注。薄暮,徘徊园中,鸟语啾嘈。俄返斋坐。接孟晋电。复驰诣杨杏公,即还。是夕成诗一首,题为《雨过晚凉,园中赏月,得柏林电书有感》,诗云:"园林新雨后,凉意欲侵人。芳树暗笼月,银河净洗尘。遥知怜弟妹,不敢厌清贫。一夜飞书过,迢迢万里春。"

十六日　　晴,微热

早间,又访杨杏城,归又访芝樵,为稼霖赁园中屋与谐价。芝樵客座高敞,惟庭前无树而已。俄还,坐斋中吟诵自作诗。饭后,观书。

有宋开国，大收方镇利权，于是始以朝臣出监州税。至太宗始有定员。又考明英宗时，凡各处钞关，屡遣户部或工部主事出监收税，其后又或遣御史代之。至国初犹存其制，康、雍间始渐有停派员交地方官管理者。余最爱明弘治十二年吏部尚书倪岳一疏。疏云：祖宗旧制，设钞关收受商税，以各府通判等官管理之。行之百年，虽不能无弊，然课钞未见其亏，客商船只亦未见其留难，盖通判等官职卑责重，上受巡抚、巡按等官节制，少有不才，随即罪黜。故非极妄无知之人，则不敢在关生事，动扰客商。近年以来，改委部员出理课钞，其间贤否不齐，往往以增课为能事，以严刻为风烈。又行巧立名目，肆意诛求，商民大困，怨声载道。又此等官员既出部委，各处大吏视为宾客，分庭抗礼。于是益肆无忌惮，莫敢谁何。客商畏惧，至卖船弃业，此岂祖宗通商足国裕民之初意哉？忘山曰：今日政府持中央集权主义，渐欲以部臣干涉地方要政，而削督抚之柄，幸部员犹未如前之纷纷四出也。设一旦复有此等事，吾见各行省之骚然不靖，殆有甚于今日者矣。噫！

《国语》载晋孙谈之子周，即晋悼公，适周，事单襄公，称其美。有云：言义必及利，言智必及事。二语最精。盖能利人物，然后为义；不能利人，乃虚义也。能处事物，然后为智；离事言智，乃空智也。

晚饭后，散步。访子蕃，遇可庵，三人谈诗，夜深乃散。月上柳梢，夜凉人静，景味绝佳。

十七日　晴，渐热

趋署，选报。一尊至，为余书扇，用双钩法临颜帖，姿神隽媚。薄午，至大理院，正在鞫狱，二囚皆盗。有旁听员自外来者。二人闻是天津学徒。饭后,诣新吾,晤彦保。彦公聚发以实其枕,谓胜于他物。又云奉省乌拉草,取以褚褥,至暖也。晡归,作致李叔耘书及孟晋书。晚,独坐园中,与林石相对,又成五律一首,题为《前闻母言,余生时仿佛有僧入室,余因影僧衣小像悬诸斋中,题曰忘山前身也。有诗以证之》,诗云:"犹自耽禅味,前身何处僧?空山一声磬,古殿百年灯。履虎吾谁惕,驯龙病未能。三千沙界远,怀此日(竞竞)〔兢兢〕。"

十八日

晓起,朗月犹照。登车去,比至湖上,已日高。是日又为大理院听旨,他庭往者尚有数人,共坐一室。窗外花开如丹霞,询其名曰寿蕉。俄旨下,甚早,院中二长官皆被召见,待其既出,乃各散归。一路甚热,至家犹未午。是日川妹自天津归。

坐斋中观书。

儒家之治天下也,树德而感人以情,人游乎情之中,如鱼之在江海也。法家之治天下也,树威而劫人以法,人束乎法之内,如鸟之在樊笼也。在江海者壹何乐,在樊笼者壹何苦。此儒、法之辨也。

览《国语》、《水经注》、《世说新语》、《庾子山集》,观报。

薄晚,贺佑三移居。天阴而雷,有欲雨势。既归,雨微洒,俄止。

十九日 阴

趋署,时上海各报馆抵抗报律,欲假势外人,关道蔡忧之,乃百计董劝,始稍稍从命。顾以邮费太昂,暗电增偿,商人苦之,思欲略减,博其欢心。江督来书,商之部中长官,正在筹对此事。

薄午,晴。诣大理院,观鞫囚。览《三湘从事录》,明季崇阳蒙圣功著。蒙与王船山同里,为患难交,亦遗老中之荦荦者也。蒙卒,船山为制墓铭。今船山名大著,而蒙之潜德弗彰,郡人刘君建侯为梓其书,盖不忍其先贤之汩没也。

饭后复阴,仍至邮部。时以禁罂粟,故同僚互为保证,书名具结。时重云四布,雨势甚重,急归,雨随车至。比至家,雨渐猛,檐溜如注,雷声殷殷。览《国语注》,观报。闻美总统有来华之说。

晚,雨微止。吟诵玉溪生诗。忘山曰:诗固尚性灵,而选辞运藻亦不可废。然必吸取先天之菁华,而排弃后天之渣滓,庶乎其可。

何谓先天?《风》、《雅》、《离骚》以为主,而汉魏六朝之词赋佐之,菁华集于是矣。即运用故实,亦必断自隋唐以前,皆先天也。何谓后天?自宋以下是也。其记益博,其文章益肆,而风神韵味远不逮夫古,徒见雕绘之密丽,驱使之博杂,踵饰增华,工力繁巧,而无一毫天趣,失诗之本旨,所谓渣滓,使人生厌矣。

二十日　　晴,微热

趋署。见向辰、时伯。俄至邮司。观报,北满洲面粉、糖酒各业俱甚发达。瑞典故王额斯达为世界文豪,且醉心和平,笃志救世,遗爱在人。又见豫抚林赞予请改仕宦回避本省之制一奏,已交吏部议。此法自隋以后始严,若遂能弛其例,亦政界中一大沿革也。

选报,观姚一萼钩扇。趋电政司,与王啸龙谈。日中,至大理院。昳归,日光甚烈,垂帘观书。晡,往谒杨杏城小谈,雷声作,欲雨,急归,雨大作。晚食毕,夕曛在瓦,雨犹未止。坐廊间,成五律三首,一题为《戊申夏间》。二我梦中得奇句云:"摘叶不窥马,为书可汗牛。"因构成一诗,即赠二我,诗云:"晚家碧山下,高卧几经秋。摘叶不窥马,为书可汗牛。白云来杳杳,华发感悠悠。四海君休问,从他肉食谋。"

又前在子蕃许见可庵自诵《田园杂兴》二首,以田园二字为韵,中惟二句极佳:一曰"青山白云尽",一曰"明镜已华发"。而通体稍弱,不足相配,因用其句,各成一首。诗云:"青山白云尽,流水绕孤村。日夕牛羊下,田家深闭门。盘樽聊共醉,晴雨可重论。我亦厌缨黻,何时归故园?"其一。"绿杨三月暮,风日丽晴川。明镜已华发,芳游多少年。鹭飞纷漠漠,草长暖芊芊。应作儿孙计,城南十亩田。"其二。

二十一日　　晴

趋署,观《觚賸》。薄午,至大理院。昳归,入卧室小眠。晡,至斋中观书。苏厚庵过访。薄晚,随母至迤西小桥之南,看一家第宅,栋宇新整,有老树两三行,售价白金四千两。以狭隘不足供用,遂却之。是日殊热。夜,与忆莼揣画家政,寝稍晏。

二十二日　　晴

趋署略迟。是日酷热,时以地坛夏祭,礼王恭代行礼。奉长官命,派余及光容伯往陪祀,即二十四日黎明也。与同僚讱谈,观报。

故瑞典王额斯达为世界所崇拜者,尚有一事,即慨然许那威人之分立也。当是时,以国势论,瑞强而威弱,且各国罔不右瑞,而指那人求分为无意识,使用其侵略主义,无患那之不俯而相从也。瑞王独悲夫两国素为兄弟,阋焉不祥,何贪失权与名靳不予焉,以失其人心,乃直委夫兼王那之冕而不屑焉。盖直与华盛顿之解玺归田同一伟度也。噫嘻!瑞王其亦古之人乎?

饭罢归,整饰斋中。章一山过谈,久之乃去。佑三至。是晚宴集福兰格、沙里昂二西人及袁静生、孔仲光、新吾。佑三先去,沙亦未至,仅福兰格及袁、孔、新吾来赴约,又增入定可庵及稼霖。夜张灯置酒,尽欢而散。天气盛暑。

二十三日　　晴,热甚

是日署中承值,到略迟。值所屋面北,阳光蒸逼,益热不可避。是日星期,事尚简。观蒙圣功《三湘从事录》。蒙与章旷、何腾蛟二公共事,搘拄三湘,皆倚如左右手。章卒,何荐之于朝,卒构谗下狱。比明亡,先生遁身穷谷,盖与船山踪迹略同。

薄晚先归,以明日将夜起故。剃发。观书,又览《樊川集》。小李、杜亦并称,而杜实胜于李,虽然,李诗固今日所盛行者也。

二十四日

昨夜早眠,宵半即起,盥漱毕,进食,朝服登车,月色盈盈。东北驱而行,出安定门,至地坛,犹未明也。步上高坡,有坊峨然西向,徐行半里许,至坛。门外帷帐林立,为诸部院陪祀官栖止。时同差光容伯已到。俄东方白,传呼恭代行礼之礼王至,余辈遂相随入。重扉洞开,既入,约行二里,折而南,石坊两重,遥见高坛层耸,黄幄连翩,灯火繁密。坛下陈钟磬琴瑟各种乐器。久之,乐作,陪祀者约数十人,皆列坊门外三跪九顿首,如是者凡三次。读祝声呻唔,皆满语,莫辨也。自行礼至礼成,殆二小时之久方散。是日陈长官亦到,略后于余。日高入城,余遂至署。以昨日承值,须交班也。在邮司倦眠久之。薄午,又至大理院。昳归,观书,作致孟晋书。晚,吟陪祀诗未成。是夕早就寝。

二十五日　　晴,热甚

始易葛衣。冠服登车,出城答拜诸来访者,戴师、孙相,皆一至门。在厂肆饮冰梅汤,又晤林琴南,小谈即归,已日中。饭后寂坐,浏览古书,如《国语》、《汉书》、《三国志》之类,又观《通考》,其矿政门言：南宋时，江西铅山一带有所谓胆水者，入铁浸之，能化为铜。不知其水含何原质？是乃天地自然，不由人力，岂非奇事。

观报，印度一年分为六季：曰春、曰夏、曰雨、曰露、曰秋、曰冬。

观《元遗山全集》，陈翼谋将假观。晚，坐庭前纳凉，昨吟诗甫成二绝句："银河耿耿晓侵云，缥缈丹烟一夜熏。莫惜朝衣浸风露，几回仙乐月中闻？""重门不掩月光寒，错落珠灯照碧坛。应是汉皇祠后土，羽林万骑拥长安。"是夕，佑三以电话相召，因走诣，方张灯饮酒，坐久之始归。

二十六日　　阴，微凉

趋署，长官犹未至。携《元遗山集》去，以付翼谋。翼谋有赠一萼七古一首，为书诸扇头。

古风无一定之平仄，而有自然之音节，最不易调。其天质稍钝者，宁习长庆体以藏拙，勿轻学拗句，偶一失谐，遗讥匪细也。

诣大理院。正与同僚共饭，顾见窗外凉云暧叇，而雨不降。余忽曰：天气如此，清游最佳。农事试验场，大好风景也。蒋君树人欣然欲往，余许与同游。食罢，遂偕蒋君来余斋中，备游资，因与同车去。场门宏峻，已售券，入者每人铜饼八枚。进观动物院，亦须购券，价如之。兕虎猿鹿之类，皆标其名，且书其产地与性质，其种万千。俄出，自北逾梁行半里许，止于亭，购船券泛小舟行，荷叶田田。先游松阴馆品茶，次步行观东洋屋，又坐小车游圃风堂一带，仍驾艇还，至观稼轩，坐茅亭中闲话。当游览时，有微雨洒衣，殊不足阻清兴。至晚，有晴意，乃循旧路，自场右门出，觅车而归。树人在余家略坐，俄去。雨又至。夜，观书，更深就枕。

二十七日

昨夜雨声不止，逮晨乃歇。蚤食罢，趋署。在邮司中晤企韩，俄大雨又作。余性喜观雨，尤爱檐溜。数日前，曾得一诗，殊不自谓佳，姑录于此："夏晚倦幽兴，阴阴清昼长。雷驱三月热，雨送一天凉。小阁客初散，东郊农正忙。无为守穷独，努力事耕桑。"题曰《夏晚雷雨后作》。

俄雨止。饭后，至大理院，已将散矣。余坐而观鸿雪斋所刊邮政章程。近今税务司所管理邮局规制，大都尽于是矣。

归时细雨，随车访子蕃，不值。还坐斋中，作答渭东书。览《国语》。余观楚大夫所谓违而道、从而逆二语，而叹夫子之事父、臣之事君，不以从违为善否也。盖所从必于道，而非从君与父也；所违者必于非道，而非违君父也。苟不择夫道非道之分，而惟知以从为忠、以顺为孝者，是妾妇之职也，臣子何有焉？

晡，吟七绝一首，题曰《小雨》，诗云："最爱阴寒五月时，隔阑小雨已催诗。年来万事不关意，醉倚幽花读《楚词》。"

晚坐中庭，复吟绝句一首，题曰《野花》，诗云："野花艳艳不知名，天意萧闲欲放晴。为问鸟声千种啭，向谁无限诉幽情。"

二十八日　　晴

趋署。巷内犹泥淖。在署中见向辰。是日微热，屈指去年陈尚书莅任，已一年矣。向辰云：白驹过隙，转眼间耳，殊寡味也。余曰：谓之有趣，亦无不可。俄至邮司，与翼谋谈诗。饭后，日光益烈，诸人共坐，说故事，谈笑甚乐。昳归，整衣冠往吊陆文慎之丧。返，观报。

波斯国议会大乱，被俄哥萨克兵所围，不知以何酿祸也。

作覆莲孙兄书。观书，又研览明中叶矿使之害。

黄仲福过，俄去。观唐孟浩然、崔颢诸人诗。薄晚，无风而热。夜雨。

二十九日　雨

趋署。长官在湖,以是日奏事也。在邮司略坐,即登车至大理院。俄归途顺访爽夫,时雨已止。与爽夫谈诗良久,比归,已逾午。饭后,观书。

韩非子,余颇薄其为人,顾其《解老》一篇,精理良多,不以人废言也。如云:仁也者主于爱人,喜人之有福,恶人之有祸,出天性,无所为而然也。又云:情弥真者饰弥寡,故骨肉至亲而礼渐薄。凡礼貌之盛者,皆中情之不足者也。皆至当之论。

忘山曰:道家训人,其意指大抵不离乎盈虚消息之相循环,而人必顺天地之自然。以之处世,则当审时而知进知退;以之治人,则当随机而知柔知刚;以之养生,勿耗其精,勿竭其神,常留有馀而知动知静。三者,其大要也。

作覆胡仲骥表兄书。观报,方知波斯之乱,仍是新旧党相争。

余西偏园中有太湖石,耸峭叠峙。前据新吾称,此乃明末周皇亲家故物,盖宅本周氏府第,于今二三百年矣。转展流迤,不知凡易几主。

三十日　晴

终日不出。前二我嘱余将数年来所作之诗,抄缀一册示彼,彼将转录一通。是日,余遂手自写录,掇拾于日记中,犹未毕也。

薄晚,肯斋至,留晚食。庭前雨声渐沥,雷隐隐,俄止。

夜,观报。俄国自革命党外,尚有所谓秘密社会,势力极雄,每年暗中吸取商民之资,约在二百万,国民不敢抗,官不敢问。其党人几遍布全国,不知有若干数人,政府无如之何也。危哉殆乎!

六 月

一日　　晴

　　佑三晋右丞,往贺。俄趋署,选报。饭后,诣于祠,视陆春老疾,未能见。晤介轩,谈十五年前旧事。晡回,绕城东,投刺数家,车中观书。

　　左太冲诗云:"功成不受赏,长揖归田庐。"此种人千古无几,唯陶朱公、鲁仲连、留侯三人足以当之。都中凡身入剧场,登台演技而不取资者,谓之票友。又谓之走票。若陶朱、鲁仲连、留侯,乃古今之大票友也。

　　归,天色微阴。作致孟晋书。俄而雷雨交作。成五律一首,题曰《一饱》:"一饱无馀事,山家多白云。风来松下卧,叶落枕中闻。樵子归迷路,邻鸡走索群。岂能安放旷,何地独无君?"

　　晚,在关伯珩家宴饮,听留声机。又有习口技者,能效百鸟百兽之音,声唯肖;又能隔布幂效无数人声语,或笑或骂,或歌或哭,神乎技矣。新吾亦在坐。席散归来,途又泥泞,闻方过雨。

二日　　晴

　　趋署。是日,丞参新转缺者履任,诸曹皆衣冠揖贺。午饭罢,余至大理院,俄访夏彦保谈。

　　吾华之哲学,当以道家言为无上乘。其立教宗旨,即是道法自然一语而已。诸子百家各得其一偏,无论儒家之仁义,兵家之机谋,胥其支与流裔也。要之,合乎自然者吉,背乎自然者凶。盖自然二字,实足以赅万事万物而有馀,虽至今日,文明大启,物竞天择,优胜劣败,何莫非秉于自然。仲尼一见老聃,叹以为犹龙。

信夫。

晡归。是日,澜妹移居园中,即半幅精庐,前后明窗大几,居之安也。

写诗毕,观《三国志》及《顺天报》。雷雨大作,闻有冰雹,俄止。阶前成池,得诗一首,诗云:"雷雨忽已过,阶前水满池。芳云依树远,清味少人知。沉潆不撄物,苍茫自咏诗。可怜相竞地,吾意独迟迟。"

是日,在彦保许闻名伶汪桂芬之死,挽以五绝二首。诗云:"一曲广陵散,千秋白雪歌。佳人难再得,君子意如何?"其一。"海水自汩没,山林何杳冥。成连刺船去,岂独移我情。"其二。

三日　　晴

趋署,闻昨日冰雹大如鸡卵,余竟未之知也。选报。

咸、同之间,京师梨园中最著名者四大家:曰王九龄,曰余三盛,曰张二奎,曰程长庚。盖几与同时之曾、胡、左、李诸伟人并为山川间气之所钟者也。近今独留桂芬、鑫培,犹有其流风馀韵,而桂芬则又死矣。惟世界中不复有人物继起,而剧场亦为之寂寂绝响焉。哀哉!

逾午,驱车往游十刹海,同里龚仁舫召饮。高楼俯空,垂杨荫渚,乱荷竞放,碧盖田田,弥望数十亩,清馥怡人。宾朋宴乐,其地名会贤堂,髤垩一新。坐中有子蕃、经才诸人。晡归,顺过杨杏公,又遇新吾于涂,抵家观报。

英、俄二皇会见。关于俄修纵贯印度洋铁路之问题,为最重要。

览《韩非子·解老篇》。

或问道与理之别?忘山答之曰:道一也,而所统者三:曰理也,情也,势也。偏于理者拘,偏于情者荡,偏于势者酷,惟善用夫三者而化之所谓道也。盖道足以统夫理,而理不足以贱道。是说也,前人殆未之有言也。

四日　晴

趋署,时丞参新命下,而诒重向隅。诒重已署参议数月矣,不免抑郁,抱病未出。使彼当去年与余易地而处,不知何以为情也?余因是得粹语四句曰:"人本是真,切勿学假;官原是假,何必认真。"昳,至大理院,即归。报纸无甚事,观书。

是日热甚。得孟晋书。夜,在庭前纳凉,与稼霖谈。

五日　阴

往贺胡鼎臣。趋署,时邮部欲收回电业商股,商人大哗,开会抵拒,现犹相持不下,而陈尚书已借外债一百万,未先请旨,大受政府谴责。

滇匪既平,边兵忽戕法官,又起无数之交涉矣。

诣大理院小坐,衣冠往祝吕钦差寿。又往谒那相及项城,为孟晋投信,绕道皇城内。归途中大雨,抵家雨犹不止。写诗,观书。

晚,雨已歇。佑三来,留夜饮。

六日　半阴晴

趋署,企涵来邮司坐谈,俄去。与厚庵、一萼、迪生、翼谋等共谈开国会事。又论及刑律,谓道德与法律当相辅而行。专恃法律,人将百计求避吾法,以行其恶。机智益增,而法有所穷。饭后,夏蔚如来谈。昳,访二我。

二我病已愈,惟脑力受损太深,将有以养之。是日,出所作诗示,又谈及合肥之为人。因曰:合肥甲午之役受创于日本,渡海言和,复中刺客之弹,愤郁极矣;乃不动声色,潜约俄、法等国出为日本之鲠，代索还辽东。又与俄订密约，畀以三省路矿利权，日本当时敢怒而不敢言。直至甲辰一大战，日、俄两国共死数百万人，糜兵费数千万。始以俄拒日，又以日斗俄，俄固受大创，日本元气亦损，而东三省土地依然无恙，盖李文忠之外交手腕至是始告厥成功焉。诡谲哉，李文忠！神奇哉，李文忠！

时日光甚烈，衣冠登车贺郭春老及李瑶琴。访叔雅谈诗，共至红罗厂浴身。天忽昏暗，雷声隐隐。至广和居，杨时伯等方为张文达铸像开会议。余坐未久，而大雨至。余急冒雨登车入城。

是日，余卧室移至前，与母亲对閟而居。

七日　微阴

是日与一萼同宴署中僚友于十刹海之会贤堂。余未午即往先待，涂中小雨。既至，楼上宾客已满，复多女郎，不知为谁家。余设坐楼下，高柳摇绿，乱荷无际。时云散雨晴，独坐久之，披览六朝小赋，盖为唐人律诗所祖。薄午，罗掞东先至，俄陆续来者七八人，一萼亦至，遂置酒款饮。昳，席散，客来未已，其先饮者皆去。至晡，又得八九人，复促坐纵饮。天已渐热，挥汗不止。坐中拇战交作，弦歌徐起，皆大欢娱。薄晚各散，余亦归。剃发，观报。

俄宫中忽得匿名揭帖，语极悍悖，大抵革党所为。俄皇震惧，大搜宫掖，得炸弹甚夥。于是禁卫左右皆易人，疑其中有与党人通者。

夜，大雷雨。坐卧室中，写诗稿。

八日　晴

趋署。薄午，又至大理院。是日奏事，阒无人，遂往访彦保谈。万种学术皆须探究其源头，则均不差。若但从事于其末流，卒无当也。

南朝刘宋时,蔡家父子即廓与兴宗以方严为世所敬惮,兴宗胆识尤过人。观其劝沈庆之行大事,可谓毫无顾忌。庆之不用其言,卒罹于祸;而蔡独能自全,岂亦可异哉。

晡,诣全蜀馆,吾浙同乡皆集,公宴浙抚增子固中丞。逮暮,余先去。访陈诒仲谈,归已昏黑。

夜,观书数叶,作致孟晋书。

九日 晴

观书。禺中,衣冠谒陈玉老,投孟晋函,遂至大理院,留午食。俄归,写诗。晡,天色微阴。观《国策》。薄晚,饮酒,览道园诗。夜,坐中庭纳凉,月色朦胧,吟诗未就。

为学之道,先博后约,不易之理。所以贵博者,恶其陋也;所以贵约者,恶其杂也。是故读书不可不广,又忌泰繁。其弊有二:一曰脑力有涯,分则不精也;一曰好丑不纯,淆人神志也。纵周极四库之书,苟无所专长,鲜能发明,不过成一目录家,亦何贵有此?

十日 阴

趋署,选报。

邮部收回电股,例以欧西,不足为非。惟在我国,官家曾自许商民以永不收归朝廷之语,岂得遽自背之,失大信于民,并此事已二之三之矣。

诣大理院,俄归,补昨日记,观书。晚,大雨。夜,效唐人长庆体作《杜鹃行》,诗云:"楚山烟月湘江雨,万马中原鸣战鼓。中兴诸将蔚风云,洗尽欃枪还旧土。山川钟毓本无常,世界何如歌舞场。左李曾胡信奇杰,九龄三盛亦昂藏。京师当日繁华窟,绣毂朱轩看不足。梨园子弟尽翩翩,身价黄金与白玉。高歌一曲动人天,花落鸟啼惊四筵。六马回翔齐仰秣,游鱼耸听出深渊。激昂忼慨知何限,离合悲欢总自然。初闻击鼓惊曹相,又见吹箫泣伍员。桑下秋胡浑不识,穷途伯道有谁怜?英雄儿女古如此,逝水流光去不旋。自是名场多俊物,雄姿瑰貌忆当年。风流转瞬今衰歇,凤去台空人寂寂。王俞姓字齿牙芬,张陈格调将谁觅?休嗟将相独萧条,白雪阳春声断绝。杜鹃哀怨百花愁,空对寒江吊明月。"

十一日　　微阴

趋署,晤向辰、捺东、时伯。在邮司选报。

摩洛哥僭王哈费德,遣使诣欧洲列强,求承认为国主,英、法皆拒之,独德人优礼接待,独不敢骤许之耳。

饭后,至大理院,已散。独坐,观报。南美洲巴拉圭亦有革党之乱。晡,诣王奎章。是日奎章宴客,坐有介轩、桂卿、佩葱、䌹斋、经才。未饮时,在阶前槐阴下坐,时已晴霁,白云舒卷,斜阳照曜。薄晚,乃入坐,肴馔精沃,酒后共谈庚子年事。夜归,明月在天。

十二日　　晴

起略晏。金文龙来。趋署。观报。我国留学海外者,夙以东国为壑。自日政府取缔令下,而学徒心离,其数顿减。于是德、美起而乘之,百计以邀我学界欢心,汲汲延纳,而米利坚三大学校至有不收华人学费之说。噫!是果有爱于我乎?抑别有他图乎?

土属亚塞特尼亚改革案,至起列强之注意,至今相持未定,亦可怪矣。波斯亦以立宪问题而酿大乱,以上下相激而然也。虽然,其国民程度较我国为高。

薄午,至大理院。余去冬撰民科一庭联,徒以数字推敲未稳,不能就,今无意得王朴川一语成之。联云:"但求民隐昭苏,难得万方一概;四字朴川所得。休叹科条繁密,总教花落庭间。"

昳归,写诗。自甲辰以后,排年编次,得一百十五首。晡,王君寿拀过。甫自杭来京。晚，又有李君子端来拜，皆见。侵暮，雷声隐隐，云势汹涌。饭后，大雷雨以风，入夜始止。观六朝史事，作日记。

十三日　　晴

早起，趋送陆春江中丞于东车站。中丞以病乞骸骨归，优诏许之。乃轻装疾行。是日送者介轩、䌹斋、一山、巽斋、诒重、书衡。

大理院长官为考察僚属烟疾，故按次传见，各亲书确无嗜好，于簿籍中姓名下。并互具保结，乃移送禁烟大臣。是日，同僚皆肃衣冠，如临严典，日中始毕。昳归，倦眠。晡，乃起，观书及报。

是晚热甚，无风，坐庭前纳凉。金赞尧来谈，明月在树。

赞尧云："历观城内厦宇不一，无及汝宅之幽敞闲美。他且弗论，此绕屋之树最难得也。城东有一宅，院落极小，仅老树一株，视此远弗逮。"余笑曰："有树便佳，不在多也。"继思有树便佳四字是东晋清谈中语，亟记之。

十四日　　微阴，俄晴

观书。文舫来，为余写两馆计簿，留午食，晡去。览《韩非·内储》，方知庚子山演连珠从此脱胎。

问槎过，邀稼霖来共语，谈警政不休。是日热甚。家祭。

晚，庭前纳凉，无风，俄乱云猬起，月暗星疏，风飒然来，林叶作响。余最慕鸱夷子之为人，当其为越王画计，如其家事；及灭吴归，竟不入境，飘然远遁，一何高也。偶得一诗，题曰《范蠡》，诗云："一自扁舟去，蒹葭日又西。乱山红叶下，芳树白云低。盛世无豺虎，高秋有鹖鹑。功成不受赏，长揖谢夷齐。"

十五日

昨夜热甚，二更后凉，雨忽降，暑气稍除。晨起犹阴。趋署，观报。各省纷纷求开国会,报纸上谈议云起,是亦过渡时代必不能免之一事也。吾欲附和则不能,吾欲反对则不可。愿效沙间鸥,冷眼观之可耳。

不知何人冒二我名条奏,乞将应还之国民捐,留其利金,充学费。有旨申斥,原奏掷还。二我无妄得此,岂不大奇。

大理院人将散,余小坐去,之新吾许,以电话招二我谭。一语未毕,忽被他线所扰,乃急乘车往就之,遇诸涂,携手同至大象公司。自二我病后,久无余之踪迹矣。二我病,发已剃,惟馀须未去,罗罗清疏。余出所作《杜鹃行》视之,二我以为似《长恨》、《琵琶》诸作,格虽不高,欣赏必多。余又诵《范蠡》五律一首,二我极赏第二联,咄咄写出陶朱公心期,诗之佳处,每于空际得之。

晡归,小憩,即诣杨杏公,不遇。因访子蕃谈诗。松阴覆馆,柳枝碍楼,横琴一张,破书千帙,垂长衣,谈清言,此其地也。暮还。夜,作致柏林书。中庭坐,月圆林密,饶有清景。

十六日

昨夜梦醒时大雷雨。逮晨,雨犹如注。起时,雨势已微,阶前水满。是日不欲趋署,坐斋中观书史。

余始悟昌黎之文乃脱胎于司马长卿,其雄厚整炼处似之。

薄午,微晴。晡,诣杨杏城侍郎小坐。归览《世说》。母妹等皆出观西洋戏法。

十七日　雨

起稍晏。趋署,持雨具,蹩躠而入。是日,有新履任之丞参行走之朱某来,诸曹已群往揖贺矣。在邮司观报。

朝鲜之皇族私产,竟被日人所夺,变为公产,年得四五百万。闻其中有矿地。其见攘宜也,韩皇室之末路亦可哀矣。

欧人气球艇号为风船,已是军家必备之物。余谓风船之机巧如益进,将来或可驾乎汽舟、铁路,而别开云程,以便行人。

饭后,至大理院。又观《顺天报》,方知波斯致乱之由。盖波国民智锐进,闻日本战俄而胜,跃跃要求立宪,声势壮猛。波先王懦怯,心殊不愿,无以拒之,乃颁布宪法,予民权利。及今王玛胡嗣位,性刚而愎,专制,亟亟欲破坏之。其相砂尔丹助王为虐,国人愤怨,遂有刺客挺刃毙之,已破获,处死刑。其葬也,国人吊之曰十万人。王大恐,乃与民和。然心终不满,故开议国政时,上下屡龂龂有争执事。有王党某,为设计使用俄使馆哥萨克兵围击议院以压服之,王从之。讵俄人初犹听命,继不为用,而王党遂败,以致国中汹汹,今犹未已。

归,雨缕微不绝。检日记。余有同志,掇集十馀年所心得之数理,编次成书,始措手,尚无条绪也。

夜,成一诗,题曰《登楼》。诗云:"秋气何惆怅,平原木叶凋。登楼一以眺,千里来清飙。雁落寒沙晚,帆归烟海遥。男儿有高志,休羡霍嫖姚。"

十八日　　晴

趋署,观报。无事。日中,至大理院小坐,即诣六国饭店午食。饭已,访吴挹清于北京饭店,询及柏林情形,并西伯里亚一路风景。俄诣草厂十条胡同日昇昌,取蜀中所汇到银券。回车过厂肆,在翰文斋小坐,遇陈士可学部。晡归,编书。晚,庭前坐,观《世说》。

谢鲲谓庾亮:"端委庙堂,使百僚准则,我弗如也;一丘一壑,自谓过之。"周伯仁谓:"从容廊庙,臣弗如亮;萧条方外,亮不如臣。"忘山曰:余昔尝有从容廊庙、端委垂绅之志,今则惟知一丘一壑、萧条方外而已。然以视诸公衮衮,亦自负有一日之长。昨《登楼》一诗末二句,即是此意。

十九日 晴

衣冠出,至陈长官许庆其生日,来宾极多,皆未登堂。俄答拜王朴川、李子端。访严伯玉谈。在杭州馆见撷珊兄。日中,至大理院,观报。东三省迤北,中、俄边界屡生龃龉,以俄兵吏无礼,或购粮粰不给直,或鞭挞华民,皆细事。

日本内阁西园已退,桂侯爵疑即桂太郎重组织政府。

昳归,剃发,观书。刘宋杀檀道济而边事急,北齐杀斛律光而国亡。

二十日 雨

在邮部承值。薄午,雨势颇急,同君翰卿招余语,方知选报事,以选报之册在堂上置二十馀日未取下,遂指为我辈玩忽。是事又被长官严诘,可厌。是日文牒颇繁。夜,电书纷如,秉烛治事未已,雨逮夜声不止。夜就寝无帱帐,蚊声绕耳可厌,夜过半,未成寐。

二十一日 侵晨,雨犹霏微

又译电数通,中有电报股东等诋部之长电,谓为违背谕旨,蔑视法律云云。俄接班者保君伯平至,遂与同班者唐郐郑皆散。至大理院一视,复访佑三即归,途中雨甚。饭后,观日记,编著手不停笔。肯斋来,俄去。闻地山已至京。

薄晚,雨略止。稼公是日往见肃邸,云可得位置。观《世说》,晋陆玩曰:"以我为三公,天下可谓无人矣。"此与唐末歇后郑五作宰相,天下事可知语意正同。二公皆有可取。

二十二日 晴,薄午阴,俄又晴

是早,祝沈雨老寿,访佑三谈,因诣二我,留午饭,纵谈。又得一诗,题云《余在邮部与长官不相得,困顿无聊,人或劝余何不舍而之他,答之曰:昔柳下惠有言,直道而事人,焉往而不三黜;枉道而事人,何必去父母之邦?今之天下滔滔皆是,吾去将焉之也?感赋一首》:"豺虎一何盛,吾将谁与归?长卿能慢世,管辂未知几。东海波涛恶,西山蕨豆肥。古今同一概,直道莫相违。"

晡归,观报。波斯民党中有砂砥者,极雄杰,颇为政府所惮。

闻法国于滇边乱后诸无理之要挟,颇为各国所訾。我国外部严词驳拒,彼遂默然不敢强争。

晚,作致柏林书。夜,甄选旧日记。

二十三日　　阴

趋署,选报。薄午,晴,微热。饭后,至大理院,俄诣新吾,又与彦保谈,晡归。

是日,报纸载德国在法边界耀兵。荷兰在南洋之某属岛,有土匪作乱,与官军抗。日本尽收在朝鲜之治外法权。法皇爱利法尔将与俄皇会于列瓦忒。我国遣唐绍仪诣美,谢减收赔款。

著书抵夜不休,忆昨枕上得一诗,录之,题为《闻乐》,诗云:"六乐陈广座,中堂起丝桐。高歌播清响,玉宇来悲风。眷念四海遥,嗷嗷多哀鸿。赤旱淹秦晋,洪潦亘南东。民力既凋残,况复遘鞠凶。昊天岂不吊,王政多晦蒙。嗟彼帝室臣,持禄与保躬。徒事旦夕安,谁为亮天工?我生不逢时,焉睹尧舜隆。引领愧大秦,民物滋熙丰。"

二十四日　　微阴,时露晴光

趋署,选报。闻杨迪生言:"汝所居巷内,雨后泥深三尺,不堪行,何不联合数家醵金修之?是即所谓地方自治也。今往往误认地方自治为夺官之官,岂有此理。"余叹为名言。

饭后,诣大理院。俄衣冠至东城,先往津浦车务学堂一视,即诣肃邸贺其受册封。晡归,览旧日记,观报。

土耳其有某地总督方训练成兵,忽被人刺死,亦反对政府党所为。

波斯之乱,其原因由于议院限制皇室经费,年以一百万圆,不得逾额。波王大怒,皇宫内嫔御侍从亦皆大哗,鼓噪而来议院,谓被侵削,皆将饿死。议员置不顾,遂成大冲突。然议员中主持此事亦非得已,民力凋尽,实有不能担负此费之势。忘山曰:万事不足虑,所最患者财乏而已。我国立宪果成,是等竞争,必不能免,波斯其前车也。

二十五日

终日不出。午晴,晚阴。余编缀日记,欲命名曰《清谈》。其目曰谈道、谈理、谈政、谈事、谈人、谈物、谈文、谈名、谈俗、谈时、谈趣。

报纸无事,惟诏旨一道,为立宪而发也。政府似无反对意。

明日将往祝万岁。早眠。

二十六日

未明起,繁星满天。俄待东方微明,始登车去。至大理院公所,日已高。同僚已衣冠整整,长官已至。余遂亦冠带趋前一揖。顷之,同诣宫门,内第二重门尚掩,外则翠柏两行。遇瑶琴、诒重,及汪颂年。汪以提学使丁忧服满,回都者也。良久,华冠丽服者鱼鱼而进,渐至数百人。又久之,重门洞开,丹旗翠盖,曜云映日,鸣赞官吐声抑扬,群行九顿首礼,礼成各散。余在大理院公所午食,同僚欢饮,日昃归。

选旧日记。晡,佑三过谈,久之去。是日极热,观报。

闻议定谘议局议员章程,各地方议员多寡,欲以旧日学额定之,此法殊善。

又闻土耳其之青年党暗杀事甚炽。

二十七日　　晴

趣署,选报。连日热甚。逾午,至大理院。眲,诣仁钱馆晤沈蟾卿,又往杭州馆见王子庆。王染疾,数日不能进食。余又独游江亭,携日记往,坐迤南一静室中披览,又从事摘选,将来组织成,或可问世。自顾为世间不能立功,当求立言也。俄日西沉,遂命驾趋湖广馆,蒋树人、李子端二君召饮,坐皆大理院同僚。馆屋闲整,且多高树。薄暮,又赴泰昇堂,恩福田置酒相邀,坐多欧美归客,盛谭海外事。余夏日最畏夜宴,明灯高悬,光热等于炉火,熏炙于下者何以堪也。

二十八日　　晴,热甚

垂帘著书。晡,佑三过谈,方知昨有留东法部主事陈景仁者,电劾于式枚,请罢斥以谢天下,为其阻宪政也。已奉严旨,将陈革职。又报载,土耳其青年党横行,政府大惧,有改良内政意。

又闻府经巡检典史州目等官,许用本省人,吏部议准。

余最短于七言律诗,昨晚成一首,姑录之。题为《南楼怀古》:"萧条极目独登楼,不断江声日夜流。古木苍苍夹明月,银河耿耿洗高秋。渡头初散千山雨,天际遥归万里舟。庾亮当年亦儒雅,艰难无计复神州。"

诣熙隽甫家吊丧,即归。夜尤热,几欲袒露。

二十九日　　晴,奇热

趋署,与同僚诙谈为乐。晤袁静生略谈,即至大理院。胡君芰孙云:有友人喜作试帖,偶得题曰《夜谈留客不须睡》,全诗已成,中有一句最佳,曰:"一刻值千金。"无以属对。胡君属余对之,余因曰:可对"百年能几日"。

饭后,往访二我,因出诗稿示之。二我细加玩讽。其客座壁间有所影独立图,日本装束,神貌英伟,似东国名人。余爱之,向其索归。

晡,至龙泉寺,厚庵二周年,礼忏一日。晤地山,别六年矣。晚,又见谨斋于肯斋宅中,亦一年不见。

归已暮。夜,暑气犹盛,灯下作致柏林书。

七 月

一日

昨一夜目不交睫,半因热故,又为蚊所扰。窗外微有光,知夜向晨,乃起坐,室中犹暗,俄稍辨物,又久之渐辨色,又久之已微辨字,则已大明。以宵中雷雨,天犹阴晦也。余秉烛览日记数叶,乃复就枕睡去。醒,钟已九时。是日遂不趋署,坐斋中编书,标目分类,稍有条绪。逾午,雨复屡至。金谨斋过谈良久,啖索面,俄去。向晚,地山复来谈。灯下观报。

土耳其闻亦颁布宪法,设议局,选议员,国人欢迎,而青年党乱犹未已。夜,仍观日记。余日记已积十馀年,所得名理不下数千条。

大雨如注,作日记,凡考据必求坚确不可移,凡立论必求颠扑不可破,乃真学问。

二日 晴

趋署。翼谋以王壬秋诗集借余观之。壬秋,即撰《湘军志》者。余久慕其名,而未见其诗。是日读之,极心折。其诗非独本朝无其匹敌,宋、元以后已鲜见。盖纯从汉魏脱胎,神味逼真也。观报。

日本有无政府团体之组织,为警官所拘。

谘议局章程已为宪政编查馆所奏定,余尚未细览也。

日中,至大理院。观《顺天报》,闻土民殊忿列国之干涉。

俄归,在伯珩家小坐即还。午食毕,编书。昳,沈雨老召饮,赴焉。

人之性格有毗于阴、毗于阳之别。无论君子、小人皆然。小人而浅露者阳也,其深险者阴也。君子而直爽者阳也,其深沉者阴也。人莫不喜阳而恶阴,抑知当问其用心之邪与正,行事之当与否。苟正而当,虽阴无害其为君子;其邪而否,虽阳难逭其为小人。

凡大臣面君时必跪而奏对,前朝旧制也。国初改明稗政,此仪注亦略更。盖始入时亦跪,既跪则天子必以手示意曰:喀。赐坐之谓,满州语也。于是即可坐地下,徐议国政。逮高宗朝,和相当国,献媚天子,以固宠禄,于是当召对时,上命之喀,竟拱身答曰:奴才不敢喀。自是后,天子遂不复喀之。由是沿百馀年而喀礼遂废。

居今日外交界中,必须熟读《左传》、《战国策》,二书最有用。雨老云。

夜眠已三鼓。

三日　晴

趋署。晤厚庵、迪生诸人。闻是日值日,遂早归,编书。晡,朱逊斋过谈,俄去。夜,坐庭前纳凉,得诗赠金谨斋,题曰《风雨》:"风雨故人至,清谈娱我心。百年能几日,一刻值千金。采采蕙兰秀,悠悠江海深。何当返初服,把臂入高林。"

光绪三十四年戊申(1908年) 七月

四日 晴

趋署。与苏厚庵谈。昔程明道谓,观鱼悟万物自得之趣。余以为不独观鱼为然也,即静坐中,凡鸟啼蝉噪,一切皆见万物之自得。人苟胸襟不广,日役役于名缰利锁、荣辱得失之际,一以为喜,一以为忧,终身焦劳,不获自由者,以视虫鸟,有愧多矣。

代同曹陈君翼谋承值,与谭篆卿谈。

余于欧西所有,爱其路而不喜其树,爱其车而不喜其马,爱其坐具而不喜其床,爱其饮食而不喜其庐舍与园亭。

树太齐则失其天然,马去鬣则失其雄骏,床有凹凸则体为之不舒,屋太邃暗则神为之不畅,园亭平敞有馀,幽胜不足,则一览而尽,无多趣致矣。

日落,坐林廊间纳凉。夜归,早眠。

五日 早阴

起即赴署,检校簿籍。薄午交班,仍在邮司选报。是日潮热,逾午晴。在大理院午饭。又访彦保谈。晡,往视叔雅,俄罗揆东亦至,共观名人山水画轴,饮玉泉山水所烹茶,啖瓜,久之,宾友纷至。又听叔雅鼓琴曲,曰耕莘钓渭。薄晚,入城。

六日 昨夜大雨

起视,庭阶已干。坐斋中编书。薄午,晴。观《明史》。宣宗之崩,以国事委诸三杨。未几,王振专恣,三杨竟依违其间,坐视不救,又不能去,亦全躯保妻子之臣而已。也先之来,振死军中,盖伏天诛,人心大快。于少保拥戴郕王,力捍社稷,其功伟矣。力赞诛振家属,正色立朝,有古大臣风焉。迨上皇复辟,少保之首领自不能保,虽无石亨一辈,英宗岂不欲得而甘心焉。首当复者,王振之仇也。吁嗟!明帝中昏顽居泰半,其能延二百年,亦天幸也。

薄晚，访子蕃，留晚食。庭前纳凉，清风徐来，微祛暑热。夜坐窗间作日记，忽隆然一声，如炮震者，窗户皆摇戛，不知何自来。继始知德使馆火药炸裂。

七日 晴

趋署。观丞参堂及庶务司新迁之屋，往承值司见向辰。俄至邮政司，向辰复就余谈。忆去年余辞差正在此两日内。时司中又有新调至二员：一刘姓，字小垓；一方姓，号管卿。

薄午，至大理院，昳归。顺道视地山，不遇。抵家，编书。晚，家祭。

成诗一首，题曰《南华》，诗云："避暑知无地，偏怜夏气清。空庭双鸟下，深树一蝉鸣。万物自得意，何人解养生。南华有真味，欲辨已忘情。"又成一诗，题为《咏庭前棠树》，诗云："灼灼园中化，绿叶纷葳蕤。昔者一何盛，今年一何衰。感兹造物理，消息自有时。况复人间世，如何无盈亏。盈亏岂足道，努力从吾好。天爵本自尊，碌碌谁能傲？彭泽弃微官，商山歌四皓。清风千载下，缅想追神貌。"

八日 晴

连日酷热，几无避处。访二我，携王壬秋诗视之，二我极心折。诗亦编年，自道光己酉起，至今已六十年，不下四五千首，唐以后诗家一巨子矣。

在二我许午食。昳归，编书。晚，观报，又披《明史》。

夜，风起，俄止。斜月在树。

九日 晴

趋署，与企韩谈。在邮司选报。前闻日使馆卫兵擅捕华官，今方知乃彼国逃犯，潜来我国，冒华人姓名者。

薄午,至大理院。俄归,顺道访地山,则已赴天津。见爽夫。昳,至家,午食,浴身剃发。天忽阴,雷电,雨微洒即止,云犹未散。坐北窗下,作致星墀书。晚饭已,在庭前纳凉。

余最不善作七律,苦欲模老杜苍凉悲壮之作,终不相似,方悟诗非可伪为也。第一,要有真性情;第二,要有真怀抱;第三,要有真感慨;第四,要有真理解;第五,要有真境趣。

十日　　晴

趋署,与郭梅圃略谈。坐邮司中观《湘绮楼诗》,即王壬秋之作。观报。德国组织意、奥同盟,而扩伸巴尔干半岛铁道权,排俄之势力,其用意深远。英、法联俄拒德之计,竟为其所抵制。

土耳其之采用立宪制度,亦所以杜列国干涉焉,塞特尼亚之政策也。

饭后,一至大理院,遂归。啖瓜,编书。薄晚,诣陈德庄许,暮还。

余悟得一理。仲尼曰:人而无信,不知其可也。又曰:民无信不立。盖信之于人,所以为重要之关系者,犹戏曲中之有板眼也。无论其技之高下优劣,而板眼必不能逾越;无论其德品之为高等为普通,而信之一字必不可逾越。

十一日　　晴

趋署。选报,观王壬秋诗。饭后,陈长官又以选报事责司中。即归,编书。薄晚,披览《明史》。宋之仁宗,明之孝宗,两帝之母皆不得其死,而所生皆为贤主,亦可异也。

十二日　　晴

趋署。又一至大理院,即归。为子蕃书赠行诗,又为苏厚庵书《鲤庭献寿图》题诗,编壬寅年日记。晡,书五七言联。季于过,盖奉差至黑龙江一带,住数月始归,盖勘视漠河金矿情形也。其地北近北极数千里。日子初始落,丑初则又出矣。气候高寒,五六月间犹可衣绵,山泉凛冽,食之或遇毒,则病目。

夜,坐庭前纳凉,成诗一首,题为《立秋日,夜坐对林间月有感》,诗云:"溽暑犹未歇,皓月正盈盈。宵坐渺孤虑,仰观星斗横。当路多豺狼,幽愤意未平。我欲舍之去,伫立以屏营。屏营何所思,芒芒荆棘生。世风竞骄诒,皇路悲险倾。当兹忧患日,安有荣利情。不如卧林壑,长啸鸾凤鸣。"

十三日　　晴

尚眠未起,闻新吾已至,疾披衣出见,略谈,新吾去。郭兰圃来访。兰圃乃少兰先生之子也。

薄午,补昨日记。保文舫过谈去年署中事,昳去。晡阴,余亦出城。是日在湖广馆宴客。暮,客始集,坐中有吴挹清、成子蕃、恩福田、唐温斋、王石孙、夏地山及爽夫。夜,席散。

余送子蕃有一诗,录之,此诗云:"嘉陵山水天下闻,使君西游卓不群。胸藏万卷行万里,长啸欲踏峨眉云。峨眉高去天一尺,使君泽流世千百。愿君功成速归来,江山虽好非吾宅。"

土耳其组织立宪而新内阁成立,其程度胜我国多多矣。

十四日　　阴

趋署。持所选报至堂与陈长官相见。俄返司中,观《觚賸》。薄午,至大理院。天色微阴,是日稍凉。在院啖索面,即归。作致孟晋书,观及何肖雅书。观报。又为所书友联题款,剃发。薄晚,驱车至六国饭店,赴福兰格之约,杯盘交错,坐中欧亚宾友十馀人。夜归,雨。

十五日 晴

趋署。姚一萼与余同下车。既至司,又晤杨迪生。是日微凉,有秋意。余易葛而单。观王壬秋诗。苏厚庵云:壬秋最长于辞章,其经史学皆劣。所著《湘军志》,文词绝佳,事迹多非翔实,年月亦误,不得据为信史也。薄午,至大理院,午饭。昳,访彦保谈。

蚁能举等身之铁,蚤一跃能越五千倍其身之远,非人所及也。

以虫比人,蚕是鸿哲大儒,吐其丝纶,衣被天下。蜂为名将相,部勒有法,赏罚严明,酿花成蜜,犹之造福地方也。蝶是名士,爱花嗜酒,倜傥风流。蝉乃高人,吸风饮露,抱叶孤吟。蟋蟀闺妇也,蜻蜓江湖游食之人也,蜘蛛土豪也,蚊蚋、马贼、蚤虱鼠窃也,苍蝇依附势利之小人也,蜡螬猾胥狡吏也,臭虫奄宦及恶丁劣役也,粪中蛆乃纨袴子弟及持禄保位之公卿也,惟蝼蚁确是务本业安分守己之良善百姓。

晡,往视季于,不值。会佑三归,谈久之,遂还,编日记。薄晚,家祭。

时风起,天色阴晦,凉意侵人。成诗一首,题为《新秋即事》,诗云:"凉风飒然至,万树作秋声。高馆琴书静,名园山水清。谓农务试验场。寒蝉抱孤叶,野雀噪新晴。何必事廊庙,萧条方外情。"

夜,作复少川叔书。

十六日 微阴

趋署。与益谋同画到。在司中选报。观王壬秋诗。薄午,至大理院。午饭后,答拜诸友来视者。时已晴,车中微热。诣长椿寺吊严姓者之丧。晡,至杭州馆,是日宴客,坐有巽斋、班侯、缵文、仲华、经才、研孙、健斋、撷珊,暮夜始归。是夕庭阶前极凉,屋中似不及也。

报纸载,土耳其皇能牺牲其私产以为国有,至难得也。

明之张孚敬,以议礼得谤。然按其所论,并无不是,特为一时迂直之君子所不容,遂蒙冤千古,摈诸小人之列。观夫史书之所形容,大半深文周纳,未足为凭也。吾得其一事以为证,断其人为君子,即保全张鹤龄以安皇太后之心,可谓守正知大体,岂小人所能为哉？又世宗尝谓人言:"孚敬在朕前执拗已甚。"则非阿谀之臣可知。然则其议礼也,亦是本诸天理人情,决非迎合世主,彰彰明矣。

十七日　　晴

趋署。选报,观报。观王壬秋诗。忆昨夕室中灯息,满窗月色,成诗一首,题为《秋夕枕中有感》,诗云:"洞房灭华烛,明月当窗牖。罗帐延清气,空床劳独守。抚枕不成眠,遥遥清夜漏。揽衣起徘徊,中天悬北斗。人生已贵须能贱,世间荣辱何常有。不见春兰与秋桂,繁华憔悴君知否。"

在大理院观《顺天报》,知德国以摩洛哥问题与法国交换巴尔干铁道权,法人忻然从命。

宋以后,非独文章日卑,即人格亦日卑。盖自宋儒以理学标名,遂使孔孟之道德变成死物,循绳守墨,小廉曲谨,正如文字入于馆阁应制体裁,失去自由天然之性,非不圆整美好也,而真意全亡。

晡,至干面胡同津浦车务学堂一视,以明日将开课,督办吕大臣亲莅查视也。

归已薄晚,俄家祭。夜,作复表兄朱子涵书,子涵已六年不通音问,今晨忽来书,亟复之。

十八日　　晴

早起,趋赴干面胡同车务学堂,时总办袁静生等已警戒衣冠坐俟,俄孔君仲光亦至,遂皆整冠肃带。禺中,吕大臣至,率领堂中总办以下及学生四五十人谒先师，行九顿首礼。俄又传生徒进见，一一慰问。又周视各处房屋，始登车去。于是生徒又齐集，与在堂之总办、提调、教习及各执事员行相见礼，礼毕各退。余等遂宴饮于袁公局中，酌香宾，啖冰吉林。是日又甚热，汗如雨下。晡，归途又至邮传部一视，即还。观报，观书。

郭奉孝比较曹、袁两人优劣，可谓知彼知己，不愧谋士，而魏武之真相亦略可想见，其才略、其德量，诚三代下有数之英雄也。惜哉不明取汉之天下，而踵假天子令诸侯之谋策，又为德不终，致没世后为石勒所笑，亦可哀已。

十九日

趋署。微阴，以昨夜小雨稍凉。持选报上堂。薄午，至大理院。观报，摩洛哥国中两王决战。

欧洲诸皇迭相会见，联结睦谊，半由亚洲人民之警觉，故惧而相亲。

归途，复至邮传部一视，始返家。晡，剃发。俄顷衣冠，登车往拜杨莲帅，途遇地山、谨斋，知杨不在家，仅踵门投一刺，遂归。晚，在中庭纳凉，观书。

明王阳明之保全功名，犹不免依恃张永；张江陵之大振威权，也自不免连结冯保。明代宦官之势焰大莫与京矣。

每见戏剧中往往有阉宦高坐决狱，盖皆前明故事，明代屡以宦官虑囚，坐三法司之上，不以为怪也。

二十日

昨夜大雷雨，然竟有熟睡不知者。起，坐斋中编书，微阴。午饭后，读六朝辞赋，作致孟晋书。又成七律一首，题为《集宴同僚十刹海酒楼六月初七日事感赋并赠二我》，诗云："平居何事慕羲皇，倦卧长安已十霜。壮志不嫌官冷淡,高谭每觉夏清凉。槐阴雨过蝉初啭,柳岸风多荷更香。莫向危楼空怅恨,天边鸿雁已高翔。"

晚,至安徽馆,皖人公宴杨莲帅,演剧侑酒。佑三约余往观。是夕场中酷热,汗下如雨。

二十一日　　阴,微雨

早起,趋署画到。又至大理院。俄诣车务学堂,晤静生。薄午,至宣南广和居,其地旧为士大夫宴集之所,是日樊、劳、夏三君公宴莲帅,以余陪末坐。坐有佩葱、莘甫、䌹斋。晡,莲帅始至,畅饮尽欢乃去。余遂访二我纵谈。薄晚,又至醉雪园,同僚刘小陔等召饮。昏黑入城,闻新吾夫人病甚。

二十二日

黎明起,天色微阴。登车赴湖,为大理院听旨。荷花犹盛,远山如带,京师西郊外风景不减江南也。归犹未午,车中观王壬秋诗。

午餐后,晴,俄又阴。编书甚劳。晡,雨而雷,俄止。观报,又览《明史》。

明季杨、左、黄、周诸臣冤死魏珰之手,可谓天地阊晦,神人共愤者矣。当是时,以九州之大,拥强兵者如孙承宗辈者亦不乏人,何竟无有敢兴晋阳之甲入清君侧者?岂非胶执程、朱之说,拘守名分太甚,反纵令小人毫无忌惮,翻天覆地,为所欲为,诚可谓千古之愤也。

君不必待荒淫暴虐如殷纣、隋炀方可讨而废之,但稍庸阘即足祸天下而有馀,已当受废黜之罚矣。虽窃权弄柄,罪在左右,而纵之为非者能逭其咎乎?按律,家教不严,罪在父兄,何况天下?试观有明一代,英宗之王振,宪宗之汪直,武宗之刘瑾,世宗之严嵩,熹宗之魏忠贤，皆如狐鼠，凭依城社，天下莫敢谁何。岂知此城此社，亦何足惜。若当时有能知此名义者，直其凶焰方张，起一旅之师入讨其罪，既除奸竖，即并阍君黜之，别立宗室之贤明，正是天经地义所在，又何愧于名教也？噫！

二十三日　　阴

趋署，选报。又为杨迪生书扇，即录旧作五律三首。俄至化石桥新吾许，昨闻其夫人病危，今日探之，已稍愈。薄午，至大理院，雨霏微，俄渐大，檐溜如注，待久之始晴。同僚治事毕，始饭。饭罢，乃诣车务学堂。余提调所居，窗明几净，轩爽夷豁。是日携去地图一幅，并吴让之联悬其中。又《皇朝掌故汇编》十函陈列几上，居然一斋馆矣。俄晤袁静生，又往周视讲堂，见学徒受课，旋至己室中，坐而观书。

二十四日　　晴

枕上闻电话传至，新吾夫人于未明时已殁。俄披衣起，盥漱饱食已，即趋署，选报。连日邮政事颇多，并有海关报告历年邮业发达情形，分国内为四部：曰南、曰西、曰北、曰中。中即包括四川、湖南、北诸省，邮业于是最逊，其他皆年有增长。是日又持报呈堂阅。

昳，一至大理院。又诣新吾许一视，闻于夜亥时大殓，小坐仍返邮传部，与迪生、一萼诸人谈。晡归，观报。闻度支部议定币制，仍主用七钱，已废用两之议，不知确否。剃发。俄观《三国志》庞统、法正诸人传。

立宪足以安帝室，是理近始有晓然者，然非组织内阁、以政权委诸宰相不可。盖惟君是神圣不可犯，又不负责任，而议会专与内阁对待，于是国政有失，人民可与宰相抗争，较论是非，而天子不与焉。惟其不与，故宰相可以不得众心而易之，帝室固安然无恙也。

倘仅言立宪,不立内阁,仍以帝室自为政府,则其行政安保无失?使人民而不争也,则堕立宪性质;争之则所谓君之神圣不犯者,仍与人民立同等之地位,而失其尊。君失其尊,当社会半开时代,遂足肇乱兴戎,败坏治安,亦非人民之幸福也,岂独帝皇受其弊哉。

夜,诣新吾许,送殓毕,与新吾昆仲谈,夜深归,车中奇凉,夏衣二袭,殊嫌其薄。

是夕有流星大如碗,色白,尾长数丈,自西北起,蜿蜒徐行,至东南没,家中人皆见之。时余方命驾诣新吾,犹未出户,竟未获睹。

二十五日　　阴,奇凉

趋署,选报。同曹姚君一尊,前以冷静二字属余作擘窠书,尚未报命也。询其意,则云:到日本,遇大计学家,莫不云,凡治事必具冷静之性质,而后可以有成。余大然之。盖惟能冷者而后能热,能静者而后能动。

厚庵见余初秋诗"寒蝉抱孤叶,野雀噪新晴",叹以为身分之高,余亦殊不自觉。

饭后,一至大理院,遂诣车务学堂,坐而观书。

本朝以亲王入直军机者,自成亲王始。然入直未久,旋即罢之。有诏以为违祖宗成例。及后恭亲王再入,前后历年最久。自是以后,沿为故事,莫敢议其非者。

晚,绕道地安门归。是日,仁钱、杭州两馆长班,余令其对调。

夜,观王壬秋诗,诗有以生涩为佳者,六朝人所长,王诗仿佛有此。

二十六日　　微晴

连日凉爽,夜加绵被,早起著夹衣。坐斋中诵谢庄《月赋》及庾子山《感旧铭》。俄登车诣爽夫许,晤朗台、地山。地山云:美国男女不昏不嫁者甚众,大抵惮家室儿女为累,然而生育不绝,盖苟合者不免也,昏姻之礼行将废去矣。

薄午,访陈香阁晤谈,不见者一年馀矣。在大理院午饭。昳,诣新吾,宾友云至,晚焚纸车马,俗曰送三,盖没者已三日矣。

二十七日 晴

起,坐斋中观明季张、李流寇事迹。当日流寇非难平,所以终不可收拾者,因牵于辽沈之役,耻与本朝言和,于是诸将往往方办理有绪,辄复调以入卫,寇焰遂不可制,以亡其国。

明庄烈固非亡国之君,然刚愎自用,其驭下也失之太严,又不能革奄宦监军之弊政,以故诸帅用兵,每多掣肘。其亡也,亦其自亡之也。

薄午,与二我同游农事试验场,在园中午食。会稼霖亦踵至。食毕,遂同游各地,酌茗闲谈。俄母、妹亦往。薄晚,余三人先归。夜,作致孟晋书。

二十八日 微阴,俄晴

衣冠往送杨莲帅之行,比至车站,杨车已发,送者皆散,遂至大理院一视。俄诣邮传部,呈所选报至堂。坐邮司中,观报。达寿陈请立宪之奏颇可观,以满洲人言之,尤难得也。

闻伶人王桂官之死,盖与桂芬相先后焉。从此剧场上无复周公瑾矣。

晡,至车务学堂,遍与诸教习谈。薄晚,访冯伯言,不遇。诣介轩,谈久之。归已昏暮。夜,大雷雨。

二十九日 晴,万里无云

观书。俄趋署,选报。时阶前柳色,窗外蝉声,皆含秋意。日光满园,无复酷烈之势矣。未午,至大理院一视,即至新吾许。是日没者方七日。新吾诵悼亡联云："倡随大梦,三十五年助我成名,方冀展眉偕老;内外诸证,四十馀日救君乏术,那堪卧病惊秋。"盖自患病卧床,或愈或发,前后十年。

晡,出城答拜诸来视者。日将西沉,仍至化石桥。薄暮,送圣毕,留晚饭。夜归,观书。

明福王即位,南都若能重任史可法,悉以国事付之,而无马、阮以为之扰,虽未必能复中原,偏安之局,犹可以成。讵天已亡明,先乱其内,遂使有良臣而不能用,有奇策而不得施。北兵南渡,如入无人之境,大势已去,彼奔走于闽粤间者,更何为哉?

三十日 晴

昨夜枕上成挽潏洲夫人联云："有男子器能,相夫持家,可怜细大不遗,半世尽从忙里过;抚诸姑成立,得嫂如母,太息心神交瘁,十年已作病中人。"

趋署,在庶务司与金向辰谈。俄至邮司,选报。薄午,诣大理院,午饭。晡,至车务学堂,携《邮政讲义》往,坐而观之。归已夕阳西下。

八　月

一日 晴

剃发。衣冠出,答拜劳玉初,不遇,遂诣城东贺那锡侯,因至车务学堂,在彼午饭,与学徒、教习同席。观书。

晡,孔君仲光亦至共谈,始知乾隆时经学家孔荭轩先生,乃彼高祖也。荭轩之父,即著《阙里文献考》之人。荭轩年三十二而卒,然已著书满家矣。俄吕督办至,引见新入堂之教习、学生,薄晚去,余等亦散。余复往谒景月汀,不遇。贺李伟侯,遂归。夜,仍观《邮政讲义》。

二日 晴,微热

趋署。是日新简左丞李符曾履任。薄午,群衣冠揖贺。是日,读昨降诏旨,即定立宪年限,期以九年,令薄海臣民实力预备,似欲实行,非空言也。饭后,一至大理院,以值日,无一人。遂诣新吾谈。晤彦保。俄衣冠往贺振贝子母寿,即归。晡,作致苏臬左子异书。夜,观唐、桂二王事迹。

三日 大雨

终日不出,为方灌青书扇。观《范书》左雄、周举诸人传。饭后,编书。又书挽新吾夫人联。观《邮政讲义》首册终卷。是夕,成《玉关怨》古风一首,代高、钟二人闺中作。诗云:"空庭多落叶,萧瑟天气凉。蟋蟀鸣前除,白露已为霜。君子远行役,相思天一方。何时复来归,涕下空沾裳。忆君未别时,绸缪共一床。华镫照缇幕,金炉焚夕香。君本慷慨人,奋翼志八荒。愿为鸿鹄飞,不随燕雀翔。胡为自迷罔,淹忽离刑章。故交莫能救,亲戚空嗟伤。昔为园中华,今为粪土英。身名岂足惜,何以答高堂?皇恩本浩浩,送子以远行。二月出郊圻,六月达新疆。盐车困峻阪,匹马度关梁。黄河千里曲,漫漫道路长。溽暑不可避,汗出如流浆。念子征途苦,忧思岂能忘?凉秋八九月,金风动清商。边笳中夜起,塞草日以黄。悲君在万里,岂不怀故乡?如何金玉躯,沦弃于戎羌。悠悠无归期,感念摧中肠。往者不可谏,愁思徒徬徨。愿得长寄书,慰妾守空房。"

四日 晴,碧天无云

往贺子蕃为弟取妇。俄归,复访二我,闻吴仲老出抚河南,汪伯唐调补邮部左侍郎，又一大更动。为二我诵《玉关怨》诗，二我颇击节，留午食。昳，至下斜街，买桂花十本，又秋海棠八盆。访严伯玉，伯玉将有粤东之行，晤谈久之。晡，往视迈达，并见其妹伉俪，屋宇整洁，后有馀地一亩，平旷怡人。薄晚，又诣静安许，见其母夫人，昏暮始归。

连日病目，无故流浊，色青白，不解何故，当是浮热上炎。

五日 阴

署中来告，是日承值，遂趋署。时凉甚，终日衣夹。同伴为唐君日新，共理往来文牒约三五十通，电信纷至。饭后，长官至，持选报上堂。晡乃取归。

时邮部中秋花斗馥，果木垂阴，庭廊静幽，台石闲丽。从来曹省中无此特殊之景物也。得诗数韵，未成章。

阴黯，不露阳光者终日。夜，雨声淅沥，又竟夜不绝。眠时蚊极多，可厌。

六日 雨犹不止

接替者蔡斗南、王献庭至，共谈。王云：天津河内忽跃出大鱼，色黑，长数丈，盖为汽船所迫，飞至岸上，居民不敢害，仍持而放诸水，使顺流出海。

薄午，雨稍止。诣大理院，即至新吾许。饭后，微睹日光。晡，复阴。余在彦保许剃发。徐子山至，乃衣冠与同至灵几前奠酹。盖是日我两家为其饭僧礼佛也。与荫亭谈。夜，饭已乃归。

七日 阴

蚤起，趋署。时汪侍郎在外，未能莅任，权摄者为吴公郁生，是日履新，群僚皆衣冠登堂，相见一揖。余因又诣吴仲老许，投刺以贺。遂至长椿寺，以徐子山将奉其二亲柩归葬，是日礼忏，余往叩拜，而丧主咸未至也。造二我小谈，途过仁钱馆一视，至大理院。饭后，仍衣冠赴城东贺樊介老拜江苏提学。又登署任吴侍郎之门投刺。时大雨如注，几不能行。勉强至车务学堂，庭阶水深尺馀，幸著脂履，踏雨而入，在彼闲坐久之。是日，诗稿已自二我取归，遂自披览。

前日在邮部承值得诗，是日足成之。题为《秋日感旧》，诗云："广庭荫松柏，秋气日萧森。群葩吐幽馥，众卉含清阴。抚髀一长啸，凉风坐自吟。感念平生欢，悠悠劳我心。我昔居京师，亲交多如林。樽酒相娱乐，游戏时追寻。淹忽二十载，已如商与参。东西各奋飞，南北自浮沉。或已霾九泉，萋萋宿草深。或复游万里，数载无书音。俯仰长太息，流涕胡自禁。不能外形骸，安得重盍簪？"

薄晚，冒雨归。夜，饭后作日记。是日，在大理院阅五日《顺天报》。

摩僭王势力绝大，国人几皆认许之，使代秉国。惟法国尚有所要挟，故与列强未能骤允其为王也。

土耳其宪政之组织取法于德、奥，颇极完全。

我国自宪政编查馆奏入，已定宪法大纲，奉旨认可，并于九年预备中，预标列每年应办各事，颇极详切，饶有次第，已登各报，殊可喜也。

八日

昨夕终夜雨声不绝，比晨檐溜犹急。出坐斋中观书。

《战国策》蔡泽劝应侯释权一篇文字，当与《国语》末范蠡霸越后不入境逃去一节参观，所谓四时有代谢，功成者自去，是乃天道，人不得而强违也。

骈偶文字，余爱庾子山之作，而于徐少穆则不甚喜。

雨至午未息,在园中稼霖许坐,林翠欲滴,雨景如画。

返斋中编书。薄晚,答胡表侄佐安书。雨止。夜,洗目,时目疾犹未大瘳。

九日　晴

王子庆来,以印结局须完馆捐、祠捐,适因旅费不充,求缓纳。属致函结局。余草数语付之。趋署,选报。日中,至大理院,啖索面,观报。连日报纸所载,有数则可记。

列强因土改立宪,故于马基顿事减其干涉之力,惟俄国誓言:非待土国组织完善,不遽释其权也。

韩民于日本威势之下屡形反对,时结党亢拒,所谓困兽犹斗。

南洋华侨有愿助宗国海军费之说。

希腊来求通商,欲设专使。

我国外部于德代保护旅华土人问题,颇欲反亢。

华、美有同盟之说,日本人忌之,故《顺天报》力辨其无。

晡,在车务学堂观书。俄归,天阴而雷,中涂大风雨,雹飞大如枣栗,久之云过雨止。到家,肯斋在余斋中,因留晚饭,始去。

狎优宿妓及赌博等事,本无关于品行,但因是可为伤品败德之媒介。何也? 此类事一沉酣其中,迷而忘反,耗财破家,相踵而至,于是生计困。生计困,则无品之行为种种发现不已。肯斋极然余言。

十日　晴,微热

趋署,选报,为张子鱼书扇。薄午,至大理院。饭后,诣新吾。晡归,沈雨老过,略谈去。编书。晚,赴法国人沙里昂夫妇之招。西人宴会,往往男女相间而坐,饮罢又互相扶携,习俗相沿,华人见之,以为怪也。

是日报载,德国力劝各国认哈费德为摩国新王。

十一日　晴

薄午时,有云掩日,昳乃大晴。是日,邀菊庄、树人、芰孙、玉树、揆楚、苕生六君游农事试验场,皆先集余家,饱食毕,同路去。入场,先观动物园,虎豹兕象猿鹤各物皆无恙,男女游者甚多。共观狮豹啖肉状,又观各种鱼及凫鹅游泳于池。俄出,共买小舟放行,残荷散乱,馀香未尽,远山如黛,垣外高柳如云,因历游诸胜。最后,至三卷堂殿,朱槛雕栋,蕉石围绕,藤柳交荫,坐其间久之。俄日暮,散步,复登舟自原路回。比至家,月明,已近黄昏矣。闻尹芷田之丧。

夜,观《顺天报》。既寝不寐,俄大雨如注,达旦不止。

十二日　雨

起,进早食毕,冒雨趋署,陈长官已至,持选报上堂,即在署午饭。是日,长官赴园会议,俄闻已命驾。余等遂皆散,至家雨犹未止。

是日得七古一首,题为《中秋前四日,与大理院同庭李菊庄、蒋树人、聂玉叔、胡芰孙、秦揆楚、汪苕生六君往游农事试验场,日暮方归,月色甚朗,夜寝不眠,俄闻大雨》,诗云:"高秋爽气西山来,长安雨过无尘埃。轻车肥马出城去,垂杨枝外多楼台。楼台隐约藏烟雾,尽是行人游钓处。璇渊碧树自新秋,舞馆歌堂非旧主。走兽飞禽万不同,遥遥沧海西徂东。饮啄有时亦遂意,何如山野无樊笼。画船竞渡荷花里,仿佛西湖波浪起。桑田苇岸路千回,又似秦淮烟与水。雕栏画栋临清池,苍苍古柏低虬枝。山林廊庙何常有,任我盘辟吟高诗。曲廊尽处小桥西,白屋亭亭远树齐。欲访樱花无觅处,东国山水空凄迷。百花开处闲云堕,豆架瓜棚人坐卧。茅亭俯瞰平芜遥,蜿蜒游车流水过。偶来观雨豳风堂,天子犹留白玉床。华屋从来少人迹,芭蕉庭院石为墙。桑麻铺菜绿云遍,楂梨果杏实纂纂。陇头鸣铎一声来,闻道农家供夕(食)〔饟?〕。日色侵山凉雾沉,游人欲散清风吟。归来明月已黄昏,挑灯夜坐听秋霖。"

薄晚,作致孟晋书。

十三日　　晴

趋署,选报。是日碧天如镜,风日高凉,园中疏柳苍松,交柯垂阴,皆带秋气。得诗一首,题为《秋雨初晴,天色澄鲜,邮曹无事,偶忆江南》,诗云:"雨洗高天净,萧萧松桂秋。官闲无一事,酒美谢千忧。落叶时侵砚,疏云不碍楼。江南好风日,羡杀钓鱼舟。"

是日报纸有可记者,录如下:

波斯之乱,非独国王与议院抵触,尚有一皇叔,志在夺位,阴鼓惑革党,种种与王家为难。

欧人有已认哈费德为新摩王之说,令其善待旧君。又闻摩旧王犹不肯让位,尚欲决斗。

安南民叛乱,反对法人。盖因种种苛政,民不堪命所致。

日中,在大理院午饭。昳,至车务学堂,观《皇朝掌故书》。晡,诣新吾许,晤又山、伟侯诸人,在彼晚餐。夜归,月明,斋中桂花吐馨。

十四日　　晴。微暖

剃发。趋署,选报。

闻波兰近与俄人融合,大失德国之望。

午后,诣大理院。整冠束带,复登车出宣武门,诣吴仲老及戴少怀师贺节,遂造二我谈。

余前得"雨洗碧天高",无以属对,艰思苦索,殆一月馀矣。是日无意得之,曰:"风来黄叶下。"二我极赞,以为句若绝不费力,何以成之若是之难。

薄暮,赴吴挹清之招于长元吴馆,高宾满座,镫酒煌煌,夜归。

是夕,闻孟晋有回华消息。

十五日 阴

董润臣过,即去。俄介老至,时余已衣冠,命驾将出矣。

薄午,诣陆凤老等处贺节,在义善源午饭。晡,至车务学堂。

是日足成昨得诗句,题为《随意一首》:"都觉累心尽,随意酌秋醪。风来黄叶下,雨洗碧天高。去去妨吾事,悠悠徒自劳。四时有消息,山公笑尔曹。"

薄晚,谒唐少川中丞,不遇。归,佑三在余斋中,小谈俄去。

夜,云开见月,庭中陈瓜果,闺中长幼合拜,循俗例也。

是夕复成一诗,题为《中秋之夕,感孟晋瓜代有期,行将返国,爰仿古乐府体,赋明月三章》:"明月照高林,凉露侵人衣。瞻望万馀里,天边鸿鹄飞。王道未云远,征人胡不归?""明月照广庭,金风动桂枝。塞雁有馀声,胡马常苦饥。关山岂不遥,征人归有期。""明月照江海,悠悠道路难。安得临长波,取琴一为弹。莫作离别苦,征人去复还。"

十六日 晴

趋署,选报。与一萼、翼牟谈。薄午,至大理院午饭。连日报纸无事。

晡,至仁钱、杭州两馆一视,遂独游江亭,山色犹稜稜露爽,得诗一首,题为《秋日游陶然亭》:"拄笏看山色,独怜雨后时。亭皋秋一眺,黄叶半林诗。幽意如堪赏,高情莫我知。城南苔藓冷,匹马去迟迟。"

晚归,新吾在余斋中,俄去。夜,观书。

十七日 晴

趋署,选报。早间枕上得句,因足成之。题为《扫叶》:"枫柳已合抱,萧然独闭关。名卑知祸少,才短得身闲。却看鹤眠日,不知云在山。秋来无别事,扫叶到林间。"

薄午,至大理院,出所作农事试验场诗示众。

晡,至车务学堂,又成诗一首,题为《秋梧一首追怀张长沙尚书》:"风日自闲美,梧桐秋影多。独怜人去后,已是雁来过。楚泽馀芳草,湘江动远波。岂惟怀屈贾,别恨更如何。"

薄晚归,雨大至,雷电交作。家祭。夜,雨止,作日记。

十八日 晴

是日星期,有自德国游学归之学生马德润来访,俄去。薄午,访子蕃,匆匆一谈。子蕃自诵所作诗,有"窗暗桐添叶,篱荒菊减花"之句,极佳。

既归,命奴沽酒市脯,坐而饮之。时有白蝶甚多,乱飞阶前。得二绝,首题为《白蝶》,诗云:"白蝶飞中园,寒花秋已开。应有风吹袖,莫将团扇来。"次题曰《有待》,诗云:"桂树自飘香,凉阶秋日满。山中酒初熟,嗟子来何晚?"

览《战国策》,又观《汉书》,因效东坡,以为下酒物。

晡,阅旧日记。夜,观报,听瞽者女唱俚曲。

十九日 半阴晴

至大理院,见高槐亭亭,又动诗思。俄至邮部,俟长官至,即持选报呈堂。又赴庶务司,借抄余数年来履历,仍旋邮司。时诗已成,录如下,题为《秋槐》:"高槐摇落一庭秋,梦作兼葭水国游。志洁行吟答渔父,功成散发弄扁舟。从知消息天难问,莫负云山心即休。芳草可怜人意远,年来诗思傲王侯。"

逾午,去至陈澹如许小谈,归又得《早雁诗》一首,为大兄孟晋作也。孟晋使德,水土不宜,多病思归,闻政府已许之矣:"关河秋早雁初飞,飘泊天涯心事迟。每见青山动乡思,时闻落叶上征衣。相如多病岂能赋,定远无功苦说归。孟晋首倡立宪之议,又在外名誉极隆,而朝廷不录其劳,未能重用。莫道朝廷终不改,洛阳车马已轻肥。"

夜,将眠,仍观书。

二十日　　阴

朗台来谈。

昔尝谓二我:赌博近于不仁,狎妓近于不义。二我曰:非独近也,直是不仁不义。

至大理院,闻人谈,方知满洲语所谓瑚图礼,译曰福;扎拉芬,译曰寿。

时天阴益重,衣冠诣项城祝寿。时方演剧,宾僚如云。余欲往拜吴佩葱、那锡侯,皆贺喜,遂至车务学堂午饭。坐而观书。晡,大雷雨。晚,冒雨归,至家,雨俄止。编书。夜,作复陆春老及致徐汝霖书。

二十一日　　晴

趋署,选报。薄午,至大理院。闻新得一乌布,专司行文事件。饭后,刘长官至,因登堂揖谢。昳,至正阳楼,一萼约啖蟹,并食燔羊肉。晡,至下斜街买花。造二我谈诗,暮归,肯斋在余斋中,晚饭后去。夜,作日记。

二十二日　　晴

趋署。薄午,诣新吾,即归。览《元史》。饭后,又成五古二十八韵,题为《长风歌》:"长风日浩浩,君子怀百忧。藐焉处天地,万物谁非俦。吾人禀灵智,独为天所优。安得自暇逸,不为四海谋。四海岂不远,蒿目疮痍遍。一自嬴秦来,斯世为昏暗。鞅斯学术颇,千载成遗患。但为一家谋,岂恤生民怨。虽更崇儒术,至道终相畔。礼乐饰太平,诗书供近玩。墨道岂不行,用之戡大乱。赴火与蹈汤,奴隶人千万。宇宙几翻覆,谁能脱羁绊?悠悠直至今,终古无昏旦。复有洛闽人,高步洙泗尘。阳儒而阴法,认贼以为亲。俯偻媚当路,犹曰大义申。著书千万言,岂意祸斯民。否极终泰来,浙东有南雷。一言振聋瞽,万祀披尘霾。当时禁网多,其书复埋埋。沉沉二百载,一旦英光开。弦诵遍海内,先觉群相推。孔孟有真意,尧舜岂凡才。况复九州通,波流时相摧。焉得守故辙,局促安污莱。惜哉诚未至,上下犹疑猜。且待九载功,看起中天台。"

是日,为一萼书"冷静"二字。夜,佑三过谈。

二十三日　　微雨

观书。

以元仁宗之仁,而不能除一特门德尔;以本朝圣祖之圣,而尚有明珠之窃位于朝。甚矣,小人之难去也有如此!

赵子昂虽屈身异姓,然能除桑哥之奸,未尝无功于世,乌可薄之。

趋署,观报。

天文家窥见火星中之情状,谓其人类以翼代手,脑思尤锐。又无山川云雨,但有雾露,不知何所见也。

欧西空中战艇日益发达,如法、如德、如意,皆孜孜不遑,日营日造,其数增加,英国独瞠乎其后。或谓比利颠苟不自奋勉以固其空界之势力,将百年之威名不免堕地矣。

美自还我国偿款后,中、美感情弥笃,列国妒之,英人尤甚,恐美国之侵其势力也,亦将还我赔款,与相抵制。

昳,诣城东投刺数家,至车务学堂。晡,出城访赵绳伯谈诗。晚,至杭州馆,书衡、绚斋、一山三君公宴介老及佩葱。

二十四日　　晴,大风

落叶乱飞。往吊尹芷田之丧,因趋署,选报。是日奇凉,已著夹衣。昳,至大理院,已阒无人。诣新吾,时秉庵已到。晡,往谒杨杏城,谈久之,归,又见沈雨老。是日,又成七律二首,一题为《凉云》:"凉云片片压秋城,不尽江天萧瑟情。四海无家羁薄宦,百年有酒谢高名。最怜鸥鸟寒沙尽,坐看渔舟落日横。极目天涯几回首,向谁慷慨说平生。"

又一题为《落叶感赋寄怀蒲君》:"落叶满园飞不止,秋风吹送一天凉。十年作赋徒劳思,千里怀人更断肠。岂必青霞有奇意,何如空谷吐幽芳。故山猿鹤依然在,老作吟僧未是狂。"

晚,菊庄招饮迎薰楼,子如设宴惠风堂,皆赴焉。闻署中有为余补阙消息。

二十五日　　星期,晴

爽夫过谭。薄午,诣佑三,尚卧未起,遂至东四牌楼福全馆,邮司同僚皆在彼坐饮。是日以同翰卿之太夫人六十寿,饮罢遂同往庆祝,因留观剧。晡,余先归。闻佑三已来,适往杨杏城许。久之,佑三复至,小谈即去。夜,观书。

二十六日　　晴

时大理院新派乌布,余犹未与定长官相见,因衣冠造门谢。俄访爽夫,因至邮部探知所补主事乃邮司缺,余连日恐不能赴院,遂贻书菊庄,浼其代请假五日,又力辞管理行文差。是日在邮司午饭。昳,复衣冠往祝肃邸寿。俄至车务学堂。薄晚,出城至惠风堂，旧日工部同僚熟人皆在，不胜今昔感。询之，则皆分配于吏、礼、农工商、陆军、法、民政、邮传诸部。有启佑廷者，年老无所归，将以知府赴汴，阙部费不能成行，乃由同僚为之醵金，俾获到省。

是日报载，美总统遇刺客，枪击未中。又云：美国将免我华人身税。又云：中、美联盟将实行，俄人大为赞成，盖欲以此倾日本也。

二十七日　　晴

趋署。是日承值，同伴者为章曼仙，昼间各沾文牒，入夜稍闲，乃秉烛纵谈。

曼仙云：李文忠公于外交舞台上可称非常之人物矣。当庚子之役，八国兵麇聚京师，号称联军，汹汹然有瓜分我国之势。公时在沪，奏派充议和大臣之命，遂阴与俄人订私约，厚许以利。俄人大喜，遂以兵卫公入都。亡何，俄兵先撤退，列国皆大疑，纷纷解体。于是其谋始败，亦次第撤兵，而和局乃可开议。当是时，俄人自谓有德于我，故于列国公约之外，别邀订东三省专约。文忠力持画诺，海内纷纷电争，政府颇为之动，以诘文忠。文忠密奏云：此次为救危急，实利用俄人，故不得不权许之。然将来防俄亦非无策也。又将利用二国而已：一曰日，一曰美。其策云何？则曰：与各国订商约，许以东三省开埠，先啖日、美以利，彼将自为我争之。朝廷韪其言。亡何，而文忠薨矣。既回銮后，政府外交方针一遵文忠之遗策。当俄人雄据辽沈时，日、美商约忽已告成，俄人大怒，啧有烦言，遂于专约画诺后，其兵屡迁延不肯退，且痛斥开埠事，曰东三省我掌中物也，谁敢阑入焉。时美人方嗫，不出一辞。日人则发冲冠矣。于是酿成甲辰年俄、日之一大战。未几，俄丧师而去，日人势焰又方张，将在东省效俄所为，独擅权利。于是朝廷又用文忠之第二策，即今日所喧传之中、美联盟是也。盖始则用俄以退各国之兵，次用日以制俄，继又用美以拒日，皆在文忠成算之中，而堂堂列强竟一任其再三侮弄而不自知。神矣哉！文忠虽死，固犹生也。

二十八日　晴

禺中，始交班，在邮司坐。薄午，闻孟晋拜三品京堂候补充帮办津浦铁路大臣之命。昳，余归告母。晡，览《战国策》，又观王壬秋诗。薄晚，出城至湖广馆，是夕与爽夫公宴介轩、佩葱及巩伯、西平、季湘、欧荻、子健、泽之八君。又闻德国钦使已命荫昌前往。夜归。

二十九日　晴

趋署。闻与余同补阙者三人，尚有题升者四人，皆于明日验放。同曹杨君迪生云：我国之贵者，可名曰无罪之囚徒；我国之富者，可名曰有钱之乞丐。余甚赞以为然。

昳，佑三及符曾招余共语。俄归，剃发。晡，肯斋至，为余书衔名帖数十纸。晚，家祭。留肯斋晚餐，共谈。

九　月

一日　晴

黎明起，盥漱，进食，整衣冠登车行。俄，日渐高，至东华门下车步入，时同僚皆约集于传心殿，余到时，仅同翰卿已先在。未几，陆续有来者。闻验放大臣派四人：一那彦图，一陈玉苍尚书，一桂祥，一李联芳。日禺中，传命排班，乃相率往，即在午门内迤左之内阁衙门内，扉宇洞深，听事三楹，中悬御笔横额。四大臣东西旁立，中设御座。余等鱼贯自右门入，北向跽，以次自唱名并及出身、年岁,复自左门出,相与揖贺,俄遂散出,至东华门外觅车趋署,已薄午。昳,长官至,乃相约上堂揖谢。晡归,易便服,仍至署小坐,即出城访叔雅,不遇。游厂肆,购得林译《战血馀腥记》二册。晚,诣同兴堂,即余八人公宴本日庶务司带领验放诸友。

二日　　晴

起观《战血馀腥记》。俄趋署,选报。饭后,至丞参堂,与佑三晤。记闻验放大臣今早奏上,奉旨依议,盖余以员外郎借补邮政司主事也。俄即整衣冠,诣陈长官及沈雨老许投刺以谢。归至家祠中焚香叩拜,又至母亲前拜贺。晡,又至署。薄晚,一至大理院晤胡芰孙、秦揆初诸君。出城诣同兴堂,阮子衡招饮,待主人未至,先行,在杭州馆晤介轩、季香、经才二君约也,坐又有佩葱、书衡、絅斋、一山等,酒清肴美,入夜席未散。余去至惠风堂,蒋彬侯宴客,坐有善芝樵、王啸龙、同翰卿、姚一萼。

三日　　蚤晴

起,进食毕,衣冠出,诣大理院正少二长官家投刺。俄谒陆凤老,获见,小谈。凤老有喘疾,逢秋辄发,然每日过午即愈。俄往葛振老、吴仲老、孙寿州、郭春老、戴少师诸处,悉投谒,未见。又至长椿寺,拜于大士前。薄午,访二我,不遇。遂造叔雅谭。叔雅斋中花四时不绝,有琴数张,无事辄焚香再三鼓,旨趣玄远,殊慰岑寂。是日叔雅与余谈诗,留午饭。时天阴,俄雨飞洒。晡,余辞去。诣佑三,则已往余家矣。遂归,与小谈。俄先后至杨杏公许,杏公座中有人围棋,又见室中列贮蟋蟀瓦器如林。晚,旋车。夜,饭毕,在稼霖许坐谭,闻达赖拉麻明日入都。

四日　　晴

罗莘甫衣冠来贺,坐谈久之,即去。余因登车至车务学堂。又诣吴郁生侍郎许,投谒未见。薄午,至前门外西车站观迎达赖喇嘛。是日继继纷纷,皆外城巡警厅及民政部官员,警兵结队荷枪,奏军乐。俄车至停轮,拉麻改乘杏黄肩舆,有幡幢羽盖前导,随从番僧甚夥,异至站中听事小憩即行。盖直往安定门外黄寺驻锡,道旁观者蜂拥,西人则多登城且携留影机遥相射照,亦相矜以为殊异。

晡,至邮部,始进午食。选报。薄晚,邀翰卿、一萼、迪生至肉市正阳楼小酌,啖蟹及燔羊脍。夜,往广德楼观夜剧,既归,已夜半,风起。

五日 晴

昨夕五鼓始眠熟,故起甚晏。作书致孟晋。薄午,趋署。选报。昳,往就丞参堂,与佑三谭,又至庶务司,与向辰谈,复还邮司,与迪生谭。时有新派充汉口交通分行总办卢洪昶在司中坐。

《大同报》载,欧人在轻气球中试无线电。

晡,诣新吾许,值其他出。晤秉庵,闻张劭予侍郎之殁。余之调大理院,侍郎实主之,今闻其殁,为之怆然。

薄晚,李子端召饮致美斋,夜,尚欲观东洋戏法,余辞而先归。闻杭州电至,许星墀又病殁。星墀于我家财政出入,实握其总机关,今忽失此人,恐难求继任者。

六日 晴

发电至柏林,告星墀事。俄衣冠出,诣邸投刺,即至大象访二我谭。二我昨夕亦成诗三首,皆摹汉魏格调者。日中,有声呜呜,响彻云霄,盖公司中机器房放气,每日三次,其一早一晚,时刻或有更变,惟亭午则终年不差寸晷,凡附近一带民居皆视此同于信炮也。

诣湖广馆,祝冯润田太夫人寿。昳,到邮部饱食,仍选报。晡,一至大理院,揖见刘长官。晚归。

得诗一首,挽张劭予侍郎。侍郎没于前月二十五日,余先一日偶得句曰:"九月堕寒叶。"久未续成,不意即用以挽侍郎,盖有先兆也。诗云:"九月堕寒叶,高台多朔风。佳人不可见,回首楚云中。侍郎河南固始人,地近湖北。知己萧条甚,忧时感慨同。愿为徐孺子,千里吊黄公。"

七日　晴

翰文斋韩君过谈,久之去。余衣冠出,诣肃邸,投谒未见。俄晤景月老略谈,因至车务学堂,为禁烟事筹议具结。又投刺数家。日中,到署,持报上堂。是日,长官谕派余充三等科员,乃诣堂揖谢。览《战血馀腥记》。晡归。暮又出,与同僚饮于致美斋。夜,观剧。

八日　晴

正据案作致友人书,丁问槎过谈,语及星墀之没,相与叹息。

发密电至柏林。俄往谒杏公,小坐即去。访子蕃谈诗。

天下无所谓得失。得固得也,失亦得也。无所谓屈信,信固信也,屈亦信也。有此胸次,方可以处境而不为境所累。

薄午,趋署,观书。饭后,坐与同僚谈,俄酣眠南窗下,秋日斜照。晡,散直,诣化石桥晤秉庵,坐其斋中闲话。修竹荫窗,林石清疏。俄,夕阳西下,暮景绝丽,因留晚饭。又与新吾谭。夜归,斜月未下。观《元史》。

九日　晴

衣冠出谢来贺之客。晤罗莘甫、戴朗台、孔仲光。薄午,访二我谭诗,留午食。是日重阳。饭罢,与二我同登公司中之五层台,以蒙气多，故远山隐约。其他如三殿及鼓楼、白塔等处皆见。余自今年二月间一登后，此为第二次也。得句云："登台望四野，白日丽清秋。"

俄下，徘徊楼间，见制烟机，条盘互交错运动，力奇猛。又见曲室洞房幽邃闿明，二我欲于其中治事。窗外高树婆娑，案头置翁常熟画山水三册，几榻精丽，壁悬明镜。其后又有斗室一间，窗面北，亦有树蔽外，为二我憩息地。几上置《古诗源》一册，余披览朗吟，逸趣横生。俄笑谓二我曰："汝真小造物主也，平地起楼台，有是井井。"良久，相与下，又谓二我曰：可惜叔雅未来登公之台，使彼来此一眺，方知二我高不可及。

晡，同车出西便门，北行至月坛迤南观赛马，游人云集。俄薄暮，自平直门归。

十日　晴

起，作复表兄朱子涵书。爽夫过谈，纵论世态，饭后去。又作致程震权书。会问槎又至，招稼霖来谈久之。问槎劝余南归，余然其言。俄问槎去，余又作致孟晋书。薄晚，又作复仲骥书。

时阶上桂花尚有开者。天色微阴，坐窗前，见乱鸟过林，晚月蒙笼，对之惆怅，有故乡之思。

夜，观书。元朝事，有极无理解者，如武宗之立弟为皇太子，顺帝之尊太后为太皇太后。一则弟降而为子，一则子降而为孙，名分颠乱，不以为怪，盖不脱羯胡旧习也。

顺帝时，伯颜请杀张、王、刘、李、赵五姓汉人，帝未之从。今则海内此五姓人最多，当感顺帝之德也，否则种绝矣。

览《文选》颜、谢诸人诗。

十一日　阴

趋署,选报,邮政一门绝鲜。饭后,至大理院一见定长官,仍还邮部。晡归,陈诒仲过访,小谈即去。诵《湘绮楼诗》,阅《战国策》。是夕啖薄饼,观《元史》。

十二日　晴

起,见晓色清澄,朝阳晖射树间。盥漱进食毕,新吾已至,乃同车往贺肃邸嫁女,座上客满。肃邸盛称余所书"顺天府"三字之佳,俄散去。余复投刺数家。至车务学堂,仲光已先在,方剃发,因坐与谈,留午饭。

仲光云:先圣子孙,其嫡派今在衢州,盖随宋高宗南渡者,去而不返。宋以后,南派遂不获承袭。其留守林庙之子孙,以有劳,竟起而代之,绵绵至今。又云:圣庙中职事官甚夥,自九品至三品,多本族人为之,亦有他姓者,然官无大小,皆食九品俸。

映,趋署,选报。晡,至新吾许。晚雨,归观书。成挽星墀联云:"半生积苦为谁忙,可怜门绪不昌,垂老伤秋频多病;千里飞书叹公逝,自是精灵相感,昨宵抚枕不成眠。"

十三日　晴,大风,落叶

衣冠往谒沈兰秋师于莲花寺,未见。晤一萼,因得就观其书斋、卧室,皆寺中屋,庭有高槐,风起摇夏有声。出寺门迤东,即翼谋所居,亦诣彼小坐。俄访建斋略谈,共商张文达铸像月会事。又视肯斋。薄午,至厂肆,购得影本名人山水画,有石谷、南田、香光诸人。日中,至署。饭后,选报。晡,与同僚往祝林赞予侍郎六十寿,即在城东之仓场衙门内也。又往贺铜镜宇之兄生子,宾僚满堂,演菊部侑酒。夜半后乃归,月明。

十四日　晴

趋署承值，同伴者为林君硕田，乃林文忠曾孙也。是日收文甚简。晡，长官方与西人订借款合同。晚，乃散。夜，电灯下录事纷纷缮档，异常忙迫，每次皆如此。余则检理文牒，填号数及月日，手不停笔。夜深乃眠，月色绝好。

十五日　晴

早起微寒。待车来，即衣冠诣西车站送豫抚吴仲怿中丞之行。邮部各堂司到者纷如。又如伦贝子、林赞予、杨杏城等皆至。警兵树旗，奏军乐，车发乃各散。余复还署，交班已，至邮司。方灌青甫归，询知已绕道汉沪一周。昳，至丞参堂晤佑三谈。晡，往送介老行。至车务学堂。

富强之道，以铁路四通为无上妙药。刘省三、李文忠一流，当光绪初年，早献是策，惜哉朝廷当日为群盲所阻，迟至十馀年后方主持实行，殆亦运会所趋，各有时也。

薄晚，至嵩阳别业，汪子健召饮，座多大理院同僚，拇战赌酒，声势喧沸。余先归，一路月明。

十六日　晴

有赵、冯二君过谈。冯之父，即余幼时受业师冯虎臣先生也。先生于丙申年没，其嗣子尚游宦闽中，今来都引见，是日小谈即去。余又为邵予师书挽词，料量零杂事。薄午，趋署，持选报上堂，与同僚研稽乞假旋里规例。薄晚，诣新吾，与秉庵谭，暮归。夜，树影满庭，凉月已上。

得挽星墀姊丈二绝，诗云："休怜庭树独婆娑，人到中年感慨多。回首广陵烟水路，每怀亲旧意如何。""迢迢鱼雁三千里，闻道故人沧海游。星墀今年病愈体佳，为盐务事往上海，居月馀，并新有书来，犹未答也。归即患霍乱,两日遂不起。一夜秋风君已去,湖山南望几重愁。"

十七日

料检行笥,晴暖。又成挽星墀联云:"书来千里,语短情长,看君海国清游,病后精神应更健;别仅三年,人间天上,感我京华薄宦,南中亲旧已无多。"又成一联云:"平生惠泽岂能忘,自有亲朋同感涕;垂老艰辛犹未已,可怜门户独萧条。"

饭后,至义善源小坐,遂访二我谭。晡,入城,造秦揆楚,时大理院同庭诸君皆集其庐,俄陈酒食精美,出自家庖。晚归。

视李义山诗。

十八日　晴

诣文初谈,又造爽夫、朗台,皆见。遂趋署,选报。饭后,出城至恒裕金店,晤冯润田。俄访杭州馆,见撷兄,道及星墀没事,相与嗟惋。晡,至广和居,为张文达纪念会第八期。余与一山值会,一山病不能来。是日到者甚夥。小沂、佑三、彦东三人往勘地,在龙泉寺后,约十馀亩,将为文达公建园,所范铜像即供设其中。俄小沂等归,言地甚佳,众皆赞成,即可购定矣。

闻项城被御史江春霖劾奏多款,事犹未已。

又闻魏默深先生所著《元史新编》,有人奏请班列正史之中。

夜归,月色不明。

十九日　阴

二我过谈,道及东瀛风物之丽,胜我江南十倍。其由长崎至神户,舟行内海中数千里,层峰叠岫,当秋深时,满山红叶,一幅名画也。

薄午,趋署。署中欲办京察,属部员咸自具履历,备咨吏部。

余乞假呈递,获长官批准。晡,至大理院,亦见长官,自陈愿依旧在院行走,惟力辞津贴,亦蒙允许。遂至义善源小坐。入城,在新吾许谈。夜归,小雨。

二十日 阴

得程震权书,知星墀夫人亦相继没。许氏自贯老以后,两代经营,创是家业,岂意财在而人亡,仅遗一十四龄儿,殊可悲悯。剃发毕,即登车出,涂遇爽夫。又访子健,不遇。即趋署,晤静生。饭后,晴。时秋柳萧疏,寒鸦数点。坐司中闲谈。俄命驾将行,至丞参堂,与佑三一见,遂出城至义善源,小坐即归。天复阴,料量行具,作致孟晋书。

二十一日

晨起,盥漱毕,行具先至车站相待,余俄始行,母犹未起也。

成子蕃亦于是日行,余谓可同车,故先至驴肉胡同,孰知渠乘慢车先发,然须后余一日到也。

至西车站,问槎亦至,盖预约余同行,有免票,可不出车资。时箱笼堆积,未即上车。余乘间趋诣东站一送介轩,并见䌷斋、欧荻。俄始返就快车,同行者尚有卢君星源,亦陆军部人,因秋操事与问槎同赴安庆。禺中车发,余与卢共一房。日中,至保定。晡,过正定,城甚雄壮。俄至石家庄,亦有桥站,规峙甚整。盖正太路发轫所。由此以西,将来可通至陕、甘、新、伊,乃最繁盛之区会也。薄暮,过顺德。又久之,入河南境。过漳德,已昏夜。车中日凡二餐,卧具皆备。夜眠未熟,闻将渡黄河,乃起,推窗视之,电灯照耀,月色半明,河流浩渺。车行铁桥上,长十馀里,二十分钟乃过,亦奇观也。既渡河,多土山壁立,山多洞,土人穴居焉。夜殊不寒,良久复就枕。

二十二日

起,日光满车,映射窗几。久之,过驻马店。俄至信阳州,四望田野腴蔚,有南方景趣。久之,山势起伏,云树清美。坐饭车中,左右明窗,因饱看山色。奇峰复岭,回环开阖,清泉翠柏,错绣层饰,飞车穿云,如入图画。薄午,行一山洞,车中漆黑,地名五胜关,乃豫、楚交界所,出此即湖北境。昳,过孝感县。晡,至江干,今名汉口大智门,古夏口也。下车,坐肩舆至迎宾江馆。闻王绳伯亦来此,未相见。夜,上江宽船,即发。是日在馆中,因子蕃尚迟一日到,不得一面,遂留书属舍人投焉。

二十三日　　晴

晨,舟至九江泊焉,因录自都门南下至汉口途中所得,口占五绝杂诗六首：

"燕赵古通衢,滹沱秋水涸。可怜汉光武,偶来餐豆粥。"其一。"行行日云暮,车声何辚辚。道路纵横间,西望晋与秦。"石家庄与正太分路处。其二。"绝险跨飞梁,黄河声浩浩。行人夜渡时,明月来相照。"其三。"晴光曜四野,征夫驻马时。江汉路不远,回望白云垂。"驻马店。其四。"穷秋爱山行,山势奔千里。况复楚天近,云物自清美。"其五。"大江横如带,黄鹤楼安在。俯仰古今情,东流去澎湃。"其六。

在舟中与问槎、次裳谈。次裳为沈文肃第七子也。晡,自九江解缆行,江天一望,胸次高迈。薄暮,东望层峰插云。是日,又得五律二首,题为《秋晚南归,舟泊浔阳,日晡东发,感而赋此》："江天正辽落,万里动秋思。落日千帆下,西风一叶危。空怀济时略,莫负买山期。去去故园近,霜花已满枝。""秋风理归棹,东隔万重山。日暮天无际,江流心自闲。不堪为世用,宁复识时艰。好共烟波语,飘然任往还。"

夜半,舟抵安庆,问槎仓卒登岸。以此间无货附运,舟小停即发。时夜黑江行,但见星光烂然。又得五绝,题为《安庆舟中》:"寒星已满天,秋江夜不寐。东去鼓洪涛,惊破蛟龙睡。"

明日可至江宁。又成《金陵怀古》诗一首:"布帆千里下秋江,寒夜诗心酒一缸。行到南朝金粉地,孝陵松柏又成双。"

二十四日　　晴

晨过芜湖,小泊即行。舟中又成五律一首,题为《咏史》:"古来征战地,西楚与东吴。天地不改色,山川此霸图。千年寻铁戟,万事问寒蒲。多少英雄恨,江间波浪粗。"

又成五律一首,题为《秋江即事》:"江南山色好,风饱一帆归。双鹭沙间浴,孤云天际飞。客心逐流水,乡思挂斜晖。九月秣陵去,鲈鱼秋正肥。"

舟中午饭罢,出船头,望见山麓城郭隐隐向人,即江宁步矣。俄船泊岸,行具纷纷下。临江有楼三层,为逆旅地,供张华赡。余莅彼小憩,遂顾车入城。城内迤北多旷地,畦陇纵横,竹柳夹路,间起楼舍,多西人居之。有山不高,嶙峋起伏,在东北隅下,有铁道贯城外。余车行至中途,马惊车踬,余未伤也。扶起复行,过钟楼又十许里,始至如意桥,表兄朱子涵居此。入与相见,形神蕉瘁,非复数年前状,言语支离不明。坐卧一听事间,书画整整,庭前桂树犹馥。俄又入谒其夫人,亦十年不见矣。晡,在彼进食。薄晚,辞出,复至江头,即宿逆旅中。夜,作书寄北京及柏林。

二十五日　　晴

黎明起,检行具,下楼诣宁沪车站,行人寥落。俄登车,车甚陋,价廉,旅客颇杂。既发,沿江干行,迤南皆山。日出,晓雾未散。

良久,至镇江,烟郭城市繁盛。须臾,过一山洞,甚长。禺中,至常州。午,过无锡,皆小停。时车中人满,男女错午。行近姑苏,田野整丽,林树繁茂。良久,至车站,规制宏美,有地道可度行人。余下车,挈仆移行具出,雇马车至阊门外保安居逆旅中寄顿。独往觅酒楼小酌,饱食毕,留仆在旅舍,自乘肩舆入城。至司前街造芝生兄所居,相见甚欢。天色微阴,稍凉,留共夜谭。是夕,宿其楼上。

二十六日　　晴

醒闻鸟雀噪楼外,遂起。盥漱毕,下楼与芝兄谈。芝兄有儿已七岁,颇聪颖,客至辄出见,无所畏,不嗜肉食,每饭惟啖鱼菜虾蟹而已。有濮季沧者,梓泉族弟,与芝兄对门居,无事辄相过。是日薄午,与季沧及芝兄同步出胥门,觅马车坐至阊门外寻昨日旅舍,登楼小坐。因又同至马路间散步,有惠中旅馆,供顿精丽,又过于金陵。偕入观之。俄至普天香楼上西餐。昳,又同乘马车至盘门外茶楼上坐。晡,买舟赴杭。季沧得梓泉许书,招其赴沪,匆匆别去。芝生送余登舟。薄晚,始发。夜,舟中观书。

二十七日　　晴

晨,舟过石门。薄午,至唐栖。一路水声括括,涯岸间草树整整,白云低垂,南中景物,不见此者三年矣。昳,舟泊拱宸桥,即乘肩舆入杭城。先至佑圣观巷,谒见姊母,俄诣塔儿巷拜于星墀柩前。遂在余帐友程震权室中坐,因下榻焉,许处亲族如镜芙、和甫皆见。

二十八日　　晴

起,在震权室中作寄北京及柏林书。胡球甫过谈。饭后登楼,与和甫谈久之。晡,诣佑圣观巷谒姊母,俄访春卿于九曲巷。晚归,仍在震权室中谭,作书致渭东。

二十九日　晴

为星兄礼忏一日,并书所赠挽联二幅。薄午,往谒退圃相国。相国旋里已一年馀,体貌如故,精神似不逮前,自言老境殊寡趣兴,谈久之,辞归。是日天极热,夹衣几不能堪。午饭后,在镜芙室小坐,睹星兄家中簿籍。晡,复出谒陆春老,庭宇闳敞,听事前有小池,池左右花树繁然,多幽趣。俄又至马市街访谨斋。又至旗营视翰香,皆不遇。晚始还,在震权室中坐。

三十日　晴。热甚

似八月初天气。犹眠未起,闻金谨斋来视。余盥漱毕,披衣出见。谨斋云:有葛振珊者,杭城惠恒钱庄之理事者也。因其子在德游学,受孟晋之厚待,无以报,今闻我处典事添褆,自星兄没无人担任,遂思效微力。是人肝胆血性过人,可恃也。余忻然允之。谨斋去少顷,葛即来拜,年五十馀,谈词爽直。余与酬接数语,送之去。因衣冠乘舆去诣元宝街陈俊卿,及保安桥之高洁臣,皆不遇。俄至吉祥巷拜于吴左泉师柩前,遇洁臣之弟。时左师嗣子不在家中。

左师有自撰及书挽联极佳。联云:"十二万年后尚有何人,大造难存,亦与貌躬同了;七十九岁前何尝有我,今兹虽死,譬如昔日未生。"此师二十一岁大病中作也,不意病愈后又延寿五十八年,师殆于七十后方自书,独空一九字未填,殁后人代填之,是亦一佳话。师虽死竟如生矣。

薄午,在春卿许谈,留共食。饭后,访汤蛰仙小谈。又诣金洞桥陈兰洲许,未见。至卧霞巷吊雪渔先生之丧。俄答拜葛振珊,即归。金月笙来谈,俄去。在震权室坐。胡球甫来。是夕,许绳鹤邀饮,坐有和甫、小秋诸君。夜间,共议许府家事,夜半始散。

十 月

一日 阴,有雨意,微凉

与震权至丰乐桥啖馒头及索面,尽饱。乃乘肩舆出钱唐门,绕北山后,至杨家牌楼一省邱墓。先人墓在张家园,葬已十馀年,松杉皆高大成林。又梧、桂、槐、竹,杂树甚多,蔚然森拥。陈肴酒拜祭已,乃往省蒋家坞先祖墓。墓在半山中,林峰合抱,旁有幽硐。拜讫,即至坟丁家坐,进酒食,醉饱始归。一路山景如画,长林插天,竹深菁密,泉流涓细。时有凉亭,翼然冲路,为行人憩息所。余得诗二句云:"高林俯流水,落叶下寒亭。"

晚,过张祠,入瞻眺久之。入城至竹竿巷,见子颐家中妇儿老幼可悯。昏黑,到佑圣观巷。是夕宿婶母家。震权来谈。夜,秉烛为许府家政删定规制。

二日 阴

震权来谈,俄去。是日许镜芙诸人约游湖上。余乃肩舆出涌金门,乘船,船中人极多,直放刘庄,在里湖毛家步相近。过苏堤第二桥内,望见楼阁层叠,沿岸俪迤,即至。入其园门曲折行,竹柳拂路,堂榭多临水,雕饰精美,几榻光丽。其东有幽室,藏书种种,壁装名画。北有茅屋,亦饶朴雅,楸梧杂卉,芳馥繁艳。又畜鹤二头,笼焉,居水岸间。闻园主人刘文刍尚在此,拥姬妾七八人。俄复登舟至高庄,亭树依然。遂置酒肴,饮于且住轩,亦面湖屋也。饮罢,至宋庄,台榭整整,多假山石。归涂复诣彭祠,九曲石桥、万株垂柳皆无恙。在闲放台略坐,即还。是日密云不雨,晚微见日。夜,入城,在金谨斋宴饮,坐有葛振珊及沈瑶卿。

三日 阴，小雨

葛振珊仍邀刘庄饮，遂肩舆出城，绕道南山下净慈、雷峰一带，别有境趣。俄行近花港观鱼，满山红叶，如一幅画图。既至刘庄，葛已先待，金氏兄弟随至。在面湖堂槛中坐，山水绝佳，映入镜里。俄穿廊绕榭，行其家祠内，殿宇闳丽，陈列精美，为家庙特色。是日饮罢，余先入城，至邵子如许坐，晤和甫。晚，同至塔儿巷，以议许府规则，颇起冲突。夜深归，腹泻，黎明始止。

四日 雨

陈叔通过谈，会震权亦至，俄皆去。余乘肩舆出清波门，赴龙井。盖余母舅朱修伯先生暨所配马太夫人，并葬其地。是日冒雨去，山容湖态，暗淡溟濛。仍走于少保墓侧，南逾大迈岭而东，时已入深山中，峰峦环抱，四围皆乱树，或丛竹幽蔚苍翠，中有狭径可通，景物绝丽。行不数里，有亭翼然，题"龙井"二字。即历山而登，回环数百级。又过风篁亭，询得戚姓坟亲，始知墓所在。乃由彼导引，曲折而行，望见墓门。既入，则为石坛三成，登焉，始见墓前石刻字，果为舅父母葬所。雨正猛淋漓，无拜处，三揖而退。是日，沈和甫招往烟霞洞蔬饭，乃寻风篁山旧路行，超峰越岭，俯窥西湖之半。由此益东，盘折下上又数里，始至烟霞岭，有古洞，怪石閜閕中，雕佛象甚夥。又有东坡象，题为"苏庵"。旧所雕乃钱神，陈兰洲先生恶之，为改制坡老形，名流多题咏者。洞之左，起屋十数椽，一堂面南，俯视群峰逼前，东望江水，形势雄丽。室前供兰花数本，又有小松树二株。下临千仞，云出其际。壁间有杨雪渔、陈蓝洲、吴子修诸人题诗。俄又登石冈之顶，有屋三间，轩豁开朗，旁植梧桐，屋后尚有高处筑亭，循坡可登。迤东少低，亦有亭。余皆未往，俄下至供兰许坐待。因昨夕失眠，遂假寐久之。宾友纷纷至，和甫亦来，须列肴果蔬菜，饮酒极欢，惜余腹疾未瘥。闻和甫白兰提酒可以疗此，允赠余饮之。须臾，视时表已五点，诸客陆续散，余亦行。寻山路下，比入清波门，已黄昏矣。归向和甫许索酒，酌三杯，夜寝果安。

五日 阴

诣塔儿巷小坐，俄即出钱唐门至张祠，在水明楼上宴客，坐有葛振珊、沈瑶亭、郑子翔同吉典管事、金月笙昆仲，及震权、球甫共七人。楼俯湖西望，白堤垂柳成行，断桥跨水。南瞰雷峰塔影，诸山横列，别有境趣。俄诸客醉饱各散，余与震权辈复登祠后高阁，小谈始归。薄晚，高洁丞过谭。杭辛斋又来谈，为浙路经费支绌，汤总理又将告辞，竟无术以救之也。俄相继去。是夕大雨。余诣塔儿巷晚餐，又议许府家事。夜归，雨不止，与婶母谈。

六日 阴雨终日

震权至，与之清理各典近年出入款目，并张、许两家往来计簿。张晴甫、徐汝霖皆自富阳来视余。晴甫饭后去，汝霖留宿伴余。晡，许镜芙过，俄去。晚，作书寄北京及柏林，述此间情形。

七日 晴

与震权并舆出凤山门，诣张勤果公墓一视，规制崇闳，碑亭华表、翁仲等器，皆整列。游瞻毕，复登舆沿江行十里许，望见山麓间楼阁重叠。俄循坡而上，有门洞开，题曰"植物园"，即涛仙馆也。西睨六合塔不远。是日晋泰主人韩幹堂邀饮于此。因山起屋，皆欧式。拾级而上，盘折层累，始达其最精之屋。槛外临江，隔岸山历历，胸旷目怡。屋中供饰精雅，壁多名书画，如石庵、板桥诸人墨迹。屋后再历坡登台焉，复有茅屋三椽，高踞俯视，已近山巅矣。园中新植花，梧松杂树成行，皆未成阴，花卉甚多，置暖房中。是日在彼饮酒甚欢,坐有震珊、谨斋及王湘泉诸人,晡散。归时,江岸汽车已通,铁道纵横,较前尤繁盛。入城,至晋泰庄小坐,又登粹芳茶楼酌茗。俄又在大街间购扇买履。晚,还佑圣观巷,与汝霖、震权共食,球甫亦至,夜谈久之。俄震、球皆去。会王湘泉来访,小坐亦去。

八日　阴

晨起,盥漱毕,进食尽饱。肩舆出,首访翰香于惠兴女校。惠兴,杭旗营奇女子也。以身殉学,感动海内,卒遂其志。然是校苟非翰香主持,亦不能成立也。翰香道德最高,才足以辅之。余闻其持论,以为鞠躬尽瘁、死而后已犹非上德者也,当求死而不已。余深叹服。

惠兴女报,多翰香议论。所谓中权,其别字也。

俄访月笙、谨斋小谈。又拜客数家,在塔儿巷午食。晡,往陆春老许话别。还佑圣观巷,见周少亭表弟。晚,仍至塔儿巷夜饮。归,雨。

临眠,作日记。录前所成五律二首,一题为《自姑苏买舟旋杭途中作》:"苏台风日好,去去感人肠。黄叶迷前渡,白云还故乡。亲朋已寥落,烟树自苍茫。何处弭归棹,蒹葭秋水长。"

又题为《杨家牌楼扫墓归山行即事》:"几日秋阴重,山行路杳冥。高峰俯流水,落叶下寒亭。林外笋初熟,溪边麦正青。野人劝杯酒,归去醉还醒。"

九日　阴,雨止

起,至塔儿巷,邀震权并舆出钱唐门,逾断桥,行苏堤上,杨柳颇稀,内外湖波,灏漾溶漾。过行宫下舆,步至蒋公祠一览。俄复乘以行,越西泠桥,经苏小墓,又秋瑾墓亦在左侧。须臾,绕岳墓而西,林峰如画。行六七里,至灵隐山门,"咫尺西天"四巨字如故。先在茶肆小憩,俄步行入观。万木干霄,乱山合抱,苍深幽蔚。在春淙、壑雷诸亭间听泉鸣,并入飞来峰崖洞中行。怪石嶜岩,内多供佛,其遍山尽雕罗汉象,一奇迹也。薄午,仍出,至周庄中,蔬饭尽饱,乃复乘舆入灵隐寺中。寺门正对飞来峰。自殿基之右登山,凡数百级,盘折而上,一望多高竹巨木,绿云无际。遥见寺门,题曰"韬光"。过是门,复历数十级,始达殿外。伫立周视,左右峻岭插天,惟东南开朗处,眺见西湖景物历历,并见钱唐江及隔岸山,其城内人居,更隐隐在目。余忆数年前似曾来此,殿舍仿佛犹可寻认,惟庙后最高处未至也。是日寻路登焉,至极顶,为纯阳炼丹台,一石洞供象前,开池筑亭,亭柱悬五字联,曰:"楼观沧海日,门对浙江潮。"余久闻之矣。既下,与震权及坟亲云圃辈坐一阁间,与幼僧谈,酌茗,水清而甘。良久言归,相将下山,复至张子颐墓一视,坐其坟亲赵姓家。须臾,即寻旧路归。过岳王墓庙,入徘徊久之。侵晚入城,往谒夔相,小坐即还。检行具,明日将赴沪。

十日 晴

震权至,为余料量什物。早食毕,拜别姊母。将行,会镜芙来送,揖谈数语,遂登舆去。至惠兴女校晤翰香,并见胡君晴波、慕君石樵,皆翰老至契。胡为《浙江日报》馆秉笔者,谈议推倒一切。慕亦满人,前以知县候补浙省,以求新太急,与上官不合被议,犹羁栖于此。是日慈圣诞日,杭城开展览会,集各处女校学生于一地,试验科学,互换知识。故翰香异常忙迫,指挥女徒排班演步,备往赴会。日中,余在彼午饭。饭罢辞去,即出城。中途谨斋踵来,盖将与余同舟也。须臾,至拱宸桥茶楼中坐待,汝霖、震权、球甫等偕至。俄送余登舟,谨斋挈其一侄与共一舱坐卧。晚,舟发,与谨斋纵谈。

十一日 雨

未明,已过嘉兴。早食毕,过松江。一路水声汩汩,迨望见龙华塔,知已近上海,雨犹未止。俄舟过浦滩,雾色溟蒙。须臾,至戴生昌船步泊焉,与谨斋先后持盖登岸。余遂乘车诣池滨桥渭东许,渭东方洗目,先晤少山,次见渭东,遂主其家。

十二日 雨

昨夜成五律一首,以前在杭游烟霞洞,吟诗未就,始补成之。题为《沈君和甫邀饮烟霞洞,余自龙井绕道就之,遇僧闽人,在此三十年矣,年七十馀,善治蔬馔供客,斋舍幽洁,窥眺江流,缨带峦嶂,余饮既醉几忘归矣》:"曳杖寻诗去,秋山第几峰?云归横绝磵,泉响入深松。古洞十年别,忆余十五六年前曾一至此。高僧一笑逢。斋厨无世味,饭罢暮天钟。"

访水云,俄诣止潜,余老友也。谨斋亦在彼,因纵谈话旧,留午食。止潜亦欲赴都门住。饭后,余诣宝记,石芝赴粤未归也。又至《时报》馆,楚卿已至南京。遂造子均,亦未遇。归与渭东谈。俄子均来访,是夕约友同安里金宝钗伎家饮,赴焉。遇孙文卿、庞莱臣。

十三日 雨

与渭东谈。俄驱车至徐家渭,瞻拜李文忠祠。殿宇崇峻,旁有园亭并欧人所铸铜像在焉。神态宛然,自墙外即遥见之。薄午归,顺道一至味莼园,还渭东许午饭。少山来,共谈。会止潜、蛰仙偕过,俄去。是日与少山谈竟日。晚,至旅泰餐馆,蛰仙招饮,坐有止潜。饭罢,与止潜并车绕四马路周行,因至贻德里蛰仙许,即归。

时海上市衢有萧条景象,盖廛肆间灯火渐稀,殊动今昔之感。

十四日　　晴

方欲命驾出，止潜过谈，原议与余在江宁同舟赴汉口，嗣以有他事，将缓其期，遂辍焉。因与纵论当世人才，殊有消乏之叹。苟稍稍略能表见者，即当珍惜之、宝贵之，不必加以苛求矣。君子论事当平心，稍涉不平，即是虚憍，吾辈所宜切戒也。

薄午，车至新北门，肩舆入视族叔母及妹婿谭受钦。又往视莲孙兄，时由怀庆来沪多日，所居屋甚狭，其家人皆各相见无恙。俄过梅溪书院，访张经甫之子惕铭，未遇。经甫前在沪城内与余为忘年交，今已五六年矣。昳，出城，在雅叙园楼上待少山至，因共饮。饮罢，与少山同车往观外国幻戏。阍者云，须夜间始开演，遂不果观。因至西门外斜桥，游所谓西园者，编竹为篱，结茅为屋，架木为亭，地仅二亩，遍视皆菊花，殆逾万种，五色粲烂。游客至，饷以茶，并奏音乐。时日光斜射，徘徊久之，乃与少山登车改赴味莼园，觅视新制之飞艇，予银饼一枚，方得入观。外幂以布，其形似船，极巨，用油布为之，下系竹舆，可坐一二人。前有旋翼，后有形如方旗者，摇转以为舵。飞时以电药灌气入油布中，即可轻举也。俄至跳舞厅酌茗，遇潘经世及连孟清，皆略谈。俄又遇金荫图，甫自金陵至。是夕，复与少山至十六浦观新舞台演剧，台屋构造步武欧西，有三重楼，可坐数千人，皆绕台作半圆式，台形亦如半月。未开演时，亦垂以幕。须臾，幕启，始奏伎，歌舞弦吹皆如旧，惟布缀景物，时有变化，悦人心目，夜散归。

十五日　　微阴

蛰仙过谭，俄去。余将赴宁，别渭东。乘车去至佑三所居一视。薄午，至车站，行具皆至，会少山来送，遂同登汽车，坐待一小时许，少山去，车始发。一等客位极华，并有西餐相饷。适荫图回宁,亦在车中,因共谈,且观报。薄晚,始至镇江,到宁已黄昏后,易坐宁省小汽车入城。时虽阴,因有月光藏云中,故不甚暗。至如意桥,子涵犹未眠也,谈良久。饭后,入见其夫人。既出,据案作日记。表侄荇侬出见,亦别一年矣。

十六日　　晴

马车出,访绳伯于户部街,略谈。绳伯是日赴沪。俄至鱼市访朱筠老,数年不见,因同往三条巷谒王中田先生。王得占春之传,内修功深,是日获瞻颜色,甚幸。日中,与筠老在府东大街酒肆中饮。昳,归,与子涵谈。薄晚,荫图过,是夕邀余同出,一领略秦淮风景。河极狭,灯船甚夥,与荫图对酒谭诗,甚乐,夜归。是日在钓鱼巷遇旧识之伶名三盏灯者,向余一屈膝,立谈数语而去。唐人诗云:"正是江南好风景,落花时节又逢君。"余不无馀感也。

十七日　　阴

在子涵斋中坐,忽闻有林君自上海踵来访余者,急往就见,乃质斋也。俄,筠青亦至纵谭。时以星期五快车追赴不及,于是入都之期又须迟六七日。筠老等乃劝余至无锡访峻斋,并游惠泉山,余允之。薄午,质斋去。余因作书致京,告以迟到之故。与子涵共饭。晡,访荫图于江督署,因游其署中园亭。有池极广,相传洪秀全葬尸其中,今已被掘去。造石船,可以居人。迤西登高台,曲而长,俯视园中景物,松柳楼阁如画。俄下,复见午帅所起欧式屋,屋后馀地平旷,建学舍,整而洁。暮归,子涵置酒食款余,有何君敬斋对饮。是夕,观余母舅朱修伯先生遗文。

十八日　　晴

以质斋、筠青相约,同赴无锡。薄午,乘汽车至下关,访质斋于大观楼,筠老亦踵至。因同坐宁沪车,行过镇江,望见金山宝塔。

薄暮，至无锡，遂下车而步，顾舆仅一乘，乃步至河滨，得小舟同乘。时已昏黑，灯红如豆，泛至县西门外，乃上岸。有署中人持烛前导，遂入城。转折半里许，得达治所。邑尊伊峻斋未归，余三人就其客座中坐。俄供酒饭，食尽饱，复有许君翼亭出陪。许年少善谈，筠老辄与诙谐。须臾，峻斋归，握手甚欢，相与道故，并谭时政。是夕宿署中，余三人皆未自携卧具也。

十九日 晴，云日晖映

县中备游船，并有许君翼亭、叶君少崖等相伴，同游惠山。惠泉本著名，为天下第二泉，山麓一带多丛祠。舟行三四里，一路山光云态，输入船窗。岸柳扶疏，碧波澄澈。既至，舟中先出酒肴共饮。酒罢，乃相与登览。山前有门洞开，其内地势以渐而高，楼殿因山重叠参错，湘楚昭忠祠也。山下有亭翼然，中横巨石，刻"听松"二大字，相传李阳冰所书，后有碑记，摩挲久之。自其侧门入，历阶曲折而上，所谓五步一楼，十步一阁，碧梧翠柏，蔽日千云。俄得一斗室，题曰"品泉小舫"，花树掩窗外，下临绝深，共坐而饮茶，即惠泉之水，味清而厚。俄相与下，因得就观泉水发源处，有二方池在山下，水果澄泓。池后建碑，刻御制诗。更绕而前，则见大方池，龙口水流不竭。池中畜大金鱼数十尾，游跃自如。其上起屋，为游客憩息所。惠泉景物，盖止于此。须臾，复往观二地：一李公祠，奉文忠之弟鹤章；一杨氏宗祠。皆楼池亭馆，精丽幽曲。游毕返舟。归途至黄步墩系缆，其地名小金山，盖四面皆水，中起巍楼，乱后重修者，联扁极夥，登眺久之。薄暮，舟泊西门外，相与进晚餐。夜归，在叶少崖室中谈。叶君工画，昨夕见其为峻斋之祖墨卿先生重摹《秋水园图》，韵格高逸。

是日，余谓筠老曰："《汉书·司马相如传》中所谓令客二字，余辈当之无愧矣。"筠老大然之。

二十日

早起,坐峻斋斋舍中。梧阴满地,风日高凉。禺中,乃与筠老、质斋同向峻老言别,并舆出城,至车站,质斋因还上海。余与筠老返南京,薄晚到,日西下,景绝佳。同乘小汽车入城,比余至子涵许,已上烛矣。夜饭后,与子涵谈。

二十一日　晴

晏起,饭后,乘肩舆出江宁东门,过明故宫,城阙荒颓,所谓东安、西安及五龙诸门犹在,殿址废为田陇,有方孝孺祠,左文襄修,东偏一亭内血迹石,即大书燕贼篡位之留痕也。字不复辨认,血色未灭,余十年前来此亦见之。须臾,出朝阳门,沿城北行,钟山耸秀,山下隐隐望见红墙。舆人言,即明陵也。盖明太祖葬此,又称孝陵。俄行渐近,石人华表等物,双双遥峙。至门,下舆步入阶殿,皆后人补葺者,有乾隆御制诗碑穹然竦立,其后有享殿,殿后乃陵所在。背山俯野,前起大石楼,可登一望,无大树木,仅小松及梧柳等,皆新植者。俄复登舆,往游万寿寺,在陵东北二里许山麓间,枫林如画。禅院数十椽,东偏一楼设蒙学馆,迤东又有废疾养老院。寺之西垣外,乱树间筑茅亭,题曰时游。山径深曲,颇足幽趣。日西斜,复游半山寺,入朝阳门,缘城北行里许,即到。寺屋雅静,迤东有小山,名谢公墩,为谢太傅赌围棋处。上有亭,刻碑为记。宋时王荆公居其地,号半山园,以是得名。寺后依山为城。余寻路登山,亦有茅亭二,疏林萧瑟。今制军端又起屋三间,为游宴地。其东有泉,入夏水声淙淙,时作琴韵。俄下,复至寺中坐。寺有临水堂,窗面北,当盛暑时皆荷芰,亦端帅所种也。会日西沉,遂归。顺道一游毗卢寺,楼观崇闳,斋舍整洁。其地已近督署矣。俄返,已昏暮。夜与子涵之嗣君伯房谈。

二十二日　晴

与伯房同出游，先至鸡鸣山，在如意桥迤北一里许，为梁时同泰寺故址。山上有誌公台，即武帝最崇奉之高僧也，今尚留一禅院。南皮相国于其侧起一楼，可登。俯视城外玄武湖，东眺钟山，所谓当时之台城犹可寻认，在山之背，东西长数千丈，高与城齐，砖石坚整，皆旧物。时风甚，余二人坐未久即去。复登迤西一山，较高，起楼观，居道士，名北极阁。有亭三层，攀绝顶俯览金陵全景，外江内湖，山郭烟树，历历在目。风甚，不能久立，遂下，日已薄午。伯房独归，余往访筠青，在彼午饭。筠青出牛肉、腌鱼相饷，因共谈诗，晡归。俄乘宁省汽车出城，筠青已在下关相待。是夕，在大观楼宿，筠青入夜仍归。

二十三日　晴

禺中入城，先与子涵之夫人谈。闻报纸载有授醇亲王载沣为摄政王，并传命醇王之子溥仪入宫教养，在上书房读书之谕。余闻而心动，不解其故。俄见子涵，谈良久。晡，复至下关，伯房与其二兄幹廷、荐农皆相送出城。幹廷先在大观楼待余，一见即闻幹廷言：沪宁铁路公司下半旗。询以故，有人密告，光绪帝已龙驭上宾，余闻而疑信参半。是夕，筠青又至，遂与诸表侄宴于楼下之西餐馆。饮罢，筠青去，复与幹廷等登楼谈。入夜，幹廷持报纸示余，则遗诏已宣布溥仪入承大统为嗣皇帝，以载沣监国，皆称奉慈宫懿旨，而慈圣即于次日亦崩。盖帝于二十一日酉时，而太后于二十二日未时，相去只一日也。呜呼，痛哉！九年预备立宪之诏甫颁，母子二人竟携手同去，吾为神州一长哀也。

二十四日　晴

晨起,盥漱毕,进食。筠青至,小谈。会闻江孚轮舟已至,仆辈移行具登舟。俄见质斋上楼,盖乘江孚来,将伴余至汉口。余因随至舟中。良久,舟将发,筠青、幹廷等匆匆别去。质斋以所卧榻让余眠,而觅寝所。舟中遇钱铭伯,不见者十馀年。时同舟既多友朋,遂破岑寂。舟行甚迟,薄晚始至芜湖,泊未久即行。夜,补作数日日记。

二十五日

薄午,舟过安庆,小停即开。有自安庆登舟者,杨姓,字进卿,陆军部谘议官,随荫午帅等至太湖阅兵,闻国丧先归。为言秋操不可中止,以外宾皆集故,然宴会却不行。官兵人等闻信皆缟素从事。

是日微阴。薄晚,行江西彭泽县境,有山,峭壁临江,上多楼寺。舟人言名马当山。昏暮后,复有山大如拳,耸立江心,名小孤山。雪老所谓"彭郎夺得小孤来",即其处也。舟中复有席君子培、薛君鹤筹,皆新相识。与质斋谭,甚畅。夜半,舟至九江。是夕甚暖。

二十六日

闻昨夜舟自九江发,未数十里,大雾而停,至今日禺中,始鼓轮去。日高,雾渐散,窥见两岸林树,然远瞭犹冥蒙不能尽见。逾午,乃大晴明。层峰复嶂,回转起伏,如一幅名画。得句云:"千里江流恶,四围山势雄。"安得名笔,使绘此江山万里图,俾我常得卧游也。晡,过湖北黄冈县,滨江有城,人烟颇密,皆背山而居者。晡,过黄石港,屋宇栉比,极繁盛。见有由汉发汽舟自东北来者,盖江路盘曲至此,不知经几转矣。入夜,闻行近黄州,灯火稠密。夜分后三钟,乃至汉口。余已成眠,觉而知之。

二十七日　晴

未明,属仆挈行具先乘缓车去,盖缓车早开,迟一日到,以夜间不行也。余与席君子培叔侄是日同乘快车,禺中乃至站,质斋前来相送。汉口租界亦整洁如沪渎,华肆湫恶,直霄壤别。至站间,方闻人言:钱铭伯曾为南路监督,精心擘画,大获名誉,商民到今受其赐。

未午,车已发。晡,过万山中,林涧幽秀,观之不厌。晚,始至信阳。暮,过驻马店。夜分到黄河,一望电灯照耀如明珠,仍二十分钟乃过。

二十八日　晴

晨起,闻已过彰德。早食毕,同车之薛君尚眠,遂在饭车中坐饮香宾酒,吸烟,看书。薄午,车过石家庄及正定。俄午饭,与余对食者庆君松岩,自云选拔出先人门下,殷勤道故二小时之久。映,过保定,去京师仅二百馀里。晡,过定兴、涿州一带,西山竦峻,风甚厉。良久,行过芦沟桥,坚石成之,洞凡八九。薄晚,望见天宁寺塔,遂径入西便门抵京。家中人来接,遂坐骡车归,途中多遇缟素人。比至家,与母、妹等相见甚欢。因历话南中所见,并观邸抄,知明年改元宣统。夜,补作日记。

二十九日　晴

晏起,出坐斋中,风甚,林叶脱落将尽,炉熏室暖。访关伯珩谈,遇唐温斋,共语宫内事。俄又谒沈雨老,雨老方拟朝见仪注,未接谈。见其嗣君,述及安庆兵变围城,余闻而骇然。薄午,访佑三,犹眠未起,遂归午饭。在稼霖许坐。映,又诣佑三,谈至晡乃去。

闻有某亲贵,当宫闱变作,颇萌觊觎之志,顾才不足济之,遂所如辄沮,终至觖望。

摄政王谦德过人,诸臣皆服。余尚望其有担荷之勇也。

诣新吾,犹未归,薄晚,始至自编书局。余因留晚饭。夜归,良久行具始至。

前在金陵赋半山寺诗未就,今始成之。题为《半山寺怀古》。诗云:"寒云半山寺,落日谢公亭。胜事每独往,流泉不可听。几经沧海变,留得数峰青。凭眺感今昔,西风吹酒醒。"

三十日　　晴

坐窗下,观魏碑。薄午,素服入署见邮司同僚,俄至承值所递销假呈。又至庶务司,见子寿、向辰诸君。吴长官至,升堂一揖,返司午食。时窗外林木凋谢,仅馀古松残柳。晡,有内务府人奉摄政王命来署测勘地址,恐将迫我迁居,而以之作邸第也。俄陈长官至,亦往揖见。晚,诣乾面胡同车务学堂,小坐即归,已昏黑。

啖菊花鱼羹。夜,检去年日记,作致金月笙昆季书。

十一月

一日　　起时微阴,俄晴

访二我,不遇,坐其听事间良久,鞠华满屋。又至大象公司一视,已日中,放气声鸣鸣,遂诣署,无所事事。晡,一至大理院,又往视张澹如,归已暮。夜,观《后汉书》王充、仲长统诸人传。

二日　　晴

薄午,赴干面胡同学堂中晤可山、幹臣,遂留午食。观书。俄忽阴晦,急披素衣乘车趋东华门,盖二圣之梓宫前一日三奠,各部院大臣暨僚属分班行礼,余是日值本司之晚班,不能不往。既下车,步行穿三座门,转折而入一里许,至景运门,过此即乾清门外也。人尚寥落,以时尚早,乃复诣皇极门,徘徊久之,大行、太皇太后设奠处也。遇同僚三数人。内门闭不可见。良久,仍赴乾清门。时缟衣者渐集,约百馀人,皆鹄立以俟。须臾,门启,左右幡盖整丽,乃群北向一跪三叩,礼成,遂各散。是时大风起,殿庭深广,人被风几欲飞去。急自原路出,觅车,仆从面皆作灰色,盖尘起高三丈也。易服登车,至栖凤楼访同汽车来之席姓者,不遇。归已暮,风不止。

前在江舟中得句,是夕续成五律一首,题为《自秭陵朝发,行三日始至汉口,中涂江路盘曲,山景奇丽。是时已得两宫上宾之信,怆然有感,援笔赋之》:

"千里江流恶,四围山势雄。浮云蔽白日,寒木向悲风。北极有新主,南天多伏戎。我闻哀痛诏,泪洒汉川东。"

夜,观林译利俾瑟《战血馀腥》,穷凶极惨,使人毛发懔然。

三日　　风不息

昨趋署,选报。日中,出城,至长椿寺。是日新吾夫人没后百日,饭僧礼忏。余在彼茹素。昳,访二我,在大象公司相见,为言政府,恐复有变端。盖有某亲贵以不获握权,遂思怂恿母后复图垂帘,彼于中冀可得志。是亦一祸根之潜伏者也。又闻安庆炮兵之变亦革党所为,城内惨遭劫害,死者无算,今已被逐,往据庐州城,闻不久亦当克复,该党恐变为流寇,可虑。又闻孙、康二党魁已来上海,通电各省大吏,谓光绪帝身死不明,约起义师入讨。以上三端,皆新闻之可记者。

晡,二我之婿吴君来,盛谈养鸡之业,谓本轻而利厚,决志从事于此。余与二我复谈诗,日暮始归,风渐止。

夜,作致二叔母书。

四日 晴

署中承值。是日邮部纷纷迁移,以醇邸府既为今宣统帝龙兴地,将更迁居,前来勘视銮仪卫并我处地势,不敢不让,故奉长官命,限三日速徙居迤西新造屋中,自假山以东,尽以奉摄政王。于是,各司什物厨几,肩舁背负,络驿于道。薄午,方与同僚共食,忽遥见长官出迎,则素衣冠而来者,即摄政王也。从者多人,至听事小坐,即由庶务司导引,周视各地,良久即去,长官追送不及。余是日共值宿者为张君子鱼,文牒不多,夜分即寝。

五日 晴

时邮司人皆止新税屋中。余交班后,亦踵往。午饭后,阅报数纸。日光满屋,奇暖。晡,与迪生、翼牟、灌青辈同至城外第一楼,登其第三层,斗室精洁,俯窗可瞰三殿,茶饷以龙井,谈笑其中甚乐,晚归。饭后,成七律一首,题为《台城怀古》。诗云:"元武湖边吊古来,斜阳犹照誌公台。独寻秋草荒城冷,为看遥山晚阁开。千里风烟自雄阔,六朝文物已尘埃。金陵王气何年尽,遗事萧条野老哀。"

六日 晴暖

终日不出,坐斋中观《震川文集》,又览《战国策》及《古文辞类纂》。

太史公论百家要旨,独推崇黄老,可称卓识。盖道家之言实为最高等之哲学。所谓无为而无不为,故能笼万物、综群言,而万种学派皆以彼为汇归者也。至哉,道乎!

饭后,据窗几自写所作诗。自甲辰秋至今,约有一百数十首,为《忘山庐诗初集》。

晚,家祭。是日为先人忌日。肯斋来,夜饭后始去。观《文选》诗。古人诗之可传者多以生辣胜。余诗犹有熟病,宜力矫之。夜,风。

七日 晴

诣杨杏城侍郎。俄又访爽夫、朗台,并造仲光,皆见。薄午,至署。饭后,选报,并追检余出都已后各报阅之。

布加利亚与土耳其为争东方铁路管理至起冲突,又东三省自治会解散事,皆在九月间。

今上宣统帝于本月初九登极,由礼部传知各署,凡司员皆当随班入贺。是日易吉服。

晚归,视《古文辞类纂》。夜,览《国策》。

作致表兄朱子涵书。眠时风起。

八日 晴

斋中无事,为叶西平、樊幼庄书屏。薄午,趋署。选报,并检阅旧报,方知布加利亚之谋独立,乃出其人民之意见,非专为铁路事。自土改宪政,欧人方日望和平,不意布人遽欲离土而图自治,奥人忽欲并吞土属之二国,风云大起,出人意表。

晡,出城,答拜濮孝矩,即止潜之子也,未遇。因访叔雅谈,会时百亦至,明日欲同瞻大典,晚归。夜,作致孙翼之、葛振珊二人书,为汇款事。

九日 晴

趋署。俄与同僚咸朝衣冠入西长安门。时车马纷纭,缨黻竞走。进天安及端门,于午门右厢投职名毕,直至太和殿。是日冠裳济济,不下数千人,皆静待朝贺。余及翼牟以时刻尚早,径登殿陛,入观御座,皆紫金盘龙为之,台凡三成,始达坐处。左右列巨炉及黄絮，多陈宝器，扁曰"皇建有极"，乾隆御书。殿后尚有二殿，一曰中和，一曰保和。再后即乾清门矣。三殿皆高耸，俯视两庑，屋脊与阶平，右顾西山雄峙。俄与翼牟偕下，至品级山处人丛中立。其地与殿座相去半里许之远，自下望之，不能见也。须臾，东西彩仗，挺起整然。众官始排班，遥窥陛上，人渐静肃，黄盖中树，鸣鞭者三，殿上发声如梵呗，盖满语赞礼，遂齐拜俯，三跪九叩。当未拜时，微闻殿上呱呱作声，殆即今上，其声远闻历历在耳。礼成，忽见黄盖缥然而下，后有捧诏官随行，直由中门出，众官亦哄然相随。诏出午门，入黄亭，舁以行，至天安门，众官纷纷跪金水桥外，诏已登城，由礼官宣读，先用满语，嚘咿不可辨。继复读汉文，其词甚长，皆宣示改元大赦并加恩臣民之意。诵毕，众官复行三跪九顿首礼。礼毕，见是诏自楼端金凤喙中衔而系下，俄复有人捧入亭，黄盖前导，出大清门，至礼部矣。于是众皆散出。余亦觅车，复至署中。

是日，以海外党人遍传悖悍书信于各省大吏，有旨命邮部转饬严查，盖不许邮局为之通递，以免煽惑。

晡归，复为幼庄、振珊书屏及联。夜，作日记，观报。

十日 阴

冯述文过，乃余幼所从师冯虎臣名炳章先生之子。记方四五岁时，在闽学署，先生授余读，方破蒙也。自余随先人入都，先生因留官闽省，越十馀年，曾一来都，盖在己丑、庚寅之交。时我家居化石桥，与先生一晤，自是不复见。先生殁于丙申岁，享寿五十有五，其子述文，近亦以知县候补闽中矣。

赴东城访季皋，不遇。因诣蔡和甫之子，未见，见其叔。时灯市口宅已为孟晋赁定，即彼家产也。因一往勘视，廊宇颇深，有欧式屋，颇可居。在车务学堂午食，过无量大胡同答拜一友，遂造奎章，见席子培，复诣吕大臣许。薄晚，过新吾，时秉庵已归，留晚饭，乃还，月明。

是日，在车中观书。于新吾许见本日有谕旨降，仍申明立宪之旨，当崇奉大行、两宫遗诏，不可有怠。

十一日　晴

读杜诗，辫发。薄午，趋署。选报，并阅旧报。

波斯有收回立宪诏之说，以为国人皆不愿也。实则以议院与政府冲突太甚，有激而然。

塞尔滨与奥国有寻衅之意，盖以奥国将肆强并夺，以致国人皆愤，前已有拒买奥货之风潮。

德、法以细故龃龉，其所争之案，今犹未结。又朝鲜以日人迫其去发，颇生反动力。

晡，素衣冠入宫内，随班晚奠。先至乾清宫，次往皇极殿，皆一跽三叩。薄晚出，自皇极门至西长安门，约二里馀之远，仍至署小坐。俄归，观《国策》。夜，秉庵过。

十二日　晴

斋中坐，日光满几，观书。俄访爽夫、朗台，说宫中事。传闻有人献媚太后，怂恿垂帘。太后笑曰："我安乐殊甚，温衣饱食，快然足过一世，何苦与人家国事为？且我又不识一字。"进言者乃无词而退。

趋署。长官至，持报升堂。是日暖甚，炉火又猛，乃解里服之著絮者。观时报，有《英藏交涉始末记》，叙载甚详。

薄晚，至大理院，见揆初、芰孙、子林诸君。又访聂玉叔，即归。夜，观书。

十三日　　晴,风

读杜。朗台过谈,薄午去。余赠以《结一庐文集》一本。饭后,诣秉庵。俄出城至第一楼,坐待席子佩及奎章等,逮暮不至。是日楼中无事,成七律一首,《扬子江中感两宫上宾事,制诗恭挽》,诗云:"九重哀诏下天门,雾重山高日色昏。是日江中有雾,舟泊不行。江上蛟龙愁失水,云中鸡犬待招魂。星寒溟海忧何极,碑到蛮荒恨尚存。我向鼎湖说遗爱,艰难心事共谁论?"

是夕,宴子佩、仲贤、二我、朗台、秉庵于致美斋,谈甚畅。

闻肃邸马车奔驰,遥见一老妪抱小儿,坐人力车来,误相触而颠,妪昏晕路上。邸急停车下,使人舁妪及小儿置己车中,送往医院疗治,而自乘其人力车归。其事喧传都下,莫不啧啧颂王之贤。又闻摄政王出,见警兵执一役夫,困辱之,王见而询其故。对曰:王将出,是人不避路也。王大怒曰:"安有是哉,以我出故而绝行人之往来!"呼传警兵痛答之。

十四日　　晴

晓起,斋中灯明炉暖。盥漱毕,进食尽饱,登车去诣新吾,因偕其父子乘马车至东华门,入观皇极殿大祭,随班行礼。是日各部大小职官几千馀人,皆缟素齐集。其一二品大臣跪于门内。俄礼成,有中使捧祭文历阶下徐行,良久,复见诸王福晋雁行而出,既至门外,因张青色帷,左右蔽以行。盖凡大祭,皆有焚化之物,须往奠酒也,以故百官咸跪送。既过,即相随行。俄到三座门内,见绷然而色黄者网以铁丝,中皆慈宫平时袍服巾衫等物,于后遥设奠池。时诸福晋皆一一南向跪,三奠毕,火始举,遂毕焚之。薄午,众皆散,余因至署。

是日,陈长官赴东陵。余饭后到。归,观书,为张子鱼书联。

薄晚，在关伯珩许与沈雨老谈。

闻前年安庆徐锡麟之案非真仇满，实因公私亏迫，将自就死，乃不得已假是为名高。沈雨老云。

又成七律一首，题为《雁影一首赠叔雅》："萧瑟西风雁影高，黄花紫蟹对秋醪。英雄百战终何用，郎署投闲且自豪。愤世不须同屈贾，论功何事羡萧曹。金门大隐惟君共，静爱云山诗思劳。"

前制《台城怀古》诗不佳，因更成之："玄武湖边感朔风，鸡鸣山上夕阳红。漫搔短鬓怜秋草，独俯荒城吊故宫。虏骑来时蛟水恶，禁门开处燕巢空。梁皇苦恨无终极，不及江南一钓翁。"

十五日

蚤起，旭日在树。登车出城，至掌扇胡同悦昌锦绸庄小坐，俄诣施家胡同义善源，皆为南中汇款事。晤王筱斋，略谈，遂访书衡，贺其推丞，阍者以疾辞。乃造二我，在大象厂纵语时事，并谈诗。饭后同往土地庙买梅花。时以国服，内廷供奉绝少，花价大减。俄又至万通木厂一视，仍往二我许坐。其听事间菊花犹肥美无残意，黄紫相间，丛绕参错，中置二我象，所谓人淡如菊者，盖指此邪？室中微寒，以炽炭故，亦不过冷，故花能耐久也。

晚归，观书。是夕，爽夫过谈。二十年前曾见黄蘖禅师七绝诗，自光绪以前皆似有验，后此绝无应，遂置之，以为人所假托且随时增饰者。今闻爽夫诵其诗，有"中兴事业付麟儿，豕后牛前耀德仪"二句。余恍然忆得实有其语，大奇。是日闻大行皇帝谥曰景皇帝，庙号德宗，已宣布。

十六日　晴

起，天方微明。俄即登车去，诣地安门内沙滩一带，叩迎大行皇帝梓宫，盖是日奉移景山之观德殿。殿规制不闳，自穆宗以前皆厝于是。其西南土山绝高,即景山,上有亭,明曰万寿山,思宗殉国于是。余与诒重等将登,甫及半,被人所阻,不果。因出至沙滩静待。是日缟素被裘者几万人,殡至亦如民间,盛饰仪仗,幢盖繁丽,联翩而过,每逾桥及门,必飞纸钱,最后饰棺以黄金,龙缎为幂,杠亦黄色。既至,百官跪伏而迎,有哭泣甚哀者。须臾,相随梓宫入景山东门,止殿扉外,乃去幂,露棺而入。良久位定,众官又拜于门外,始各散。

趋署,选报。晡,至厂肆购纸墨。晚归,梅花已送至,疏香满室。

夜,作书致王绳伯及徐汝霖。

十七日　晴

晏起,观书。时梅花在客座中与残菊相杂,乃命仆尽移去菊,独留梅四盆,亭亭疏媚,为图书生色。薄午,趋署,选报。饭后,见东游归者朱君路著有《学校管窥》一书,观之未竟数叶。

晡归,独饮于白肉馆,啖尽饱乃还。仍览《国策》。夜,成《咏梅》七律一首:"我爱梅花清影臞,飘然常与高人俱。疏烟澹月自萧洒,玉骨冰姿疑有无。莫漫裁诗笑何逊,也应招鹤师林逋。天寒风雪梦初觉,晓夜依君君不孤。"

读杜诗,眠时寒月满庭。

十八日　晴

晏起。姚熙绩在斋中坐,久之即去。赴署,选报。晡,同僚皆散。余复至东城学堂。晚,在六国饭店夜餐。

是日成《六朝松歌》一首,录之:是松在张仲昭园屋中,余在金陵时,伯房告我也。"江山莽莽秋气高,壮哉金陵形势何苕荛。龙蟠虎踞帝王宅,由来千载非一朝。风云百变人事改,当年楼殿生蓬蒿。王侯甲第皆新主，故家台池今寂寥。中有干云蔽日之双松，野老相传托根于六朝。霜皮黛色几千丈，半天风雨来秋涛。侧听江声流不尽，俯观尘世徒为劳。一自宋齐梁陈王气尽，云山黯黯风骚骚。历唐及宋千百祀，茫茫宇宙兼容与并包。黄帝子孙智勇竭，金元万马如奔潮。偏安岂足恃，蹈海终非遥。天地闭塞贤人逃，山川昏浊狐兔嗥。明皇慷慨来江左，扫荡蝼蚁挥戈矛。复倚钟山起宫阙，八方底定烟尘销。岂期二世失灵祚，北方燕子来归巢。直令故宫幽闭不复用，空馀陵庙依江皋。亦越圣清拓洪业，江南民物丰且饶。会当贼氛扇江海，窟穴七载恣盘敖。天佐中兴命诸将，西风飒飒吹旌旄。馀孽已清江表肃，秦淮歌管重啾嘈。呜呼英雄贤圣终黄土，是非成败如鸿毛。不如此松峨峨历千岁，至今停霜冒雪盘挐夭矫凌云霄。"

十九日

未明起，寒月犹朗。盥漱进食，即登车诣景山东门外邮部帐幄中坐待，至天大明，乃有车马纷然走集，盖大行皇帝大祭，乃在巳刻也。俄，官员来者渐多，余入至观德殿前，则幢盖旗旄皆整肃旁列，缟衣人满园。久之，待门开，乃始皆跪行三叩首礼，礼成焚奠，与太皇太后大祭同，但奠酒而拜者系王公百官耳。是日，在景山下遇秦幼衡师，不知何时自滇归也。是日礼毕，皆易吉，惟尚著青色袍服。薄午，至学堂，留午食，晡归。是晚稍寒，加装一袭。

是日，成《德宗景皇帝大祭》诗一首："旭日自迟迟，中园白露垂。松扃隐寒雾，桂殿湿灵旗。德泽昭千祀，神功播九夷。一生未竟志，饮恨待来兹。"

二十日　　晴

秉庵过谈，俄文舫至，是日为余写录两馆计簿，晚始去。黄昏时,向岷过,盖来自合肥,王佑三家甚近也。会稼霖亦来,余斋中相见,遂纵谈。稼霖道达赖拉麻事甚详悉。

是日,闻孟晋有电到,已于十九离德。余见报纸,德皇赏孟晋宝星,奉旨准其佩带矣。夜,观部位西古文。

二十一日　晴

衣青色袍服入署。是日风。选报。闻监国摄政王礼节已议定,奉旨著各衙门遵行。署中皆改用红色簿印。

美、日协约已成,各国欢迎,我国亦承认。盖是约也,实于东亚有益,使日本不得自恣,即我国联美之本志也,而李文忠政策乃始获其效果矣。日之拒俄也以战,美之拒日也则以协约,其为拒则一也,于是而世界之势力平,我国稍藉以自安。

晡,诣新吾,见抄报。已召见军机及大臣,盖凡召对,先向御座叩头,乃至旁室见摄政王,其礼节自三品大员以上,命之坐则坐,馀皆立对。

晚,至义善源。入城诣陈澹如,即归。夜,作书致月笙及震权。观《世说》,作日记。

二十二日　晴

晨,趋入神武门,至皇极殿外,随百官行大行、太皇太后月祭礼,与前此大祭相同。礼成,因至学堂,留午饭,观书。昳,仍至署,览报。上海《神州报》中,载美洲新总统塔虎脱生平历史甚详。大致言:塔氏实有奇才硕德,最得声誉之事,即当美、西战后,入非猎宾为理事长官,颇得土民之欢心。盖为之垦荒、兴学、平道路、置警察,种种政令,百废俱举,已为前总统麦金丽所赏,自是名位益尊,卒为国人戴仰,战胜选举场,遂继罗斯佛之任。

晡归,又欲制七律一首。以前在上海,曾往瞻拜李合肥祠堂,并有铜像巍然独立,不胜钦仰,追忆及此,遂成长句:"遗像嵯峨绕白云,暮年慷慨九州闻。江山遥落谁爱主,豺虎纵横方忆君。自有谋谟安社稷,敢辞疑谤失忠勤。秋风海角荒祠冷,独吊归来日又曛。"

二十三日　　阴

衣冠出城,往谒秦幼衡师,不遇。因访汪颂年谈,犹忆及七年前同居椿树胡同庆小山家,当时余草立宪之议,欲言之当路,颂年亲见之。是时天下犹骇其事,孟晋疑而不敢上。岂期一作海外游,竟翻然有悟,而身为宪政之先导也。颂年曰:"尔今日何反寂寂无一言?"余曰:"向长作开风气之人物,而不肯趋风气,此病中之最深。"

诣杭州馆,又至仁钱馆晤莘甫,即趋署。饭后,观报。

土耳其宣定宪政后,国益扰攘纷拏,外患内逼,不可终日,是亦必不能免之一过渡阶级。苟以是咎立宪,则因噎而废食矣。

《时报》论云:世界上之贼易去,心贼难去。亦一名言也。

晚归,阴寒,似欲酿雪。佑三过谈,留晚食,饮酒尽欢。梅盛开,幽香满屋。夜,风。

二十四日　　微晴,风

晏起,观柳子厚文。柳所作《浯溪》及《钴鉧潭》诸记,其于刻画山水、状写溪壑,为善绘者所不到。

趋署,观报。

论者谓摄政王监国新规定之条制,合于立宪国之程度者有六:一朝见易跽为坐,一诏旨署大臣名,一总统海陆军,一代临议院。馀二者忘之,见《大同报》。

今之舆论不可谓无进化。余睹某报之论学校也,谓学徒于校中,当养成其服从之性质,俾将来可以服从法律。斯言也,直与从前纵谈自由宗旨大相反,彼盖亦深惩夫频年学焰之张,而思有以挽救之也。

见方灌青携来《素兰集》,明女士翁安孺所制诗。

晚归,得䌹斋来札,夔相于廿二未时薨逝,为之怆痛,将为设奠长椿寺,集杭人祭拜。

夜,书致伯房,拟挽夔相联语不成。

二十五日　　晴

观书。俄趋署。是日承值,观报。昨日有诏旨二道:一筹备立宪,一戒奢崇俭,撙节糜费,汰除冗员。

自摄政王当国后,气象为之新,中外推服。观其连日所下谕旨,似极有条理。盖于和平中寓有严肃之气,吾为中国前途贺也。

外国新闻中有希腊火一条,是火能不畏水,古希腊人曾以此制胜海上,久失其传,今复有人研究此术,已试之有验。又闻有人欲创制能灭此火之法。

是日,同值班者为叶君梧春,文牒不繁,余得抽暇观书。

二十六日　　晴

蚤起。薄午始交班。成挽仁和相国联语云:"临大事奋吐忠言,公以硕果能存,群推福德;接后进独标雅度,我亦春风所被,尤感恩知。"跋云:"仁和相国当庚子之变,力持不可与外人开衅,几不免于祸,人少知者。公外和内刚,立朝三十年,多所建白,而荦荦大节,当以此称首也。今秋某假归犹见,拜见公于里第,乃别甫一月,而公遽逝,痛深知己,用制挽词。"

晡,诣东城学堂中小憩,观《樊南文集》。薄晚,诣致美斋,是夕邀集同曹诸公共饭,夜归。

二十七日　晴

起，诣二我。昨夕又代孟晋挽王相国一联云："苍颜鹤发，感圣朝褒重耆臣，国事待相谘，忽传疏广言归，老病只应卧林壑；地坼天崩，怜小子驰还绝塞，私恩惭未报，遽叹沂公长逝，梦魂依旧绕山陵。"与二我谈诗久之，日中归。晡，为王相国书挽联。晚，冯君述文过谈，俄去。夜，观书。

《国策》所谓仁不轻绝，智不轻怨，极可味。盖凡薄者易绝，仁人之存心厚，故难绝；昧者多疑，故易怨，智士之察理明，故不轻怨。

二十八日　晴

蚤起，诣长椿寺，为仁和王相国设位，陈酒肴，并悬所书挽联。同里人如绷斋、经才、仲华、欧荻诸君，先后来拜者约十馀人。逾午，到者为健斋、仲庄，至昳乃散。仍访二我。

昔者有人訾韩退之好为谀墓之文。夫文之不可从事于谀，固矣，而诗尤甚；又非独不可谀人也，并不可谀物。余前作梅花诗视二我，二我以为格近宋人，余殊不解。今方知唐人之咏物也，一点即过，如所谓"东阁官梅动诗兴，何如何逊在扬州"，又如"天意冲寒欲放梅"，彼咏梅之法止此而已，未有作意摹写者也。及至宋人，便有"疏影横斜水清浅"等句，其摹写至矣。摹写即谀也，一谀而诗格卑矣。何也？以其忘己而徇物也。帖括之病根即中于此。

晡，复一至署，即归，观书。

二十九日　风

观书。薄午，趋署。选报。昳，至义善源小坐。晡，至车务学堂，晚归。是日冬至，家祭。董润臣过，留饭，夜去。

昨闻二我言：作画与作诗无异，皆以自写其胸所藏，而不必拘拘于形迹间。是故其品高，其画罔勿超胜。国朝四王，石谷名最大，而画格至卑，以视耕烟、麓台远矣。画中之称圣者，宜莫如云林，所谓不食人间烟火者也。

十二月

一日　晴

检行具，将赴奉天，逆孟晋之至。昳，至灯市口一视新赁屋，又至车务学堂小坐。薄晚登车。昏暮，轮动而行。是夕，车中观韩、欧杂文。退之骨力雄厚，神味渊古，然时柳州尚足与之相亢。降及有宋，欧、曾以下，风韵有馀，求其近古，远逊韩、柳多矣。老泉、子瞻，非不才气纵横，而渊然之光，苍然之色，终觉不逮。是故文至于韩、柳观止矣。竟夜未成眠，车已过天津、塘沽而赴榆关，约行六七百里。

二日　晴

侵晨，至榆关小停。忆去岁余送孟晋，至此而还。俄出长城阙，向东北行，过绥中县及小凌河、大凌河。薄午，至锦州。车中午食。晡，过沟帮子。晚，至新民屯。昏夜，方至沈阳，灯火如织。余此行携仆三人，时已备马车，乘以入城。行十里遥，方至一路，廛宇栉比，多东洋商旅。城门颇闳峻，其内街衢亦广，得一旅馆甚狭，且安身焉。

是夕，得诗一首，题为《朔风吹大野》，有序，序云："戊申季冬，孟晋自柏林归国，由西伯里亚铁路行绕哈尔滨南下，余因出关赴沈阳迎之，因赋长歌纪事。""朔风吹大野，落日照牛羊。之子来万里，关河阻且长。昔年关内送君别，满山风雨中天节。今年关外逆君归，辽河已冻霜雪飞。霜雪何漫漫，行人道路难。相见有欢言，怜君鬓已斑。君鬓何时颜色改,请观人世几桑海,君不归去将谁待?"

三日 晴

起,进早食。时又携得六朝文一册观之。饭后,有同舍之客过余谈。询其姓,曰丁,字府六者。余俄往答拜。昳,坐马车出拜陶杏南、黄锡臣、钱幹臣三君,皆见。又访金芸孙及胡仲巽。仲巽适他出,未见。又至大清银行晤张蔚庭,晡归。是晚,移居沈阳书院,时地方大吏为孟晋设行馆其地,故余亦宿焉。沈沂孙及芸孙来视余,暮皆去。

四日 晴

观书。俄施植之过,闻孟晋已于今早过哈尔滨,晚至长春,明晨必到也。张蔚庭、黄锡臣相继先后至。饭后,坐久之,因乘马车往谒菊帅,其公署皆起重楼叠观,内整饰闳丽,合一督两参五司二道治事于一地,所以组织行政之机关可谓灵敏便利,无积事,无废时,与夫东西洋之治政也,几无毫发异。

晚归,沂孙过,仲巽亦至。是夕,张蔚庭约饮江南春,饮罢,仍至仲巽家。夜纵谈,因留宿。

五日

未明,与仲巽并车出城,至日本车站,时城内官界人,间有出迎者,舆徒皆备。俄报车至,遂相与攀车上,晤孟晋及嫂氏与诸侄,因陆续易马车入城。比至书院,天始大明。是日宾友来者不绝,钱幹臣、陶杏南皆留午饭始去。其馀如沂孙、芸孙辈在此竟日。

六日 阴

晨起,作日记,观书。待孟晋起,始就其室中坐。俄夏地山、李石曾偕至,时孟晋见客不已。石曾俄去,独地山留谈。晡,与芸孙、地山、菉生诸人步行出,往游皇宫。盖从前未入关时,太祖、太宗所居地,今多藏历朝御用珍玩宝器及袍服之类,许人入观,惟须至督署请门钥。是日同往者十馀辈,典守吏一一取出视人,最殊特者,高宗御用龙袍一袭,真珠所盘结。又帝王图,相传宋画本,皆以意为之者。俄又至东厢观磁器,楼上下充满,无隙地,大小数逾十万,凡杯盘瓶缶之类咸备,有极精美可宝者。须臾,启正殿入睹。又登其后凤凰楼,全城在目。薄晚归。黄昏后,复偕芸孙、菉生兄弟及时侄诣地山所居饭店夜餐,晤祁景沂、陶兰泉,夜还。

七日 晴

晨起,盥漱毕,进食。将诣孟晋许谈,行至中庭,忽见西垣外烟涌半空,势积渐不可遏,方知火起,焚邻之庐,适与嫂氏所居连近。于是众役纷纷夺徙器物,孺妇奔走,有类避难。须臾,消防队来者数百人,火亦渐熄,乃一一复故。金锡侯来谈,视余治办旗务章程。

薄午,黄君玉言邀饮,孟晋、仲巽、菉生昆弟咸赴焉。所居庐舍饶精洁,有地炉极暖。酒半,因与仲巽往游商品陈列所,分教育、天产、工艺三种,周览既毕,颇倦,即归。是夕,芸孙又约饮江南村,坐有沂孙、地山。

是日,闻金锡侯之言,方知菊帅所组织之机关,其不灵捷依旧。凡文牒之入,非十日不得批出,然而主者不知也。

八日 晴

未明起。是日送孟晋眷先入都,孟晋欲少留数日。登车时奇寒,同行者菉生兄弟外,尚有黄君玉言。时沂孙、芸孙、仲巽皆来相别。车发行甚迟,午至沟帮子,晡至锦州,昏夜抵山海关,小停即行。车中与景沂等谈,甚乐。夜间过唐山及塘沽。

九日

黎明至天津，俄即开行，车去甚速，过杨村小驻。是时津、京一带皆不睹雪，亢旱甚苦，木叶则凋净。禺中，车已到京，宅中有无数人来迓者。余赴义善源小坐，因趋署。闻陈长官是日由西陵归也。薄午到家。昳，因往灯市口新屋，母、妹皆在彼，与嫂氏闲话。晡，菉生亦至，俄去。晚，出城，在致美斋，集菉生昆季及黄玉言，又一王姓者共饮。

十日　晴

是日西历元旦，已是一千九百零九年矣。趋署，选报。时邮司已复归原处。寒柳萧然，古松盘枝，苍苍独秀。晡，报始呈堂。余即去访二我。余述东省菊帅之所为及金锡侯之言以告。二我云：文牒能十日批出，在我国已为至速，岂可以是薄徐？不观南中诸行省，凡公文之入大吏幕也，数月而后得出，金君抑未之闻邪？

在奉时，见仲巽。仲巽谓余：如不欲战，岂志气之衰竭邪？否则木鸡养到矣。余笑而不答。

晚，在厂肆翰文斋小坐，见《戴刻源集》。是夕，黄积卿邀饮致美斋，坐有菉生兄弟及何仲贤，酒罢即归。

十一日　晴

趋署。闻袁项城有出枢廷消息，新入直者那琴轩也。饭后，诣丞参厅，方知袁乃是开缺回籍字样，不胜骇然。晡，至车务学堂。薄晚，至灯市口，留晚饭。归则佑三在余家中。

庚子以前，李合肥之世界也；庚子以后，袁项城之世界也。合肥既死，项城又去位，不审更推何人支此残局？

十二日　晴

金荫涂至，盖自汉口来逆孟晋者，今日即欲赴津。余以书物托其携去。日中,趋署。方知是日星期。闻外务部尚书以梁敦彦权摄。观所选报。饭后,诣新吾、秉庵,又与彦保谈,晡归。时沈雨老门外车马交错,闻杨杏城在此,不知所议何事。

十三日

未明起,坐灯前观书。

《国语》、《国策》为秦以前绝好文章,格势则迥殊:一以雄厚胜,一以劲肆胜。然吾读二书之终篇,而叹作者之用意若相同也。《语》之终叙范蠡教越勾践伐吴,《策》之终叙白起阻秦昭王伐赵。两君之料敌、审形势、说利害,如指诸掌,而要之以待时而动四字为不易之规。时至则吴可伐也,时不至则赵不可伐也。皆一准于时而已矣,其以此终篇,盖有微旨也。

读鲍明远《舞鹤赋》及《登楼赋》。

破晓,日久不出,寒云密布,有雪意。薄午,将登车出访伯珩谈,俄赴灯市口,在嫂许午饭。又至法华寺晤季皋、仲昭。晡,趋署。晚归,又在沈雨老许谈。

十四日　　晴

是日孟晋来都,余先至灯市口一视。薄午,至车站。日昳,汽车始到,迎者数十人,大抵外部及顺天府并杭州同乡诸僚友,复有德国驻使亦来相迓。孟晋既下车,与诸人握手款洽,遂易马车入正阳门驰而西来余家,先瞻拜祠宇,然后就母谈,与家中诸人相见。俄进食,与余共啖尽饱。晡去。余俄亦至东城。是夕与稼霖同随孟晋宿法华寺,盖孟晋以未复命,故居于外。

夜,月甚明,中庭地白,季皋过谈。季皋居寺之东院。

十五日

昨夜间不得熟眠,又寒甚。晓起进食,与孟晋闲谈。俄陈玉苍尚书来寺中，孟晋见之，谈良久去。余俄诣季皋小坐，即出城诣义善源。薄午趋署，选报。晡归，闻居停主人促我迁居，以此宅将改充崇陵工程处。崇陵者，德宗景皇帝之陵也。承修大臣为摄政王胞弟载洵，即善芝樵之婿也。余赁芝樵屋已久，价极廉，故欲借是使我让出，彼得别获厚利，余家不能不许之，惟必于他处得佳宅乃能徙。

晚，仍趋法华寺，月明，至寺中，孟晋方与地山、荫图、翼卿晚饭，余亦就坐共食。俄地山辈先后去，孟晋就枕。稼霖俄至，仍同宿焉。

十六日　晴

未明起。是日孟晋入宫请圣安。余与稼霖随入，在景运门外朝房中坐待。孟晋召见出，同至吴䋲斋许坐谈。闻外人以项城之去位，有不撤兵之意。日中，在灯市口与孟晋共饭。昳归，观某某所著《乙丙杂录》，内有中国邮政史，于十年内邮政始末情形颇详。时母及妻已往看新屋，归言无佳者。在关伯珩许饮。

十七日　小雪

园庭尽白。往看苦水井及西交民巷新屋二所，颇不合用，遂却之。因趋署。邮司前后明窗，多林木，雪景绝丽。或曰于此当饮酒赋诗。余曰不然。凡妙境当前，诗或自来；其或不来，而强赋之，必无好诗矣。且诗必愁苦而后工，快意时又往往无诗，强赋之何为？且雪之为象，已是天地自然之诗，当不著一字，其妙无穷；一为人所赋，便是画蛇添足矣。杨君迪生闻余言，以为然。

选报。时日光屡透，渐有晴意。松枝上积雪甚多。晡，出城，又看新屋二所。晚归。

十八日　晴

早食毕，偕妻随母往看新屋，在手帕胡同迤南路西，系新造者，亦四十馀椽，以无庖厨，遂舍而他之。又看草帽胡同之屋，门西向，屋宇朴雅，东有空敞，惜群屋太鲜，寝室狭隘，不足供用也。薄午，至署。是日承值，与郭梅圃同班，文牒颇多，夜深始寝。览《樊南文集》。是夕奇寒。

十九日　　晴

蚤起。是日封印交班讫，遂衣冠以待。会沈雨老至，群登堂揖贺。在邮司与同僚射灯谜为戏。晡，访二我于烟敞，闻其疾，遂造门问询，竟延入。其客座中梅菊幽艳，又杂有天竺、茶花之类，奇馥绝丽。二我俄出，与余谈。时炉火微温，余谓宜稍烈其焰，君扶病恐受寒。二我曰："勿尔，惧损我花。"余笑曰："君可谓惜花而忘其躯。"薄晚归，闻母感疾，入省，犹卧未起也。连日觅屋，竟无相当者，屋直又奇昂，奈何？

二十日　　雪飞

又偕妻、妹往看屋，在高碑胡同左近，比至，则闻已赁出矣。余因至灯市口见孟晋，时吴挹清、金荫图等皆在坐，方共食，余亦就坐而食。饭罢，孟晋又接见一贵客，俄客去，余入与嫂谈。须臾，孟晋衣冠出，余因诣化石桥见新吾、秉庵。又视彦保，方据案手抄杜诗。彦公平素最喜抄书，以是为排遣也。时雪止，犹阴寒，晚归。夜，作日记。

二十一日　　晴，风

往视拐棒胡同屋，马厩宽广，堂舍新整而无廊，夏中恐热甚也。俄归。是日川如生日。薄午，趋署，选报。

法总统被刺，受伤而已。波斯王复欲废除宪政，革党飙起，几不可遏。

晡归，闻孟晋已来而去，嫂尚在余家，晚始归。居停复迫余徙，未遽听之。观《后汉书》郭躬、陈宠诸人传,皆以法律传家,子孙昌大。然则世谓理刑者多无后,其不然欤。

子贡谓臧叔之言曰:福莫大于仁,祸莫大于刻。然哉!

夜,风甚。母病小愈,惟咳不止。

二十二日　晴

肯斋过,俄去。余诣佑三,勘视其东偏屋,颇宽洁。薄午归,命仆敛书入笥。余饭后仍出城,至麻刀胡同看何润夫旧屋,旁有院落,书斋二间,榆柳数株,有屋如船,前莳杂花,惜太僻远。访许季芗,不遇。诣叔雅,方患咯血,病容憔悴,日以弹琴自娱。窗外殊有花木,足养静也。晚归,观书及报。

意大利地震为灾,伤人无数。

二十三日　晴

复往观佑三屋,拟移住暂居,然年内无几日,必不能徙也。

归,督家丁检书,并以束字画,心烦乱不可言。晡,始食。晚,秉庵过谈,俄去。出门仰见高槐,叹曰:此木参天! 时已入夜,明星皙皙。

是夕祭灶,毕,入观书。

二十四日　晴

时笥箧纵横错置,一斋狼藉。庄幹卿过谈,俄去。余访芝樵,晤文符,在彼闲谈,薄午归,检理什物。翰文斋送一书来,视之乃《徐霞客游记》也。日中,趋署,选报。晡,至车务学堂。晚,在孟晋许坐,见嫂,孟晋出未归也。稼霖在彼,夜归。

观《世说》,又览《游记》,嫌其文句芜陋,观之生厌,戏为润削。

二十五日　晴

起,见奴役纷纷捎几昇榻,负箱挟笥,出入不禁。盖于年内先移器物之粗重者至佑三许,逾年可冀轻简。饭后,诣许季芴,闻陈侯官被劾三款:一曰縻帑,一曰徇私,一曰纳贿。已奉旨命孙、那二相国查办,不知若何也。又谈及项城罢职时情形,季芴皆亲见之。晡,又至皮库营看一屋,遂诣新吾,是日新拜翰林院侍讲之命,举家欢然。与秉庵谈。秉庵新辟一客室,整饬如欧人,壁悬一古迹画,钩模逼真,与留影同,而光色过之矣。新吾卧房外亦张其一,天光海色,无毫发异。其对闼间复有人物,其装服之娇艳,绫缎锦绮不相混也。西人画工至绝顶矣。晚归,飞雪。入夜,雪甚。

二十六日　阴

是日车务学堂岁终考课,吕、孙二大臣皆临。孙即孟晋也。余起稍晏,奔往已稍后。学徒数十人皆排坐,执笔撰草。初试国文,次英文,又次试电报,一人按机,一人排字。是午,与总办袁等陪二钦使共食。食已,复课电话车务,薄晚始散。余诣孟晋许小坐,归已暮。听事间空洞无物。夜餐后,范彤士在稼霖许,招余往谭。大雪厚数寸,林园尽白,与彤士坐聆稼霖作里巷讴吟,亦顿挫有致。

是夕,闻妻、妹等又看一屋,甚佳。

夜,坐窗间削改《霞客游记》,其《天台山》一篇已卒稿,自视较原书稍整练,无闲冗字句,精神跃然。

二十七日　大雪不止

起,盥漱进食已,在母房小坐。时母身痛已愈,惟寒嗽不止。俄戴帷帽出,送梅花四盆至稼霖许,因坐其斋中谈。窗外雪飘萧,林石皓然。围炉共语,稼霖道及内城旗族风俗习惯,纤悉详尽。大凡饮食、起居、衣服及屋内之张设,约分数等,几千家一律。稼霖好音乐,每随子弟侍弹丝蹑履,遍游人家门,故知之真且确也。余因在彼午饭。昳,驾车趋署。时雪霏微,渐有晴意。到邮司中眺览,雪景如画。闻部中被劾事,查办大臣已行文来索案卷,堂司皆惶恐,手足忙乱,至今尚未交出。顷又有牒至催取,势甚汹汹。晚归,雪止。夜,风起,奇寒。观书。

二十八日　　晴霁

庭前雪堆积,不可骤除。诣稼霖斋中理发,稼霖尚眠未起。俄往视澜妹,又还卧室观书。

薄午,孟晋至。余家祖父以上木主,自乙未岁孟晋游宦津沽,即留余上海宅中奉祀。壬寅秋,孟晋使巴黎,余又移家京畿,至今十二三年,岁时之祭,皆余恪恭行礼,未尝少怠。兹孟晋自德归,将久居京师,而余行移新屋矣,因议迁主至孟晋许。是日孟晋衣冠来,焚香拜迎,遂留午饭。晡,余复衣冠往送,安置孟晋之东厢,合家瞻拜。是夕,与爽夫及陆新甫皆在孟晋听事晚饭。夜归,祀神。

二十九日　　晴

在酱房胡同看新屋,屋宇宏整,颇不恶,即归。薄午,作复徐汝霖书。日中,肯斋至。晚,趋署一视。又往源丰润及义善源小坐。薄晚,诣新吾,留晚食,与夏彦老谈。是日奇寒。夜归,母咳犹未止。

三十日　　晴

孟晋来,向母辞岁。时余所旧处斋馆已重裱饰,陈几榻,为崇陵工程处人员集议之地。是日已渐有人至。薄午,孟晋去,余检校两馆计簿,并给发银钱。晡,衣冠出,先诣喜鹊胡同吕督办许投刺,又诣伦贝子请谒,未见。遂至孟晋许,时迈达女师在,彼谈欧洲闱阃,大抵嗜谈国政。彼谓袁之去位,陈之又将摇动,朝廷用人不当如是。一事治之甫就绪,遽又易人,事安得理?秉权者未免轻信贵近浮议,遂妄有所变移。其于国事,惧多所损而寡益也。是夕,与孟晋同祭拜祖祠。夜归,侍母宴饮,一家欢乐。

附录一　日益斋日记摘抄

光绪二十一年

○十月初八日

日昃,偕燕生、仲巽入城,至梅径书院张经甫先生所居……俄顷客来甚多,有汪颂谷、□颂南,又吴铁樵则所结之同志也,出公会续增章程示同人,都中此时亦拟设强学会,穰卿欲合南北为一。

光绪二十二年

二月初一日

大兄来书,言强学书局设于京师者封而复开,封者以去岁杨莘伯奏也,其开以胡公度奏也。余兄闻京局封禁,愤懑累日,寓书褚伯约,领其上书力争,伯约奏稿成,自以在局中引嫌,授胡君上之,竟获允准,且许推广。中国幸事。

四月初三日

访梁卓如……勉斋来自杭,俄仲巽亦至,同车至格致书室购书,有《治心勉病法》一书,傅兰雅译。午同饮于海天春,复招燕生、襄孙、卓如,穰卿亦至,畅谈,俄各散。

二十七日

访吴筱村乔梓于全安栈,穰卿、卓如咸在,述及都中受刑之宦者寇连才,其上书所言实欲朝廷变家天下为官天下,奇哉。折草在穰卿处,尚未见也。俄偕穰卿、卓如至新立报馆处新租屋,楼上下约十馀间。过午后,访仲逊。

五月二十九日

过午,梁卓如过谈,论公羊三统。三统之说无定名,凡事大小精粗皆有三统,如孔子、耶苏、佛,大三统也,而一统之中又有三统,以大包小,可类推也。卓如云,孔子之三统,一曰天子,再曰天,最上曰元,故《春秋》首言元年,春王正月,以元统春,春即天也,以天统王。余谓,书法之意尚未敢决,而按诸大三统宗旨,实不谋而合,所谓天子者,即孔子君主之统也,所谓天者,即耶苏民主之统也,所谓元者,即佛氏无主之统也。孔子以君为天子,而民皆君子,故每以君持教;耶苏谓人人皆天子,悉主于天,君不能主,故以上帝持教;佛谓人皆自主,无主之者,虽天不能主,故以明心悟性持教。其究也,孔子之民属于天子,耶苏之民属于天,佛之民属于元。何休解公羊曰:"元者气也,无形以起,有形以分。"至哉言乎。故佛氏谓人之灵性始出于一,散为万殊,以至无量,后归于一,其元之谓乎?其元之谓乎?

六月初二日

至时务报馆,梁卓如抱微恙,与谈六统之说。卓如坚不谓然,守师说也……

初九

晡,访蛰仙,旋至时务报馆,继谈六统之说。夜归。……

二十日

莫至时务报馆,坚仲、穗卿于是晚登轮北行,卓如约饮万年春。夜独与坚仲至味莼园谈至夜深,旋车至报馆,坚仲登舟,余归……

二十九日

晡,至报馆,见时务报第一册.

七月十四日

廖筱东招饮一品香,馆已偕次申访杏荪不遇,旋至时务报馆及卓如谈论合肥不合。

○八月十四日

宴复生、卓如、穰卿、燕生诸子于一品香,纵谈近日格致之学多暗合佛理,人始尊重佛书,而格致遂与佛教并行于世……

○十九日

过午,诣谭复生,与燕生、雁舟、穰卿、卓如及复生七人同映一像,或趺坐,或倚坐,或偏袒左臂右膝着地,或踞两足而坐,状类不一……

○二十四日

诣时务报馆,见都中某来函,芦汉铁路中辍,恐汉人为乱,易内犯人也。俄吴雁舟来,与卓如及余同至徐园,花石盘绕,亭榭极闲,三人茶话。余问:"成佛之后复堕落否?"雁舟曰:"一悟不再迷。"曰:"然则迷之先曾悟否?"曰:"未也。譬诸矿石未炼之质,自火中出,与凡金殊。以故由迷入悟,无堕落境。"

○二十八日

至时务报馆。

九月十八日

过午,诣时务报馆,卓如将返粤东,昨赠余所著《读西书法》及

《西学书目》,极便学者。卓如与余同年生,余远愧之。

十月初一日

晚观时务报梁卓如论学校十三中言学会之益,丑诋纪昀,伟识不可及。又《古议院考》以为秦汉间犹有议院之意,如汉官制有所谓议郎、议曹史者,秦亦常有召博士会议之举,若三代书传所载询谋金同及卿士庶人等语,更无论也。援证有本,可谓善读书者。

十二月初二日

览时务报梁卓如论女子缠足弊云:五洲待女子有三刑,非洲、印度以石压首,使成扁形,其刑若黥;欧洲好细腰,其刑若关木;中国缠足,其刑若【斫】胫。三刑行地球,女子无完人矣。快论。

光绪二十三年

三月初十

访卓如、仲华。

十四日

章枚叔过谭。枚叔以酒醉失言,诋康长素教匪,为康党所闻,与枚叔斗辨至挥拳。

二十八日

约与谭复生等七人映一像,仲巽属予题之,予为略跋数语云:"丙申秋,海上集同志七子曰吴雁舟【嘉瑞】,曰谭甫生【嗣同】,曰宋燕生【恕】,曰梁卓如【启超】,曰汪穰卿【康年】,曰胡仲逊【惟志】,曰孙仲愚【宝瑄】。其人多喜阐教统,志游览海。一日,皆于光学中现身,乃为倡云:'幻影本非真,颔镜莫狂走。他年法界人,当日竹林友。'"

五月十四日

诣张园，与卓如、穰卿，出一纸示余，盖吴铁樵于湖北以鸾笔与诸弟谈，语家事琐细悉合。自云为庸医误，满纸伤感。会仲逊等踵来，观之咸大诧异。予曰：是不奇，人固未尝死，所化者躯体耳，其神固有与人接谈之能。

七月初二日

于时务报馆晤汪穰卿，汪言黄公度在此，欲令穰卿以报馆总理事畀其弟颂阁。……汪又言，吴筱春招卓如往湖读全藏，麦孟华将从之。

初四日

卓如、穰卿、李一琴来访，汪与黄公度有隙，余排解之。

十月初三日

晤卓如，云以初七日与李一琴同往湖北。……

初六日

汪穰卿、梁卓如邀宴于时务报馆，坐客有盛杏孙、康长素、经联三、何梅生等。卓如以事未至。

十一月初五日

诣时务报馆，见游台湾人遗卓如书，述台中风土及日人据后情状甚详。日所遣官多不肖，虐视台民，闻日朝欲易人往治，不果。

光绪二十五年

三月初五日

仲巽将从念劬游日本，余往送行，并录《秋风行》旧作托其带示卓如，以证同志。

七月十五日

穗卿言,近日支那旧党演成二派,曰荣曰庆,新党亦演成二派,曰康曰孙。荣、庆二党争于内,康、孙二党争于外,不国破人亡不止也。又云,康与孙教派不同,宗旨亦异,康尊孔而孙奉景教,康尊王而孙志逐满,康之徒党多有智慧、工文学者,孙之徒党多有勇力、习战阵者。仲巽云,康儒而孙墨也。余曰,儒以文乱法,墨以武犯禁。

○十二月十二日

诣昌言报馆,枚叔、浩吾咸在,问傅相作何语。傅相自云:"奉懿旨捕康、梁。"且曰:"如获此二人,功甚大,过于平发、捻矣,吾当进爵。"语毕大笑。傅相询余是否康党,余答曰:"是康党。"相曰:"不畏捕否?"曰:"不畏。中堂断擒康党,先执余可也。"相曰:"吾安能执汝?吾亦康党也。濒陛辞时,有人劾余为康党。"枚叔等闻皆大笑曰:"奇事,康以六品官,而宰相为之党,未之前闻。"余曰,合肥在都逢人辄语曰:"康有为吾不如也。废制义事,吾欲为数十年而不能,彼竟能之,吾深愧焉。"故都人多目为康党。比召对,太后以弹章示之曰:"有人谗尔为康党。"合肥曰:"臣实是康党,废立之事臣不与闻,六部诚可废,若旧法能富强,中国之强久矣,何待今日?主张变法者即指为康党,臣无可逃,实是康党。"太后默然。

光绪二十六年

三月二十九日

昨夜,撰代李傅相覆梁卓如书稿成,是日录出,晚以[示]琴甫。

五月十八日

……是日同志大会,因北方义和团匪滋扰铁路斫电杆,声言扶清灭洋,专与西人为难,焚教堂,毙欧洲男女无算。朝廷嘉其忠义,不肯议剿,一意宣抚,欲留以恫吓西人。西人大怒,各调水陆兵集天津,议废政府,逐西后,瓜分支那。是日晡,津电又至,云西人瓜分事定,诸同志速筹良法。于是佛尘、小沂、叔雅诸人议立国会,欲奉陈右铭、刘岘庄等为首领,据南省自立。是日聚议半日,晚始散。

二十日

晡,诣仲巽,与枚叔谈,燕生亦至。枚叔云:文芸阁电致英、日、美诸国,请共扶皇上复位。燕生与枚叔争论,枚叔以逐满为宗旨,燕生以爱民为宗旨。

六月初一日

岘帅电盛京卿云:时事如此,惟有保全东南半壁,以为大局转机,以尽守土之责。遂电商香帅,各遣人至海上会同关道与各国领事立密约,共保长江一带中外人性命财产,不启衅端,合肥亦与俄、美诸国议定,不与中国开衅,专剿团匪及助团匪之人,英政府亦先注重保全性命财产,无侵占意,于是沿海五省可以巩固无虞。

初九日

诣彦复,共商致电合肥事,电云:西兵麇集,政府必毁,请开示党禁,号召志士收拾东南半壁。至昌言报馆,见枚叔、浩吾等偕诣容莼甫,闻容公欲奋身起开国会,已撰定规条送往沪英领事某观之,深韪其事,为电告英政府转达美总统。如英、美皆认此国会,即可图自立矣。

十七日

贵翰香偕邵崇柏来访,谈及海上国会事,谓国会可立,必待南部督抚认许,若但仰西人鼻息,则将来虽有国会,仍为西人所用。翰香云:今日国局为自古所未闻,北部启衅,而南省联合,书之史册,亦大惊骇事。

二十六日

是日,同志集议叶浩吾家,各抒所见。余有二则付问槎携示同人:其一,国会必立宗旨,一曰华政,一曰自立;其二团体既结,遇事会商必有法。

二十八日

诣傅相,晤曾敬治谭。余谓李相此次离粤督任,西人皆不谓然。谓渠奉太后之命,太后为团匪之魁,既奉其命,即与端、刚诸人无异也。故宜劝傅相向西国标明宗旨,凡我之所以北行者,为东南几万万生灵、祖宗数百年基业,故来言和,非为救太后也。若仍以太后为言,则西人必不许开议。敬治云:傅相已自标宗旨,矣,谓如公使全数伤亡则渠必不办事。余谓,如此宜登诸报。曰已电泰姆士报馆,令宣播此意。昨电至矣。

○七月一日

是日海上同志八十馀人大会于愚园之南新厅,群以次列坐,北向,浩吾权充主席,宣读今日联会之意:一、不认通匪矫诏之伪政府;二、联络外交;三、平内乱;四、保全中国自主;五、推广支那未来之文明进化。定名曰中国议会。令大众以为然者举手,举手者过半,议遂定。乃投票公举正、副会长,令人各以小纸自书心中所欲举之正、副姓名,交书记者,书记收齐点数。凡举正会长以举容纯甫为最多,计四十二人;举副会长又以严又陵为最多,计十五人。于是容、严二公入座。容公向大众宣讲宗旨,声如洪钟。在会人意气奋发,鼓掌雷动。

三日

往谒傅相,谈及国会,因述立会宗旨,傅相颇以为然。余因曰:

"满洲不可救矣。相公曷留此身以救中国?"傅曰:"吾老矣,如之何其救之?"余曰:"相公能[救]中国,功在万世。"

○四日

诸同志在愚园第二次开会,到者六十馀人,题名者五十馀人。容公命余及菊生掌会计,余及菊生皆辞,遂改命荫亭、佛尘权理其事。俄定掌书记者三人:叶浩吾、邱公恪、汪子健;掌干事者十人:郑陶斋、唐佛尘、沈小坅、汪穰卿、汪剑斋、丁叔雅、吴彦复、赵仲宣、胡仲翼、孙仲愚。议既定,始以次散。

谒傅相,论及康、梁,余谓,康、梁之为人与其作事,某不敢尽为然,惟能发矇振聩,开风气,则于中国大有功。傅相曰:"亦不过多增无算书痴而已。"余曰:"士为四民之首,自以开士智为先,而后及于农工商。相公前日办交涉之棘手,与受重谤于天下,皆因士夫不知外事。使士夫早能朗悟,何至和战交争、贻误大局?"傅相无言。

七日

午诣容纯甫,佛尘亦在。佛尘对余痛哭,谓国会开议甫二次,同志中遂有立异者,如汪穰卿、叶浩吾辈,造种种蜚语与容公为难,中国亡矣,不可救矣。余闻之亦不胜懊丧。

○八月十七日

祖荔轩、荫庭谈及汉口之役,相与太息,谓新党即欲举事,宜俟东南腹地土匪遍起,官军不暇兼顾,乃借团练为名,扫除一[净?]土,渐扩充其权力,如是或能保卫一隅,立自主之国,未可知也。今者南部大吏方与外联和同之约,镇卫长江一带,而土民又无蠢动者,新党竟先为祸首,乱太平之局……故英领事有公文致鄂督云:"南方有所谓大刀会、哥老会、维新党诸种,皆与北方团匪相仿佛,有为乱者,即速擒捕,敝国决不保护。"

附录二　刘厚生跋

孙仲瑜君之日记十二册,予因向合众图书馆借阅,匆匆披览,不能有所贡献,姑记概略如下:

仲瑜为侍郎孙子授诒经之次子。侍郎学问渊博,有名于时,长子慕韩宝琦,在袁世凯政权时代做过很多很大的官,是一个胸无主宰的官僚,其品格与颜惠卿相似,并与庆王、颜惠卿、袁世凯都有姻亲关系,而其弟仲瑜交游极广,因淡于名利之故,做官并不显达。仲瑜日记共十二册,但中间缺的很多,光绪三十四年之后(即光绪帝与西后那拉死亡之后),即无日记可查。此所存之十二册为合众图书馆之钞本也。日记前有叶揆初先生的叙言,极其允当,惟有些微不同之意见如下:

仲瑜资质很高,又有博闻强记之能力,其学识上之成就似应大有可观。惜乎生于世家,衣食丰足,又不幸为合肥李瀚章之婿,对于甲午朝鲜以前之历史全不了解,竟称"朝鲜并无东学党之事实,所谓东学党者,乃袁世凯杜撰之名称,以欺骗李鸿章而巩固其自己之地位,并盛称朝鲜国王李熙之父大院君李昰应为正人君子",而不知昰应乃卖国于日本之一段历史也。当光绪甲申年,李昰应沟通日本之领事,领事派兵竟入朝鲜王宫,意图擒拿国王李熙及王妃闵氏,幸事前为袁世凯所侦知,领兵入王宫保护,而宫内已有日兵闭门拒守,世凯之兵攻入王宫,将日兵击破,始将国王及王妃救出,暂住兵营。日领知失败,遂不承认有派兵入宫之事。李鸿章于事后亦听日人间谍之言,心疑世凯有意启衅,遂奏派北洋会办大臣吴大澂前往朝鲜查办,查出实在情形,完全由于大院君李昰应勾结日本领事之所为,而日本政府亦默认日领行为之不当,撤差回国,另换别人,皆官文书中所载之事实。吴大澂回国后,竭力保举世凯并与世凯结儿女姻亲(袁克定即娶吴大澂之女)。而仲瑜不察,竟犯此极大之错误,不啻把自己一生的学问名誉完全毁灭矣。

至于其他政治知识,亦似博而不精,太无主宰,其最初在上海所认识而服膺者为上海人宋燕生及张经甫二人。此二人对于政治知识及其主张皆极浅薄而可笑,较之梁任公、章太炎、严几道均不能比拟。仲瑜与太炎往来颇密,而对于太炎学问,似乎并无所得也。

揆公论人极其平恕,序中有云:"现存日记中断于项城罢斥之年,不知辛、壬以后其论如何。"又云:"今得于断缣零璧中温其绪论,斯诚光绪以来读书明理之君子矣。"善善从长,诚为确论。盖无论何人,皆受时代环境之支配,不能以现在之眼光评论数十年以前之人物也。

叶景葵题识:此文刘厚生先生垣借阅后所记,时年八十有一,一九五三年三月卅一日。

人名索引

一、本索引收入《孙宝瑄日记》正文中出现的人名，姓名作为主条目，字号、官职、谥号、绰号、籍贯、室名等别称括注于姓名之后。无法确考姓名者，以本日记首次出现之称谓为主条目。

二、其他称谓如字号、官职、谥号、籍贯、代称、绰号等别称，列为附条目，如：

慕韩	见孙宝琦	字号例
夔帅、夔相	见王文韶	官职例
文忠	见李鸿章	谥号例
长沙	见张百熙	籍贯例
本初	见袁世凯	代称例
三郎	见张冠霞	绰号例

三、为节省篇幅，括注中之称谓与主条目称谓首字相同者，不列为附条目。如：

蔡元培（蔡鹤卿、鹤卿）:27.7.16……　　"蔡鹤卿"因与"蔡元培"首字相同，检索"蔡"字时皆可查到，故不另列附条目

鹤卿　见蔡元培　　"鹤卿"与"蔡元培"首字不同，列为附条目，以供仅出现"鹤卿"时检索

四、多人合称之可考者，作为附条目参见各自之姓名主条目。如：

荫亭父子　见魏承樾、魏纶先

五、历代帝、后,以庙号、年号、徽号为检索条目,如汉武帝、宋神宗、乾隆、光绪、慈禧、隆裕等。女子有姓氏而名号未知者,以"某某妻"、"某某妹"等作为检索条目,后附姓氏。

六、称谓所对应的阿拉伯数字,为年号纪年之年、月、日。年份加粗,仅在首次出现时标注,后为月、日,各年之间用分号隔开。

七、本索引之各条目均按音序排列。

八、由于资料和个人学识所限,本索引疏误之处在所难免,诚望读者不吝指正。

A

阿拉克塞夫　**29**.9.20

阿思喀尔　**33**.11.16

爱利法尔　**34**.6.23

安藤　**24**.5.9

安维峻(安御史、安晓峰)　**20**.3.9,12.2,12.5,12.6,12.19,12.20

B

白鹤洪　**32**.8.20

白厚之　**34**.2.26

白叔　**24**.8.26;**27**.2.22;**28**.10.4

白玉　**33**.11.13;**34**.1.21,2.3

白仲谦(仲谦)　**29**.10.21,10.23

百揆　见陆伯揆

百约　见褚百约

柏峻山　**32**.10.29；**33**.2.1

班侯、班老　见徐班侯

包鸿卿　**23**.1.18

宝琦　见孙宝琦

宝如　**28**.2.14，2.17，2.19，2.21，2.27，3.10，3.11，4.12

宝瑞臣　**32**.9.20；**33**.1.1，4.25

保伯平　**34**.6.21

保桂　**33**.7.9

保文舫（文舫）　**32**.11.15；**33**.2.24，5.16；**34**.6.14，7.13，11.20

鲍祥士（鲍翔士、祥士、翔士）　**20**.2.26，3.2，3.6，3.10，3.13，3.17，3.19，3.20，4.11，4.15，4.18，4.24，4.28，5.8，5.10；**23**.2.5，2.6，3.14，3.16，5.9，5.10，5.12，6.8，9.13，10.19，10.29，12.1；**24**.2.18，6.12，6.19，9.29，11.21，11.29；**27**.1.10；**29**.6.21

本初　见袁世凯

卞伯眉（伯眉）　**27**.9.26；**32**.3.1，4.24，6.20，7.14，7.25，8.22，8.26

宾钵　**24**.9.29，9.30，11.2

彬甫　**28**.11.3，11.5

斌甫　**29**.4.5

斌生　**27**.5.15；**28**.9.19

秉庵　见李国成

炳之　见施炳之

伯苍　见张伯苍

伯房　**34**.10.22，11.18，11.24

伯皋、柏皋　见叶伯皋

伯根　**33**.12.26

伯珩　见关伯珩
伯绸　见邵伯绸
伯良　**29**.6.10
伯眉　见卞伯眉
伯唐　**20**.1.19,3.19,12.9;**33**.4.27
伯棠　**20**.12.21;**34**.1.23
伯行　见李伯行
伯驯　见沈伯驯
伯言　见冯伯言
伯扬　见龙建章
伯彝　见施伯彝
伯英　**33**.12.14
伯玉　见严伯玉
伯渊　见李伯渊
伯约　见褚百约
博庵　见钱博庵
博恭亲王　**32**.8.25
博泉　见徐博泉
补山　见樊补山
布兰哥　**34**.4.29

C

蔡伯浩（蔡右丞）　**33**.11.6;**34**.1.9,2.1
蔡斗南　**34**.8.6
蔡和甫　**32**.12.18;**34**.11.10

蔡穆如 **20**.12.20

蔡元培（蔡鹤卿、鹤卿） **27**.7.16,7.24,7.25,8.1,8.3-8.5;**32**.7.18,7.20,7.21,10.7;**33**.4.26

蔡镇藩 **28**.5.1

岑春煊（西林、云帅、岑西林、岑云老、岑云阶、岑帅、岑督、岑春萱、岑尚书） **29**.9.3;**32**.2.24,3.2;**33**.2.12,3.21,3.23-3.29,4.2-4.4,4.15,4.17,4.20,4.21,5.3,5.4;**34**.3.4

柴虎臣 **29**.1.25

苉生 见章苉生

昌甫 **28**.1.25

昌士 见范昌士

长伯启（常伯启） **28**.7.26

长庚 见程长庚

长沙 见张百熙

长少谷 **29**.4.16;**32**.9.5

长素、长孺 见康有为

长寿卿（常寿卿） **29**.5.8,5.14,5.15

常熟 见翁同龢

晁迥 **28**.6.13

巢凤冈 **33**.5.13

陈宝琛 **29**.8.22

陈璧（陈玉老、陈玉苍、陈雨苍、陈长官、陈公、陈尚书、陈堂、陈、玉苍、太邱） **28**.4.11,8.23,12.23;**29**.3.28,5.3,5.11,9.24;**32**.8.5,8.23,9.9,9.21,9.22;**33**.4.18,5.2,5.3,5.8,5.12-5.14,5.17,5.24-5.26,5.29,6.3,6.8-6.11,6.13,6.14,6.17,6.19,6.22-6.

24,6.27,6.28,7.1-7.8,7.16,7.24,7.27,10.6,10.24,10.26,10.
27,11.1,11.6,11.7,11.23,11.26;**34**.1.9,2.24,3.2,3.4,4.21,5.
24,5.28,6.5,6.9,6.19,7.11,7.14,8.12,9.1,9.2,10.30,11.14,
12.9,12.15

陈澹如 **34**.8.19,11.1

陈德庄 **33**.5.9,7.3,12.12;**34**.1.18,1.20,3.25,7.10

陈黻宸(陈介石、介石) **24**.3',.29,4.2,10.2;**27**.2.21,2.25,4.9,10.
4,12.4,12.5;**28**.8.26;**29**.5.28,5'.3,5'.11,5'.19,5'.22,5'.
24,6.1;**32**.2.22,2.24,2.26,2.27,3.8,3.12,3.15,3.18,4.6,4.
14,4.22,4'.12,4'.18,4'.28,5.3,5.20,5.28,6.6,6.11,6.15,6.
16,6.18,6.22,6.23,6.26,6.30,7.1,7.4,7.14,7.16,7.18,7.21-
7.23,7.27,7.28,8.3,8.11,8.15,12.16;**34**.5.5,5.13

陈幹秋 **29**.9.9

陈公坦(公坦) **20**.12.9,12.20;**29**.6.11,6.12;**32**.8.3,8.12;**33**.8.3

陈勾山 **28**.9.19;**29**.4.16

陈冠三 **32**.9.5

陈级三 **19**.12.6

陈继贤 **28**.5.11

陈简持 **32**.11.2,11.7,12.14,12.21

陈景仁 **34**,6.28

陈静安 **33**,10.23

陈菊生(菊生) **19**.12.7,12.14,12.16,12.19;**20**.1.3

陈俊卿 **34**.9.30

陈濬卿(濬卿、濬公) **24**.2.5,2.10,2.12,2.13,2.17,2.18,2.25,3.
5,3.8,3.9,12.25

陈蓝洲(蓝舟、蓝洲、蓝州、兰州)　**24**.4.28,10.11,10.12;**27**.2.22,
　　10.2;**28**.10.4;**34**.9.30,10.4
陈亮伯(亮伯)　**28**.12.21;**29**.2.10;**32**.9.3
陈孟威(孟威)　**28**.9.19,9.21,9.23;**29**.4.16,4.17
陈梦陶　**23**.6.25;**33**.3.22,4.21,6.7
陈聘臣(陈聘师、聘师、聘臣)　**19**.12.20;**20**.2.10,2.15,4.29,11.27,
　　11.29,11.30,12.3,12.6,12.7,12.9;**29**.6.11
陈朴斋(朴斋)　**32**.8.18,8.20,8.23,8.29,9.1,9.3,9.6,11.24,11.
　　26;**33**.1.1,1.3,5.20
陈启沅　**28**.8.24
陈虬(陈志山、志三)　**24**.5.5,11.13
陈蓉曙　**32**.5.17
陈善卿(善卿)　**27**.6.2,9.22;**28**.3.2;**33**.7.23;**34**.1.10
陈诗(陈子言、子言)　**27**.3.6,9.19,9.22,11.28;**28**.9.6
陈士可　**34**.6.18
陈士苣　**33**.5.27
陈叔通(叔通)　**27**.2.21,2.25,4.10,10.4;**29**.5.12,5'.24;**33**.12.2,
　　12.10,12.21,12.24;**34**.10.4
陈省三　**27**.6.24,12.28;**32**.4.28
陈杏孙　**20**.1.6;**32**.4.9
陈瑶圃(瑶圃)　**27**.4.27;**28**.2.20;**29**.8.28;**32**.9.3,9.20,9.21;**33**.4.
　　17,6.10,10.21
陈诒重(诒重、诒仲、陈诒仲)　**32**.10.9,10.10,10.12,10.17,10.19,
　　11.13,11.20,11.21,11.23,12.2-12.4,12.7,12.11,12.20,12.
　　25;**33**.1.7,1.12,2.13-2.15,3.28,4.6,4.9,4.15,4.17,6.25,7.

17,7.24,8.3,11.3,11.4,11.9,11.17,12.19;**34**.2.20,5.9,6.4,6.8,6.13,6.26,9.11,11.16

陈彝(陈六舟)　**20**.1.15

陈绎如(绎如)　**33**.10.27,11.1,11.9,11.17,12.10,12.15;**34**.1.12,3.21,4.4,5.10

陈益谋(益谋)　**33**.11.21;**34**.1.14,2.11,7.16

陈毅　**33**.4.17,5.27

陈翼谋(翼谋、翼牟)　**34**.2.11,3.6,5.9,5.12,5.14,5.25,5.28,6.6,7.2,7.4,8.16,9.13,11.5,11.9

陈翼仲(翼仲)　**32**.9.27,9.28,10.2,10.7,10.8

陈应涛　**33**.6.13

陈宇香(宇香、陈宇芗)　**32**.4'.18,4'.27,10.8

陈玉年(玉年)　**33**.6.7

陈云甫　**32**.1.22

陈昭常(陈右丞)　**32**.10.29,12.17

陈哲甫　**28**.8.27

陈震权　**29**.6.19,6.21

陈仲冕　**28**.8.24

陈仲恕(仲恕)　**27**.2.25,2.27,10.2;**28**.10.5

陈仲彦(仲彦)　**27**.6.14;**28**.9.19

陈志钧　**33**.7.18

陈子寿(陈子绶、子寿)　**33**.6.24,7.9,8.2;**34**.10.30

成昌　**29**.2.16

成子蕃(子蕃)　**20**.1.17;**29**.4.18,4.20,12.27;**32**.1.7,2.10,2.19,2.29,3.18,3.20,3.28,3.29,4.13,4.25,4'.6-4'.8,4'.29,6.12,7.

2,8.8,9.27,10.6,11.8,12.13;**33**.1.21,2.11,2.19,3.2,4.27,6.10,6.11,6.28,7.12,8.25,10.24,11.5,11.28,11.30,12.4;**34**.2.8,2.17,3.17,4.6,4.20,4.21,4.26,5.7,5.16,5.20,5.27,6.3,6.15,7.6,7.12,7.13,8.4,8.18,9.8,9.21,9.22

程长庚（长庚）　**28**.9.20;**29**.6.9;**32**.4.28;**34**.6.3

程德全　**29**.11.21;**33**.3.25

程介眉（介眉）　**27**.11.24;**28**.1.19,10.15-10.17

程永恕　**34**.3.12

程震权（震权）　**29**.7.20,7.22,7.24,8.4;**32**.4.19;**34**.9.10,9.20,9.27-9.30,10.1,10.2,10.4-10.7,10.9,10.10,11.21

崇延之（崇延老）　**32**.4.17,9.6

楚卿　**34**.10.12

褚百约（百约、褚伯约、伯约）　**20**.1.19;**23**.8.27;**28**.2.18;**29**.3.9,3.12;**32**.3.21,8.7,9.18;**33**.4.29,12.2;**34**.2.10

川如、川妹　见孙川如

春阿氏　**33**.12.7,12.14,12.18,12.21,12.25;**34**.1.17,2.11,2.18,3.9,3.21

春江　见陆春江

春卿　**20**.3.14,4.21;**23**.4.13,4.14,4.16,4.19,9.12,9.23,9.30,10.1;**24**.4.30;**27**.5.12,10.1;**28**.9.18,10.4;**29**.6.16;**34**.9.28,9.30

春生、春孙　见黄春生

醇亲王、醇王、醇邸　见载沣

慈寿　**34**.1.6

慈禧（慈圣、慈宫、西太后、皇太后、母后、太后、那拉）　**20**.12.2,12.26;**24**.8.7,8.17,8.27;**27**.1.7,6.12,9.24,9.25;**28**.1.6,2.2,2.3,

3.16,8.21;**29**.3.8,5.22,9.16,9.19,10.11;**32**.5.9;**33**.2.14,3.24,3.28,7.27,10.25;**34**.4.23,10.10,10.23,11.2,11.10,11.13

次申　见薛次申
次台　见冯次台
聪肃　见连聪肃
粹夫　**34**.4.28
粹卿　见夏曾佑
翠红　**28**.4.12,4.13,4.26,4.27,4.29,5.16
翠玉　见左翠玉

D

达臣　见增达臣
达赖喇嘛（达赖喇麻、达赖拉麻）　**34**.2.24,9.3,9.4,11.20
达寿　**33**.8.2;**34**.7.28
大阿哥　见溥儁
大哥、大兄　见孙宝琦
大田原春山　**29**.12.29
戴稼田　**23**.5.25
戴朗台（朗台）　**23**.7.13,7.23,8.26;**24**.2.19;**32**.5.19,5.23,6.10;**33**.7.24,8.2;**34**.7.26,8.20,9.9,9.18,11.7,11.12,11.13
戴青莱（青莱）　**20**.1.3,1.9,1.18,1.19,4.13,11.27,12.5,12.8,12.16,12.20;**23**.8.20,8.26;**32**.5.23
戴少怀（戴师、戴少师、少怀）　**19**.11.3;**20**.1.24,3.28,4.3,4.7;**29**.1.6,1.22;**32**.6.23,8.4,8.15,9.21,9.23,11.6,12.17;**33**.1.1,1.6,2.1,2.28,7.24,12.28;**34**.5.4,5.25,8.14,9.3

戴元康 **23**.9.30；**24**.5.3

丹卿 **34**.1.20

菿汉 见章炳麟

道兴 **29**.3.10

德华 见徐德华

德宗、德宗景皇帝 见载湉

邓世昌 **20**.12.13

迪生 见杨迪生

地山 见夏地山

丁福保 **28**.2.2

丁府六 **34**.12.3

丁厚斋 **33**.6.12,6.20,6.22-6.24

丁惠康（丁叔雅、叔雅） **27**.6.9,6.12,7.3,9.10,9.16,9.17,9.19,10.12,10.14,10.16,10.17,10.28,10.30,11.7,11.13,11.26-11.28,12.16；**28**.1.4,1.20,1.23,2.2,9.6,9.7；**32**.1.12,1.22,2.6,2.26,2.27,4'.12,5.20,6.11,7.4,7.21,12.17,12.25；**33**.2.1,2.18,3.5,4.1,4.17,7.3,7.8,7.12,7.18,7.23；**34**.1.14,2.13,2.15,3.5,4.4,4.11,4.15,4.28,5.9,6.6,7.5,9.1,9.3,9.9,11.8,11.14,12.22

丁澜生 **33**.4.2

丁汝昌 **27**.1.16

丁惟忠（丁维忠） **32**.12.23；**33**.6.9

丁宝桢（丁文诚） **28**.2.15

丁问槎（问槎） **23**.2.6,10.15,10.23；**24**.2.5,6.25,12.25,12.28；**27**.3.6,10.10；**28**.2.7,2.9,2.16,2.26,3.6,3.12,3.19,3.26,4.16,5.

1,5.26;**32**.1.2,2.10,2.11,2.14,4'.1,4'.5,4'.20,5.12,5.13,5.27,6.14,7.4,9.20,12.26;**33**.12.18,12.19;**34**.1.27,3.18,6.14,9.8,9.10,9.21,9.23

丁锡五　**33**.6.5

丁棪甫　**28**.5.14

丁、林　见丁厚斋、林颂卿

定可庵(可庵)　**32**.2.10,12.30;**33**.1.20,1.21,2.11,7.17,11.28,12.4;**34**.3.23,5.16,5.20,5.22

定正卿　**33**.11.10

东芳、东方　见田东芳

东原　**28**.8.24

董润臣(润臣)　**33**.9.25,9.27,10.6;**34**.1.2,2.13,3.8,5.2,8.15,11.29

董质甫(质甫)　**29**.6.11,6.12

笃甫　见罗笃甫

杜豫堂　**33**.11.25,12.1,12.8

端方(端午桥、端)　**27**.1.4;**32**.7.15;**33**.3.4

端、刚　见端方、刚毅

端王　见载漪

端仲刚(端仲纲)　**33**.4.4,7.24

段芝贵(段芝桂)　**33**.3.8,3.24,3.25

多舒农　**20**.3.2

E

萼孙　见沈萼孙

恩福田　**34**.6.27,7.13

恩铭(皖抚)　**33**.5.28,6.25

恩培　**33**.6.1,6.13,7.9

恩溥　**19**.12.18

恩心锄(心锄)　**32**.2.7,4.22,9.26,10.28;**33**.4.8,4.11,5.12,6.5

二丽　**28**.4.22,5.1,12.16

二梅　见胡二梅

二圣　见慈禧、载淳

二我　见邵季英

F

法吾　**24**.5.27

藩卿、蕃卿　见徐藩卿

蕃实　见魏蕃实

蕃室　**28**.10.15,11.21

樊霭庄　**24**.10.11

樊补山(补山)　**20**.1.3,1.5,1.10,1.19,1.20

樊恭煦(樊介轩、樊介老、樊公、介轩)　**19**.11.8,11.14,11.23,11.24;**20**.1.2,1.8,1.10,1.20,2.13,2.15,2.26,3.9,3.19,3.27,4.1,12.8,12.11,12.22;**23**.10.1;**24**.4.19,10.7;**27**.2.22,8.22,9.18;**28**.10.5;**29**.6.25;**34**.2.10,6.1,6.11,6.13,7.28,8.28,9.2,9.21

樊鸿甫　**20**.12.22

樊铭舫(铭舫、茗舫)　**20**.2.25,4.18;**24**.2.29,5.25;**27**.1.1,1.3,1.22,3.18,3.21,3.24,5.8,9.9,10.15,12.4;**28**.1.2,9.17

樊幼庄(幼庄)　**34**.11.8,11.9

樊增祥(樊云门) **27**.4.27,6.12

范昌士(昌士) **27**.4.2,6.15,9.25;**28**.9.19,10.15;**29**.7.21,8.5,11. 1,11.4-11.6,11.8,11.10,11.13,11.16,11.21,11.23,11.26,12. 1,12.4,12.9,12.12,12.14,12.17,12.19,12.23,12.27,12.28; **32**.8.17,8.26,9.4,9.11,9.20,10.14,10.29,11.2;**33**.4.20,4.23

范高也(高也) **27**.2.28,6.25;**28**.3.4

范华 **29**.10.23

范松槎 **33**.2.9;**34**.4.4

范彤士(范桐士) **28**.3.4,3.9,3.17,3.26,4.6,4.15,4.20,4.22,5.5; **29**.2.4,6.21,11.4,11.10,11.16,12.1;**32**.12.18;**33**.7.21,7.22, 8.1,9.26,11.7,12.27;**34**.2.8,2.15,12.26

范序东 **27**.7.15

范赞臣 **20**.3.19

方甘士(甘士) **19**.2.1;**23**.8.2,8.24,8.26;**33**.12.26;**34**.2.4

方恭钊(方勉丈、方勉老、方勉甫、勉丈、勉甫、勉翁) **20**.12.28;**28**. 3.28,4.14,6.5,8.14;**29**.3.12,8.27,9.9,11.3,12.15,12.18;**32**. 1.27,2.5,2.23,2.24,3.7,4.14,4.16,6.23,8.15,9.18,10.8,12. 27;**33**.1.1,4.27,4.29,7.11,7.23,8.1,10.18,10.20,12.2,12.8, 12.23;**34**.1.23,2.4

方管卿 **34**.7.7

方灌青(灌青) **34**.8.3,9.15,11.5,11.24

方克猷(方子壮、子壮) **32**.10.8;**33**.7.18

方守六(守六) **27**.3.9,4.16,9.19,12.21

方啸霞(啸霞) **19**.1.16,1.21,1.26;**20**.3.2,5.1,12.20,12.28;**24**.7. 15,7.16,8.13;**28**.2.17,2.19,3.1,3.25,4.14,4.25,5.14,5.26,6.

24,6.30,8.30,12.18;**29**.3.9,5.27,11.3,11.25,12.14,12.15,12.27

芳州　**32**.10.22

费屺怀　**20**.12.26

冯邦幹　**28**.8.5

冯伯言(伯言)　**34**.3.19,3.21,3.25,7.28

冯次台(次台)　**32**.9.26,10.16,10.21,11.20,11.21,11.23,12.2,12.3,12.11,12.18,12.20,12.25;**33**.2.3,6.30;**34**.3.4,3.26

冯桂芬　**27**.1.25

冯虎臣　**34**.9.16,11.10

冯令之　**33**.8.2

冯梦华　**29**.4.10

冯润田(润田)　**29**.9.4,12.18;**32**.2.29,3.1,3.13,4.23,6.21;**34**.9.6,9.18

冯述文　**34**.11.10,11.27

冯祥光　**34**.3.26

冯翼谋　**32**.10.21

冯元鼎　**33**.3.28

冯志奎　**24**.10.22

冯志沂　**32**.5.24

冯仲苣　**20**.11.27

冯自由　**28**.8.27

凤老　见陆润庠

凤鸣　**20**.2.22

莿卿　见吴莿卿

符子琴 **33**.3.10
福才子 **28**.4.4
福兰格 **34**.5.6,5.22,7.14
福荫 **29**.3.3
傅公雨 **28**.9.8,9.16,9.27
傅兰雅 **27**.4.2
傅伦 **33**.8.19
傅相　见李鸿章
傅同（傅尧生、尧生） **34**.5.6,5.10,5.12,5.14
傅增湘 **33**.6.1

G

噶苏士 **28**.7.26
甘木 **29**.3.13
甘士　见方甘士
甘嗣东 **29**.11.7
幹臣　见钱幹臣
幹卿　见庄幹卿
刚毅（刚） **27**.1.4,1.5
高凤岐 **33**.4.2
高厚栽（厚栽） **24**.5.2,5.3
高洁丞（高洁臣、洁丞、洁臣） **29**.6.17,7.6,7.24,7.27,7.28,7.29,8.1,8.3;**34**.9.30,10.5
高松如 **32**.6.10
高素臣 **32**.11.27

高文卿　**28**.12.21

高文秀　**27**.7.2;**28**.1.2

高啸桐(孝桐)　**33**.4.20;**34**.3.4

高也　见范高也

高仲英(仲英)　**28**.2.6;**34**.4.4

高子穀(子穀)　**28**.2.18,3.25,3.30,7.4,8.26,11.20,11.28,12.21;**29**.2.21,2.27,3.10,3.25,4.2,5.17,8.28,11.7,12.11;**32**.8.24;**33**.3.11,3.22,4.11,8.2;**34**.1.23,1.29,2.1,2.9,2.10,2.17,2.19,2.20,2.24,2.26,2.27,3.23,3.26,4.4,8.3

高子衡　**28**.3.9;**34**.2.11,4.10

高子韶(子韶)　**29**.6.16,6.18

高子益(子益)　**33**.11.28,12.10;**34**.1.1,1.17,1.29,2.25,3.4

葛兰孙　**27**.4.12

葛禄意　**27**.5.24

葛振卿(葛振老、葛镇卿、葛尚书)　**28**.2.29,3.13,3.23;**32**.4'.15;**33**.12.28;**34**.9.3

葛振全(葛福庭)　**29**.10.19,10.25

葛振珊(振珊、震珊)　**34**.9.30,10.2,10.3,10.5,10.7,11.8,11.9

庚耆　**33**.5.27

庚续　**33**.6.1

庚仲颐(仲颐)　**33**.6.22,6.25,8.2

耕馀　见李耕馀

公恪　**27**.1.11

公鲁　**23**.10.8

公坦　见陈公坦

恭邸　见奕䜣或溥伟

恭慎公　见许星叔

恭王　见溥伟

龚蔼仁　**23**.1.18

龚景张（景张）　**24**.7.18；**28**.10.13；**29**.5'.9,5'.11；**32**.10.10

龚仁舫　**32**.5.10,11.12,11.13；**33**.8.2；**34**.6.3

龚照玙　**27**.1.16

巩伯　**34**.8.28

古铭猷　**29**.10.29

古微　见朱祖谋

顾康民　**32**.12.26

顾汝言　**32**.11.7

顾少池　**33**.11.9,11.10

顾彦龙　**32**.10.22

顾韵伯　**33**.4.4

关伯珩（伯珩、关伯衡）　**32**.10.20；**33**.4.21,7.20,8.4,8.23,8.27,10.4,10.13,10.16,10.21,10.22,10.26,11.6,11.7,11.9,11.10；**34**.1.24,1.26,3.18,3.20,3.28,4.2,5.7,6.1,7.2,10.29,11.14,12.13,12.16

关锡侯　**27**.11.11

关颖人　**33**.5.27；**34**.1.17,5.9

冠霞　见张冠霞

管麟士（麟士）　**32**.9.27,9.28,10.8

贯三　**32**.10.8

灌青　见方灌青

光容伯　**34**.5.22,5.24

光绪帝　见载湉

广仁　见康广仁

广厦　见康有为

贵林(贵翰香、翰香)　**24**.2.5,4.18,10.7;**27**.4.9,4.10;**29**.6.16,6.17,6.20;**33**.4.18,4.22,4.25,12.2;**34**.9.29,10.8,10.10

桂坫　**28**.5.1

桂芬　见汪桂芬

桂凤　**29**.5.27

桂官　见王桂官

桂卿　见朱桂卿

桂太郎　**34**.6.19

桂香　见谢桂香

桂祥　**34**.9.1

桂月亭　**33**.3.18

桂芝圃(桂君)　**29**.8.25,8.27;**32**.4.27

郭春畲(郭春榆、郭春老、郭)　**27**.4.27;**28**.2.18,11.16;**33**.8.4,10.24;**34**.2.8,6.6,9.3

郭兰圃　**34**.7.13

郭懋之　**27**.6.16

郭梅圃　**34**.7.10,12.18

郭少兰　**34**.7.13

国琳、国林　见胡国琳

国荣　**29**.7.6-7.8,7.10,7.19,7.20,7.24,7.25,7.28

果臣　**32**.4'.1,8.3,9.2,10.10

果敏公　**34**.2.2

H

哈费德　**34**.6.11,8.10,8.13

海蟾　**32**.9.24

韩斡堂　**34**.10.7

韩力腴(力腴)　**28**.5.3,5.6,5.7,5.9,5.12,5.27,8.24,8.30;**32**.4',19;**33**.2.14;**34**.5.9

韩朴存　**28**.5.1

翰卿　**33**.2.24,6.10,6.25;**34**.2.11,3.21,5.8,6.20,8.25,9.1,9.2,9.4

翰香　见贵林

杭辛斋　**34**.10.5

浩吾　见叶浩吾

合肥、合肥相国　见李鸿章

何伯梁　**24**.10.20

何飚蕃　**19**.11.16

何敬斋　**34**.10.17

何庆　**32**.9.6

何润夫　**34**.4.3,12.22

何顺　**28**.6.1

何颂臣(颂臣)　**19**.12.29;**20**.1.13,3.2,4.14-4.16,5.4;**28**.8.4,8.15

何肖雅　**32**.6.22,7.7,7.14,7.28;**34**.3.13,7.14

何仲贤(仲贤)　**34**.11.13,12.10

和甫　见沈和甫

贺良朴　**33**.7.1

赫德　**27**.7.3

赫定　**27**.5.5

鹤眠　**34**.4.26

鹤卿　见蔡元培

鹤笙　见钟鹤笙

鹤孙　见嵩鹤孙

鹤庄　见瑞鹤庄

衡甫、衡浦　见陆衡浦

洪兰生　**27**.11.12

洪寿彭　**33**.5.13

洪嫒嫒　**32**.1.19

侯正亭　**29**.5.9；**32**.4.8

厚庵（厚弇）　**19**.11.22，11.26；**20**.1.16，1.22，1.26，2.3，3.13，3.19，3.20，3.23，3.27，4.11，4.12，5.4，5.5，5.11，12.11，12.20，12.27，12.30；**23**.7.1，7.4，7.5，7.18，8.27；**28**.2.7，2.8，3.13，3.23，3.25，3.28，3.30，4.3，4.6，4.14，4.16，4.19，5.11，8.18，8.30，11.25，12.16，12.18，12.30；**29**.1.3，1.13，2.12，3.12，4.7，4.16，4.27，5.12，5.13，5'.5，5'.8，5'11，5'.24，6.2，8.24，9.4，9.9，9.23，11.4，11.25，12.11，12.15，12.30；**32**.1.5，1.12，1.29，2.5，2.8，2.18，2.27，2.29，3.2，3.13，3.16，3.25，3.27，4.3，4.4，4.14，4.16，4'.12，4'.17，5.20，6.2，6.3，6.11，6.18，6.21-6.23，6.30，7.2，7.28，8.4，8.5；**33**.6.30；**34**.4.22

厚夫、厚甫　见邵厚夫

厚斋、厚哉　见丁厚斋、卓厚斋

胡鼎臣　**34**.6.5

胡栋朝　**33**.4.25

胡二梅（二梅）　**23**.1.13,1.29,2.9；**27**.1.8；**28**.1.14,9.22

胡翡云　**27**.4.27；**28**.9.24,11.3

胡国琳（国琳、国林）　**29**.6.10,6.13,6.16,6.22,6.24,7.3,7.4,7.6,7.7,7.20,7.21,7.23-7.26,7.28,7.29,8.3,8.14

胡国瑛　**33**.5.29

胡芰孙（芰孙）　**29**.5'.24；**32**.1.6,3.10,3.20,8.13；**33**.3.9,11.10,12.21；**34**.2.7,2.21,3.3,3.15,3.16,4.12,5.10,6.29,8.11,8.12,9.2,11.12

胡梅仙（梅仙）　**27**.5.7,5.23；**28**.2.21

胡晴波　**34**.10.10

胡球甫（球甫、球拊）　**29**.6.26,6.30,7.7,7.15,7.21,7.23-7.26,7.28,7.29,8.4；**34**.9.28,9.30,10.5,10.7,10.10

胡叔藩（胡叔蕃）　**32**.4'18,7.20

胡惟德（胡馨吾）　**33**.10.26；**34**.1.18,2.26,3.26,3.28,4.5,4.14

胡芸楣（胡云楣、胡芸老、胡侍郎）　**26**.12.16；**32**.1.27,4.18,4'.24,4'.26,9.21-9.23,10.14,11.2,11.24,11.26,12.18

胡仲骥（仲骥、胡仲基、仲基）　**19**.11.9,11.10,11.12-11.14,11.16,11.20,11.21,11.23,11.25,11.26,12.19-12.23；**20**.2.11,12.13,12.14,12.17；**23**.10.13,10.22；**29**.8.14,12.30；**32**.3.19；**33**.1.12,7.18；**34**.4.8,5.29,9.10

胡仲逊（胡仲彝、胡仲巽、仲彝、仲逊、仲巽、中巽）　**23**.1.7,1.10,1.20,2.9,2.21,3.2,3.3,3.20,3.28,4.9,4.22,5.3,5.14,5.21,6.1,6.7,7.18,9.14,10.12,10.24,11.14,11.21,11.23,12.4；**24**.2.15,

3'.12,3'.20,6.11,7.14,8.23,10.16,10.21,10.28,11.11,11.13,11.27,12.17,12.25;**27**.1.8,1.11,1.19,2.7,2.8,3.10,3.24,4.22,5.8,5.15,5.19,6.10,7.11,9.12,9.21,10.11,10.20,10.30,11.21;**28**.1.7,1.8,2.9,3.2,5.9,7.4,7.7,8.27;**29**.2.15,3.9,5'.15,5'.28;**34**.3.26,4.1,5.11,12.3-12.5,12.7,12.8,12.10

胡祖荫　**34**.5.15

胡佐安(佐安)　**33**.3.16,3.21,3.29,4.15,4.27,6.2;**34**.8.8

虎臣　见吴虎臣

花宝林　**27**.3.23,9.9

花农　见徐花农

花文宝　**27**.10.29

华云　**29**.5.1

怀塔布　**20**.2.8;**28**.5.16

怀西　**29**.5'.9

淮周　**33**.12.21

浣生　**23**.9.2

皇上　见载湉

皇太后　见慈禧

黄柄清　**33**.1.1

黄春生(春生、春孙)　**32**.8.24,9.28,11.26;**33**.1.1,1.10,1.18,2.27,3.16

黄道士　**32**.12.30

黄蒿龄　**32**.11.13

黄槐森　**29**.3.13

黄积卿　**32**.10.2;**34**.12.10

黄节(黄晦闻) **33**.5.11
黄念劬(念劬) **24**.4.2;**27**.10.22,11.30
黄三 **33**.7.28
黄绍箕(黄仲弢) **29**.8.22;**32**.4'.15;**33**.1.17
黄慎之 **20**.4.19;**23**.8.20;**29**.4.21
黄石坪(石坪) **29**.11.16
黄石孙(石孙) **20**.1.12,1.16,2.5,2.21,3.19,12.4,12.13,12.17;**24**.6.18;**28**.1.9,2.7,3.8,4.14,4.29,10.22;**29**.5.8,5.10;**32**.4'.13,7.7;**33**.1.17
黄仕福 **34**.4.15
黄四斋 **23**.1.11
黄体芳(黄漱兰、黄师、黄漱师、漱兰、漱师) **19**.11.12,11.17,12.8;**20**.1.10,1.18,1.22,3.18,3.20,3.28,4.1,4.13,4.15,11.27,12.30;**28**.5.28
黄锡臣 **34**.12.4
黄易 **32**.12.17
黄益斋(益斋) **27**.5.18,5.20,7.22,8.14,9.10,10.22,11.19,12.8-12.11,12.14-16;**28**.2.25,3.27,8.8,9.8,9.9,9.11,9.16,9.18,9.24,9.25,9.27,10.8-10.11,10.15,10.17,10.18,10.20,10.21,10.23,10.25,10.28,11.1-11.6,11.27,12.27;**29**.6.9-6.12,8.7,8.8,8.13,8.15,11.16;**32**.9.23-9.25,10.1,10.4,10.10,10.13,10.18,11.5,11.8;**33**.1.27,2.4,2.18,2.19,2.29,3.4,3.7,3.9,3.21,3.23,4.8,4.21,5.11,6.27,7.9,7.11,7.13,7.27,8.3,10.16,11.3,11.17,11.18,11.28;**34**.1.2,1.3,1.7,1.9,1.13,1.14,1.19,1.24,2.5,2.10-2.13,2.16,2.23,2.26,3.4-3.6,3.11,3.13,3.

23,3.24,3.28,4.5,4.9,4.13

黄玉言　**34**.12.7

黄韫甫　**23**.3.4

黄藻甫（藻甫）　**34**.4.24

黄中书　**32**.12.2

黄仲福　**34**.5.28

黄遵宪（黄公度）　**27**.6.12；**29**.8.22

汇东　见李汇东

晦若、晦老　见于式枚

惠东　**27**.10.30,11.9,11.29

惠英堂　**29**.3.23

J

吉孙　**23**.10.4

吉斋　**29**.5'.14

荾孙　见胡荾孙

季纲　**27**.9.1

季皋　见李季皋

季高　**28**.2.28

季鸿　**27**.5.3,5.20,5.24,7.2,7.6,7.23；**28**.4.10；**34**.1.14,2.11,2.13

季武　**33**.5.16

季香　**34**.9.2

季湘　**34**.8.28

季英、季鹰　见邵季英

季于　**33**.10.13；**34**.1.12,7.12,7.15

季中　见应季中

继坤侯　**34**.1.17

寄吾　**29**.12.1

稷塍、稷臣　见姚稷塍

稷堂　见王稷堂

贾玉书　**27**.4.16

稼霖　见张稼霖

坚仲　见夏坚仲

简斋　**28**.2.16,3.8,4.9,4.10,5.10,9.8

建侯　**28**.2.16;**32**.8.3,9.19,10.8,10.10;**33**.1.17

建斋　见汪建斋

剑秋　**32**.10.28

剑心　**29**.6.28

剑斋　**32**.1.19,2.12

健斋　见汪健斋

鉴斋　见汪鉴斋

江春霖　**34**.9.18

姜桂题　**34**.2.22

蒋彬侯　**34**.9.2

蒋伯斧　**23**.11.23,12.14,12.22

蒋树人(树人)　**34**.1.19,2.2,2.20,3.3,3.8,3.16,3.29,5.10,5.26,
　　6.27,8.11,8.12

蒋泰臣(泰臣)　**28**.11.20;**29**.1.15,2.2,2.8,3.14,3.23,3.25,4.30,
　　5.18,5.20,5'.7,5'.20,8.24,9.10,9.19,9.21

蒋信侪(信侪)　**23**.6.14,6.15,6.23,7.20,8.17,8.28;**27**.1.2,1.11,

1.19,1.22,3.4,3.9,3.16,7.16,7.20,8.3,9.10,9.14,10.30,12.4;**28**.9.12,10.23

蒋月红　**27**.4.10

蒋震方　**28**.12.5

蒋智由(蒋国亮)　**27**.6.12,9.26

蒋仲仁　**28**.2.10

蒋自由　**29**.5'.3

蒋尊祎　**33**.6.13

叫天　见谭鑫培

杰臣　**20**.2.24,4.8

洁丞、洁臣　见高洁丞

介眉　见程介眉

介石　见陈黻宸

介堂　见杨介堂

介轩、介兄　见樊恭煦

今上　见载湉或溥仪

金宝钗　**34**.10.12

金恭寿　**33**.5.27

金谨斋(谨斋)　**23**.6.20;**27**.10.15,10.18,10.20;**28**.10.3;**29**.6.18,6.25;**32**.4.8;**33**.5.2,5.8,5.13;**34**.6.29,7.1,7.3,7.19,9.29,9.30,10.2,10.7,10.8,10.10-10.12

金兰　**27**.11.12

金梁　**19**.12.30;**27**.6.12

金佩香(佩香)　**27**.4.12

金寿　**29**.3.17

金文龙　**34**.6.12

金锡侯　**32**.2.24,6.2,6.16;**34**.12.7,12.10

金向辰(向辰、向兄、向臣、金向臣)　**32**.10.12,10.17,10.19,11.13,11.28,12.4,12.17;**33**.1.7,2.2,2.13,2.14,2.24,2.28,3.7,3.18,3.21,3.28,4.8,4.16,4.18,4.19,4.23,5.12,5.16,5.18,5.21,5.24,5.27,6.5,6.12,7.2,7.6,7.7,7.9,7.17,7.19,7.20,7.23,7.29,8.22,10.19,10.27,10.29;**34**.1.1,1.10,3.2,3.5,3.21,5.20,5.28,6.11,7.7,7.30,9.5,10.30

金晓峰　**28**.8.10

金秀山　**33**.7.28

金荫图(金荫涂、荫图)　**32**.9.1;**33**.5.2-5.5,5.7;**34**.5.4,10.14-10.17,12.15,12.12,12.20

金月梅(月梅)　**27**.3.3,3.14,3.23,3.24,3.27,4.14,4.16,4.21-4.23,4.25,4.27,5.1,5.2,5.7;**29**.6.4;**33**.5.5

金月笙(月笙)　**23**.10.16,10.17;**24**.9.2;**27**.2.27;**29**.6.18,6.25,7.1;**34**.9.30,10.5,10.8,10.30,11.21

金云孙(云孙、芸孙、金芸孙)　**28**.8.20,9.2,10.16,10.17;**29**.6.20,7.16,7.19;**34**.12.3,12.6-12.8

金赞尧(赞尧)　**32**.1.19,1.25,1.26,1.28,2.4,2.6,2.28,3.3,3.16,4.11,4'.9,4'.25,7.5,8.25,9.10,9.13,9.14,11.5,11.27,12.23;**33**.4.5,4.12,4.16,4.19,4.23,6.4,6.5,6.9,8.22;**34**.4.7,6.13

近卫公　**27**.2.11

晋昌　**27**.2.28

晋锡侯　**29**.5.8;**32**.11.15;**34**.2.20

经才　见吴经才

经甫　见张经甫

经士　**32**.4.9,5.6

经世　见潘经世

井上馨　**20**.12.18

景川　见张景川

景厚　**32**.9.21

景侍　见潘景侍

景廷宾　**28**.4.12

景沂　见祁景沂

景月汀(景月老)　**33**.4.2,4.4,7.24,11.20;**34**.1.29,3.8,3.11,4.15, 5.4,8.1,9.7

景张　见龚景张

景周　见孙景周

净波　**20**.1.10,3.18;**28**.2.7,2.29;**29**.12.29

净天　**20**.5.11

敬宣　**33**.1.17,1.23

静安　**34**.8.4

静波　**28**.11.30,12.3;**32**.1.5;**34**.2.8

静涵、镜涵　见悦静涵

静山　见姚静山

静生　见袁静生

静仪　**32**.5.5

镜芙　见许镜芙

䌷斋、炯斋　见吴䌷斋

九龄　见王九龄

菊生　**24**.11.24；**27**.7.25，10.22；**28**.9.11，9.17；**32**.3.18，3.27，11.29；**33**.12.2

菊仙　**20**.3.18，3.28；**23**.8.1；**27**.12.12

菊庄　见李菊庄

聚卿　见刘聚卿

觉生　**23**.8.3

均叔　见王均叔

君和　见曾君和

筠青、筠老　见朱筠青

峻峰　**29**.2.16

峻斋、陵斋　见伊立勋

濬卿、濬公　见陈濬卿

K

喀罗斯　**33**.1.6

凯卿　**32**.8.28

堪宁　**27**.9.11

康广仁（广仁、康幼博）　**23**.11.17，12.2；**24**.8.14，8.17

康侯　见耆康侯

康有为（广厦、康广夏、康南海、康长孺、康长素、南海、长孺、长素）　**23**.3.14，6.27，11.19，11.25，11.27，12.1；**24**.5.10，5.12-5.18，5.20，5.21，5.23，5.24，5.29，7.26，8.9，8.10，8.17，11.30，12.9；**27**.6.12；**28**.3.21；**29**.10.16；**32**.1.24，2.7，2.13，8.27

柯逢时　**33**.12.16

柯鸿年（柯道）　**33**.6.5，6.8

可庵　见定可庵
可山　**34**.11.2
恪士　见俞明震
肯斋、肯哉　见夏肯斋
孔步辛　**32**.6.16
孔仲光（仲光、衍圣公）　**33**.2.5；**34**.3.20,4.4,5.7,5.22,7.18,8.1,9.9,9.12,11.7
寇连才　**24**.3.24
宽仲　见恽宽仲
奎松斋　**32**.4.28,6.6,6.13
奎星垣　**32**.6.24,9.12
奎章　见王奎章
葵章　见王葵章
揆初　见秦揆初
夔老、夔帅、夔相　见王文韶
夔一　**29**.5'.14
夔章　**32**.12.18,12.25；**33**.1.25

L

兰秋　见沈兰秋
兰孙　**27**.4.12
蓝洲、蓝州、蓝舟、兰州　见陈蓝洲
澜如、澜妹　见孙澜如
朗台　见戴朗台
劳玉初　**27**.10.2；**28**.10.5；**34**.8.1

乐叔和　　**32**.10.10;**33**.10.23;**34**.2.8
雷莹谷(莹谷)　　**23**.5.28;**27**.3.25,3.26,6.1,6.2
礼王　　见世铎
李秉衡　　**27**.1.5,1.29
李伯行(伯行)　　**27**.1.20,8.3;**28**.3.29
李伯渊(伯渊)　　**27**.5.24,6.10,7.2,7.21,7.23
李伯芝　　**32**.3.25
李春卿　　**29**.4.8
李方甫　　**29**.10.25
李芳洲　　**32**.9.17
李皋伯　　**33**.11.6
李耕馀(耕馀)　　**27**.1.22,7.14,9.10;**28**.1.11,3.29
李国成(李秉庵、秉庵)　　**19**.12.19,12.20;**20**.12;**27**.2.11,2.12,3.20,3.21,4.15,4.16,4.19,4.22-4.24,4.27,4.29,5.2,5.20,7.8,7.15,7.21-7.23,8.19,9.28;**28**.2.8,4.19,7.13,8.16,8.28,10.11;**32**.9.24,9.25,10.1,10.4,10.6,11.6,11.7,11.16,12.24,12.30;**33**.1.9,2.4,2.29,3.7,5.11,6.27,7.9,7.21,7.27,8.3,8.15,8.17,8.20,8.21,9.18;**34**.8.24,9.5,9.8,9.16,11.10,11.11,11.13,11.20,12.12,12.20,12.23,12.25
李瀚章(李筱老、外舅、外舅筱老、岳父)　　**20**.12.20;**23**.1.5,1.7,1.12,1.19,2.27,3.4,3.6,3.7,5.27,6.3;**24**.4.27,9.16,10.2,10.22,10.24,11.12,12.5,12.24
李鹤章　　**34**.10.19
李鸿章(文忠、文忠公、傅相、李傅相、李肃毅、李合肥、李公、李少荃、合肥、合肥相国、李文忠)　　**20**.1.2,12.20,12.26;**23**.2.2,2.

14,3.10,4.23,6.26,7.5,7.25,8.19,8.25,10.16;**24**.1.13,3'.
12,8.16,8.23,11.6,12.2;**27**.1.7,1.16,1.20,1.21,1.25,3.2,3.
6,8.3,9.24,9.27,9.28,10.1,10.4,10.14,11.5,11.9,12.28;**28**.
1.19,1.23,1.28,1.30,2.3,2.8,3.12,4.1,4.24,4.25,5.28,8.1,
8.28,9.8,10.4,11.11;**29**.3.17,6.8,6.21,9.20,12.22;**32**.7.15,
11.20;**33**.3.28,4.5,5.2,8.19;**34**.6.6,8.27,9.15,10.13,10.19,
11.21,11.22,12.11

李厚祐　**34**.1.29

李华亭　**27**.7.21

李汇东(汇东、渭东、李渭东)　**23**.1.13,4.26,11.23;**24**.1.21,2.28,
9.4;**27**.1.7,6.12,7.26,8.3,9.12,9.24,10.9,10.14,10.21,11.
27,12.10,12.17,12.23,12.24,12.26,12.28;**28**.1.1,1.6,1.8,1.
14,1.16,1.18,1.19,1.23,1.27,1.29,9.6,9.8,9.9,9.13,9.18,9.
22,9.25,10.8-10.11,10.13,10.16,10.18,10.23,10.25,10.26,
10.28,11.1,11.3-11.6,11.27;**29**.3.23,3.25-3.27,3.29,4.5,4.
6,4.9,4.12,4.13,6.8,6.9,6.12,8.7,8.9,8.11,8.13,8.16-8.18;
32.1.15,8.14,8.17,8.18,8.26,9.15;**33**.1.23,6.12,9.18,12.8;
34.2.12,5.14,5.27,9.28,10.11-10.13,10.15

李季皋(季皋)　**28**.1.14,2.8;**33**.10.21,11.28,12.18,12.24;**34**.1.8,
1.7,1.29,2.3,11.10,12.13-12.15

李稷勋　**33**.3.28,7.3

李佳白　**23**.5.9

李经芳　**20**.11.30

李静坡　**34**.4.10

李菊庄(菊庄)　**33**.11.22,12.7,12.25;**34**.1.17,1.19,1.28,3.3,3.

16,5.10,8.11,8.12,8.24,8.26
李兰孙　**20**.3.6
李黎莼　**32**.1.24
李联芳　**34**.9.1
李莲英（李联英）　**27**.9.14
李梅孙（梅孙）　**20**.12.12,12.13,12.16,12.27;**27**.2.22;**29**.6.19
李蘋香　**28**.6.4
李清溪（清溪师）　**23**.5.30;**27**.3.25
李善兰　**33**.3.4
李石朋（李石棚）　**23**.4.18;**32**.9.3,9.15,10.18
李石曾　**34**.12.6
李叔耘　**32**.5.3;**34**.5.17
李提摩太　**23**.4.9,4.28;**24**.1.5,2.16,3'.17,8.29,8.22
李伟侯（伟侯）　**32**.4.13,5.23,10.6;**33**.12.24;**34**.2.3,8.1,8.13
李希圣　**27**.10.2;**28**.5.1
李新吾　**19**.11.12,11.19;**20**.1.3,12.5,12.20;**28**.2.9
李秀莹　**29**.10.21,10.23
李旭庵（旭庵）　**32**.5.5,5.10;**33**.10.23;**34**.2.27,3.12
李姚琴　**29**.1.17
李瑶琴（瑶琴）　**32**.10.20;**33**.4.6,7.4,7.17,7.24;**34**.5.9,5.13,6.6,6.26
李一琴　**23**.9.11,9.15;**27**.7.19
李亦元（李亦原、亦元、亦园、亦原）　**28**.3.6,3.28,5.1-5.3,5.6-5.9,6.14,7.3,7.4,7.8,7.11,11.28,12.1,12.18;**29**.2.10,3.28,4.29,5.25,5'.13,9.12

李翼侯　**32**.11.8
李有芬　**33**.8.28
李佑三　**28**.2.7;**34**.5.7
李赞臣　**23**.6.14,9.2
李仲彭(仲彭、李仲朋)　**28**.2.28,3.29,4.6
李柱臣(柱臣)　**32**.3.25,5.5
李准　**34**.4.6
李子端　**34**.6.12,6.19,6.27,9.5
李祖植　**33**.5.13
李、白二君　见李秀莹、白仲谦
力腴　见韩力腴
丽轩、荔轩　见孙丽轩
荔虎　**34**.4.16
连聪肃(聪肃)　**19**.11.20,12.5;**32**.3.25,11.13
连涵季　**23**.6.15
连荷生　**32**.11.13,11.21
连孟清(连梦清、孟清)　**29**.1.9,1.16,2.2;**34**.10.14
连梦惺　**28**.6.30
莲孙、莲兄　见林莲孙
莲仪　**29**.5.12
联春卿　**32**.9.5
联瑞庭　**32**.3.27,4'.3
廉琴轩　**29**.4.19
梁诚　**33**.8.19
梁鼎芬　**27**.6.12

梁敦彦　**34**.12.12

梁启超（新会梁氏、卓如、任父、任公、饮冰、饮冰主人、饮冰室主人、梁卓如、梁任父、梁任公、梁饮冰）　**23**.3.10,3.28,5.14,11.5；**24**.5.16,8.23；**27**.1.15,1.18,10.18；**28**.1.28,1.30,2.3,2.20,2.29,3.21,6.26,7.8,7.9,7.12,7.13,7.15,7.16,7.22,7.24,7.26,7.27,7.29,8.3-8.5,8.10,8.11,8.21,8.23,8.26,12.7,12.10,12.11；**29**.2.13,3.12,5.7,5'.28,6.8,6.24,7.5,10.19；**33**.5.20,9.23

梁用弧　**33**.6.14

梁有立　**29**.11.8

梁震东　**28**.10.11,11.3

两宫、两驾　见慈禧、载湉

亮伯　见陈亮伯

廖平（廖季平）　**24**.7.1

邻居　见孙宝琦

林爱香　**27**.9.27

林宝枝　**27**.4.12

林步清　**27**.3.10

林迪臣　**28**.10.4

林桂生　**28**.5.26

林季鸿　**27**.5.3,5.20,5.24,7.2；**34**.1.6

林乐知　**23**.11.22,12.3,12.20

林莲孙（莲孙、莲兄）　**20**.2.18；**23**.10.11,10.13,10.18,10.20,11.2,11.8,11.20,12.1,12.27；**24**.2.18,3.29,4.4,6.19,11.2；**28**.2.18；**29**.8.12；**32**.3.6；**33**.1.20,6.12；**34**.5.28,10.14

林悔珍　**28**.4.10

林蕊香　**27**.4.3,4.14

林绍年(林赞予、林赞老、林长官、林公)　**32**.9.20;**33**.2.3,2.6,2.7,2.28,3.17,4.19;**34**.5.20,9.13,9.15

林寿熙　**33**.6.9

林纾(林琴南、林勤南、林)　**28**.10.19;**29**.5.15;**32**.3.20,4.25;**34**.5.25,11.2

林顺絮　**32**.7.10

林硕田　**34**.9.14

林颂卿(林松卿、林颂清、林诵清)　**33**.6.12,6.25,6.27,7.1,12.29;**34**.1.1

林旭　**24**.8.10

林贻书(林诒书、诒书)　**32**.4.26,9.20;**33**.1.1

林质斋(质斋)　**27**.4.16,5.3,5.18,5.24,6.5-6.7,6.10,6.13,6.16,6.18,6.23,6.25,7.2,7.8,7.10,7.21,7.23,7.27,8.3,8.14,8.22,9.14,11.9,11.20,12.12,12.17,12.21,12.25;**28**.1.3,1.28;**29**.6.3,6.4;**34**.10.17,10.18,10.20,10.24,10.25,10.27

霖伯　见章霖伯

麟士　见管麟士

凌霄　见杨凌霄

刘保良(刘葆良)　**27**.7.16;**28**.2.1

刘次源　**33**.10.1

刘弹子　**27**.6.5

刘德　**33**.12.2

刘光才　**27**.3.6

刘光第　**24**.8.10

刘健侯　**32**.5.8；**33**.5.19

刘健之　**28**.5.28

刘聚卿（聚卿）　**32**.5.3,10.28；**33**.1.22

刘坤一（刘岘庄）　**27**.6.12

刘铭传（刘省三）　**34**.9.15

刘谦三　**33**.7.25

刘少卿　**33**.11.10,11.13

刘世珩　**32**.5.13

刘文刍　**34**.10.2

刘襄孙（襄孙）　**23**.2.21,11.23,12.15；**24**.1.9,2.15,6.22,10.28,11.1,11.16；**27**.1.9,9.12；**28**.1.7,1.30,2.1,3.20,7.7；**32**.9.11,9.14；**33**.7.15,7.30,12.2,12.6

刘小垓（刘小陔）　**34**.7.7,7.21

刘乙老　**28**.1.16

刘永春（刘伶、永春）　**27**.6.7,6.10,7.2,7.8,7.15,7.21,7.23,7.24,8.3,9.10

刘永亨　**32**.1.26

刘咏春（咏春）　**27**.12.16；**28**.1.14,1.26

刘芝生（芝兄、芝生）　**23**.3.14,3.16,10.7；**24**.3.21,5.25,10.8；**27**.3.14,3.15,3.16,3.18,9.6,12.4；**28**.1.7,9.2；**29**.6.9,6.11-6.13,8.11-8.13,8.15,8.16；**32**.3.12,4.13；**33**.7.2,7.9,7.13,7.18,7.21,7.22,7.26,7.28,8.3,8.10,8.15,8.24,9.10,10.22；**34**.2.8,3.13,9.26

刘仲鲁　**32**.9.20；**33**.1.1；**34**.1.17

刘仲维　**29**.6.11

刘子嘉 **32**.1.26

六保 **33**.6.14

六桥 见三多

龙建章(龙伯扬、伯扬、龙伯阳) **32**.10.20,10.25;**33**.5.27,6.25; **34**.1.17

楼汝同 **34**.2.12

卢洪昶 **34**.9.5

卢洪明 **32**.11.1

卢星源 **34**.9.21

芦舲 **23**.7.13,7.23

鲁少卿 **23**.10.2

陆伯揆(百揆、陆总宪、陆文慎) **28**.2.9;**33**.4.9,8.20;**34**.5.1,5.28

陆春江(陆春帅、陆春老、春江) **33**.10.29,11.20;**34**.1.1,2.26,2.29,3.24,3.29,5.2,5.4,6.1,6.13,8.20,9.29,10.8

陆莼伯(陆醇伯) **27**.1.27,10.24

陆大湘 **33**.6.1

陆德诚 **34**.4.16

陆德生 **29**.6.18

陆衡甫(衡甫、衡浦) **33**.2.10,2.24,3.7,4.8,4.14,4.19,5.16,5.17,6.5,7.9

陆季良 **32**.12.18

陆嘉藻 **34**.3.22

陆孟孚 **23**.12.1;**28**.2.9,3.7,3.9

陆勉斋(冕侪、陆勉侪、陆勉哉、陆冕侪、勉斋、勉侪、勉哉) **19**.11.4,11.9,11.12,11.18,11.23,11.24,11.26,12.28;**20**.1.8－1.10,

1.20,1.29,2.13,4.10,4.11,4.14;**23**.4.16,8.13,8.16,9.29,10.5,10.12;**27**.2.27,7.15,7.30,10.5;**28**.9.23;**29**.3.10,3.12,4.8

陆润庠(陆凤石、陆凤老、陆尚书、凤老) **29**.5.9,8.27;**32**.2.3,6.5,6.29,8.4,9.6,9.8,9.18,9.22,11.28,12.26;**33**.1.9,2.28,5.9,6.3,7.12,7.23,8.14,8.15,8.23,10.15,10.23,11.18,12.28;**34**.2.22,4.4,4.6,5.4,8.15,9.3

陆寿民　**34**.4.16

陆素娟　**27**.11.12

陆新甫　**34**.12.28

陆芝田　**34**.2.2

菉生　**34**.12.6-12.10

菉孙　**32**.3.13

鹿传霖(鹿、鹿定兴、鹿芝老、鹿相国、鹿吏部)　**32**.4'.10,4'.26,9.20,9.21,12.29;**33**.5.9,5.11;**34**.1.1,3.8

路易斯腓立　**34**.1.6

吕镜宇(吕镜老、吕海寰)　**33**.5.8;**34**.2.18,3.18,3.19,3.21,3.23,3.25,5.4,5.14

履初　见曾履初

履平　**19**.11.9;**20**.1.16,2.4,3.8,4.1;**23**.4.12,4.15,4.17,4.20-4.22,9.26,10.29;**24**.1.24,1.30,7.5,8.29,9.1,9.3;**27**.4.24,5.20,7.4,7.5,8.23,8.25,8.27,11.28;**28**.3.6,3.25,3.26,9.10,9.13,10.5;**29**.5.15,5.24,5'.5,5'.8,5'.24,12.11,12.15;**32**.1.5,1.12,2.11,2.30,3.22,6.30,7.1,7.4,7.11,7.13,7.16,7.21,7.24,7.28,8.3-8.5,9.9,9.20;**33**.1.1,4.27,5.2,5.8,7.3,8.1,8.5

伦贝子　见溥伦

罗百岁 **33**.7.26,7.28

罗纯伯(罗醇伯) **27**.9.15,10.25

罗笃甫(笃甫) **23**.5.28;**28**.2.1;**29**.11.5,11.13,12.1

罗惇曧 **28**.5.1

罗华甫 **28**.12.7

罗矩人 **29**.6.18

罗式如 **23**.11.14,11.16,11.23

罗顺臣 **27**.10.22

罗莘甫(罗辛甫) **28**.2.16,3.9;**29**.3.10;**32**.1.15,3.4;**33**.8.24;**34**.9.4,9.9

罗彦东(彦东) **28**.8.17,11.16;**29**.1.6;**32**.11.29,33.1.4,4.1,8.5;**34**.9.18

罗掞东(掞东) **34**.1.10,6.7,6.11,7.5

螺舲(螺蛉) **23**.8.20;**32**.5.23

骆秉章(骆文忠) **28**.10.22

M

马德润 **34**.8.18

马吉樟 **32**.12.17

马建忠(马建中) **27**.1.16;**32**.4'.22

马文壁 **19**.12.15

玛胡 **34**.6.17

迈达 **32**.7.6,8.9,12.23,12.30;**33**.1.25,8.3,11.28;**34**.1.1,1.3-1.5,4.1,5.4,5.6,5.13,8.4,12.30

麦金丽 **27**.8.3

麦孟华　**23**.2.12

曼仙、缦仙　见章曼仙

毛彬士　**24**.10.11

毛实君　**27**.5.27；**28**.1.4，2.1；**29**.9.5

毛子丹（子丹）　**24**.4.24；**27**.2.4；**29**.6.16

茂源（茂原）　**27**.6.18，6.22，7.19，8.4，9.20，10.12

枚叔　见章炳麟

枚仲　**33**.4.3

梅孙　见李梅孙

梅五　**27**.7.2，7.6

梅仙　见胡梅仙

梅先　**32**.4'.26，8.1，12.25；**33**.2.20

梅雨田（雨田）　**27**.7.21，7.23，8.3

孟聪　**32**.4.25，7.24

孟赓、孟庚　见水孟赓

孟华　**29**.4.13，4.21

孟晋　见孙宝琦

孟清　见陈孟清

孟威　见陈孟威

梦皋　**32**.1.28

梦庚　**28**.6.27，6.28；**33**.1.1，3.18

绵达斋　**34**.8.12

勉臣　见孙勉臣

勉斋、勉侪、勉哉、冕侪　见陆勉斋

勉丈、勉甫　见方恭钊

妙慈　**34**.4.15
妙均　**29**.12.29；**32**.7.27；**34**.5.1
敏士　见汪敏士
铭伯　见钱铭伯
铭舫、茗舫　见樊铭舫
缪杏村　**27**.3.22
缪仲美　**29**.7.8，7.10
母后　见慈禧
慕初　见徐慕初
慕韩、慕哥、慕兄　见孙宝琦
慕石樵　**34**.10.10
穆苏绪　**29**.11.14
穆文琦　**29**.11.7

N

那晋（那锡侯、那参、那参议、那右丞）　**32**.10.29，11.8；**33**.2.14，2.21，3.19，3.25，3.27，4.13，5.17，5.23，5.29，6.15，6.26，7.3，7.4，7.7，7.9-7.11，7.20，7.23，7.24，7.26，10.6，11.6；**34**.3.19，3.26，8.1，8.20
那拉　见慈禧
那桐（那琴轩、那相、那相国、琴轩）　**28**.2.10；**29**.2.27，9.19；**32**.11.2；**33**.6.26，7.23，9.5；**34**.6.5，12.11
那彦图　**34**.9.1
南海　见康有为
南皮　见张之洞

南屏老人　29.8.1
南仲　见许南仲
尼哥拉第二　29.6.27
睨清　27.1.9
念劬　见黄念劬
聂士成(聂公廷)　27.1.16
聂玉叔(玉树)　32.8.11;34.2.10,4.9,8.12,11.12

O

欧荻　34.8.28,9.21,11.28
欧阳石芝(石芝)　23.2.1,11.9;27.1.1,1.7,1.19,3.5,3.12,5.5,6.25,6.27,7.6,7.10,7.16,9.10,9.15,9.20,10.8,10.13,10.19,10.25,11.10,11.22,11.25,11.29,12.21,12.25,12.27;28.1.5,1.8,1.12,1.13,1.16,1.18,2.25,9.6,10.25,11.1-11.3;29.6.8-6.12,8.7,8.10,8.18,8.20;32.12.11;34.10.12

P

潘安涛　29.9.9
潘凤洲　28.10.4;29.6.25
潘辅臣　33.11.6
潘经世(经世)　29.8.27;32.2.11,4'.18,4'.22,7.20,8.10,8.22,8.28-8.30,9.4,9.5,9.9,9.19,9.26,10.4,10.14,10.16;33.1.20,3.13;34.10.14
潘景侍(景侍)　33.3.22;34.1.25
潘仲　20.4.8

庞莱臣　**32.**5.6；**34.**10.12

裴维侒（裴公）　**33.**3.11，3.14

佩臣　见周佩臣

佩葱　见吴佩葱

佩蘅　**29.**4.16

佩仙　**29.**11.13

佩香　见金佩香

彭伯　**20.**2.25，4.18；**27.**9.18

彭嫣　**33.**5.11，7.14

鹏南　见向鹏南

聘臣、聘师　见陈聘臣

平阳、平阳先生　见宋恕

平翼侯　**33.**11.6

濮季沧　**34.**9.26

濮孝矩　**34.**11.8

濮止潜（止潜、濮君、濮公、濮梓泉、濮紫泉、紫泉）　**19.**11.11，11.17，11.23，12.16；**20.**1.6，1.8，1.10，2.7，3.16；**23.**7.18，8.17；**24.**9.23，9.25，9.26，9.28，10.4，10.6，10.8，10.11，10.12，10.29，11.1，11.3，11.14，11.16；**27.**2.22；**29.**4.27，4.28，5.7，5.15，5.24，5.28，5'.5；**34.**10.13，11.8

朴斋　见陈朴斋

溥儁（大阿哥）　**27.**6.12

溥伦（伦贝子）　**28.**2.10，3.21；**32.**9.5；**34.**9.15，12.30

溥颋　**32.**9.21

溥伟（恭王、恭邸）　**32.**7.17；**34.**3.8

溥飑　**34**.2.21

溥仪（宣统帝、今上）　**34**.10.23,11.4,11.7,11.9

谱琴　见沈谱琴

Q

祁景沂（景沂）　**20**.4.16,5.7;**32**.6.21;**33**.8.3;**34**.12.6,12.8

祁世长（祁文恪）　**28**.2.29

祁子敏　**28**.2.29,10.23

耆康侯（康侯）　**32**.10.9,11.6,11.15;**34**.5.15

琦仲龢　**34**.2.25

芑怀　**27**.5.17

企韩、企涵　见书企韩

企堂　见周企堂

启秀　**27**.1.5

启幼亭（启佑廷）　**32**.11.15;**34**.9.26

铅宁　**28**.1.12,1.13

钱博庵（博庵）　**28**.10.16,10.17

钱幹臣（幹臣）　**28**.5.28,6.13;**32**.1.29,3.22,6.17,6.18,6.22,6.26,6.30,7.1;**33**.1.10;**34**.11.2,12.3,12.5

钱铭伯（铭伯）　**24**.7.16;**34**.10.24,10.27

钱彭山　**24**.11.18

钱叔楚（叔楚）　**29**.3.9,3.12,3.13,5.24,5'.24

钱小修　**32**.2.18;**34**.2.2

钱恂（钱洵）　**27**.6.12;**28**.8.27

钱子密　**20**.1.19,12.24

秦揆楚(揆楚)　**34**.3.15,8.11,8.12,9.2,9.17

秦幼衡(秦幼蘅、幼衡)　**20**.12.5;**28**.3.2,5.22,12.14;**29**.5'.24,9.16;**34**.11.19,11.23

琴甫　见朱琴甫

琴若　**33**.11.3

琴轩　见那桐

勤甫　**27**.5.7,6.27,10.16,11.22

勤果　见张曜

青莱　见戴青莱

青莲和尚　**28**.4.25

青儒　**29**.6.15

清阶平　**28**.2.10

清莲　**28**.2.7;**29**.2.19

清琳　**33**.11.11

清溪师　见李清溪

清漪　见叶清漪

庆亲王、庆王、庆邸　见奕劻

庆松岩　**34**.10.28

庆筱山(庆君、庆小山)　**28**.2.20;**33**.2.2,2.13;**34**.11.23

邱炜萱(邱菽原、邱菽园)　**27**.6.29,8.9;**29**.7.21

秋瑾　**34**.10.9

秋圃　**32**.2.10

囚庵　**28**.1.20

虬斋　**27**.3.24,3.26,3.28,4.2;**28**.9.10

球甫、球拊　见胡球甫

瞿鸿禨(瞿相)　**27**.6.12；**32**.9.20；**33**.3.24,5.8,5.12,5.14,5.16,5.21,5.23,5.24

R

穰卿　见汪康年
让三　见张让三
饶石顽(石顽)　**27**.10.14,10.17；**32**.7.4,7.21
仁和、仁和王相、仁和相国　见王文韶
任伯唐　**32**.9.17
任逢辛　**27**.9.12
任公、任父　见梁启超
日下鸣鹤　**23**.12.26
荣斌　**19**.11.19
荣季铭　**32**.5.2,5.10
荣禄(荣文忠)　**24**.8.17；**27**.6.12；**34**.3.26
荣庆(荣华卿、荣相、荣相国)　**27**.4.27；**28**.3.21；**29**.3.14,3.24,3.25,5.5,5.18,5'.20,9.19；**32**.3.24
荣向春　**33**.6.9
容伯涵　**32**.4'.18
蓉生　**29**.6.19,6.25,6.26,7.9,7.20,7.21,8.4,8.9
汝霖　见徐汝霖
阮元(阮文达)　**28**.8.24
阮永和　**33**.6.14
阮贞元　**28**.4.12
阮子衡　**34**.9.2

蕊林　见徐蕊林

瑞鹤龄　**28**.5.9

瑞鹤庄(鹤庄)　**28**.4.7,4.10,4.11,6.2,6.20,6.23,8.23,8.30,11.12,11.24,12.13;**29**.1.24,2.5,4.1,4.30,5'20,8.29;**32**.4.24,7.4,10.28,11.21;**33**.1.23,2.5

瑞际唐　**32**.4'.18

瑞良　**32**.11.2

瑞玉如　**29**.9.21;**33**.5.2,7.16

润臣　见董润臣

润夫　见沙润夫

润田　见冯润田

润文　**34**.3.29

润璋　**33**.6.1

若愚　见孙若愚

S

萨子良　**32**.3.26,4.24

三郎　见张冠霞

三多(三六桥、六桥)　**27**.3.9,3.27;**28**.5.22,5.27,6.6,6.8,11.15,11.21,12.1;**29**.3.28;**33**.12.2;**34**.2.27,5.4,5.9

三麻子　**32**.9.17

三盏灯　**24**.11.6;**34**.10.16

森井国雄　**24**.3'.20,3'.22,4.7

沙里昂　**33**.8.3;**34**.4.1,4.2,5.4,5.6,5.11,5.22,8.10

沙润夫(润夫)　**32**.9.3;**34**.4.8

砂尔丹　**34**.6.17

山根炳文（山根）　**24**.4.13,5.9

山根虎臣　**24**.8.2

善耆（肃王、肃邸）　**27**.10.10;**28**.3.25,3.27,4.16,4.22,5.26,7.21;**29**.3.22,4.19,7.21,12.12,12.14;**32**.2.2,3.11,5.27,8.24,8.27,11.21;**33**.1.2,3.12,3.20,3.25,5.8,5.11,5.22,6.16,10.27;**34**.3.11,5.4,6.21,6.24,8.26,9.7,9.12,11.13

善卿　见陈善卿

善芝樵（善芝桥、芝樵、芝桥）　**28**.12.21;**29**.4.26,9.9,11.17;**32**.1.15,1.28,2.1,2.3,2.4,2.6,2.10,2.14,2.16,2.17,2.20,2.21,4.11,5.1,5.14,7.7,10.10;**33**.2.11,4.9,6.5,7.25,10.29,11.5;**34**.1.26,2.20,4.1,5.2,5.16,9.2,12.15,12.24

尚惠臣　**32**.10.3

少埋　**33**.12.10;**34**.1.28,2.3

少川　**23**.4.17,5.6,5.7,5.10,9.26;**24**.3'.6,4.29;**27**.2.8,2.18,3.2,3.5,3.24,4.1,4.5,7.2,7.4,7.30,9.19,9.23,9.24;**28**.3.25,3.27,4.4,4.15,5.5,5.14,5.19,5.24,5.26,5.29,6.7-6.9,8.13,9.1,9.2,9.26,10.19,11.13,11.25,11.26;**29**.3.17,6.18;**32**.3.4;**33**.2.5;**34**.7.15

少翰　**28**.9.22,11.3,11.5

少侯　见周少侯

少怀　见戴少怀

少卿　**23**.5.6,5.7

少秋　见张少秋

少如　**29**.4.5,4.12

少山　见吴少山

少塘　**27**.5.10,5.15

少亭　见周少亭

邵伯䌹(伯䌹)　**27**.2.21,4.9;**29**.5.12,5'.24;**33**.10.29,12.2,12.10

邵厚夫(厚夫、厚甫)　**24**.12.5;**34**.2.2,3.1,3.20

邵季英(二我、邵二我、邵季鹰、季英、季鹰)　**27**.5.18,5.20,5.22,7.21-7.23,9.10,11.9,11.13,12.10-12.12,12.18,12.19,12.23;**28**.1.21,9.20,10.8-10.12,11.14,11.22,12.3,12.9;**29**.1.11,1.24,2.3,2.19,3.27,6.3,6.4,6.9,8.13,8.24,9.20,9.23,9.25,11.3,11.5,11.8,11.10,12.2,12.11,12.12,12.29;**32**.1.5,1.6,1.12,1.14,1.18,1.25,1.29,2.5,2.18,2.19,2.26,2.27,3.6,3.8,3.13,3.17,3.29,4.1,4.14,4.22,4.26,4'.3,4'.15,4'.18,5.2,5.20,5.28,6.5,6.6,6.11,6.15,6.16,6.18,6.27,9.1,11.22,11.28,12.4,12.7,12.12,12.22;**33**.1.5,1.10,1.15,1.24,2.4,2.6,2.8,2.14,2.18,3.2,3.10,3.12,3.14,3.23,4.1,4.15,4.17,4.22,4.23,4.25,5.10,5.19,5.20,6.2,6.16,6.20,6.27,6.30,7.6,7.8,7.11,7.13,7.16,7.19,7.21,7.23,7.24,7.27,7.29,8.1,8.6,8.19,9.9,9.20,9.29,10.13,10.18,10.24,11.6,11.8,11.14,11.18,11.21,11.29,12.2,12.10,12.14,12.19,12.26;**34**.1.6,1.13,1.14,1.16,1.22,1.26,1.28,2.4,2.8,2.11,2.13,2.17,2.19,4.3,4.8,4.15,4.28,5.10,5.11,5.13,5.20,5.30,6.6,6.15,6.22,6.29,7.8,7.20,7.21,7.27,8.4,8.7,8.14,8.20,8.21,9.3,9.6,9.9,9.17,9.19,11.1,11.3,11.13,11.15,11.27-11.29,12.10,12.19

邵小春　**20**.11.30

邵予　见张劭予

邵子如(子如)　33.7.6,8.24,10.3

绍英　32.9.21

摄政王　见载沣

沈秉衡　32.7.3

沈伯驯(伯驯)　23.2.11;27.9.9,10.20

沈蟾卿　34.6.27

沈承俊　28.7.14

沈次裳　34.9.23

沈萼孙(沈鄂孙)　19.11.20;20.3.14,12.12

沈桂云　27.7.3

沈和甫(和甫)　34.9.27,9.28,9.30,10.3,10.4,10.12

沈家本(沈子敦、沈敦老)　29.3.10;32.9.21;33.1.10;34.2.11

沈兰秋(沈兰师、兰秋)　19.11.19;20.2.10,2.16,4.29,12.21;23.8.25;28.2.9;29.5.20;32.1.1,4.1,4.12,6.13,8.18,8.23,11.9;33.10.18;34.9.13

沈立山　34.3.8

沈鹏　27.6.12

沈谱琴(谱琴)　28.9.13;32.5.3,5.6

沈其昌　33.8.23

沈叔瞻　34.3.8

沈小沂(小沂、沈小仪)　28.2.21,11.15,11.16;34.5.9,5.14,9.18

沈燕传　28.9.23

沈瑶卿　34.10.2

沈瑶亭　34.10.5

沈沂孙(沂孙)　34.12.3-12.5,12.7,12.8

沈幼沂　**27**.6.5

沈雨人（沈雨老、雨老、雨人）　**32**.12.25；**33**.1.19，2.11，2.18，3.10，3.11，3.15，6.14，6.23，7.1，7.3，7.8，7.10，7.20，7.27，8.25，10.16，10.28，11.18，11.21，12.1，12.3，12.12，12.15，12.20；**34**.1.8，1.22，1.24，1.29，2.1-2.3，2.9，2.10，2.13，2.15，2.18，3.10，3.20，3.24，3.26，4.16，4.20，4.23，4.28，5.7，6.22，7.2，8.10，8.24，9.2，10.29，11.14，12.12，12.13，12.19

沈曾植（沈子培、子培）　**28**.12.27；**29**.2.25，3.9，3.12

沈仲礼（仲礼）　**28**.8.26；**29**.5.11，5.22

沈子丰（子丰）　**27**.5.7，5.17；**29**.3.9；**32**.2.13，4.26，9.3；**33**.4.7；**34**.1.16，1.22，1.28

慎行　**32**.4.15

慎毓林　**29**.3.24

笙叔　见钟笙叔

绳伯　**27**.2.30，5.12，5.15，8.20，8.22；**28**.2.2，2.5，2.26；**32**.2.30，3.8，9.21，10.29；**33**.3.15，5.21，5.26；**34**.2.11，3.6，3.25，10.16

盛剑南　**24**.10.11

盛杏仙　**28**.1

盛宣怀（盛杏孙、盛杏荪、盛宫保、盛京卿）　**27**.1.7，1.18-1.21，6.14，11.9；**28**.1.23，8.1；**33**.2.8，2.9，3.19

盛元之　**27**.9.24

施炳之　**32**.8.3

施伯彝（伯彝）　**32**.5.3，5.12，6.22，9.8；**33**.1.6，10.25，11.18，12.10，12.27

施肇基（施植之、施右参）　**32**.10.29，11.8，12.17；**34**.12.4

施子英(子英)　**23**.1.4,1.10;**27**.12.27
石明　**24**.2.23
石坪　见黄石坪
石樵　**32**.4'.7
石孙　见黄石孙
石顽　见饶石顽
石虚　见吴石虚
石胰　见吴石胰
石愚　**27**.9.3,10.20;**28**.1.14,9.23;**29**.8.8,8.9
石芝　见欧阳石芝
时百、时伯　见杨时百
史赓云　**34**.1.18,1.20,3.5
世伯　见杨时百
世伯轩　**32**.9.20
世铎(礼王)　**32**.5.22,5.24
守六　见方守六
寿臣　见周寿臣
寿富　**27**.6.12
寿介眉　**32**.10.11;**33**.6.9
寿州、寿州相国　见孙家鼐
受钦　见谭受钦
受之　见张受之
书衡　见王仪通
书企韩(企韩、企涵)　**33**.11.7,11.9,12.15,12.17;**34**.5.10,5.27,6.6,7.9

叔楚　见钱叔楚
叔和　见张叔和
叔明　见张叔明
叔通　见陈叔通
叔雅　见丁惠康
叔寅　见应叔寅
叔雍　**27**.5.7,5.17,5.23
叔云　**27**.12.15,12.18;**28**.1.4,1.10
叔耘　**24**.2.6,3.29;**32**.4'.17,5.3,5.12,5.22,5.23,7.14,8.13,8.18,12.15;**33**.1.17,1.22,3.9,3.12,5.2,5.15,6.30,7.11,8.21
树人　见蒋树人
漱兰、漱师　见黄体芳
爽夫　见夏爽夫
水孟赓(孟赓、孟庚)　**19**.11.10;**20**.1.16,4.21,12.30;**27**.2.26,9.22,9.23,11.14,11.15;**28**.6.23,7.5,10.7;**32**.8.19,9.13;**33**.1.1,3.10,4.24
水云　**32**.8.14,8.16,8.18,8.26,10.12
松林和尚　**23**.12.26;**24**.7.7,7.8;**27**.3.9,3.12,3.14,3.18,3.20,4.14,5.18,5.24,6.7,6.18
松寿(松鹤帅、松鹤龄、松鹤老、松鹤翁、松寿泉)　**24**.7.10,9.26;**28**.4.10,4.11,5.6,8.13;**32**.1.24,2.9,9.21,11.8;**33**.2.5,12.14
松雯青(雯青、雯卿)　**32**.4'.18,4'.22,8.30
崧骏(崧镇帅)　**19**.11.23;**20**.3.21
嵩鹤孙(鹤孙)　**32**.11.16,12.26;**33**.2.15
嵩子山　**32**.4'.19

宋恕（平阳、平阳先生、宋平阳、宋燕生、燕生、燕公） **24**.8.2,9.17,
9.27,11.29;**27**.1.8,1.12-1.14,1.16,1.19,1.20,1.29,2.1,5.12,
5.13,5.17,6.25,9.10,10.2,10.9,10.18,11.21,12.28;**28**.6.25,
9.3;**29**.5'.3,8.22,10.15,12.8;**32**.4.4,4'.28,10.4;**34**.5.5

宋芸子　**20**.1.19;**33**.8.29,10.24,10.26,11.29;**34**.3.4

宋芝洞（宋芝栋、芝洞、芝栋）　**27**.1.5,1.14,1.18,4.27,5.15,10.
14,12.12

颂臣　见何颂臣

颂阁　见徐郙

颂南　**27**.3.10

颂年　见汪颂年

颂虞　见汪颂虞

诵梁　见魏诵梁

苏厚庵　**34**.5.8-5.10,5.12,5.21,6.6,7.3,7.4,7.12,7.15

苏慕东　**28**.6.20

苏馨　**29**.11.7

苏元春　**29**.9.3

肃王、肃邸　见善耆

素云　**27**.8.15-8.17;**28**.2.19

穗卿　见夏曾佑

孙宝琦（兄、大兄、大哥、慕兄、慕哥、宝琦、慕韩、孟晋、邻居）　**19**.
11.10,11.13,11.14,11.19,11.26,12.16,12.22,12.25,12.30;
20.1.1-1.3,1.7,1.9,1.10,1.12,1.16,1.18,2.1,2.2,3.12,3.15,
3.20,5.7;**23**.7.18;**24**.5.6;**27**.1.4,2.16,2.23,2.30,4.25,4.27,6.
12,7.18,8.22,9.22,11.14;**28**.2.6,2.10,2.14,2.20,3.14,3.21,

3.22,4.13,4.25,5.12,5.26,6.8,6.14,6.27,8.3,8.19,8.21-8. 24,8.28,8.29,9.1,9.2,9.5,9.6,9.8,9.10,9.14,9.15,9.17,9. 19-9.21,9.23,10.1-10.4,10.6,10.10,10.13,10.14;**29**.2.17,3. 23,4.2,4.22,5.18,5'.22,8.22,8.24,10.14,11.6,11.7,11.9, 11.21,12.21;**32**.2.2,2.6,2.8-2.14,2.16-2.20,2.22-2.25,2. 28,2.30,3.1,3.3,3.5,3.7,3.8,3.11-3.15,3.19-3.24,3.26,3. 27,4.2,4.4-4.7,4.11,4.13,4.14,4.16,4.19-4.22,4.27,4.28, 4'.1,4'.4,4'.10-4'.13,4'.15-4'.17,4'23,4'24,4'30,5.3, 5.5,5.13,5.17,5.19,5.26,6.1,6.3,6.8,6.9,6.14,6.21,6.23,6. 26,6.29,7.1,7.5-7.7,7.17,7.23,7.29,8.1,8.5-8.7,8.12,8. 16,8.17,8.20,9.3,9.5,9.6,9.18,9.20,9.21,9.28,10.3,10.6, 10.12,10.19,10.24,11.6,11.12,11.20,11.24,11.25,12.10,12. 13,12.15,12.17,12.18,12.20,12.27;**33**.1.1,1.10,1.17-1.19, 1.25,2.3,2.9,2.18,2.20,2.28,2.30,3.7,3.11,3.15,3.16,3.18, 3.19,3.21,3.22,4.4,4.7,4.10,4.11,4.18,4.22,4.24,4.26-4. 30,5.2,5.4-5.8,5.13,5.22,5.28,6.11,6.17,6.19,7.14,9.16,9. 19-9.21,9.27,10.5,10.19,10.24,10.25,11.11,11.13,11.18, 11.26,12.2,12.5,12.9,12.15,12.20,12.22,12.29;**34**.1.3,1.8, 1.12,1.15,1.21,1.22,1.29,2.1,2.6,2.19,2.28,3.5,3.6,3.12, 3.19,3.26,3.28,4.3,4.11,4.15,4.18,4.22,4.25,5.3,5.4,5.6, 5.10,5.14,5.15,5.17,5.24,6.1,6.4,6.5,6.8,6.9,7.14,7.20,7. 27,8.12,8.14,8.15,8.19,8.28,8.29,9.5,9.10,9.20,9.30,11. 10,11.20,11.23,11.27,12.1-12.8,12.12,12.14-12.16,12.20, 12.21,12.24,12.26,12.28,12.30

孙川如(川妹、川如) **27**.6.22;**28**.1.15,1.25,2.29;**32**.4'.8,5.1,5.

4,5.5,7.6,12.30;**33**.2.12,3.1,5.18,8.20,9.11,9.16,9.21,9.29,12.21;**34**.1.3,1.5,1.8,4.25,5.11,12.21

孙家鼐(孙相、孙寿州、寿州、寿州相国、孙燮翁)　**20**.2.8;**29**.9.1,11.20;**32**.3.12;**33**.3.12,3.25,5.8,8.19,9.11,12.28;**34**.2.4,2.27,5.25,9.3

孙驾航　**20**.1.15

孙景周(景周)　**29**.11.16,11.20,11.23;**33**.1.22,3.24

孙菊仙　**27**.4.12,4.15,4.23,5.23,7.11,9.7,9.18

孙澜如(澜妹、澜如)　**27**.2.29,3.1,4.8;**29**.3.5,3.6,3.13,5'.22,12.10;**32**.5.5,10.11;**33**.12.10;**34**.6.2,12.28

孙丽轩(丽轩、孙荔轩、荔轩)　**23**.4.27,4.29,5.6,5.17,5.18,5.25,5.27,6.5,10.20;**24**.5.6;**27**.3.2,3.27,5.8,7.1,9.10;**28**.1.5,1.19;**29**.6.10;**32**.1.22,1.23,3.12,8.1,8.3,11.18,11.29

孙履平　**24**.1.30

孙梦岩　**27**.1.29;**29**.2.24,4.13

孙勉臣(勉臣)　**29**.8.20-8.22,9.1,9.10,9.12,9.24,11.15,11.16,11.20,11.23-11.25

孙耦耕　**27**.2.21;**29**.8.5

孙若愚(若愚)　**24**.6.5;**27**.3.25,12.28

孙文(孙逸仙)　**24**.7.2

孙文翰　**34**.3.10

孙文卿　**23**.8.19;**34**.10.12

孙诒经(先君、先君子、先人、父)　**20**.1.19,1.26,3.9,12.28;**23**.4.12,5.28,11.6;**27**.1.1,3.25,5.6,7.2,8.10;**28**.2.9,4.8,4.14,6.5,10.1;**29**.2.15,2.21,3.10,3.24,6.21;**32**.5.5,6.22,11.6;**33**.1.

18;**34**.1.16,1.23,2.2,3.29,10.1,10.28,11.6,11.10

孙颐斋(颐斋) **23**.1.23,2.18,3.4,3.19,5.10,9.10,9.11,11.8;**24**.7.27;**27**.2.8,3.1,3.25,4.3,4.5,5.19,5.20,6.20,7.19,8.4,9.1;**32**.4.9

孙翼之 **33**.7.23,7.25;**34**.11.8

孙翼中 **33**.12.2

孙荫亭(荫亭、荫庭) **23**.5.6,5.17,5.18;**24**.1.20,1.23,1.24,5.6,8.4,8.10,8.16,9.2,10.26,11.27,12.5,12.8,12.9;**27**.2.8,2.13,3.23,5.8,8.1,9.10,9.13,9.16,9.24,11.8,11.22,11.23,12.25;**28**.1.5,1.10,1.18,1.19,1.25,1.27,9.29,10.24,10.28,10.29;**29**.6.10,8.8,8.18,8.20;**32**.3.12,3.25,3.27,4.9,7.12,11.18,11.29,12.4;**33**.4.18,5.18,7.15,10.4,10.11,10.15,10.22,11.29,12.17,12.18;**34**.1.7,1.8,2.5,3.1,3.10,4.15,8.6

孙毓汶(孙莱山) **19**.12.17

孙振叔 **28**.11.3

孙仲华(仲华) **23**.2.3,3.5,3.10,12.21;**24**.4.19,4.21;**29**.1.27,2.2,2.5,2.12,2.17,3.26,4.3,4.5,4.6,4.14,4.15,4.20,4.21,5.1,5.12,5.14,5.17,5'.17,5'.19,6.16,6.18,6.20,7.8,7.12,8.9,8.25,8.26,9.10,11.5,11.7,11.16;**32**.1.9,4.21,7.16,8.7,8.30;**33**.2.11,8.3,8.22,10.18,12.4,12.27;**34**.1.23,7.16,11.28

T

塔虎脱 **34**.11.22

太后 见慈禧

太邱 见陈璧

太炎　见章炳麟

泰臣　见蒋泰臣

谭广生　**28**.5.24;**33**.5.5,5.7,5.8

谭鸿仪　**33**.5.4,5.5

谭受钦(受钦)　**27**.2.17;**29**.8.12;**34**.2.7,10.14

谭嗣同(谭浏阳、谭壮飞、谭甫生、谭复生)　**23**.3.2,3.4,3.28,7.18;**24**.6.4,8.10,8.14,8.17,8.23,8.27;**27**.6.12,8.1;**28**.2.11,2.12;**29**.4.4

谭鑫培(谭心培、鑫培、心培、叫天)　**19**.11.23;**27**.4.15,7.2,7.8,7.11,7.16,7.21,8.7,9.5,9.25,11.9;**28**.1.7,7.19,9.20;**29**.6.9;**34**.6.3

谭篆卿(篆卿)　**34**.1.10,5.9,7.4

谭祖任　**33**.5.27

汤寿潜(汤蛰仙、蛰仙)　**20**.11.25,12.12,12.30;**23**.2.4;**24**.7.17,7.18,10.1;**27**.6.12,6.16,6.22,6.23,6.25,7.6,7.7,7.30,9.4,9.27,10.2,10.22;**28**.1.21,1.23,9.26;**34**.9.30,10.13,10.15

汤倜鼎　**32**.8.11

唐德萱　**32**.11.1

唐景崇(唐春老、唐春卿)　**29**.4.25;**32**.9.7,9.21,9.23;**33**.1.1,7.19

唐景崧(薇卿)　**29**.4.25

唐日新　**34**.8.5

唐绍仪　(唐、唐公、唐侍郎、唐长官、唐少川、唐少翁)　**28**.4.15;**29**.3.17;**32**.5.18,9.5,9.22,9.23,9.25,10.3,10.5,10.7-10.9,10.12,10.14,10.20,10.27,11.5-11.7,11.13,11.14,11.16,11.21,11.28,12.3,12.17,12.19,12.23;**33**.1.14,1.27,2.2,2.3,3.8,

4.22,10.19;**34**.2.18,3.4,3.26,6.23,8.15

唐温斋　**33**.6.30;**34**.2.6,7.13,10.29

陶兰泉　**33**.5.14;**34**.12.6

陶心云　**24**.8.6,8.19

陶杏南　**34**.12.3,12.5

藤田虎雄　**24**.4.13

天子　见载湉

田东芳(东方、东芳、田君)　**29**.9.26,9.28,10.2,10.12,10.16,10.18,10.27,10.29,11.1,11.13

田际云　**28**.1.21

苕生　见王苕生

铁良(铁、铁帅、铁尚书)　**32**.9.20,9.21;**33**.5.8,6.28,9.16

铁珊　**33**.3.11,10.19

廷士　**32**.3.29,4.1,4.3,4.9,4.10,4.14,5.2

同翰卿　**33**.2.24,6.10;**34**.6.20,8.25,9.1,9.2

同林　**33**.5.27

彤士　**28**.4.15,4.20,4.22;**33**.7.21,7.22,8.1,11.17;**34**.2.15

桐士　**28**.3.9,3.17,3.26,4.6,5.5;**29**.2.4,11.4,11.10,11.16,12.1

铜镜宇　**34**.9.13

铜士　见翁铜士

童杰三　**29**.5.20

童学琦(童亦韩、亦韩)　**23**.2.14;**24**.7.18;**27**.7.15,7.25,8.1,8.3,8.4;**32**.7.27,10.8;**33**.3.23,4.1,5.14

屠静山　**20**.12.26

W

瓦德西（瓦帅） **29**.5.22；**33**.3.28

外舅、外舅筱老　见李瀚章

完士　**24**.9.30

皖抚　见恩铭

菀生　见王浼生

万薇生　**29**.4.16

万小湖（小湖）　**20**.3.7，3.16，4.19

万子瑾　**23**.7.13

汪伯庚　**33**.8.2

汪伯唐　**29**.9.24；**33**.9.28，10.21；**34**.8.4

汪大燮　**33**.8.2

汪桂芬（桂芬）　**27**.7.11；**28**.9.20；**29**.2.24，6.9；**33**.7.28；**34**.1.9，1.14，6.2，6.3，7.28

汪继斋　**28**.11.3

汪健斋（健斋）　**28**.10.15；**32**.1.9，2.10，2.25，3.8，3.21，4.14；**33**.1.2，3.27；**34**.1.14，1.23，3.21，7.16，11.28

汪建斋（建斋）　**27**.7.3；**28**.5.4，6.5，6.11，6.12；**29**.8.11；**32**.4.13，4'.1，6.19；**34**.9.13

汪鉴斋（鉴斋）　**27**.3.4，3.9，4.24

汪康年（汪穰卿、穰卿）　**23**.2.6，3.2，3.28，5.14，6.6，9.11，11.15，11.18，11.23；**24**.7.5，8.23，10.29，11.1，12.20，12.25；**27**.3.4，3.6，3.9，6.12，7.24，9.27，10.1，10.19，10.22，10.27，10.30；**28**.1.18，6.27，9.6，9.12，9.24，10.30，11.3；**29**.11.25，11.29，12.27，12.

29;**32**.1.25,2.12,2.25,3.25,3.27,4.14,5.20,7.4,8.26,9.6,9.8,9.17,11.18;**33**.1.2,1.7,1.10,1.22,2.18,2.19,2.26,4.7,5.14,5.27

汪敏士(敏士)　**27**.2.25,3.10,4.5,4.6,4.9,6.2;**28**.10.12

汪鸣銮(汪柳门、汪柳翁、汪少司空)　**19**.11.10;**20**.2.5,3.1,3.6,12.24;**23**.1.24

汪茗生(茗生)　**34**.8.11,8.12

汪叔敏　**27**.10.4

汪颂年(颂年)　**28**.2.10,2.20,3.14-3.16,3.21,4.13,4.28,5.16

汪颂虞(颂虞)　**24**.3.24,5.15,10.22,10.29,11.16

汪笑秾(笑秾)　**27**.3.9,7.2

汪雪生　**33**.8.25,9.5,10.22

汪瑶亭　**29**.6.10

汪子长(汪子常)　**20**.2.1,11.30,12.1

汪子健　**34**.9.15

汪子渊　**28**.1.23

王步亭　**29**.5.7

王桂官(桂官)　**33**.7.28;**34**.7.28

王鸿炕　**33**.5.27

王稷堂(稷堂)　**32**.5.3,6.22

王建威　**29**.8.1

王晋吾　**20**.2.15

王九龄(九龄)　**34**.6.3,6.10

王觉生　**27**.6.24

王均叔(均叔)　**28**.8.20,11.28;**29**.5.18,5.29,5'.12

王奎章(奎章) **32**.3.22,4.13,4'.10,4'.13,5.6,5.8,5.27,6.19,6.28,9.8,9.26;**33**.5.7,5.14,10.21,11.20;**34**.2.18,3.25,5.1,5.4,5.14,6.11,11.13

王葵章(葵章) **33**.5.2-5.4,5.6,5.7,7.23,8.26

王冕斋 **33**.6.24

王朴川 **34**.6.12,6.19

王钦尧 **33**.5.2

王瑞观 **33**.1.18

王芍棠 **29**.4.13

王绳伯 **28**.2.2,9.6;**32**.3.14;**33**.10.1;**34**.9.22,11.16

王石孙(王石荪) **29**.5.18;**32**.1.2;**34**.2.6,2.13

王寿抟 **34**.6.12

王寿庄 **24**.10.11

王浼生(王浣生、菀生) **23**.6.17,6.21;**27**.4.13

王文韶(王相、王相国、王夔翁、仁和、仁和王相、仁和相国、夔老、夔帅、夔相) **20**.12.28;**23**.9.1,9.2;**24**.4.30;**27**.4.19,9.17;**28**.2.8,2.16,4.14,8.20,8.24,11.17,11.20,11.21,11.25,11.27;**29**.5.5,5.29,8.24,8.26,9.2,9.21,11.17,11.21,12.6;**32**.2.2,2.10,2.13,3.2,3.23,3.27,4.20,4'.7,4'.13,5.8,5.27,6.6,6.9,6.17,6.20,7.17,8.1,8.15,9.23,9.26,10.9,10.22,10.26,11.21,12.9,12.25;**33**.1.17,2.20,3.15,4.21,5.9,5.11,5.14,5.21,5.22,5.26,5.28;**34**.10.9,11.24,11.26-11.28

王熙庵 **27**.7.2

王献庭 **34**.8.6

王湘泉 **34**.10.7

王小东 **33**.10.18

王筱斋 **34**.11.15

王啸龙 **33**.3.3;**34**.5.20,9.2

王信臣 **20**.3.10

王旭庄(旭庄) **27**.5.17,5.23,6.14,7.19;**28**.10.10

王仪通(王书衡、书衡) **28**.5.1,5.16,5.27,5.28,6.19,6.25,7.1,7.29,8.17,8.25,8.27,8.30,12.1;**29**.2.10;**32**.2.24,2.26,3.18,4'.19;**33**.1.6,2.14,2.20,3.21,7.23,10.18,12.10;**34**.2.10,2.19,3.17,5.9,6.13,8.23,9.2,11.15

王彝臣(彝臣) **32**.9.9;**33**.1.23

王寅伯(寅伯) **28**.10.15,10.16,10.24,11.3

王引凤 **28**.10.17

王引之 **29**.9.9

王佑三 **34**.

王之春 **29**.9.3

王稚夔(稚夔) **20**.12.28;**23**.9.2;**28**.2.8,2.10,3.20,3.28,4.11,5.12,8.5,8.7,12.17,12.22;**29**.2.27,5.18,5.20,5'.22,11.14,12.26;**32**.1.4,1.14,1.27,2.2,2.9,2.10,2.12,2.13,2.16,2.17,3.2,3.4,3.6,3.16,9.26;**33**.2.10

王中田 **34**.10.16

王子蕃 **20**.2.15

王子庆 **34**.6.27,8.9

王子展(子展) **28**.10.13;**29**.8.8

威第 **29**.7.12

薇卿 见唐景崧

维多利亚　**23**.5.23

卫汝贵　**20**.12.11，12.21；**27**.1.16

伟侯　见李伟侯

渭东　见李汇东

蔚亭　**29**.5'.20

魏聪肃　**33**.8.2

魏蕃实（蕃实）　**27**.9.17；**28**.6.4

魏诵梁（诵梁）　**27**.11.11，11.12

魏铁山　**33**.7.15

魏仲良　**27**.9.14，9.24

文博亭　**32**.11.21

文初　见锡文初

文舫　见保文舫

文符　**32**.4.11，11.23；**34**.12.24

文汇东　**33**.11.21

文卿　**29**.1.6

文劭儒　**27**.4.23，5.20

文薮　见袁文薮

文廷式（文芸阁）　**20**.3.28；**27**.6.12

文忠、文忠公　见李鸿章

文子澄　**32**.8.12

雯青、雯卿　见松雯青

问槎　见丁问槎

翁敬之　**33**.8.7

翁同龢（翁叔平、翁常熟、常熟）　**20**.1.19；**24**.4.30；**33**.1.15，9.11，9.

21,11.28;**34**.1.6,9.9

翁铜士(铜士) **32**.12.20;**33**.3.3,3.7,4.20

吴阿泉 **23**.4.12

吴保初(吴彦复、彦复) **27**.1.6,1.7,1.12,1.18,1.19,1.26,2.5-2.7,2.14,3.1,3.2,3.5,3.6,3.20,3.26,3.28,4.2,4.12,4.17,4.21,4.22,5.2,5.4,5.5,5.8,5.20,6.5,6.12,6.27,6.29,7.6,7.16,7.19,8.10,9.1,9.10,9.14,9.16-9.19,9.22,10.8,10.18,10.28,10.30,11.13,11.19,11.28,12.3,12.7,12.10,12.16,12.24,12.27;**28**.1.9,1.20,1.23,2.1,3.16,9.6,9.10,10.17,10.23;**32**.1.22,1.27,3.5,11.29,12.17;**33**.5.2,5.11,7.14,7.15,11.28;**34**.1.14

吴伯裳(吴伯唐) **32**.1.9,7.28

吴长庆 **27**.1.16

吴春荣(松卿) **27**.12.24

吴钫 **33**.1.12

吴莆卿(莆卿) **28**.2.8,2.18,2.19

吴瀚涛 **24**.3.9,3.14,12.25

吴虎臣 **20**.1.13,2.7;**27**.9.26,9.27;**28**.4.11;**34**.5.8

吴槐江 **33**.10.25

吴季卿 **23**.7.13

吴季英 **28**.1.4,5.14

吴健秋 **32**.2.6

吴鉴泉 **23**.12.28

吴经才(经才、吴径才) **32**.1.9,4.7,5.3,5.29,8.30,11.21,12.22;**33**.1.24,2.19,8.1;**34**.1.23,2.10,2.15,4.3,6.3,6.11,7.16,9.2,

11.28

吴敬轩　**32**.9.9

吴敬寅　**29**.5'.18

吴绷斋(绷斋、炯斋)　**20**.1.18,2.2,3.18;**29**.6.18,6.21

吴老泉　**24**.10.8;**27**.2.26

吴佩葱(佩葱)　**27**.1.14,4.22;**29**.4.23,5.20;**32**.2.13,3.22,4'.15,6.30,8.11,9.3,9.8;**33**.1.10,5.10,5.27,5.28,6.19,11.28;**34**.2.3,2.26,3.1,3.12,6.11,7.21,8.20,8.23,8.28,9.2

吴顷之　**32**.4.27;**33**.4.2

吴让之　**34**.7.23

吴少山(少山)　**28**.9.25,10.9-10.11;**29**.4.4,4.5,6.8,6.12,8.8,8.13,8.15,8.18

吴石虚(石虚)　**28**.2.14-2.17,2.19,2.27,4.12,4.20,4.26,5.16-5.18

吴石胂(石胂)　**29**.9.28,9.29

吴叔孙　**23**.7.14

吴铁桥　**23**.1.25,4.22,5.14

吴晓春　**29**.2.5

吴晓村　**27**.1.11

吴晓帆　**24**.10.24

吴雅初　**32**.1.16;**33**.1.11;**34**.2.19,5.15

吴雁舟(雁舟)　**23**.3.28,5.28,7.18;**24**.8.23;**29**.2.18

吴绎之(绎之)　**33**.4.29,8.3,8.7,8.9,8.10,8.16,8.18-8.20,8.25

吴挹清　**34**.6.18,7.13,8.14,12.20

吴印臣　**34**.2.12,2.19

吴郁生 **34**.8.7,9.4

吴云普 **29**.6.27,7.2,7.8

吴振麟 **34**.5.15

吴贽甫 **33**.4.29

吴仲篯 **33**.8.3

吴仲弢 **23**.12.14

吴仲怿(吴仲老、吴侍郎、吴长官) **32**.12.18;**33**.1.6,1.8,1.11,1.13,1.19,2.1,2.6,2.10,2.14,3.24,4.18,4.19,6.2,6.20,7.4,7.24,10.24;**34**.2.10,2.22,3.22,5.4,5.15,8.4,8.7,8.14,9.3,9.15

吴重熹 **32**.10.27,11.2

吴子健 **27**.12.24

吴子佩 **23**.7.27

吴子修(子修) **20**.1.6,1.10,1.18,2.2,3.20,3.28,3.29,4.13,5.7;**23**.7.12,7.18,7.27,8.1,8.17,8.26;**28**.9.19,11.21,12.14;**29**.2.12,3.29,4.9

吴左泉(吴左师、左泉师) **23**.9.29;**24**.4.28,10.11;**28**.10.5;**29**.6.25;**33**.11.6;**34**.9.30

伍廷芳 **29**.12.11

伍昭扆 **27**.3.15,4.4;**29**.4.4

X

西林　见岑春煊

西平　见叶西平

西太后　见慈禧

西园 **34**.6.19

希洛　见钟希洛

希尚（希兄）　**23**.4.13,9.30,10.2,10.7;**24**.4.26,10.12,10.14,12.28;**28**.2.1,2.2,5.29,6.17,6.21,6.30,7.14,7.15,7.18,8.3,8.15,8.19,8.22,8.29,9.2,9.19,10.7,10.16;**33**.8.11,8.19;**34**.3.23

锡侯　**27**.4.10,11.23;**32**.1.27

锡镜蓉　**32**.4.24

锡文初（文初）　**32**.1.7,1.15,1.26,1.27,2.19,3.28,5.8,6.8,6.15,8.14,10.7,11.5,11.15;**33**.1.17,11.5,11.28;**34**.2.20,9.18

熙隽甫（熙侍郎）　**34**.1.29,2.2,2.3,6.28

熙维周　**34**.3.7

席子培（席子佩、席姓者）　**34**.10.25,11.2

霞裳　**20**.12.10

夏冰语　**27**.9.26

夏地山（地山）　**19**.11.9;**20**.1.14-1.16,2.3,3.12,4.1,4.10,5.5,11.27,11.29,12.1,12.9,12.11,12.14,12.17,12.18,12.21,12.27,12.29,12.30;**28**.8.24,11.3;**34**.6.21,6.29,7.1,7.7,7.9,7.13,7.19,7.26,12.6,12.7,12.15

夏厚庵　**20**.12.2;**27**.7.20;**28**.12.4;**29**.3.9

夏坚仲（坚仲）　**20**.1.14,1.16,3.13,4.10,5.5;**23**.6.29,7.4,8.13,8.23,8.26,9.2,9.3,9.16;**24**.10.2-10.4,10.6,10.7,11.13,11.15;**27**.4.24-4.27,7.25;**28**.6.26,6.28,6.29,7.2,7.9,7.12,7.22,7.24,7.25,7.28,8.3,8.6,8.8,8.10,8.13,8.18,8.19,9.3

夏肯斋（肯斋、肯哉）　**29**.5.19,5'.8,9.4;**32**.1.20,3.16,6.14,8.11,9.4,11.21;**33**.4.27,4.28,8.17,8.22,8.25,8.29,9.6-9.8,9.12,

9.13,9.20,9.28,10.1,10.2,10.6,10.7,10.9,11.8,11.20,11.25,12.4,12.16,12.24,12.26;**34**.1.23,1.28,2.17,4.18,4.28,5.5,5.30,6.21,6.29,8.9,8.21,8.29,9.13,11.6,12.22,12.29

夏履平　**23**.4.12,4.15,4.17;**28**.9.13;**33**.5.8

夏仁虎　**33**.6.14

夏爽夫(爽夫)　**32**.1.27,2.5,5.3,5.19,6.21,6.23,8.5;**33**.5.22,7.23,7.24,8.5,9.25;**34**.1.9,1.12,1.25,2.2,2.4,2.10,2.17,2.24,3.10,3.15,3.21,5.29,7.9,7.13,7.26,8.25,8.26,8.28,9.10,9.18,9.20,11.7,11.12,11.15,12.28

夏蔚如　**34**.2.14,6.6

夏燕保(彦保、彦老、夏彦保、夏彦老、燕保、夏燕老)　**32**.7.25,8.22;**33**.1.6,2.4,2.19,2.29,6.22,7.9,11.3,12.19;**34**.1.2,1.3,1.13,1.14,1.24,2.26,3.11,3.28,4.5,4.19,4.26,5.17,6.2,6.8,6.23,7.5,7.15,8.2,8.6,12.12,12.20,12.29

夏曾佑(夏增佑、夏穗卿、夏粹卿、穗卿、粹卿)　**19**.11.12,11.16,11.19,11.24;**20**.2.9;**23**.6.12,6.14,6.16,6.22,6.26,6.27,7.18,7.28,7.29,8.3,8.4,9.3-9.5,9.22;**24**.8.25,10.16;**27**.1.11,1.12,6.12;**28**.9.11,11.17;**32**.2.28

夏子纯　**24**.10.26

仙竹　**29**.4.1

先君、先君子、先人　见孙诒经

香湘　**33**.4.22

祥士、翔士　见鲍祥士

襄孙　见刘襄孙

向辰、向臣、向兄　见金向辰

向岷　**27**.12.23；**28**.1.1,1.6,1.10；**29**.2.8,2.10,3.5,3.13,3.17；**34**.11.20

向鹏南（鹏南）　**32**.2.26,2.27,3.12

向子和　**33**.5.2

项城　见袁世凯

项幼轩（幼轩）　**32**.3.25,6.21

小桂铃　**20**.1.16

小湖　见万小湖

小圃　**24**.4.4,12.13,12.19；**28**.5.7,6.4,6.6

小秋　**34**.9.30

小田桐勇广　**24**.3'.20

小徐　**28**.9.6,9.12

小沂　见沈小沂

小园　**29**.7.28

晓峰　**27**.1.3

筱舫　见严筱舫

孝桐　见高啸桐

笑秪　见汪笑秪

啸霞　见方啸霞

撷珊（撷兄）　**19**.12.21,12.22；**20**.12.19；**27**.10.5；**28**.10.1,10.2；**29**.3.12,6.16,7.5,7.13,7.20,7.26,8.3,8.8；**32**.1.9,1.10,1.17,1.19,1.28,1.29,2.12-2.14,2.17,2.22,3.1,3.21,3.24,4'.1,4'.7,5.4,5.25,6.28,8.17,10.6；**33**.1.1,1.10,1.15,1.18,1.21,2.1,3.22,4.10,4.22,4.28,5.14,5.27,7.18,7.23,8.3,8.11,9.25,10.4,10.6；**34**.1.2,1.4,4.15,4.16,6.19,7.16,9.18

谢丰镐　**29**.3.14

谢桂香（桂香）　**27**.3.15,8.6,8.25,8.27,12.16

谢兰卿　**27**.8.16,8.20

谢清香　**29**.8.15

谢清云　**27**.9.19

心锄　见恩心锄

心如　**29**.3.6

莘甫　**29**.2.10,11.21,12.19;**32**.10.14;**34**.2.10,3.1,7.21,11.23

新会梁氏　见梁启超

新吾　**19**.11.29,12.4,12.6,12.8,12.12,12.13,12.18-12.20,12.22,12.25,12.27,12.29;**20**.1.2,1.3,1.19,2.19,2.29,3.14,3.28,4.15,4.21,4.29,12.9,12.15,12.26,12.27,12.29;**23**.2.4,2.9,3.7,4.23,5.3,5.9,12.17,12.19;**24**.3'.7,10.17,10.18,10.20,10.27,11.6;**27**.12.23,12.24,12.28;**28**.1.12,1.14,1.15,1.19,2.9,9.18,9.22,10.13,10.25,11.5,12.6;**29**.6.9;**32**.1.1,1.24,2.8,2.10,2.11,2.14,2.19,2.22,2.26,2.28,2.29,3.1,3.11,3.12,3.15,3.20,3.24,4.1,4.9,4.13,4.20,4'.1,4'.11,4'.27,5.11,5.24,5.27,6.8,6.15,6.20,7.4,7.12,7.14,7.25,8.1,8.3,8.8,8.15,8.22,8.26-8.29,9.1,9.2,9.13,9.22,9.25,10.10,10.18,11.3,11.18,11.23,12.4,12.10,12.15,12.17,12.27;**33**.1.1,1.16,1.21,1.22,1.27,2.4,2.19,2.28,2.29,3.9,3.21,3.24,4.16,4.27,5.11,5.15,6.3,6.27,7.9,7.13,7.20,8.18,9.7,9.9,9.10,9.20,9.22,10.3,10.4,10.18,10.26,11.3,11.9,12.5,12.16,12.19;**34**.1.2,1.7,1.8,1.14,1.17,1.22,1.26,2.5,2.10,2.16,2.19,2.29,3.4,3.10,3.19,3.28,4.19,5.5,5.12,5.17,5.22,5.29,6.1,6.3,6.15,

6.23,7.13,7.21,7.23,7.24,7.26,7.29,8.2,8.3,8.6,8.10,8.13,8.16,8.22,8.24,9.5,9.8,9.12,9.16,9.19,10.29,11.3,11.10,11.14,11.21,12.12,12.20,12.25,12.29

鑫培、心培　见谭鑫培

信侨　见蒋信侨

星墀　见许星墀

星曙　**32**.6.20

邢冕之(邢勉之)　**33**.12.11；**34**.1.25,1.30,4.22,5.1

省三　**27**.7.23,7.28,8.1,8.16,8.17,12.17,12.24；**28**,1.1,1.14

杏城　见杨圻

杏儿　**33**.9.24

杏孙　**19**.11.19,12.28-12.30；**20**.1.4-1.6,1.9,1.11-1.13,1.16,1.19,1.23,1.25,1.27,1.29,2.2,2.8-2.12,2.14,2.15,2.27,2.28,3.4,3.15,3.17,3.18,3.20,3.27-3.29,4.8,4.16；**23**.1.5,1.13,1.14,1.19,1.20,2.2-2.4,3.24,7.1,7.2,7.8,7.10,7.11,7.17-7.19,7.23,7.27,7.29,8.1,8.17-8.20,8.26,10.10,10.17,10.24,11.7,12.6,12.10,12.24；**24**.3.11,3.15,3.20,3.23,3.26,3'.9,3'.14,5.6,5.20,5.24,6.2,6.5,6.6,6.19,6.25,7.5,7.14,7.23,8.13,8.21,9.1,9.2,9.21,9.30,10.16,10.20,10.22,10.27,11.7,11.8,11.22,11.27,11.28,12.1,12.5,12.13,12.16-12.18；**27**.9.1,11.9；**29**.3.3；**32**.4.9,5.23

性父　**28**.11.21

荇农(荇侬)　**34**.10.15,10.23

兄　见孙宝琦

修甫　**20**.3.22；**28**.10.3

徐班侯(班侯、班老、徐班老)　**29**.5'28,6.2;**32**.2.5,2.10,3.18,4.14,4.18,5.4,5.5,5.7,5.10,5.12,5.25,6.15,6.17-6.19,6.22,6.26,8.19-8.21,8.23,8.30,9.8,10.22;**33**.1.10,4.29,5.27,7.11,9.1,9.3,9.5,9.27,9.29;**34**.1.22,1.28,2.27,3.21,7.16

徐博泉(徐博兄、博泉)　**19**.11.3,11.19,11.23;**20**.12.1,12.4,12.8,12.21,12.30;**32**.2.10

徐承煜　**27**.1.5

徐德华(德华)　**29**.7.6

徐藩卿(徐蕃卿、藩卿、蕃卿)　**23**.1.3,1.9,1.20,1.20,1.22,2.2,2.8,2.11,2.14,3.1,3.4,3.15,3.19,3.28,4.20,4.25,5.28,6.5,6.6,7.18,9.10,9.15,10.6,10.14,10.17,11.3,11.10,11.19,11.23,11.27,11.30,12.8,12.12,12.26;**24**.1.3,1.11,1.16,1.26,2.5,2.10,2.12,2.16,3.5,3.10,3.19,3.21,3.25,3.30,3'.6,3'.12-3'.14,3'.20,3'.22,3'.24,3'.26,3'.28,3'.29,4.2,4.3,4.7,4.8,4.13,5.1,5.5,5.9,5.16,5.20,5.22,5.30,6.9,6.13,6.28,7.4,7.5,7.7,7.18,7.22,8.12,8.19,8.23,9.4,9.7,10.2,10.19,10.21,11.6,11.13,11.24,11.27,12.11,12.15,12.17,12.25;**27**.2.11,2.12,2.18,3.10,3.14,3.18,3.20,3.24,3.25,3.27,4.3,4.14,4.21,4.22,5.2,5.7,5.11;**28**.2.23,3.2,3.3,4.16,5.2,5.13,6.10,6.17,6.20,6.24,7.1,8.7,8.18,11.25;**29**.3.6,3.7,3.9,3.17,8.27;**33**.12.26

徐郙(徐寿蘅、徐颂阁、徐颂老、颂阁)　**28**.12.17;**29**.4.16;**32**.6.20;**33**.4.27

徐花农(花农)　**23**.7.4,7.17;**28**.1.14,2.17;**29**.8.27,9.9;**32**.2.10,4.23,4.26,6.30,7.16,10.8;**33**.8.1,12.26;**34**.3.21,4.3,4.8,4.9

徐会澧　**20**.2.22

徐季禾（徐季和）　**20**.1.18,**23**.9.29

徐建寅　**33**.3.4

徐朗秋　**33**.3.8,11.10;**34**.2.9

徐孟翔　**28**.3.3

徐慕初（慕初）　**33**.7.2,7.4,7.7,7.9,7.27;**34**.1.18

徐汝霖（汝霖）　**27**.6.4,9.22;**29**.6.13,7.3,7.6,7.7,7.10,7.28,7.29;**32**.3.13,5.24,11.14,12.21;**33**.4.10,4.22,4.24,4.28,5.14,5.21;**34**.2.29,3.25,8.20,10.6,10.7,10.10,11.16,12.29

徐蕊林（蕊林）　**29**.6.10,6.22,6.24,6.25,6.27,7.6,7.8,7.21;**33**.10.6;**34**.3.23,4.21

徐世昌（徐菊帅、徐菊人）　**27**.4.28;**32**.3.13,4'.10;**33**.3.8,3.29;**34**.2.18

徐树铭（徐寿蘅）　**28**.8.25

徐桐　**27**.1.5

徐锡臣　**27**.10.30

徐锡麟（徐锡林）　**33**.5.28;**34**.11.14

徐显民　**27**.12.23;**28**.1.4

徐象先　**33**.6.1

徐筱云　**19**.12.19;**20**.1.19

徐用仪　**19**.12.18

徐章甫　**34**.1.9

徐致靖　**24**.8.17

徐子山　**32**.6.20;**33**.12.3,12.25;**34**.8.6,8.7

徐左泉（左泉）　**29**.7.8,7.12,7.13

许尺衡　**20**.2.9
许季侯　**20**.2.20
许季楼　**33**.11.4
许季芗　**33**.8.3；**34**.2.27，12.22，12.25
许镜芙（镜芙）　**34**.9.27，9.29，10.2，10.6，10.10
许九畹　**32**.6.16
许沐铼　**34**.3.27
许南仲（南仲）　**23**.7.17；**27**.1.28，5.12，5.15
许绳鹤　**34**.9.30
许星墀（星墀）　**23**.4.15，4.17，10.2，10.8；**24**.4.27，5.2，9.3；**27**.2.21，2.24，2.27，4.9，6.1，10.1；**29**.3.4，6.15，6.20，6.25，6.28，7.5，7.12，7.13，7.21，7.23，7.26，8.3，8.5；**32**.3.26，5.12，7.8，11.14；**33**.3.8，3.13，9.8，10.1，10.28，11.24，12.8；**34**.3.20，5.10，7.9，9.5，9.6，9.8，9.12，9.16–9.18，9.20，9.27
许星叔（许恭慎、许星翁、恭慎公）　**19**.12.17；**20**.1.17，1.23，11.30；**28**.2.27
许翼亭　**34**.10.18，10.19
许志笃　**32**.11.6
许稚筠　**29**.5'.20
许竹笉　**24**.9.9
许竺生（竺生）　**20**.2.15；**24**.11.2；**27**.5.15，5.23
许子厚　**28**.2.27
许子元　**20**.12.20
旭庵　见李旭庵
旭庄　见王旭庄

宣统帝　见溥仪
宣仲璜　**24**.2.28
薛次申（次申）　**23**.2.6,2.9,2.11-2.14,4.5,5.23,5.25,9.11,9.12,
　　10.12,11.1,11.14,12.14;**24**.1.9,1.26,1.27,3.12,3.16,3'.6,4.
　　9,5.8,6.6,6.11,6.15,6.25,6.26,7.5,9.3,9.5,9.9-9.11,9.13,
　　11.2,11.3,12.18;**27**.5.15,5.17,5.19,5.23,5.27;**32**.3.11,3.21,
　　3.24
薛鹤筹　**34**.10.25
薛锦帆　**27**.2.5
薛叔耘（薛叔云）　**28**.10.4;**32**.1.16
薛云阶　**19**.12.17;**20**.12.21
学真　**34**.2.10
雪渔　见杨文莹
巽斋　见朱巽斋

Y

延昌　**33**.7.9
延明斋　**32**.11.18
严伯玉（伯玉）　**28**.7.9,7.20,9.2;**32**.6.6;**33**.1.6,3.9,3.16;**34**.3.22,
　　4.10,6.19,8.4
严复（严又陵、严先生、严几道、又陵）　**23**.6.23,7.8,9.3,9.16,12.
　　2,12.4,12.5;**24**.2.7,2.11,11.4;**27**.1.11,3.11,3.15,3.19,3.21-
　　3.23,4.3,4.4,4.10,4.11,4.17,5.2,7.3;**28**.7.9,7.29,8.1,10.
　　19;**29**.9.7
严筱舫（筱舫、严筱老、严筱翁）　**23**.1.3;**24**.7.9,7.17,8.14;**27**.1.

20;**28**.9.17;**29**.6.11,8.14

严子均(子均)　**24**.8.13;**27**.1.14,4.28;**28**.9.7;**29**.8.11;**34**.10.12

研孙　**34**.4.16,7.16

衍圣公　见孔仲光

演甫　**28**.3.9

砚传　**27**.11.9

砚孙　见张砚孙

彦保、彦老、燕保　见夏燕保

彦东　见罗彦东

彦复　见吴保初

彦珪　**24**.9.30

揿东　见罗揿东

雁舟　见吴雁舟

燕生、燕公　见宋恕

杨采南　**27**.10.30

杨崇伊　**27**.6.12

杨绰田　**24**.10.28

杨迪生　**34**.6.6,6.24,7.3,7.15,7.23,7.24,8.29,9.4,9.5,12.17

杨翰臣　**32**.4.21

杨介堂(介堂)　**24**.4.24,4.26

杨进卿　**34**.10.25

杨警卿　**27**.9.14

杨凌霄(凌霄)　**23**.3.16,3.18,4.20,8.1;**24**.10.2;**27**.1.8,1.9,2.24,2.27,4.10,7.9,7.10,7.12,9.7,9.10;**28**.10.30

杨仁山　**23**.5.28;**28**.1.5;**29**.2.18

杨锐　**24**.8.10

杨深秀　**24**.8.10,8.17

杨时百（杨时白、杨时伯、时百、时伯、世伯）　**32**.10.9,11.20,11.23,11.28,12.2,12.11；**33**.2.13-2.15,2.19,2.21,3.28,4.6,6.5,7.9,7.20,9.28；**34**.2.26,5.9,5.11,5.20,6.6,6.11,11.28

杨士骧（杨涟甫、杨莲甫、莲帅）　**28**.2.6,2.8；**34**.7.19,7.20,7.28

杨廷栋　**28**.12.28

杨文莹（杨雪渔、雪渔）　**24**.10.6,10.11,10.12；**27**.2.22；**28**.10.5；**29**.6.28,8.22；**34**.9.30,10.4

杨莘甫　**32**.10.6

杨彝卿（彝卿）　**33**.3.21,4.2,4.24；**34**.2.18,3.1,3.19

杨荫杭　**28**.8.27,12.29

杨圻（杨云史、云史、杨杏城、杨杏公、杏城）　**28**.12.1；**32**.7.17,8.17,8.23,8.27,9.11,10.6,11.5,11.6,12.13；**33**.1.22,6.14,6.24,7.7,7.16,7.25,7.27,7.30,8.5；**34**.2.15,2.17,2.22,3.17,4.22,4.27,5.15,5.16,5.20,6.16,8.24,8.25,9.15,11.7,12.12

杨赞臣　**33**.2.8

杨仲庄（仲庄）　**32**.8.30,11.13,12.26；**33**.2.11,8.2,12.2；**34**.2.15,11.28

杨子萱（子萱）　**27**.4.27,6.25；**28**.10.10

杨宗稷　**33**.6.1

仰坡（养坡）　**33**.3.21,3.29,4.15,4.28,7.28

尧生　见傅尧生

姚复光　**33**.1.9

姚稷塍（姚君、稷塍、稷臣）　**20**.1.6,2.25,2.26,3.4,3.8,3.15,3.18,

4.10,4.16-4.20;**23**.3.1,5.21,7.18;**24**.1.5,3.23,3.24,3.28,5.11,7.8,7.9,7.14,9.2,10.23,10.25,10.29,11.9,11.13,11.16,12.12,12.23;**27**.1.24,1.28,2.2,2.4,2.6,2.7,5.7,8.23,8.27,8.28;**28**.1.11

姚静山（静山） **28**.11.26,11.28,11.30,12.5

姚菊仙 **20**.12.16

姚秋农 **33**.10.25

姚石甫 **32**.1.3

姚熙绩 **34**.11.18

姚一萼（一萼） **34**.2.11,3.1,3.6,3.13,4.13,4.21,4.22,4.27-4.29,5.1,5.8,5.10,5.12,5.14,5.17,5.20,5.26,6.5,6.7,7.15,7.24,7.25,8.16,8.21,8.22,9.2,9.4,9.13

姚挹堂 **28**.4.11

姚翼堂（翼堂） **33**.8.1;**34**.3.21

瑶林馆主 **23**.1.23

瑶圃 见陈瑶圃

瑶琴 见李瑶琴

瑶卿 **33**.2.3

药阶 **32**.10.28

药樵 **32**.4'.13

冶秋、冶老 见张百熙

叶伯皋（伯皋、柏皋） **20**.1.19,3.19,5.2,8.1,8.24;**32**.1.25,2.26,2.27,4.7,4.29,4'.15,5.12,5.13

叶恭绰（叶公绰、叶誉虎、誉虎） **33**.4.6,5.27,7.15;**34**.4.10,5.9

叶浩吾（浩吾） **23**.11.5,11.14,12.2,12.5,12.27;**24**.2.4,4.2,5.30,

8.25,11.4;**27**.1.11,8.3;**28**.9.12;**29**.6.10

叶晋叔　**19**.12.1,12.14;**20**.1.3

叶揆初　**29**.5.12

叶懋如　**20**.11.27,11.30

叶清漪（清漪）　**23**.5.21;**27**.7.16,8.3;**34**.2.1

叶少崖　**34**.10.19

叶梧春　**34**.11.25

叶西平（西平）　**23**.5.21,5.23;**34**.8.28,11.8

叶志超　**27**.1.16

一萼　见姚一萼

一山　见章梫

伊立勋（伊峻斋、伊陵斋、峻斋、陵斋）　**23**.1.18,1.26,2.15,2.19,5.28,9.13,11.4;**24**.2.21,2.28,3.9,3.10,3'.21,6.3,8.20,9.12,10.1,10.25;**27**.2.8,3.25,3.26,6.18,9.10,10.10;**28**.1.27,1.30,3.19;**29**.8.10,8.11;**34**.10.17-10.20

伊藤　**24**.8.12,8.21

依三　**34**.3.1

沂孙　见沈沂孙

诒重、诒仲　见陈诒重

怡云　**27**.8.3,8.14,8.19,8.22,8.26

贻穀　**34**.4.2

贻书　见林贻书

颐斋　见孙颐斋

彝臣　见王彝臣

彝卿　见杨彝卿

乂三 **23**.1.12,1.13

忆莼 **19**.12.25;**20**.1.1;**23**.2.9;**27**.12.17;**28**.5.29,10.25,11.4,12.20;**34**.1.1,1.5,3.11,5.3,5.21

亦韩　见童亦韩

亦元、亦园、亦原　见李亦元

异芝田 **34**.3.5

易顺鼎(易实甫) **28**.12.14

绎如　见陈绎如

绎之　见吴绎之

奕䜣(恭邸) **20**.12.5

奕劻(庆亲王、庆王、庆邸) **33**.3.24,3.25,4.6;**34**.1.1,1.22,2.29

益道人 **33**.3.4,3.5,4.8

益谋　见陈益谋

益斋　见黄益斋

毅仲 **32**.9.29;**33**.2.3

翼谋、翼牟　见陈翼谋

翼卿 **34**.12.15

翼堂　见姚翼堂

翼斋　见余翼斋

翼仲　见陈翼仲

懿臣 **33**.1.17

荫昌 **32**.9.21;**34**.8.28

荫村 **29**.6.16-6.18,6.20,7.15

荫亭、荫庭　见孙荫亭

荫图　见金荫图

殷秋樵　**20**.1.22

殷如珠　**20**.1.22

寅伯　见王寅伯

尹铭绶　**28**.12.17

尹新吾　**28**.4.8,9.21

尹芝田（尹芷田）　**29**.5'.5,6.1,9.25；**32**.2.17,2.27,6.20,6.21；**33**.7.2；**34**.8.11,8.24

饮冰、饮冰主人、饮冰室主人　见梁启超

印臣　**23**.12.4

应季中（季中）　**27**.2.26,8.16,8.20,8.28,9.2,9.5,9.10,10.8,12.15,12.16；**28**.5.14；**29**.7.21；**33**.4.14

应叔寅（叔寅）　**23**.4.17；**28**.5.14,6.28,8.14

应震伯　**23**.4.17；**28**.10.24；**29**.3.6

英年　**20**.2.8；**27**.1.5

英彦之　**29**.12.21

莹谷　见雷莹谷

永春　见刘永春

永绍亨　**32**.5.3,5.10

咏春　见刘咏春

用嘉　**27**.12.28

用勤（用恒）　**29**.10.14,11.6,11.10

友蒙　**20**.5.7

友三　**29**.5'.7,5'.9,6.11

又陵　见严复

又卿　**34**.2.10

又山　**33**.8.21,9.14,10.13,10.18,10.26,11.7,11.12,11.13,11.15;**34**.1.14,1.28,2.1,2.3,2.18,2.20,2.23,8.13

幼谷　**28**.1.9

幼鹤　**33**.1.17

幼衡　见秦幼衡

幼樵　见张佩纶

幼珊　**20**.5.5;**28**.2.15,11.11,12.2;**29**.3.2

幼轩　见项幼轩

幼庄　见樊幼庄

佑三　**24**.2.6,2.8,6.12,7.10,7.13,10.18;**27**.3.5,3.17,4.24,7.14,7.25,9.20;**28**.2.13,2.15,8.30,11.25,12.6;**29**.2.29,3.5,3.23,5.22,5.25,5'.29,6.4,6.5,6.9;**32**.1.4;**33**.5.19,5.21,6.6,6.16,6.22,6.28,6.30,7.3,7.9,7.25,8.4,8.14,10.6,10.29,11.2,11.6,11.30,12.27;**34**.3.24,4.15,4.19,4.20,5.2,5.3,5.9,5.18,5.22,5.25,6.1,6.5,6.21,6.22,6.26,6.28,7.15,7.20,8.15,8.22,8.25,8.29,9.2,9.3,9.5,9.15,9.18,9.20,10.15,10.29,11.23,12.11,12.22,12.23,12.25

于石卿　**27**.7.15

于式枚(于侍郎、于晦若、于晦老、晦若、晦老、余晦若)　**23**.7.25;**28**.2.20,3.14,3.15,3.29,4.8,5.28,11.15;**29**.2.12,5.23,8.29,9.19;**32**.12.13;**33**.1.22,3.24,4.23,4.26,6.2,6.15,6.16,7.5,7.17,7.20,7.24,7.26,8.2,8.4,10.18,11.22,12.1;**34**.5.15,6.18

于修菊　**23**.9.24

于梓生(梓生)　**28**.6.12;**32**.1.5,2.20,4.28,4'.18,4'.23,10.14,11.15;**33**.8.24

余海帆　**32**.4.27

余晦若　见于式枚

余晋珊　**27**.12.23

余三盛　**34**.6.3

余翼斋(翼斋)　**27**.1.26,12.12;**29**.6.12

余玉琴　**27**.5.24

余肇康　**33**.5.8

余子厚　**32**.12.22;**33**.1.5

俞明震(俞恪士、恪士)　**23**.11.23,11.25,11.29,11.30;**24**.8.23

俞樾(俞荫甫)　**33**.3.2,3.7

宇涵　**24**.5.3;**29**.6.27,7.6

宇香　见陈宇香

雨人、雨老　见沈雨人

雨田　见梅雨田

玉苍　见陈璧

玉蟾阁主(玉蟾阁主人)　**28**.1.22,11.3

玉福　**29**.12.21

玉年　见陈玉年

玉树　见聂玉叔

郁堂　见朱郁堂

喻庶三　**23**.11.23

誉虎　见叶恭绰

毓贤　**27**.1.5;**28**.2.3

遹堂　**19**.11.14

袁伯骙(袁伯葵、袁伯揆)　**33**.4.24,8.23,8.24;**34**.1.24

袁大化 **29**.9.18

袁海观 **34**.3.8

袁静生(静生) **34**.3.18,3.21,4.9,5.11,5.22,6.29,7.18,7.21,7.23,9.20

袁觉生 **34**.5.9

袁世凯(项城、袁项城、袁督、袁慰帅、袁慰庭、本初) **24**.8.17;**27**.1.16,4.27;**28**.8.1,9.1;**29**.3.4,3.16,4.17,11.21,12.18;**32**.1.22,2.12,3.25,6.3,7.15,10.23,11.6,11.18,12.21;**33**.5.2-5.4,7.15,7.27,7.30,8.24,10.14,11.20,11.28,12.10,12.19,12.24;**34**.1.1,2.16,2.18,2.19,3.4,3.6,6.5,8.20,9.17,12.11,12.16,12.25

袁文薮(文薮) **27**.2.21,2.25,2.27,10.4

月梅 见金月梅

月琴 **29**.5.27

月笙 见金月笙

月塘 **19**.12.30

岳父 见李瀚章

岳柱臣 **28**.7.21,8.8,9.8;**32**.10.23,12.18;**33**.3.4

悦静涵(静涵、悦镜涵、镜涵) **32**.1.7,2.10,5.2,5.10,9.13,11.15;**33**.1.17,7.23,11.5,11.28,12.4;**34**.1.14,2.20

云圃 **34**.10.9

云卿 见朱云卿

云史 见杨圻

云姝 **33**.7.14

云帅 见岑春煊

云孙、芸孙　见金云孙

云秀　**29**.8.21

云岫主　**24**.4.1

芸阁　**27**.5.17,5.23

允玉　**32**.4'.26

恽宽仲（宽仲）　**32**.5.2,5.10,5.24,11.15

恽孟莘　**29**.3.29

恽薇孙　**33**.5.8

韵芳　**28**.6.21

Z

载沣（醇亲王、醇王、醇邸、摄政王）　**27**.6.5,9.23,9.27;**28**.8.8;**29**.4.26;**33**.3.4,3.25,4.5,5.9,5.11;**34**.10.23,10.29,10.30,11.4,11.13,11.21,11.24,11.25,12.15

载湉（德宗、德宗景皇帝、皇上、天子、光绪帝、今上）　**20**.4.25,11.5,12.26;**27**.1.7,9.25;**28**.1.6,2.2,2.3,8.11,8.21,12.15;**29**.1.1,3.8,5.22,5'.18,9.16,9.19;**32**.3.12,4.28,5.9,6.26;**33**.1.1,2.5,3.28,7.27,10.25;**34**.4.18,4.23,10.23,11.2,11.3,11.10,11.13,11.15,11.19,12.15

载洵　**34**.12.15

载漪（端王）　**28**.1.6

载振（振贝子）　**29**.3.23,11.20;**33**.3.26,4.6;**34**.3.6,8.2

在田　**27**.6.12

赞卿　见朱赞卿

赞尧　见金赞尧

藻甫　见黄藻甫
泽之　**34**.8.28
曾稣　**24**.12.20
曾敬诒　**28**.8.26
曾君和(君和)　**28**.1.6
曾奎　**28**.11.9
曾履初(履初)　**28**.8.26,11.15,11.21,12.14
曾式如　**32**.4.3
曾幼谷　**28**.7.26
增达臣(达臣)　**32**.5.10,10.11,11.15;**33**.8.3
增祺　**27**.3.2
增子固　**34**.6.8
詹黼廷　**20**.3.2
湛卿　见朱湛卿
张百熙(张文达、张冶秋、张冶老、张埜秋、张长沙、张野秋、冶秋、冶老、长沙)　**28**.4.29,5.12,6.8,8.21,11.16;**32**.6.6,6.7,6.12,9.20,9.21,9.23,9.25-9.27,9.29,10.2,10.3,10.5,10.6,10.8-10.11,10.13,10.14,10.21,10.23,10.27-10.30,11.6,11.7,11.9-11.13,11.20,11.25,12.2,12.5,12.6,12.8,12.10,12.11,12.13-12.16,12.18,12.25;**33**.1.4,1.9,1.12,1.16,1.20,2.5,2.12-2.22,2.26,2.28,2.30,3.2,3.17,3.21,3.26,3.28,4.7;**34**.2.17,5.9,6.6,8.17,9.13,9.18
张宝枝　**27**.4.12
张保臣　**32**.12.17
张伯苍(伯苍)　**23**.6.13;**24**.1.22

张伯讷 **29**.5.20;**32**.2.26;**33**.5.2

张澹如 **34**.11.1

张二奎 **34**.6.3

张冠霞(冠霞、三郎) **27**.3.28,4.1,4.5,4.9,6.10,6.12,7.2,7.4,7.16,8.5,8.10,8.12,8.15,8.16,8.25,9.10,9.22,10.14,10.18,10.27,10.29,11.12,11.14,11.19,12.25,12.27,12.28;**28**.1.3,1.4,1.7,1.16,1.20-1.22,1.26,1.27,1.29,4.19,10.12,10.15

张鹤龄(张小圃) **28**.5.1,5.7,5.25,6.4,6.6

张季端 **23**.8.2

张謇 **20**.4.24;**32**.9.6;**33**.6.11

张稼霖(稼霖) **27**.2.25,2.29,3.1,3.3,3.5,3.10,3.11,3.14,4.5-4.9,6.1,6.2;**28**.10.7,10.25,11.9,12.9,12.19,12.20;**29**.1.7,1.10,1.27,3.6,3.8,3.15,3.19,3.20,5.1,5.25,5'.15,5'.28,9.18,11.8,11.10,11.23,12.1,12.4,12.9,12.10,12.19,12.23;**32**.1.15,1.18,1.21,1.22,1.24,1.28,2.11-2.13,2.23,4.20,4.25,4.28,4'.24,5.26,6.21,9.12,9.14,11.25,11.26,12.24;**33**.2.9-2.11,4.9,4.26,4.28,5.9,5.17,5.21,6.9,7.22,7.25,8.3,8.23,8.26,8.28,10.6,10.20,10.26,11.10,11.19,12.5,12.12,12.21;**34**.1.20,4.1,4.7,5.16,5.22,6.4,6.14,7.27,8.8,9.3,9.10,10.29,11.20,12.14-12.16,12.24,12.26-12.28

张经甫(经甫) **24**.10.16,10.22,10.23,11.13,11.27,12.11,12.21;**27**.2.4,2.17,3.5,3.7,3.10,6.26,7.18,9.4,9.10,9.26,10.14,10.23,12.5,12.19;**28**.1.10,1.26,10.18,10.19;**29**.8.12;**34**.10.14

张景川(景川) **32**.4'.16,9.11

张静江 **32**.2.26

张觉生 **23**.6.16

张开高 **33**.12.8

张鸣歧 **33**.11.17

张佩纶(幼樵) **33**.11.28

张晴甫 **34**.10.6

张让三(让三) **27**.1.20,1.27,2.4,2.7,6.14,8.6,9.1,9.28,11.9;**28**.1.23

张人骏 **33**.9.28

张瑞理 **24**.10.10

张少秋(少秋) **28**.4.11,11.6;**32**.1.16,2.29,4.28,4'.17

张劭予(张邵予、张少玉) **32**.3.15,3.24,3.26,9.21,9.23,11.8;**33**.1.1,8.15,10.15,11.4,11.6,11.9,11.28,12.4,12.8;**34**.2.10,2.27,9.5,9.6,9.16

张石樵 **28**.6.19

张受之(张受老、受之) **23**.9.24,10.20,10.21;**27**.2.21

张叔和(叔和) **28**.9.14;**29**.8.16;**33**.2.11,11.5,11.28

张叔明(叔明) **29**.4.16,5.25

张硕夫 **27**.9.14

张惕铭 **34**.10.14

张听帆 **23**.11.15

张蔚庭 **34**.12.3,12.4

张五宝 **28**.11.4

张孝准 **33**.3.21

张肖眉 **29**.2.21

张燮钧　**34**.2.27

张欣甫　**27**.9.9

张砚孙(砚孙)　**29**.5'.5；**32**.2.13,6.9,8.25；**34**.2.13,3.8

张燕谋　**29**.9.5,9.10

张曜(张朗斋、张朗帅、张勤果、勤果)　**19**.11.21,11.23；**23**.4.14；**24**.10.10；**27**.4.8；**28**.10.2；**29**.3.6；**34**.4.20,10.7

张荫桓(张樵野)　**20**.11.30,12.12,12.15,12.18；**24**.8.17

张幼亭　**29**.4.16

张元济(张菊生)　**24**.8.10,9.30,11.4；**27**.4.4；**29**.8.22,8.26；**33**.11.2

张云兰　**28**.10.16

张载初　**32**.12.18

张哲夫　**33**.7.14

张之洞(张香涛、张南皮、张孝达、南皮)　**23**.2.14；**24**.3.14,6.27,9.24；**27**.1.18,6.12；**29**.3.24,5'.3；**32**.12.10；**33**.1.12,2.12,7.27,8.25,10.28,12.14；**34**.1.9,1.23,10.22

张忠　**20**.12.8

张仲仙　**20**.5.10

张仲昭(仲昭)　**33**.10.26,11.28；**34**.2.3,11.18,12.13

张子纯　**28**.2.14

张子林(子林)　**33**.12.21；**34**.3.8,11.12

张子盛　**20**.1.18,2.1

张子颐(子颐)　**19**.11.11,11.23,12.26,12.27,12.29,12.30；**20**.1.5,1.13,2.4,3.2,3.16,3.26,3.27,4.5；**23**.4.1,4.29,5.6,7.4,7.30,8.17,8.22；**24**.6.18,6.19,6.26,7.1,7.2；**27**.12.24；**32**.2.22,

2.25,2.29,3.1,3.13,3.15-3.19,3.24,3.28,4.10,4.16;**33**.5.3;
34.10.1,10.9
张子鱼　**34**.8.10,11.4,11.14
张子虞　**27**.4.5,10.22;**28**.1.6
章炳麟(章绛、章太炎、章枚叔、太炎、枚叔、菿汉)　**23**.2.3,3.2,3.
14,3.15,4.16,4.18,10.10,10.14,11.28-11.30,12.7,12.12,12.
18;**24**.1.27,2.3,2.13,2.22,2.24,3.2,3.14,3'.2,3'.25,3'.26,
3'.28,3'.29,4.2,4.19,4.20,4.29,5.22,5.26,5.28,6.4,6.7,6.
13,6.16,6.18,6.19,6.22,6.24,7.3,7.5,7.6,7.14,7.17,7.18,7.
28,8.8,8.13,8.19,8.28,9.24,9.26,9.29,10.2,12.25;**27**.3.4,3.
6,3.24,3.26,3.28,4.2,4.12,5.4,5.5,5.8,5.20,6.12,6.27,6.
29,7.6,8.2,8.10,9.10,9.14,9.17,10.18;**28**.1.9,1.20,8.6,12.
12;**29**.5'.3,5'.19,6.8,7.5,7.15
章苣生(苣生)　**27**.12.1;**29**.6.10,6.19
章萃生　**27**.11.23
章霖伯(霖伯)　**23**.6.15,6.20,8.28;**28**.2.14,5.24,8.20,11.17;**29**.
2.2,2.8;**33**.4.23,4.28,10.7
章曼仙(曼仙、缦仙)　**32**.10.2,10.9,12.2;**33**.1.1,1.24,8.2;**34**.5.9,
8.27
章梫(章一山、一山)　**32**.3.18,6.9,10.21;**33**.4.6,4.7,5.27,6.10,6.
11,7.29,9.28,10.26;**34**.1.1,1.16,1.19,2.1,5.22,6.13,8.23,9.
2,9.18
章仲和(仲和)　**32**.5.6,5.12;**33**.1.23
赵炳麟(赵侍御)　**33**.1.26,1.28,4.5,4.9,4.27
赵尔巽　**33**.3.21

赵启霖　**33**.3.25

赵绳伯　**34**.1.14，8.23

赵舒翘　**27**.1.5，6.12

赵廷清　**34**.3.29

赵智庵　**32**.11.19

赵仲宣（仲宣）　**24**.11.6，11.9，11.13；**27**.1.11，4.22，4.25，5.7，5.8，5.23，6.20，7.16；**28**.2.8，2.9，2.16，2.25，3.3，3.8，3.30，4.10，6.8，6.21，9.8，11.15，11.21；**29**.1.6，6.1；**32**.9.15

蛰仙　见汤寿潜

振贝子　见载振

振清　**28**.9.19；**33**.6.12

振珊　见葛振珊

震伯　**28**.10.26

震权　见程震权

震珊　见葛振珊

郑宝英　**33**.6.5

郑诚　**33**.7.1

郑鼎臣　**32**.10.18；**33**.11.18；**34**.2.10，4.22

郑瀚生　**29**.6.22

郑仁黼　**20**.4.1

郑思贺　**19**.12.18

郑孝胥（郑苏龛）　**23**.12.28；**33**.3.28

郑幼谷　**29**.5.17

郑子翔　**34**.10.5

芝洞、芝栋　见宋芝洞

芝樵、芝桥 见善芝樵

芝生、芝兄 见刘芝生

芝田 **29**.9.12;**32**.4'.1,7.12,8.3,8.22,8.28,9.2,9.18

止潜 见濮止潜

芷香 **27**.11.28;**28**.1.10,1.27;**32**.2.10,2.16,6.1,6.12,7.14;**33**.4.18,5.2-5.8

徵升廷 **32**.7.5

志钧(志仲鲁) **27**.7.19;**33**.4.21

志任 **33**.9.25

志三 见陈虬

质甫 见董质甫

质斋 见林质斋

稚鹤 **32**.1.16,3.21,10.8

稚夔 见王稚夔

稚冶 **33**.1.9

中巽 见胡仲逊

中一峰 **32**.4'.15

钟鹤笙(钟鹤公、鹤笙) **24**.1.2,3'.3,9.28,10.21,11.11,11.13,12.11,12.25

钟笙叔(笙叔) **28**.8.13,8.25,8.26,9.1,11.12,11.28,12.30;**29**.1.14,2.2,2.8,9.10,11.21,12.11;**32**.1.9,1.16,4.5,4.7,9.28;**33**.3.22,4.3,4.11;**34**.1.23,2.1,2.10,2.15,2.17

钟希洛(希洛) **33**.2.11;**34**.2.10,4.4

钟云舫 **32**.4.22

仲光 见孔仲光

仲和　见章仲和

仲华　见孙仲华

仲骥、仲基　见胡仲骥

仲礼　见沈仲礼

仲沐清　**32**.8.14

仲彭　见李仲彭

仲谦　见白仲谦

仲清　**34**.2.11

仲绍　**29**.6.10

仲恕　见陈仲恕

仲弢　**32**.2.12,2.24,2.25,3.12,3.18,3.22,4.14,4'.15;**34**.1.17,1.22

仲贤　见何仲贤

仲修　**27**.2.22

仲宣　见赵仲宣

仲逊、仲彛、仲巽　见胡仲逊

仲彦　见陈仲彦

仲颐　见庚仲颐

仲寅　**27**.4.25;**29**.6.1

仲英　见高仲英

仲昭　见张仲昭

仲庄　见杨仲庄

周柏俊　**34**.2.5

周采臣　**32**.10.28;**34**.2.2

周涤峰　**20**.12.30

周鼎臣　**32**.3.25,3.27

周福清　**19**.12.26

周桂林　**27**.9.27

周浩　**28**.9.22

周缉之　**33**.12.18

周静安　**34**.2.9

周迼　**28**.8.27

周夔一　**28**.11.3

周麟叔　**33**.11.6

周佩臣（佩臣）　**32**.9.27,10.7

周企堂（周企唐、企堂）　**27**.9.1;**28**.1.14,9.23

周琴孙　**29**.7.6

周少侯（少侯）　**28**.1.5,1.18,1.25

周少亭（少亭）　**29**.6.27,7.4,7.10

周寿臣（寿臣）　**27**.1.14,2.9,2.16,3.5;**28**.2.6

周孝怀　**32**.2.26,2.27

周子衡（子衡）　**28**.9.20;**29**.6.9

朱宝奎（朱长官、朱中丞）　**33**.3.11,3.12,3.15,3.23,3.24,4.23

朱葆元　**24**.3'.3

朱栋臣　**33**.5.10,5.17,5.18,6.11

朱桂卿（桂卿）　**19**.11.20,11.28–11.30,12.5,12.13,12.16,12.25;**20**.3.28;**23**.8.2;**28**.3.30;**29**.3.9,9.6,9.10;**32**.9.8;**34**.2.19,3.1,6.11

朱桂秋（朱桂老）　**28**.8.17;**34**.7.26

朱家宝　**33**.3.8

朱俭卿　**29**.10.25

朱筠青（朱筠老、筠老、筠青）　**27**.10.24；**28**.2.22,2.23,2.25,2.28,3.6,3.19,3.25,3.28,4.4,4.6-4.8,4.10,4.11,4.13,4.16,4.18,4.19,4.27,4.29,5.3,5.7,5.8,5.20,5.23,5.24,9.1,10.21,11.20,11.23；**29**.1.11,1.12,3.15-3.18,6.3,6.4,8.7-8.11,8.13-8.15,8.17,8.18,12.20-12.22；**32**.12.13；**33**.12.8；**34**.10.16-10.20,10.22-10.24

朱路　**34**.11.17

朱敏丈　**24**.4.28

朱淇　**33**.10.19

朱琴甫（琴甫）　**24**.12.1,12.13；**27**.1.24,2.10,2.12,5.20,7.30,8.15,8.20,9.10,10.18,10.21,11.9,12.15；**28**.1.7,1.25,10.10

朱蓉生　**23**.9.23,9.28,9.30,10.3；**24**.4.12

朱石斋　**32**.4'.18

朱修伯　**34**.10.4,10.17

朱巽斋（朱逊斋、巽斋）　**33**.1.1,4.22,10.20；**34**.2.13,4.16,5.15,6.13,7.3,7.16

朱郁堂（郁堂）　**27**.3.24,4.21,4.22,5.7,7.2,7.16,11.27；**28**.2.23,3.2,4.3,4.11,6.10,6.17,6.24,12.1；**29**.5'.3,9.12

朱毓堂　**27**.3.20,4.14

朱云卿（云卿）　**24**.3.9；**27**.9.10,10.9；**28**.3.3

朱赞卿（赞卿）　**32**.2.5,2.20,2.24

朱湛卿（朱湛清、湛卿）　**32**.5.12,9.8,10.16,11.13,12.27

朱子涵（子涵）　**23**.2.18,2.19,3.4,10.20,11.2；**24**.1.22,2.8,6.1,6.2；**27**.4.4,4.5,9.2,9.3；**28**.1.13,1.14,1.20；**29**.4.30,5.1,5.3,5.

24,5.25,5.27,5.28,5'.10,5'.14;**34**.7.14,9.10,9.24,10.15-10.17,10.20,10.21,10.23,11.7

朱祖谋(朱古微、古微) **28**.2.9,4.16,5.1,9.23,9.26

竹楼 **28**.10.13

竺生 见许竺生

柱臣 见李柱臣

篆卿 见谭篆卿

庄幹卿(幹卿) **29**.5.7,5.11,5.28,8.9,9.10,11.5;**32**.5.13;**33**.4.9;**34**.1.2,4.22,12.24

卓厚斋(厚斋) **27**.12.4;**32**.5.24

卓如 见梁启超

子丹 见毛子丹

子蕃 见成子蕃

子丰 见沈子丰

子封 **32**.6.16

子毅 见高子毅

子涵 见朱子涵

子衡 见高子衡、周子衡

子健 **34**.8.28,9.20

子均 见严子均

子林 见张子林

子梅 **28**.10.13

子培 见沈增植

子平 **32**.10.8

子如 见邵子如

子山　**32**.7.14

子韶　见高子韶

子寿　见陈子寿

子修　见吴子修

子萱　见杨子萱

子言　见陈诗

子颐　见张子颐

子异　见左子异

子益　见高子益

子英　见施子英

子瑜　**29**.6.26,7.9,8.4;**32**.2.11-2.13,2.28,3.1,3.26,4.12,4.14,4.15,4.19,4'.13,5.24,6.3,6.7,7.6,8.12,8.24,10.24,12.29;**33**.1.1,1.2,1.10,1.22,3.11,3.16,4.24,5.9,5.10

子展　见王子展

子壮　见方克猷

梓泉(梓潜)　**19**.11.24,12.1;**20**.1.20,2.15,3.22,3.27,4.10,4.11,4.14,4.18,4.22,4.25,5.2,5.3,12.11,12.27,12.30;**23**.7.1;**34**.9.26

梓生　见于梓生

紫泉　见濮止潜

紫云　**29**.5.27

宗仰　**27**.2.5,3.4

邹沅帆　**33**.11.17

缵文　**34**.7.16

左翠玉(翠玉)　**27**.1.18,4.16,7.19;**28**.1.14

左泉　见徐左泉

左泉师　见吴左泉

左子异（子异）　**28**.11.16；**32**.4.13；**33**.1.1；**34**.8.2

佐安　见胡佐安

佐伯　**27**.1.9,1.10,1.22,1.24,1.28,2.2,2.9

书名篇名索引

一、本索引收入《孙宝瑄日记》正文出现的书名与篇名,一般以书名、篇名作为主条目。无法确考者,姑以日记正文所出现者作为主条目。

二、本索引所指的书名、篇名,包括图书、报纸、刊物、诗文联语、书画碑帖、戏曲曲艺作品等。

三、同一著作,日记中有时录书名、有时篇名、有时书名与篇名兼录,为免条目繁多,一般归并到书名主条目下。而少数征引较为繁复、篇名出现较多者除外,如《史记》、《庄子》等。

四、其他称谓,如别称、简称等作为附条目,参见主条目。例如:

《班书》 见《汉书》 别称例

《繁露》 见《春秋繁露》 简称例

五、称谓所对应的阿拉伯数字,为年号纪年之年、月、日。年份加粗,仅在首次出现时标注,后为月、日,各年之间用分号隔开。

六、本索引之各条目均按音序排列。

七、由于资料和个人学识所限,本索引疏误之处在所难免,诚望读者不吝指正。

A

《阿弥陀经》 **27**.12.8
《哀江南赋》 **27**.4.7,6.4；**34**.3.10
《埃及近世史》(《埃及史》) **28**.6.23,7.2
《爱国精神谈》 **29**.9.8
《安庆舟中》 **34**.9.23
《安吴四种》 **23**.2.12

B

《八大人觉经》 **27**.8.28
《八家读本》 **19**.12.22
《八家四六文选》 **32**.12.5
《八识规矩》 **23**.11.7
《八星之一总论》 **23**.4.9
《白蝶》 **34**.8.18
《白虎通》(《白虎通疏证》) **23**.12.9,12.11；**27**.2.7,2.13；**33**.11.7
《白马篇》 **19**.11.7
《白门楼》 **27**.8.16
《白牛溪赋》 **32**.12.10
《白山黑水录》 **29**.11.23,11.24
《白云观怀古》 **34**.3.19
《百法明门论》 **23**.10.27
《百年一觉》 **23**.4.9,4.28,5.16
《班禄篇》 **24**.4.29

《班书》 见《汉书》
《板桥杂记》 **33**.1.6
《半山寺怀古》 **34**.10.29
《包探案》 **33**.1.9
《报任安书》 **19**.11.25
《抱朴子》 **28**.11.29;**29**.5'.16
《抱琴归去图》 **29**.5.1;**33**.3.10
《碑林览古》 **23**.1.6
《北京报》 **33**.10.19,11.29;**34**.4.17
《北京日报》 **34**.1.12
《北清战史》 **27**.3.24
《北山移文》 **19**.11.4,11.5,11.7;**24**.8.4
《北史》(《北史·文苑传》) **19**.11.14-11.16,11.18,11.20-11.26;
　　27.10.29;**28**.5.1;**32**.7.9,11.24,12.24;**33**.11.3
《北魏书》 **24**.1.29
《本际经》 **28**.4.19
《笔麈》 **32**.1.6
《皕宋楼藏书源流考》 **34**.2.19
《边议》 **24**.5.1
《辨奸论》 **27**.12.5
《辨列子》 **20**.1.28
《辨微论》 **24**.11.3
《别裁集》 见《国朝别裁集》
《兵将图说》 **32**.5.19
《病后有感》 **33**.10.17

《病起截句》 **20**.12.11

《波斯理学考》 **24**.1.5

《博物志》 **27**.9.4；**33**.1.22

《博雅》 **29**.1.16

《卜列》 见《潜夫论》

C

《财政史》 **28**.10.22

《财政四纲》 **28**.8.27，8.28

《参同契》(《参同》) **24**.3.8；**27**.1.10，12.19；**28**.2.26

《草茅危言》 **28**.7.17

《册九锡文》 **19**.11.14

《策》 见《战国策》

《策秀才文》 **19**.11.15

《茶瓯泻泉》 **23**.1.7

《禅林宝训》 **19**.11.6，12.16

《昌黎集》 **20**.2.9

《昌平山水记》 **33**.9.18

《昌言》 **29**.5'.16

《昌言报》 **24**.8.13，8.19，8.25，10.16

《晁错论》 **20**.1.6

《朝鲜近世史》(《朝鲜史》) **32**.5.13，5.15

《朝野类要》 **32**.12.11

《臣事论》 **20**.1.7

《陈平周勃论》 **20**.1.9

《陈情表》 **19**.11.16

《成败志》 **29**.5'.19

《成汤令碑》 **33**.10.3

《成惟识论》 **23**.11.9,11.10,11.17

《成宗纪》 见《元史》

《承云》 **24**.5.17

《池北偶谈》 **32**.12.11,12.24

《冲虚经》 **23**.2.16,2.17,2.19,2.20

《虫学论略》 **23**.10.16,10.19

《崇让论》 **29**.1.4

《筹楚边对》 **23**.2.23

《出宁羌马上漫成》 **20**.12.11

《出使九国日记》 **33**.2.1

《出曜经》(《出曜经·无放逸品》) **27**.12.4,12.6,12.7,12.9,12.12,12.14,12.16

《初夏即事》 **34**.4.6

《刍议》 **27**.2.1

《除三害》 **32**.12.22

《除夕口占》 **20**.1.3

《楚辞》(《楚词》) **23**.9.19;**32**.1.5;**33**.1.5,2.20;**34**.5.27

《楚辞集注》 **33**.2.21

《传种改良问答》(《传种改良》) **28**.12.1,12.2

《吹景集》 **32**.3.11

《春明梦馀录》 **34**.3.16,4.5

《春秋》 **23**.3.9,3.25,5.13,8.11,9.4,11.13,11.19,12.5,12.12;**24**.

4.10,5.15,5.17,5.18,5.24;**27**.5.25;**28**.5.5,7.3,11.22;**33**.10.23

《春秋繁露》(《繁露》)　　**24**.5.15;**27**.2.3,2.8,2.10

《春秋公法序》　**23**.11.13

《春秋左传读》　**23**.3.14

《春日即事》　**34**.3.27

《春日斋中即事》　**34**.3.20

《词综》　**34**.4.23

《刺奢篇》　**29**.5'.11

《从军苦》　**32**.7.15

《爨太守碑》　**33**.3.10

《催眠术》　**32**.11.4

《存学篇》　**33**.9.21,9.23

《存治篇》　**33**.9.24,9.25

《撮录》　**32**.8.30

《错中错》　**28**.1.21

D

《答崔立之书》　**32**.8.10

《答东阿王笺》　**19**.11.23

《答客三难》　**20**.1.12

《答刘孟容书》　**20**.1.20

《答韦中道师道书》　**19**.12.26

《答魏太子笺》　**19**.11.24

《答姚伯山书》　**23**.2.14

《答尹相国书》　**20**.1.15

《答赵颂南辨神仙书》 **24**.2.12
《大悲咒》 **27**.9.10
《大车》 **23**.12.1
《大乘起信论》 **23**.1.3,1.4,1.6
《大戴礼》(《大戴礼·保傅篇》) **32**.3.30,4.2
《大都路总管府碑记》 **32**.9.3
《大公报》 **29**.8.23,12.21
《大濩》 **24**.5.16,5.17
《大集经》 **33**.8.14-8.16
《大经》 **28**.3.7
《大钧陶万物》 **32**.3.1;**33**.1.24
《大陆报》 **29**.4.8
《大论》 **28**.3.13,3.16
《大弥陀经》 **27**.9.6
《大清会典》 **24**.1.7,5.16
《大清律例》 **28**.9.19
《大韶》 **24**.5.17
《大食刀歌》 **20**.1.10
《大事记》 **24**.5.29
《大唐新语》 **32**.11.17
《大同报》 **34**.9.5,11.24
《大夏》 **24**.5.16
《大象传》 **24**.6.11
《大学》 **23**.1.9,1.28;**24**.3.2;**27**.2.25,12.14;**32**.5.11;**33**.10.23
《大学衍义补》 **32**.8.7

《大易》、《大易·系辞》 见《易》
《大云山房集》 20.2.14;24.12.23
《大章》 24.5.16,5.17
《代数算法》 23.3.12
《代张方平谏兵事书》 20.1.10
《待访录》、《待访录·原君篇》 见《明夷待访录》
《戴东原集》(《戴集》、《戴集·勾股割圜记》、《戴集·匠人沟洫之法考》) 24.4.14-4.17,4.19,4.20
《戴记》(《戴记·大学》、《戴记·中庸》) 27.10.7,11.30;28.3.4,11.18;29.10.3,10.9;32.6.11;33.1.5
《戴剡源集》 34.12.10
《丹经》 27.12.19;28.1.17,9.16
《丹铅录》 33.1.14
《丹铅续笔》 32.11.16,12.9,12.16,12.17,12.19
《丹铅总录》 33.1.3,1.24
《丹书》 28.2.28
《党人碑》 27.3.9,3.12,6.12,7.2
《导言》 见《天演论》
《道藏全集》 29.4.14
《道藏心珠集》 28.3.10
《道德进化论》 28.12.25
《道德经》 见《老子》
《道州毁象鼻亭神记》 19.12.27
《德安城守记》 33.1.29
《德化篇》 见《潜夫论》

《德宗景皇帝大祭》 **34**.11.19
《灯右观书》 **32**.2.26
《登大象公司五层台感赋》 **34**.2.11
《登江中孤屿》 **19**.11.5
《登楼》 **34**.6.17,6.18
《登楼赋》 **34**.12.13
《地代说》 **29**.10.11
《地官》 见《周礼》
《地理全志》 **27**.3.27
《地球奇妙论》 **23**.12.28
《地球之过去未来》 **28**.12.27
《地学稽古论》 **23**.12.23
《帝国主义》 **29**.2.4
《帝王讳名录》 **33**.2.27
《帝王世纪》 **24**.5.17,5.30
《第八颂》 **23**.11.7
《典》 **24**.5.17
《典故纪闻》 **33**.2.23
《电术奇谈》 **32**.11.3,11.4
《电学须知》 **23**.5.1
《吊比干》 **29**.5.17
《吊比干文》 **33**.9.23
《丁未除夕家宴后寓书柏林感赋》 **34**.1.3
《丁未仲夏邻居使德,相送榆关,高楼瞰海,山雨欲来,感而赋此》 **33**.5.7

《东都》 **32**.3.11

《东方杂志》 **33**.4.27

《东观汉记》 **24**.6.6

《东华录》 **24**.2.11；**27**.6.19,6.22,8.6,8.8,8.27,10.29,11.1,11.20；**32**.5.28

《东皇太一》 见《九歌》

《东欧女豪杰》 **29**.5'.25,5'.26

《东坡志林》 **32**.2.15,3.3,3.7,3.17

《东原年谱》 **24**.4.22

《冬官》 见《周礼》

《冬馀录》 **19**.12.24

《动植物图说》 **23**.6.7

《都下久无雨,枯燥已甚,偶得沾润,胸次快然,因移坐檐下,静看众绿,感赋一首》 **34**.4.11

《独断》 **32**.12.19

《读法华口占偈》 **27**.10.23

《读风偶识》 **33**.11.17

《读楞严经》 **27**.10.23

《读史方舆纪要》(《方舆纪要》) **27**.2.19；**29**.10.1

《读书法》 **28**.12.5

《读项籍传书后》 **19**.11.24

《杜鹃行》 **34**.6.10,6.15

《度人经》 **28**.4.3

《渡河入关》 **23**.9.21

《渡运河诗》 **23**.9.21

《端午日独酌,忆平阳、永嘉二友,俄即奉介老书,所谓人心一动,感斯应之也》 **34**.5.5

《端午日追怀去年事感赋》 **34**.5.4

《对禹问》 **23**.5.2

《夺马订交》 **32**.5.2

E

《俄罗斯大风潮》 **28**.12.20,12.21

《鹅腹蓝宝石案》 **29**.8.24

《噩梦》 **27**.5.25

《儿童花园》 **24**.3'.3

《尔雅》 **23**.11.25;**24**.3.23,4.10,12.28;**27**.6.13;**28**.5.5;**29**.1.16; **32**.2.23,12.6,12.28;**33**.1.4,10.23

《二百年后之吾人》 **28**.12.27

《二林居集》 **28**.3.10

《二勇少年》 **29**.5'.25,6.1

F

《发南陵》 **19**.12.20

《法国司法组织》 **32**.4'.9

《法华》 **27**.7.29,11.29;**28**.1.26

《法界无差别论》 **27**.12.21

《法经》 **24**.3'.25

《法门寺》 **27**.5.23

《法源寺怀古》 **34**.3.11

《法苑珠林》　**32**.12.16；**34**.1.5
《樊川集》　**34**.5.23
《樊侯庙灾记》　**19**.12.30
《樊南文集》　**23**.1.1；**34**.11.26，12.18
《繁华报》　**27**.5.24
《繁露》　见《春秋繁露》
《反离骚》　**34**.3.29
《范蠡》　**34**.6.14，6.15
《范书》　见《后汉书》
《范增论》　**20**.1.7
《范仲淹政事状》　**20**.1.10
《方壶外史》　**24**.3.14
《方君寿序》　**23**.2.22
《方桼如集》　**20**.4.15
《方言》　**29**.1.16；**32**.3.3，3.11
《方舆纪要》　见《读史方舆纪要》
《坊记》　**23**.2.26
《访隐者不遇》　**32**.1.14
《纺棉花》　**27**.4.16
《非儒篇》　**24**.5.15
《焚书》　**33**.12.11
《丰乐亭记》　**19**.12.11
《丰台看芍药》　**32**.4.24
《风》　**33**.11.17；**34**.4.25，5.19
《风后握奇经》　**32**.6.25

《风俗通》　**28**.1.8；**29**.5'.14

《风俗通姓氏篇》　**33**.2.5

《风雅广逸》　**32**.3.27

《风雨》　**34**.7.3

《封建论》　**19**.12.25；**32**.9.16

《封神演义》　**28**.1.10

《凤池稿》　**33**.1.9

《凤洲鉴》　**28**.7.3

《佛报恩经》　**27**.11.17

《夫妇写真图》　**29**.5.3

《鵩鸟赋》　**24**.5.24

《抚绥西藏记》　**23**.9.8

《辅行》　**28**.3.7

《复见心庵冬馀录》　**19**.12.20

《傅子》　**29**.5'.19

《富春楼》　**27**.3.3

G

《陔馀丛考》(《陔馀丛谈》)　**34**.4.5

《改惑篇》　**29**.9.22

《改立宪论》　**28**.4.15

《改制考》　见《孔子改制考》

《改专制为立宪》　**28**.4.2

《盖宽饶论》　**20**.1.9

《感旧赋》　**32**.12.16

《感旧集》 28.11.29
《感旧铭》 34.7.26
《纲目》 见《通鉴纲目》
《高青邱诗集》 33.9.25
《高隐传》 32.2.6
《高祖功臣侯表》 19.12.12
《高祖纪》 33.8.5
《诰》 24.5.17
《阁抄汇编》 33.9.21
《格言联璧》 20.1.6
《格致报》 27.5.5,8.5,10.11,11.17,11.28;28.2.3
《格致汇报》 27.4.28
《格致汇编》(《格致汇编·延年益寿论》) 23.11.16,12.22
《格致镜原》 34.1.5,1.6
《格致杂说》 23.12.24
《各国国民公私权考》 27.10.15
《庚桑楚篇》 23.4.4
《耿庵诗稿》 29.2.10
《公报》 见《万国公报》
《公法》 23.6.4
《公法论》 见《交涉公法论》
《公法论纲》 28.12.28
《公羊传》(《公羊》) 23.11.23,12.5;24.5.16,5.20;32.4'.4;33.1.5
《公羊解诂》 27.2.4
《宫词》 32.4'.1

《共治篇》 **28**.7.17

《姑苏怀古》 **19**.12.14

《菰中随笔》 **32**.11.15

《觚賸》 **32**.9.28;**34**.5.11,5.14,5.21,7.14

《古欢录》 **32**.1.11,1.12,1.14;**33**.7.10,7.18

《古教汇参》 **27**.11.21;**28**.2.12

《古今说海》 **33**.8.23

《古乐府》 **32**.12.17

《古泉丛谈》 **34**.4.5

《古诗选》 **34**.3.26

《古诗源》 **34**.9.9

《古文辞类纂》 **20**.1.28;**34**.11.6,11.7

《古韵标准》 **33**.1.20

《钴鉧潭记》(《钴鉧潭》) **19**.12.28;**34**.11.24

《顾黄公集》 **29**.4.7

《顾曲杂言》 **33**.5.10

《顾亭林遗书》 **33**.9.18

《观佛三昧海经》 **27**.10.25

《观山海图》 **20**.2.8

《观所缘缘论》 **23**.10.29

《官场现形记》(《现形记》) **33**.9.29,9.30,10.1,10.2,10.6

《官制议》 **32**.1.24,2.7,2.14

《管子》(《管子·霸言篇》、《管子·大匡篇》、《管子·戒第篇》、《管子·明法篇》、《管子·中匡》、《管子·山权数》、《七法篇》) **23**.5.15-5.22,5.24-5.26,5.28,5.30,6.1-6.3,6.6,6.

11,6.14,6.18;**27**.5.9;**33**.1.15

《冠导本俱含论》　**27**.7.17

《灌畦暇语》　**32**.1.3,1.4

《光明觉品》　**24**.2.21

《光学》　**23**.3.2

《广陵散》　**32**.2.19

《广韵》　**23**.2.3;**27**.6.13

《广治平略》　**28**.9.19

《归去来辞》　**19**.12.25

《归田琐记》　**28**.11.23,11.24,12.14

《轨政要览》　**33**.11.3

《癸巳存稿》　**20**.1.21

《癸巳类稿》　**28**.12.27;**29**.2.22;**34**.1.14

《癸辛杂识》　**32**.11.27

《贵言篇》　**24**.4.23

《国》、《国策》　见《战国策》

《国朝别裁集》(《别裁集》)　**19**.12.20-12.23,12.25;**20**.12.11

《国粹丛编》　**33**.12.11

《国法泛论》　**27**.3.7,3.13,3.17

《国风》　**32**.4.16,4'.4,5.11,8.20

《国家学》　**27**.5.9,5.11-5.14,5.18

《国史补》　**32**.3.16

《国史大臣列传》　**33**.1.18

《国史略》　**28**.3.18,4.5

《国文浅义》　**32**.4'.21,4'.25

《国闻报》 **23**.9.3；**27**.6.29

《国闻汇编》 **24**.2.4,2.7

《国用门》 **34**.3.19

《国语》(《语》) **23**.2.8,11.21；**27**.1.2；**28**.7.4；**32**.3.11；**34**.5.15,5.16,5.18,5.25,5.27,8.8,12.13

《国语注》 **34**.5.19

H

《还读斋诗》(《还读斋诗集》) **23**.1.5,1.8,1.18

《海底旅行》 **29**.5'.25,5'.29

《海国图志》 **20**.1.13,5.18；**23**.9.7

《海上花列传》 **28**.10.16

《海上诗》 **23**.9.14

《海外奇遇诗》 **27**.1.18

《海沂子》 **32**.5.11

《憨山年谱》 **28**.2.24

《韩非子》(《韩非子·解老篇》、《韩非子·主道篇》《韩非》、《韩非·内储》) **24**.5.15；**32**.3.11；**34**.4.1,4.8-4.10,4.22,6.3,6.14

《韩诗外传》 **27**.2.11,2.13；**29**.5'.23

《寒松堂读杜》 **28**.3.10

《汉官仪》 **32**.3.11

《汉上易传》 **24**.6.11

《汉石例》 **33**.1.8

《汉书》(《汉》、《班书》、《西汉书》、《前汉书》) **20**.2.12；**24**.2.4,4.

2,5.17,11.20;**27**.1.2,2.10,12.6;**28**.6.1,8.6;**29**.2.28;**32**.3.11,4'.23;**33**.1.14,1.20,3.17;**34**.1.22,3.14,3.22,3.23,3.29,4.1,4.2,4.5,4.7,4.9-4.12,4.21,4.23,4.25,5.1,5.3,5.25,8.18

《汉书·卜式传》 **34**.4.12

《汉书·陈馀张耳传》 **19**.11.25

《汉书·地理志》 **29**.2.27

《汉书·丁姬传》 **32**.3.11

《汉书·河间鲁共列传》 **23**.11.25

《汉书·贾谊传》 **24**.12.7

《汉书·律历志》 **23**.3.10

《汉书·南蛮传》 **32**.5.24

《汉书·司马相如传》 **34**.10.19

《汉书·王嘉传》 **29**.1.15

《汉书·王莽传》 **29**.1.13

《汉书·魏相传》 **29**.1.10

《汉书·项籍传》 **19**.11.24

《汉书·刑法志》 **24**.4.2;**29**.12.8

《汉书·薛宣传》 **29**.1.12

《汉书·艺文志》 **19**.11.23;**29**.11.16;**32**.12.5

《汉书·赵充国传》(《赵充国传》) **33**.8.5

《汉书·张汤传》 **24**.5.24

《汉武故事》 **33**.8.6,8.26

《汉武后儒教一统考》 **24**.5.24

《汉宣纪》 **33**.8.5

《汉学师承记》 **23**.1.27

《蒿庵闲话》 **33**.1.21
《好了歌》 **33**.3.18
《何大复集》 **28**.12.26
《和王著作八公山》 **19**.11.10
《和章枚叔见寄》 **24**.3'.2
《鹖冠子》(《鹖冠子·兵政篇》、《鹖冠子·世贤篇》) **23**.5.7,5.9-5.13
《鹤林玉露》 **32**.4.10,4.12
《鹤山笔录》 **32**.1.5
《黑奴吁天录》 **28**.3.8,3.11,3.12
《红豆相思图》 **28**.1.16
《红楼梦》 **28**.1.20
《洪范》 **24**.6.2,7.29;**33**.2.11,3.13
《后汉·刘宠传》 **29**.1.15
《后汉·襄楷传》 **32**.2.14
《后汉书》(《后汉》、《范书》) **24**.5.13;**27**.11.9;**29**.1.14;**32**.2.14,12.19;**34**.3.17,5.14,8.3,11.1,12.21
《后汉书·蔡邕传》 **29**.1.16
《后汉书·党锢传》 **23**.10.26
《后汉书·东夷传》 **27**.8.2
《后汉书·光武纪》 **29**.1.16
《后汉书·贾彪传》 **29**.1.16
《后汉书·廉范传》 **24**.10.9
《后汉书·南蛮传》 **27**.10.22
《后汉书·左雄传》 **29**.1.15

《胡子知言》 **32**.5.27,6.2

《湖壖杂记》 **32**.12.28,12.29

《湖山草堂图》 **19**.12.9

《湖语》 **27**.5.21

《蝴蝶梦》 **28**.4.4

《虎丘夜集图》 **19**.12.19

《护法论》 **23**.1.12

《华严·如来相海品》 **24**.3.1

《华严·十地品》 **24**.2.27

《华严合论》 **27**.7.29

《华严界主义》 **29**.10.20

《华严金师子章》 **27**.5.23

《华严经》(《华严》) **24**.2.18-2.20,2.22,2.25,2.26,2.28,2.29,3.3-3.7,3.17;**27**.7.29,12.16

《华严经·圣谛品》 **24**.2.21

《化学》 **23**.3.10

《画马诗》 **24**.3'.10

《画像记》 **20**.2.8

《画像赞》 **20**.3.11

《画中九友歌》 **20**.1.22

《怀邵二我》 **33**.9.9

《淮南天文训补注》 **33**.2.12

《淮南子》(《淮南》、《淮南·氾论训》) **24**.5.12,5.16,5.17,5.21

《淮阴侯列传》 **32**.7.29

《荒山无人迹》 **33**.1.24

《皇朝经籍志》 **20**.1.17

《皇朝经世文编》 **20**.4.14

《皇朝通考·兵制门》 **34**.3.19

《皇朝掌故汇编》 **29**.1.12;**34**.7.23

《皇朝掌故书》 **34**.8.13

《皇朝直省府厅州县图》 **20**.12.5

《皇皇者华》 **27**.6.8

《皇清经解》 **24**.4.12

《黄帝宅经》 **33**.2.13

《黄鸟》 **32**.5.11

《黄氏日抄》 **33**.2.28

《黄书》 **23**.8.18,8.20,8.21;**27**.5.25

《黄庭》 **28**.4.7

《凰求凤》 **20**.1.23

《挥麈录》 **32**.12.11

《汇报》 **27**.1.17,3.6,7.24

《汇编》 **23**.12.24

《会典》 **24**.5.23

《会释》 **27**.7.29

《慧命经》 **24**.3.14;**27**.12.27

《濩》 **24**.5.17

J

《积古斋钟鼎款识》 **33**.1.7

《积精篇》 **28**.12.27

《嵇中散集》 32.3.11
《畿辅丛书》 32.7.5;33.2.24
《汲黯论》 32.8.28
《集古录》 20.1.18
《集宴同僚十刹海酒楼六月初七日事感赋并赠二我》 34.7.20
《集韵》 33.1.29
《几何原本》 23.3.10,5.3,5.4,5.7
《纪事本末》 见《明史纪事本末》
《纪俗论》 24.5.16
《纪效》 24.5.11
《寄许京兆孟容书》 19.12.25
《寄意》 32.1.10
《寄子》 28.1.7
《加尼亚旅行》 29.10.20
《加税免厘得失》 28.4.15
《迦因小传》 29.6.8
《家诫序》 20.1.12
《家庙碑》 29.2.9
《家训》 32.11.27
《家政学》 29.9.10
《甲申国变感赋》 29.2.10
《甲午宝鉴》 20.12.12
《贾浪仙集》 33.9.27
《简通录》 33.3.2
《荐祢衡表》 19.11.16

《剑门铭》 **19**.12.25

《谏吴王书》 **19**.11.21

《谏逐客书》 **19**.11.20

《交合新论》 **28**.10.30;**29**.1.2

《交涉公法论》(《交涉论》、《公法论》) **23**.5.8,5.11-5.13,5.15,5.17-5.19,5.26,5.27,5.29,6.1,6.2,6.4,7.6-7.12,7.14-7.17,7.19-7.24,7.28,7.30,8.23,9.10,9.14-9.20

《郊特牲》 **33**.11.17

《鹪鹩赋》 **24**.5.24

《脚踏车》 **23**.12.19

《教源论》 **27**.3.22

《节葬篇》 **24**.5.17

《劫后英雄略》 **32**.4.25,4'.2

《结网珊斋文稿》 **20**.2.15

《结一庐文集》 **34**.11.13

《鲒埼亭集》 **27**.5.21;**32**.11.26

《解老》 **34**.5.29

《解深密经》 **27**.5.6

《芥子园画谱》 **33**.8.19

《今古奇观》 **28**.1.24

《今水经表》 **33**.2.16

《金丹大要》 **24**.3.14;**27**.12.21;**28**.6.15;**29**.4.14

《金丹真传》 **24**.3.14;**27**.12.19

《金刚经》(《金刚》) **27**.12.26,12.27;**28**.5.15,10.10,11.26

《金陵怀古》 **34**.9.23

《金石录》 **20**.1.18
《金石文字记》 **33**.9.19,9.20,9.23
《金史》(《金史·兵志》、《金史·食货志》、《金史·刑志》)**24**.1.11,2.12,2.16,3'.3
《金仙证论》 **24**.3.14;**27**.12.27
《金源纪事诗》 **29**.7.12
《进呈元史新编序》 **27**.6.14
《晋书》 **24**.3'.23;**28**.4.22;**32**.12.17,12.29;**33**.7.30
《晋书·刘道规传》 **29**.1.16
《晋书·刘宏传》 **29**.1.4
《晋书·刘实传》 **29**.1.4
《晋书·食货志》 **24**.2.1
《晋书·王述传》 **29**.1.5
《晋书·刑法志》 **24**.3'.25
《晋书·刑志》 **24**.3'.23
《晋书·艺术传》 **32**.2.15
《晋书地理志补正》 **33**.1.15
《晋志》 **24**.2.4
《缙绅》 **23**.11.25
《京报》 **33**.2.26,5.10,5.14
《经国大典》 **32**.5.13,5.19
《经国美谈》 **28**.12.8,12.21
《经籍膏腴》 **19**.11.11
《经济学理》 **29**.12.13
《经世报》 **23**.10.3,11.13

《经世文》 **32**.4'.14

《经世文编》 **20**.4.19;**32**.4.20

《经世文续编·通商新议续议》 **20**.12.7

《经说》 **33**.2.25

《经义考》 **20**.1.20

《荆州记》 **33**.1.10,1.11

《精神之教育》 **29**.2.7,2.12,2.23,2.25,2.27,2.29,3.7

《景教流行中国碑》 **23**.9.25

《净土家言经》 **27**.10.13

《净土十疑》(《净土十疑论》) **27**.9.6,9.10,10.13

《镜镜诊痴》 **20**.1.21,1.23;**33**.1.8,1.9

《九辨》 **19**.11.12

《九成宫》 **29**.2.24

《九峰草堂歌》 **19**.12.19

《九歌》(《东皇太一》) **19**.11.10,11.12

《九江舟中寄怀》 **24**.3.14

《九经》 **24**.7.22

《九经古义述》 **33**.1.17

《九日读书山用陶诗露凄暄风息气清天旷明为韵》 **20**.1.28

《九韶》 **24**.5.16,5.17

《九章》 **19**.11.12;**29**.1.16

《九招》(《招》) **24**.5.17

《久不视邸抄,如居桃源中,半月馀矣,明日又逢立春,感而赋此》 **32**.1.12

《久客夜吟》 **20**.12.11

《旧五代史》(《旧五代史·食货志》) **24**.1.23,3'.14
《旧约》 **23**.2.27,3.13
《救边》 **24**.5.1
《居业堂文集》 **33**.2.26
《居宅卫生论》 **23**.10.20,10.22
《举鼎观画》 **27**.4.16
《俱舍论》 **27**.1.12
《卷施阁诗》 **23**.9.21,9.22,9.25
《绝妙好词》 **34**.3.7
《绝妙好词笺》 **34**.3.19
《爵禄篇》 **24**.4.23
《君权篇》 **28**.7.17

K

《开皇三宝录》 **27**.3.22
《开明原始论》 **28**.12.24
《勘乱录》 **32**.5.19
《康诰》 **24**.5.23
《考古类编》 **29**.1.25
《考古图》 **33**.1.7
《考古质疑》 **32**.12.26,12.28,12.29
《考伪》 **24**.4.23
《空山堂金石考》 **29**.4.7
《空同子》 **32**.4'.26,4'.27,4'.30,5.3
《孔丛子》 **24**.5.23;**29**.6.7,6.17

《孔学君学辨》 **33**.5.11

《孔子改制考》(《改制考》) **24**.5.10,5.12-5.19,5.21,5.24

《蒯通论》 **20**.1.7

《快书》 **32**.12.23

《坤》 **24**.3.5

《困学纪闻》 **24**.5.25,5.27,5.29,5.30,6.5,6.8

《括地象》 **23**.3.27

L

《兰台奏疏》 **33**.3.15

《兰亭》 **20**.2.23

《兰亭跋》 **20**.2.23

《懒真子录》 **32**.12.29

《老学庵笔记》 **28**.8.30

《老子》(《老子·德经》、《道德经》) **23**.3.7;**27**.12.10,12.13,12.15,12.29;**28**.10.10;**29**.5.17;**32**.2.25;**34**.3.20,3.22,3.29

《老子注》 **32**.3.11

《乐》 **23**.11.19

《乐府》 **32**.4'.1

《乐书》 **23**.10.15

《楞伽》 **27**.7.29

《楞严经》 **23**.6.24,12.7;**27**.8.28;**29**.10.8

《离魂病》 **29**.5'.25,6.1

《离骚》(《离骚经》、《骚经》、《骚》) **19**.11.8-11.10;**23**.6.24;**32**.4.12,4.16,5.19;**34**.4.25

《蠡勺亭观海》 **19**.11.13

《礼》(《礼经》) **23**.2.24,2.26,10.15,11.19;**27**.3.16

《礼记》(《礼记·缁衣》、《小戴》、《小戴记》、《小戴礼》) **23**.8.11;**24**.4.10;**27**.2.10;**32**.2.23,3.11,4'.6,5.11;**33**.10.23

《礼运》 **33**.10.23,11.17

《李沧溟集》 **28**.12.26

《李纲论》 **34**.2.22

《李鸿章》 **28**.1.28,9.24;**29**.5'.28

《李文忠公事略》 **33**.8.19

《李文忠事迹》 **29**.6.8

《李邢墓志》 **32**.12.16

《李义山诗集》 **34**.3.15

《理财学》 **27**.5.30,10.16

《理财学纲要》 **29**.7.16

《鲤庭献寿图》 **34**.5.8,5.9,7.12

《历算全书》 **27**.2.19

《立春前夕即事》 **32**.1.11

《立秋日,夜坐对林间月有感》 **34**.7.12

《立志编》 **28**.7.17

《连筠簃丛书》 **20**.1.23;**33**.1.8

《练兵》 **24**.5.11

《良马歌》 **32**.4.9

《凉云》 **34**.8.24

《凉州记》 **33**.2.8

《梁公九谏》 **33**.1.22

《两都赋》 **23**.10.15

《两龚传》 **33**.10.3

《两京赋》 **20**.1.29

《两渊书》 **23**.2.23

《辽史》(《辽史·兵志》、《辽史·地理志》、《辽史·乐志》、《辽史·刑志》) **24**.2.16,3.16,3'.7;**29**.2.22;**33**.5.10

《聊斋》 **27**.11.13

《列朝兵制大略》 **20**.12.6

《列朝法制沿革表》 **34**.1.5

《列朝诗选》 **19**.11.12

《列国岁计政要》 **23**.6.7

《列女传》 **19**.12.22;**23**.12.1

《列仙传序》 **33**.8.6

《列子》(《列子·说符篇》) **23**.2.20;**24**.5.10

《林间录》 **27**.8.28

《临江会》 **32**.9.17

《蔺相如完璧归赵》 **27**.9.18

《灵枢经》(《灵》) **32**.3.11

《零陵郡复乳穴记》 **19**.12.27

《刘静修文集》 **33**.2.24

《刘子》 **32**.7.5

《留声机》 **32**.4'.3

《柳州罗池庙碑》 **20**.1.7

《六朝松歌》 **34**.11.18

《六朝文絜》 **33**.9.18;**34**.3.26

《六臣传》 **19**.12.30
《六经》 **20**.1.12；**23**.11.19；**24**.5.14，5.17，12.20；**28**.12.26；**32**.2.14
《六列》 **24**.5.17
《六韬》 **32**.6.25
《六研斋笔记》(《六研斋》、《六研斋三笔》) **32**.12.24；**33**.6.18，9.18
《六英》 **24**.5.17
《六祖坛经》 **23**.1.9，1.10
《龙城录》 **33**.9.23
《龙舒净土文》 **27**.10.12
《龙韬》 **32**.6.25
《龙威秘书》 **33**.9.24
《泷冈阡表》 **32**.12.19
《庐陵论》 **20**.1.10
《炉山浮霭》 **23**.1.5
《鲁论》 **20**.1.12；**24**.7.11；**27**.4.17；**28**.6.3；**33**.7.8
《陆桴亭集》 **33**.7.4
《潞城考古录》 **33**.2.29
《露漱格兰小传》 **28**.12.2
《轮回说》 **23**.2.25，3.2
《论衡》 **24**.5.17，5.23；**27**.11.21；**29**.5'.13，5'.14；**32**.12.5
《论盛孝章书》 **19**.11.25
《论性》 **24**.4.17
《论学酬答》 **33**.6.19
《论语》(《论》) **24**.4.10；**28**.2.11，4.19，5.5；**29**.11.1，2.26，2.28；

32.4'.23；**33.**1.5，10.23
《论语辨》　**20.**1.28
《论语传》　**27.**2.13
《论语稽求篇》　**29.**2.26
《论语疏》　**29.**2.23，2.30
《论语说》　**23.**2.4
《论语义疏》　**24.**3.2
《论语注疏》　**29.**2.29
《罗马古传》　**23.**12.22
《罗马史》　**28.**12.7
《萝摩亭札记》　**32.**11.16，11.25，11.26
《骆马湖》　**28.**2.15
《落帆楼文稿》　**20.**1.14；**33.**1.11
《落花》　**34.**4.27
《落叶感赋并怀邵二我》　**32.**9.1
《落叶感赋寄怀蒲君》　**34.**8.24
《吕氏春秋》　**24.**5.12，5.17，6.1，7.13，7.18；**32.**4'.4
《吕氏春秋·谨听篇》　**29.**7.15
《吕氏春秋·任数篇》　**29.**7.17
《吕氏春秋·尊师篇》　**29.**7.14
《吕刑》　**33.**12.28
《吕祖全书》　**28.**3.19
《律令直解》　**24.**3.30
《律吕新书》　**27.**7.17
《绿雪亭》　**32.**12.23

M

《马氏文通》(《文通》) **32**.4'.22,4'.23,4'.26,5.1

《买笑记》 **27**.4.17,8.10

《卖柑者说》 **19**.12.18

《卖马》 **27**.9.5

《卖榕花》 **28**.1.16

《满汉通行刑律》 **34**.2.11

《莽苍苍斋诗》 **24**.9.27

《毛诗》(《毛诗·定之方中》、《毛诗·卷耳篇》) **23**.11.25,12.1;**24**.4.10,6.8;**28**.5.5;**32**.11.22;**33**.9.28,10.23

《毛遂论》 **32**.5.9

《茅茨》 **24**.5.17

《茅屋随札》 **32**.12.24

《梅村集》 **19**.12.21,12.23

《美会纪略》 **23**.4.18

《美女篇》 **19**.11.7

《蒙学报》 **23**.11.5,11.14,12.2;**24**.2.4,5.27,7.14

《孟母不欺幼子事》 **32**.5.9

《孟子》(《孟》、《孟子·滕文公章》) **23**.2.10,2.21,3.25;**24**.3.1,4.10,5.17,5.18,5.23,7.29;**27**.2.10;**32**.4'.23,11.25;**33**.10.23

《孟子章指》 **27**.2.9

《孟子字义疏证》 **24**.4.14

《梦列篇》(《梦列》) **24**.5.1

《梦溪笔谈》 **32**.2.26

《梦游上海》 **20**.2.24

《秘房记》 **28**.10.20

《妙玄节要》 **27**.9.6

《民权篇》 **28**.7.17

《民约论》 **27**.1.15,3.17,5.24,10.30;**28**.7.9

《名菜嘉花论》 **23**.10.17

《名实说》 **20**.1.9

《名学》 **28**.8.27,12.29;**29**.1.3

《明代兵食二政录》 **27**.6.14

《明纪》 **19**.11.2-11.5,11.7,11.8,11.10,11.14-11.22,11.24,11.25

《明儒学案》(《明儒学案·师说》) **20**.1.20,2.25,4.16;**24**.1.30;**27**.9.20

《明史》 **19**.11.3,11.4;**29**.1.10;**34**.7.6,7.8,7.11,7.22

《明史·兵志》 **24**.2.8,2.9

《明史·神宗纪》 **20**.12.18

《明史·食货志》 **24**.1.8,1.9

《明史·刑法志》 **24**.3.30

《明史·刑志》 **24**.3'.1

《明史纪事本末》(《纪事本末》) **19**.11.10-11.14;**20**.5.18,11.28,11.30

《明堂针灸图》 **24**.3'.15;**33**.12.28

《明夷待访录》(《待访录》、《待访录·原君篇》) **24**.12.26;**27**.10.7;**28**.7.17;**29**.4.2

《明夷说》 **24**.12.26

《明于其利造于其害》 **28**.4.15

《明治新史》 **24**.6.28,10.20,10.25,10.27,10.28,,11.7,11.8,11.10,11.12-11.14,11.17

《茗柯文编》 **33**.9.25,9.26;**34**.2.22,2.23

《谟》 **24**.5.17

《墨池编》 **29**.4.7

《墨子》 **24**.5.15,5.17,5.18;**29**.11.25

《墨子·非乐》 **27**.3.16

《墨子·公孟篇》 **24**.5.17

《墨子·兼爱篇》 **27**.6.6

《墨子·节葬篇》 **24**.5.17

《墨子·三辨篇》 **24**.5.17

《目莲救母》 **29**.2.24

《暮春歌》 **32**.4.1

《穆天子传》 **33**.9.26

N

《男女交合无上之快乐》 **28**.10.30

《男女交合新论》 **27**.5.18,5.22

《男女造化新论》 **27**.7.13

《南北史合抄》 **27**.2.19

《南楚诗》 **20**.2.7

《南陔》 **24**.6.8

《南海庙碑》 **20**.1.7

《南华》 **27**.1.10;**34**.7.7

《南楼怀古》 **34**.6.28
《南山积翠图》 **29**.3.12
《南史》(《南》) **19**.11.14-11.16,11.18,11.20-11.26;**28**.5.1;**32**.2.6,7.9,12.17,12.29;**33**.11.17
《南竺寺》 **32**.12.24
《难蜀父老》 **19**.11.10,11.11
《内言》 **23**.5.24
《内则》 **32**.4.13;**33**.10.23
《能令公少年行》 **27**.5.25
《拟贾让治河奏》 **32**.9.13
《杌政》 **24**.12.20
《廿一史四谱》 **20**.1.25
《涅槃》 **27**.7.29
《农学》 **28**.11.30
《农学报》 **23**.4.24,4.29
《农学初级》 **28**.11.24
《弄丸子悟真篇图注》 **28**.3.19,3.20
《女权说》 **29**.6.29
《女学歌》 **23**.10.18

O

《欧洲财政史》 **28**.8.27,10.22
《偶然作》 **23**.1.23
《偶忆甲午旧事,怀亡友陈杏孙》 **32**.4.9
《佩觿》 **33**.1.12

P

《朋党论》　**34**.1.15
《琵琶》　**34**.6.15
《辟韩诗》　**23**.9.18
《骈体文钞》　**29**.11.15
《品花》　**28**.1.24
《品花宝鉴》　**28**.1.24
《平等觉经》　**27**.5.5,5.6
《平淮西雅表》　**19**.12.25
《平逆传》　**24**.11.12
《平书》(《平书·建官》)　**32**.7.26,8.7,8.9,8.11
《平准书》　**33**.1.26
《凭轼西行》　**23**.9.21
《破瓮救儿》　**32**.5.2
《菩萨问明品》　**24**.2.21
《普通妊娠法》　**27**.7.13
《曝书亭集》　**20**.1.29,4.19

Q

《七发》　**19**.11.14-11.16,11.20-11.22,11.25
《七法篇》　见《管子》
《七喻》　**32**.12.28
《齐东野语》　**28**.9.18
《齐民四术》(《齐民四术·农政篇》、《齐民四术·银荒刍议》)

23.2.5, 2.7, 2.8, 2.11, 2.15, 2.17, 2.18, 2.22, 2.23, 2.25; **24**.3'.13

《齐谐》　**23**.8.2

《麒麟操》　**33**.1.23, 1.24

《起居注》　**24**.7.24

《起信论》　**23**.1.9

《汽车中忆及周穆王驰八骏日行数千里耳边但闻风响，今日汽车似之》　**32**.1.21

《汽机师华怃传》　**23**.12.28

《前汉·淮南王传》　**33**.1.24

《前汉·食货志》　**33**.8.5

《前汉书》　见《汉书》

《前闻母言，余生时仿佛有僧入室，余因影僧衣小像悬诸斋中，题曰忘山前身也。有诗以证之》　**34**.5.17

《乾》　见《易》

《乾坤大略》　**33**.3.3

《潜夫论》(《潜夫》、《潜夫论·实贡篇》、《卜列》、《志氏姓》)　**24**.4.26, 4.29, 5.1, 5.3

《潜室札记》　**33**.3.4

《潜书》(《潜书·室语篇》)　**24**.12.15, 12.19, 12.22, 12.26; **27**.10.7

《谴交》　**24**.4.23

《墙桑》　**23**.7.15

《樵香小记》　**33**.2.30

《切韵》　**24**.11.29

《秦楚之际月表》　**19**.12.12

《秦风·无衣》 32.5.11
《秦论》 20.1.9
《秦誓》 32.4'.4
《琴赋》 20.1.13
《禽鸟简要篇》 23.12.29;24.1.3
《青箱杂记》 33.1.3,12.12
《清凉山赞佛诗》 23.11.29
《清日战史》 24.11.24
《清谈》 34.6.25
《清仪阁题跋记》 20.1.28
《清议报》 24.12.26;27.1.18,2.13,2.20,2.24,2.29
《请慎重馆选》 20.3.9
《请治盗分别首从奏议》 20.3.9
《邱真人西游记》 34.3.6
《秋风歌》 24.11.16
《秋闺》 34.5.13
《秋槐》 34.8.19
《秋江即事》 34.9.24
《秋柳诗》 19.12.14
《秋日感旧》 34.8.7
《秋日闲居诗》 20.2.7
《秋日游陶然亭》 34.8.16
《秋山红树图》 19.12.15
《秋山旅行图》 33.1.15
《秋声赋》 19.12.12

《秋水园图》 34.10.19
《秋晚南归,舟泊浔阳,日晡东发,感而赋此》 34.9.23
《秋梧一首追怀张长沙尚书》 34.8.17
《秋夕枕中有感》 34.7.17
《秋夜独坐》 32.11.22
《秋雨初晴,天色澄鲜,邮曹无事,偶忆江南》 34.8.13
《龟兹》 见《史记·龟兹列传》
《瞿塘两崖诗》 20.2.7
《曲礼》 32.4.13,12.19;33.10.23
《曲园留别俞樾》 33.3.7
《取成都》 28.10.11
《全唐诗录》 33.11.10
《全体须知》 23.3.3
《全体学》 23.3.2,3.3
《拳匪纪事诗》 28.4.29
《劝进表》 19.11.18
《劝学篇》 24.2.7,4.8,6.27
《阙里文献考》 34.8.1
《群经音辨》 33.1.12
《群书治要》(《群书志要》) 20.1.23;33.1.8
《群学》(《群学·缮性篇》、《群学·述神篇》) 29.9.7,9.11,9.15,9.22,9.23,10.15,10.16
《群学肄言》 29.9.7,9.14,9.15
《群英会》 27.8.7;33.7.28

R

《让平原表》 **19**.11.17

《人口论》 **29**.10.11

《人权大纲》 **32**.4'.10,4'.12

《仁学》(《仁说》) **24**.6.4;**28**.2.11,2.12;**29**.4.4

《日本国史略》 **24**.4.13;**28**.3.13,5.8

《日本剑》 **32**.11.27

《日本交通史》 **33**.3.27

《日本外史》 **23**.1.25;**24**.3'.17

《日本维新儿女英雄奇遇记》 **28**.2.4

《日本维新三十年史》 **33**.3.22

《日本宪法》 **32**.5.28

《日本新地图》 **27**.7.13

《日本新史》 **24**.10.18

《日本游学指南》 **27**.8.4

《日本政党小史》 **28**.7.10

《日本政记》 **24**.3'.15

《日本制度提要》 **28**.2.13

《日日新闻》 **28**.5.22

《日者》 见《史记·日者列传》

《日知录》 **23**.9.4

《容斋随笔》 **32**.11.27;**33**.9.23

《容斋五笔》 **28**.3.10

《如来出现品》 **24**.3.1

《如意图》 **28**.10.13
《儒兵辨》 **23**.11.27
《儒道辨》 **23**.11.27
《儒法辨》 **23**.11.27
《儒林外史》 **33**.10.6
《儒门医学》 **23**.6.28,7.1
《儒侠辨》 **23**.11.27
《汝南遗事》 **33**.3.6
《入法界品》 **24**.3.6

S

《三百篇》 见《诗》
《三辨篇》(《三辨》) **24**.5.17
《三代沿革论》 **23**.9.20;**24**.11.18
《三丰全集》 **24**.3.14
《三辅旧事》 **33**.2.8
《三辅决录》 **33**.2.10
《三国演义》(《三国》) **19**.12.15;**20**.12.12;**23**.2.8
《三国志》(《三国志·魏武纪》、《三国志·诸葛恪传》、《魏志·管宁传》、《蜀志·蒋琬传》、《吴书》) **23**.1.12;**24**.7.12;**29**.1.16,1.17,2.11;**32**.3.11;**33**.1.24,1.25,8.17,11.3;**34**.5.25,6.2,7.24
《三国志注》 **28**.7.19
《三礼》 **24**.4.10;**27**.6.6;**28**.5.5
《三能十二思死说》 **24**.1.5

《三希堂帖》　**23**.1.23

《三湘从事录》　**34**.5.19,5.23

《三长物斋丛书》　**20**.1.18

《三长物斋诗略》　**20**.1.18

《散花图》　**28**.11.3

《丧大记》　**33**.10.23

《丧亲章》　**24**.5.18

《骚》、《骚经》　见《离骚》

《扫叶》　**34**.8.17

《杀狗劝夫》　**27**.4.22

《山东考古录》　**33**.9.20

《山海经》　**32**.4.5

《伤寒总论》　**33**.1.22

《商君书》　**23**.6.16,6.18

《商周铜器说》　**33**.1.7

《上贵粟疏》　**32**.7.10

《上建平王书》　**19**.11.21

《上经》　**33**.2.11

《上梁王书》　**19**.11.20

《上宋神宗万言书》　**23**.4.22

《上朱梅崖书》　**20**.2.13

《尚书》　**23**.4.28,5.1,5.14;**24**.4.10,5.24;**28**.5.5;**33**.10.23

《尚书·康诰》　**33**.1.4

《尚书·殷盘》　**24**.5.17

《尚书故实》　**33**.9.23

《尚书注疏》 20.2.3

《烧饼歌》 28.10.20

《韶》 24.5.18

《召南》 见《诗》

《少年世界报》 23.12.26

《少室山房笔丛》 33.5.10

《少仪》 32.4.13

《社会学》 28.12.12,12.15,12.18

《社会学绪论》 28.12.13

《申端愍集》 33.3.13

《申鉴》 29.1.16

《伸蒙子》 29.5'.11

《呻吟语》 20.1.6;27.10.3,10.6

《神仙鉴》 32.11.26

《神仙史》 28.4.1,4.4,4.14

《神仙通鉴》 28.3.19,3.22

《神州报》 34.11.22

《沈君和甫邀饮烟霞洞,余自龙井绕道就之,遇僧闽人,在此三十年矣,年七十馀,善治蔬馔供客,斋舍幽洁,窥眺江流,缨带峦嶂,余饮既醉几忘归矣》 34.10.12

《生茨》 32.1.3

《生利分利之别论》 28.8.22

《生日自述》 24.1.16

《生日自述诗》 23.1.17

《生植器》 27.7.13

《声调谱》 20.1.2
《昇道精舍南台对月》 32.7.18
《笙赋》 20.1.20
《省心短语》 32.8.18,8.30
《圣教序》 23.1.3
《圣人问答》 29.4.10
《圣武记》(《圣武记·军储篇》) 20.5.18;23.9.7-9.9
《圣哲画像记》 20.1.26
《尸子》 23.9.21,9.22;24.5.18,5.21;33.1.3
《师地论》 27.1.11
《诗》(《诗三百篇》、《诗三百》、《诗经》、《诗·权舆》、《召南》、《周南》、《三百篇》) 23.5.19,8.11,9.28,11.19,11.25,11.27;24.4.10,5.17,5.18,5.24,5.29,6.8,12.6,12.7;27.5.25,6.6;28.2.11,6.4,8.3;29.3.7;32.2.17,4.29,4'.4,5.11,8.7,8.13,10.13,12.28;33.7.8,8.20
《诗品》 29.3.9
《诗谱》 33.8.18
《诗谱序》 27.2.6
《诗纬含神雾》 24.6.8
《十回向品》 24.2.25
《十七帖》 32.12.17
《十三经》 24.4.10;33.1.16
《十三经集字》 23.2.8
《十三州记》 33.2.7
《十洲记》 27.1.16

《石壕吏》 **32**.4.25

《石渠记》 **19**.12.28

《石渠馀记》(《石渠馀记·本朝矿政考》、《石渠馀记·河东盐法篇》) **20**.3.10,11.26,11.28,12.4,12.6,12.14,12.25;**24**.1.7;**34**.5.3,5.13

《石头记》(《石头》) **23**.12.7;**27**.1.7-1.10,6.12,11.2,11.13;**28**.1.22,1.24,10.13,10.19;**29**.5'.5;**33**.8.19

《时报》 见《顺天时报》

《时务报》 **23**.1.13,1.23,1.25,2.3,2.12,2.27,3.12,4.22,4.24,9.11,10.12,10.18,10.19,11.5,11.12;**24**.2.4,3.24,3'.1,5.11,5.16,5.30,6.13,7.5,11.11;**28**.8.1

《时务杂钞序》 **23**.5.10

《识小录》 **23**.8.22

《实边》 **24**.5.1

《食色非性论》 **20**.4.11,4.17

《史记》(《史》、《太史公书》) **20**.2.12;**23**.7.12,11.19;**24**.5.17,6.1;**27**.1.2,9.18;**28**.8.3,8.6;**29**.1.7,1.8;**32**.1.16,4'.23;**33**.2.24,3.17,5.19;**34**.4.5

《史记·樊哙传》 **32**.3.11

《史记·货殖传》 **33**.1.26

《史记·酷吏传》 **33**.2.9

《史记·老庄申韩传》 **23**.2.17

《史记·龟策列传》(《龟策》) **23**.7.18

《史记·日者列传》(《日者》) **23**.7.18;**33**.1.29

《史记·始皇本纪》 **32**.2.14

《史记·舜本纪》 **32**.3.7
《史记·太史公自序》(《太史公自序》) **23**.7.18
《史记·乐书》 **32**.2.17
《史记·乐毅传》 **32**.3.11
《史记经说》 **23**.11.19
《史记菁华录》 **23**.2.8
《史通》 **24**.4.3-4.6
《史学概论》 **29**.10.17
《始得西山宴游记》 **19**.12.28
《世本》 **33**.2.6
《世界品》 **24**.2.20
《世界著名暗杀案》 **32**.3.29
《世说新语》(《世说》) **28**.9.18;**32**.11.3,11.25;**33**.7.30;**34**.1.5,5.18,6.16,6.18,6.21,11.21,12.24
《世说新语补》 **33**.11.2
《式训堂丛书》 **27**.5.16
《室语》 **24**.12.22
《释名》 **32**.3.11
《释文》 **28**.12.23
《兽有百种论》(《兽百种论》) **23**.12.26,12.28
《书城映雪》 **23**.1.3
《书》(《书经》) **20**.2.1-2.3;**23**.4.28,5.19,8.11,9.28,11.19,11.25,11.27;**24**.4.16,5.17,5.18,5.23,5.29,12.6,12.7;**27**.1.16,5.25,12.12;**32**.2.17,2.23,4'.4,4'.30,8.7,8.13,10.5

《书经传说汇纂》 **20**.1.27

《叔嫂有服辨》 **27**.2.19

《述学》 **24**.4.30

《衰制篇》 **24**.5.1

《水旱》 **24**.5.5

《水浒》 **20**.12.12；**27**.11.13

《水经注》 **32**.12.25；**33**.1.24,12.21,12.25；**34**.1.5,1.8,1.13,5.18

《水西亭夜坐》 **23**.1.14

《水注名胜图》 **34**.1.14

《顺天府志》 **29**.3.25

《顺天时报》(《顺天报》、《时报》) **29**.12.25-12.27,12.29；**32**.10.30；**33**.3.13,4.14,4.26,4.28,5.22,11.8,12.23；**34**.2.24,6.2,6.17,7.2,7.17,8.7,8.9,8.11,10.12,11.23

《说铃》 **32**.12.27,12.28

《说文古语考证》 **33**.8.18

《说文解字》(《说文》) **23**.1.24,3.20,3.22,10.12,10.16,11.2；**24**.4.15,6.15,7.29,11.18,12.17,12.28；**27**.1.10,1.19,2.8,6.13,7.28,8.2,8.8,8.18,8.20,9.7；**28**.11.21,12.23；**29**.1.16,12.17；**32**.2.23,11.25,12.16

《说文拟雅序》 **27**.6.13

《说文释例》 **23**.1.28

《说文通训定声》 **29**.2.29

《说文序》 **23**.11.26

《说苑》 **24**.6.1；**29**.5'.13,5'.23,7.13

《朔风吹大野》 **34**.12.2

《司马法》 **33**.2.9

《司马季主论卜》 **19**.12.18

《思旧录》 **34**.4.27

《四辨歌》 **27**.11.9

《四存编》 **33**.9.18,9.19

《四库全书》 **28**.10.4

《四库未收书目》 **19**.11.8

《四六法海》 **20**.1.20

《四门助教厅壁记》 **19**.12.27

《四声切韵表》 **33**.1.20

《四书》 **20**.1.12,1.19;**27**.7.21;**28**.6.4;**29**.11.1;**33**.3.16,10.20

《四益馆丛书》 **24**.7.1

《松窗杂录》 **32**.1.3

《松筠盦怀古》 **34**.3.14

《松箩晓日图》 **29**.3.12

《宋徽宗艮岳记》 **33**.8.26

《宋金元词综》 **34**.3.7

《宋论》 **27**.5.25

《宋史》 **24**.4.2,8.24;**27**.12.6;**28**.12.22;**29**.1.5;**34**.2.4,2.22

《宋史·兵志》 **24**.3.18,3.21,3.22,3.24-3.26

《宋史·刘锜传》 **28**.12.17

《宋史·食货志》 **24**.1.14,1.15,1.17,1.19,1.23

《宋史·太祖纪》 **28**.12.22

《宋史·王旦传》 **29**.1.17

《宋史·刑志》 **24**.3'.5,3'.13

《宋书·礼志》 **33**.9.23

《宋书·刘道产传论》 **32**.10.6

《宋元儒学案》 **27**.9.20

《送薛次申行》 **23**.2.14

《搜神记》 **28**.4.20;**29**.4.3;**33**.9.24,9.26

《苏报》 **23**.3.10;**24**.12.20

《素》 **32**.3.11

《素兰集》 **34**.11.24

《素书》 **29**.5'.10

《隋书》(《隋书·食货志》、《隋书·刑志》) **24**.1.28,1.29,2.1,3'.17,3'.18;**29**.1.6

《隋书经籍志考证》(《隋书经籍志》) **33**.2.19

《隋炀帝海山记》 **33**.8.23

《隋炀帝开河记》 **33**.8.25

《随笔》 **24**.3'.14

《随意一首》 **34**.8.15

《随园诗话》 **23**.1.11

T

《胎内教育》 **28**.12.2,12.3

《台城怀古》 **34**.11.14

《台城怀古》 **34**.11.5

《太公六韬》 **32**.6.25

《太和音谱》 **33**.5.10

《太平洋岛受道记》 **23**.4.15

《太平御览》 **24**.5.17；**32**.11.28；**33**.2.10
《太上十三经》 **24**.3.14
《太史公书》 见《史记》
《太史公自序》 见《史记·太史公自序》
《太虚歌》 **24**.1.6；**27**.11.3
《太祖本纪》 **19**.11.7
《泰》 **24**.5.27
《泰母士报》 **27**.2.5
《泰山纪游诗》 **19**.12.30
《泰西礼俗新编》 **32**.4.13
《泰西学案》 **29**.10.3
《坛经》 **28**.11.26
《谈天》 **23**.3.5，3.6，9.5
《檀弓》 **23**.7.14；**32**.4'.23；**33**.1.3
《叹逝赋》 **32**.12.16
《探地名人传略》 **23**.12.22
《探险志》 **32**.7.3
《汤泉记》 **29**.10.6
《唐两京城坊记》 **33**.1.8
《唐两京城坊考》 **20**.1.15
《唐律诗选》 **34**.3.26
《唐史》 **24**.4.5
《唐书》 **24**.2.4，7.3，7.12；**33**.2.14
《唐书·兵志》 **24**.3.25
《唐书·高崇文传》 **24**.7.12

《唐书·李绛传》 **29**.1.4

《唐书·柳公绰传》 **29**.1.16

《唐书·食货志》 **24**.1.25

《唐书·刑志》 **24**.3'.15

《唐书·选举志》 **24**.7.4

《〈唐书·舆服志〉书后》 **29**.2.22

《唐韵》 **33**.1.12

《桃花源记》 **19**.12.25

《桃源图》 **32**.11.21

《陶然亭感怀诗》 **32**.4.18

《陶然亭话旧》 **23**.9.21

《陶然游记》 **20**.4.15

《淘汰冗员告示》 **33**.7.5

《讨鱼税》 **27**.7.16

《滕文公章》 **24**.5.23

《题名录》 **20**.4.12

《题南阳旅壁》 **19**.12.20

《题驯鸡图诗》 **34**.4.15

《题养闲草堂图》 **23**.5.21

《天籁集》 **23**.10.8

《天禄阁外史》 **33**.6.11

《天宁寺怀古》 **34**.3.8,3.9

《天桥酒楼》 **23**.9.21

《天台山》 **34**.12.26

《天台小止观》 **28**.1.26

《天文图说》 **23**.3.16,3.18;**27**.3.27
《天下江河考》 **27**.11.28
《天仙正理》 **24**.3.14
《天香楼偶得》 **33**.1.4
《天演论》(《天演》、《导言》) **23**.12.4,12.5;**24**.2.11,11.4;**27**.3.
　　19-3.23,12.6;**29**.7.28
《田园杂兴》 **34**.5.20
《条议》 **27**.10.2
《苕溪渔隐》 **33**.9.23
《铁道臆说》(《铁路臆说》) **33**.10.12,10.15
《铁冠图》 **28**.10.20
《铁炉步志》 **33**.1.3
《亭林年谱》 **33**.9.20
《亭林诗集》 **33**.9.18
《庭草》 **32**.1.12
《通典》 **20**.2.20;**27**.10.22;**28**.5.2;**33**.3.7
《通鉴》 **20**.1.22,1.24,1.25,1.29,12.26,12.27;**23**.2.8;**24**.5.17;**27**.
　　1.2;**28**.5.2,5.28;**29**.3.1,3.2,3.13;**34**.5.7
《通鉴纲目》(《纲目》) **20**.1.24;**33**.1.24
《通鉴论》 **27**.5.25,8.12;**29**.2.25,2.28-2.30,4.26
《通鉴评语》 **32**.10.8
《通考》 **20**.2.4;**23**.1.25;**24**.3.29,3'.14,5.24,11.22;**34**.5.25
《通考·帝系门》 **33**.12.21
《通考·钱币门》 **34**.1.5
《通考·刑法门》 **33**.12.28;**34**.1.12

《通考·职役门》 **33**.12.1

《通考序》 **20**.1.28,2.18

《通礼》 **24**.5.23

《通志序》 **20**.2.20

《同前题,并赠出使日本大臣胡馨吾行》 **34**.3.28

《同州圣教序》 **20**.1.18

《桐叶封弟辩》 **19**.12.25

《图书集成》 **28**.10.4;**33**.7.6

《涂山》 **23**.7.15

《土耳其史》 **29**.4.6

《推背图》 **28**.10.20

《蜕庵法言》 **29**.7.1

W

《外》 **28**.7.4

《外传》 **32**.11.28

《外纪》 **28**.7.3,7.4

《外交报》 **33**.11.2,11.5,11.14

《外交通义》 **29**.2.6

《外篇》 **24**.5.17

《外戚世家序》 **19**.12.12

《顽石记》(《顽石》) **33**.3.17-3.20

《挽王可庄》 **19**.12.8

《晚凉庭前坐与友人话旧》 **33**.5.18

《万法精理》 **27**.1.15,3.11,3.16,3.17

《万国公报》(《公报》) 23.3.26,3.27,4.8,5.12,8.2,10.19,10.26;
24.3.27
《万国近政考略·风俗门》 23.4.16
《万国商业志》 29.11.26
《万国史记》 20.12.15;27.3.27
《万国宪法志》 28.8.27
《万国新地图》 27.7.13
《万柳堂怀古》 34.3.9
《万善花室文集》 33.2.25
《万寿山人参果》 28.1.13
《王安石论》 34.2.22
《王兵马使二角鹰》 20.1.10
《王船山遗书》 27.5.25
《王铁篇》 23.5.9
《王彦章画像记》 19.12.30
《王右丞诗集》 33.6.23
《王耘渠春晓读书图诗》 20.1.15
《王制》 23.2.21;24.12.3;33.10.23
《王制管窥》 33.2.29
《王佐断臂》 27.11.19
《忘山庐八咏》 27.9.22,10.23,10.30
《忘山庐日记》(《忘山日记》) 27.12.3
《忘山庐诗草》 32.11.2
《忘山庐诗初集》 34.11.6
《望所迟客》 19.11.9

《危言》 **20**.11.25
《为曹洪与魏文帝书》 **19**.11.25
《为范尚书让吏部封侯表》 **19**.11.18
《为范云求立太宰碑表》 **19**.11.19
《为萧扬州荐士表》 **19**.11.19
《为幽州牧与彭宠书》 **19**.11.25
《唯识论》 **27**.1.11
《唯识论述记》 **27**.1.12,7.17
《惟识三十论》 **23**.10.28
《维摩经》(《维摩》) **27**.7.29;**28**.9.13
《伪经考》、《伪考》 见《新学伪经考》
《卫生论》 **23**.10.23
《卫生学问答》 **28**.2.2,2.3
《味檗斋文集》 **33**.3.14
《魏将军歌》 **20**.1.12
《魏略·西戎传》 **33**.8.6
《魏书》(《魏书·崔浩传》、《魏书·刑志》) **24**.3'.19,6.19;**28**.5.1
《魏志·管宁传》 见《三国志》
《文昌功过格》 **20**.2.21
《文史通义》(《文史通义·妇学》、《文史通议·公言篇》) **20**.1.6,1.13,3.11;**23**.3.1;**27**.6.8
《文说》 **20**.1.12,1.14
《文韬》 **32**.6.25
《文献备考》 **32**.5.19;**33**.1.4

《文献通考》 **24**.2.2,3.26,3.27,3.29,3'.17,3'.21,3'.25,3'.26, 11.19

《文献通考·职官》 **33**.11.24

《文献征存》 **23**.10.16

《文心雕龙》 **24**.4.8,4.9

《文选》(《文选·古诗十九首》、《选》) **20**.1.21,1.29,2.8,2.9,2.13,2.14,2.17;**23**.9.21,9.29;**24**.8.10,8.25,9.16;**28**.12.12;**32**.1.14,8.8,12.21;**33**.9.18,9.20,12.15;**34**.1.13,2.17,4.8,4.11,4.26,9.10,11.6

《文选集腋》 **20**.2.12

《文学说例》 **28**.8.6

《闻乐》 **34**.6.23

《我有良田》 **33**.1.24

《巫列》 **24**.5.1

《无行经》 **28**.2.24

《无量寿佛经》 **20**.1.18

《无能子》 **29**.4.2

《无邪堂答问》 **23**.9.23-9.26,9.30

《无逸经济学·范围论》 **29**.10.18

《吾妻镜》 **28**.10.30

《吴梅村集》 **20**.5.18

《吴书》 见《三国志》

《浯溪》 **34**.11.24

《五百篇》 **23**.4.25

《五代史》 **24**.8.24

《五代史补》 **29**.4.4

《五帝本纪赞》 **19**.12.12

《五经》 **24**.3'.21,5.17,11.29;**27**.7.21;**28**.12.14;**33**.1.17,10.20

《五柳先生传》 **19**.12.25

《武当山志》 **24**.12.25

《武都太守碑》 **33**.10.3

《武林旧事》 **33**.5.10

《武事馀记》 **23**.9.7

《武韬》 **32**.6.25

《武象》 **24**.5.16

《舞鹤赋》 **34**.12.13

《戊申夏间》 **34**.5.20

《物蔽篇》 **29**.9.14

《物竞论》 **27**.5.26,5.28,9.25

《悟真篇》(《悟真》) **24**.3.8,3.15;**27**.1.10,12.18,12.19;**28**.9.16,11.26

《悟真篇图注》 **28**.4.6

《悟真图》 **28**.4.6

X

《夕阳楼》 **20**.2.8

《西藏后记》 **23**.9.8

《西国名菜嘉花论》 **23**.10.16

《西汉书》 见《汉书》

《西湖图志》 **29**.9.18

《西京赋》(《西京》)　**32**.3.11
《西京杂记》　**34**.1.23
《西陵跸程记》　**33**.8.18
《西事类编》　**20**.12.29
《西厢记》(《西厢》)　**27**.11.2;**28**.6.4;**33**.8.14
《西学述略》　**24**.1.4-1.6
《西学探源》(《西学探源·伦理篇》)　**28**.10.24,10.26,10.27,11.22,12.17
《西岩赘语》　**32**.8.30,9.8
《西游记》(《西游》)　**27**.11.13;**28**.1.5,1.8,1.10,1.12,1.13,1.15,1.17,1.20,1.22;**29**.1.11;**33**.1.8
《西域传补注》　**33**.1.15
《西域考古志》　**29**.11.15
《西斋偶得》　**29**.2.29;**32**.3.10,3.11
《希通录》　**24**.5.29
《溪上诗》　**20**.2.7
《熙朝新语》　**19**.12.30
《洗心》　**32**.12.12
《系辞》　见《易》
《霞客游记》　见《徐霞客游记》
《夏官》　见《周礼》
《夏日闲居》　**19**.12.23
《夏晚雷雨后作》　**34**.5.27
《仙佛合综》　**24**.3.14
《仙鉴》　**28**.5.17

《仙经》 **28**.6.15

《仙史》 **28**.3.23,3.24,4.5,4.14,4.18,4.27,5.1,5.3,5.11,5.12,5.14,5.21,6.1,6.11-6.13,6.15,6.22

《先正事略》 **20**.5.18,12.1,12.3,12.11,12.17,12.25;**23**.9.30,10.2,10.8;**33**.10.29

《闲居赋》 **32**.12.16

《闲情赋》 **19**.12.25

《闲情偶寄》 **32**.12.26

《闲游赞》 **32**.1.4

《咸池》 **24**.5.17

《现今世界大势论》 **28**.7.22

《现形记》 见《官场现形记》

《宪法比较论》 **29**.12.17

《宪法精理》 **28**.8.27;**29**.12.13

《乡兵对》 **23**.2.23

《相列》 **24**.5.1

《相宗八要》 **23**.10.24,11.9

《相宗因明论》 **23**.10.25

《湘报》 **29**.4.23

《湘军平逆传》 **24**.10.22

《湘军志》 **24**.10.22;**34**.7.2,7.15

《湘绮楼诗》 **34**.7.10,9.11

《湘学报》 **23**.4.24

《襄楷传》 **32**.2.14

《项籍传》 **19**.11.24

《项王都彭城论》　20.1.6,1.11
《项羽本纪赞》　19.12.12
《逍遥游》　见《庄子·逍遥游》
《消寒九字图》(《消寒图》)　20.12.1,12.17
《消暑随笔》　32.11.16
《萧何追韩信论》　32.8.5
《萧斋诗》　20.1.28
《小仓山房尺牍》　20.1.10
《小戴》、《小戴记》、《小戴礼》　见《礼记》
《小匡篇》(《小匡》)　23.5.22
《小石潭记》　19.12.28
《小说报》　29.6.1,12.30
《小学训义》　32.5.19
《小雨》　34.5.27
《晓雨》　34.3.2
《孝经》　24.4.10,5.18;28.5.5;33.10.23
《孝经纬·钩命诀》　24.5.18
《校上山海经奏》　32.4.5
《啸赋》　20.1.20
《啸亭杂录》　20.12.5,12.25
《谢康乐集》　33.9.23
《心理教育学》　29.9.19
《心灵学》　23.4.12-4.15
《辛酸泪》　29.5.24
《新安驿》　27.10.14

《新大陆游记》 **33**.1.26

《新疆私议》 **20**.1.14

《新柳》 **34**.4.27,4.28

《新论》 **29**.5'.13

《新民丛报》(《新民报》) **28**.2.16,2.20,6.26,7.8,7.20,7.23,7.27,8.6,8.21,8.23,9.20,10.5,12.7;**29**.2.21,4.2,4.4,6.24,6.27,6.29,7.1

《新民说》 **28**.2.20

《新秋即事》 **34**.7.15

《新史学》 **28**.7.8

《新世界学报》 **28**.8.26

《新闻报》 **27**.3.22,10.1

《新屋蚤起》 **24**.10.23

《新小说》(《新小说报》) **29**.5'.25

《新序》 **32**.7.3

《新学报》 **23**.9.10

《新学伪经考》(《伪经考》、《伪考》) **23**.11.19,11.21,11.27,12.1;**24**.5.29

《新约》 **23**.3.9;**28**.10.27,11.22

《新中国未来记》 **29**.5'.25,5'.28

《信陵君列传》 **32**.8.8

《刑法论》 **29**.10.11

《刑经圣制》 **24**.3'.17

《刑书要制》 **24**.3'.17

《兴州江运记》 **19**.12.27

《性理辨》 **33**.9.22
《性善论》 **20**.4.17
《修学篇》 **28**.12.5
《修张良庙教》 **19**.11.15
《徐无鬼篇》 见《庄子·徐无鬼篇》
《徐霞客游记》(《霞客游记》、《游记》) **34**.12.24,12.26
《序略》 **24**.3'.25
《续包探案》 **29**.8.24
《续纲目》 **24**.8.16
《续古文辞类纂》(《续辞类纂》) **20**.1.8,1.16,2.13
《续经世文编》 **27**.1.23
《续录》 **20**.12.5
《续苏明允谏论》 **20**.1.7
《续五礼仪》 **32**.5.19
《续苑》 **32**.1.14,4.5
《宣德皇后令》 **19**.11.14
《选》 见《文选》
《选佛图》 **24**.3.7
《薛浪语集》 **33**.1.28
《薛子道论》 **32**.6.14
《学辨》 **33**.9.19
《学界罪言》 **33**.12.2
《学校管窥》 **34**.11.17
《雪》 **32**.12.16
《血史》 **32**.3.29,4.3

《荀卿论》 **32**.8.17

《荀子》(《荀子·大略篇》、《荀子·礼论》、《荀子·劝学篇》、《荀子·性恶篇》、《荀》) **20**.4.17;**23**.1.26,2.1,2.2,2.4,2.5,2.8,2.10-2.15,3.21;**24**.5.23;**32**.4'.29

《训鸡图》(《驯鸡图》) **28**.3.28;**34**.4.15

Y

《雅》 **33**.11.17;**34**.5.19

《亚东时报》 **24**.5.9,8.2

《延年益寿论》 **23**.12.24,12.25

《言公篇》 **23**.2.28,2.29

《言海》 **27**.2.24

《盐铁论》 **24**.5.4,5.5,5.7,5.8

《颜李弟子记》 **23**.2.5

《颜氏家训》 **33**.9.28

《颜氏学记》 **23**.1.20-1.22,1.24-1.26,1.28,1.29,2.1,2.4

《颜氏学记·四存篇》 **23**.1.23

《剡中九曲》 **27**.5.21

《晏子》 **24**.5.17

《雁影一首赠叔雅》 **34**.11.14

《燕丹子》 **32**.5.26

《燕居篇》 **28**.12.14

《扬子法言》(《扬子法言·修身篇》) **23**.4.23-4.26

《扬子江中感两宫上宾事,制诗恭挽》 **34**.11.13

《杨家牌楼扫墓归山行即事》 **34**.10.8

《炀帝迷楼记》 **33**.8.24

《养生主》 **33**.1.9

《养一斋集古》 **20**.2.13

《养一斋文集》 **20**.2.14

《姚君配中传》 **33**.2.14

《野花》 **34**.5.27

《野客丛书》 **33**.7.30,8.5,9.22-9.24,9.27,9.28,10.3,11.6

《夜谈留客不须睡》 **34**.6.29

《夜与忘山居士花街论道,心心相印,极天上人间之乐,归来得二律》 **28**.4.7

《一饱》 **34**.6.1

《一行传》 **19**.12.30

《一片石》 **33**.8.20

《伊犁日记》 **19**.11.12

《伊尹五就桀解》 **20**.1.9

《仪礼》 **24**.4.10,5.17;**32**.4.13;**33**.10.23

《仪礼古今文义疏》 **33**.2.15

《仪礼小疏》 **27**.2.19

《仪礼注》 **27**.2.9,2.11

《移居诗》 **32**.4.21

《疑义举要》 **23**.2.25

《乙丙杂录》 **34**.12.16

《蚁斗》 **27**.10.28

《议学校贡举札子》 **20**.1.9

《议院驳难》 **28**.4.15

《译书汇编》 **27**.3.8,3.11,3.16

《易》(《易经》、《易·乾》、《易·乾卦》、《易·系辞》、《大易》、《大易·系辞》、《系辞》、《乾》、《周易》、《周易·系辞》、《周易·下传》) **23**.1.12,2.27,4.1,5.17,6.4,8.11,9.4,11.19,11.23,12.4,12.5;**24**.2.29,3.1,3.5,4.10,4.29,5.18,5.25,6.23,7.25,12.27;**27**.2.14,5.25,6.6,8.23,8.27,10.27,10.30,12.8,12.10,12.13,12.29;**28**.1.27,4.9,5.5,5.15,9.9,11.4,11.26;**29**.1.4,2.7,4.15,5'.19,6.19,9.15;**32**.2.23,2.25,4.16,4'.23,6.15,6.21,12.9;**33**.1.5,1.24,2.6,2.11,2.28,3.18,7.12,10.7,10.23

《易例》 **33**.1.18

《易述》 **24**.4.12

《易通释》 **24**.4.12

《易象》 **33**.2.20

《易知录》 **28**.7.3

《绎史》 **27**.2.19

《意大利游记》 **32**.8.27

《臆说》 **33**.10.19

《音学五书》 **34**.4.17

《银矿指南》 **23**.6.7

《饮冰室自由书》(《自由书》) **27**.1.15,1.16;**28**.3.3,7.17,7.18

《饮酒诗》 **20**.12.11

《英藏交涉始末记》 **34**.11.12

《英国工商业发达史》 **29**.6.17

《英雄传》 **28**.12.7

《鹦鹉赋》 **24**.5.24

《萤雪丛说》 **32**.2.27

《楹联丛话》 **27**.10.29

《应诏观北湖田收》 **19**.11.3

《映相术》 **32**.4'.3

《佣书东观》 **23**.9.21

《永嘉禅师语录·答朗禅师书》 **23**.1.13

《永嘉丛书》 **33**.1.27,1.29

《永明禅师语录》 **23**.1.19

《永州新堂记》 **19**.12.23

《咏怀诗》 **32**.12.26

《咏梅》 **34**.11.17

《咏秦汉旧迹》 **23**.9.21

《咏史》 **34**.5.2,9.24

《咏史诗》 **33**.1.4

《咏松》 **34**.3.4

《咏庭前棠树》 **34**.7.7

《咏早梅诗》 **19**.12.22

《咏纸鸢》 **32**.1.11

《幽愤诗》 **32**.12.28

《邮传部新署,为怡王府旧园。王后嗣零落,庚子后府第为銮仪卫有,民政部取其园为公家游地。会邮部开,建署无所,遂向民政部价买之,修筑一新,而廊宇之曲折,林石之幽茂,犹想见当年胜概也。今年春,偶憩坐其间,瞥见垂柳含新绿,抚今追昔,感而赋之》 **34**.2.29

《邮政讲义》 **34**.7.30,8.1,8.3

《游宦纪闻》 **32**.2.23
《游记》 见《徐霞客游记》
《游览日记》 **23**.4.16
《游美洲安达斯山记》 **23**.4.8
《游戏报》 **27**.5.24
《游仙诗》 **19**.11.2
《有待》 **34**.8.18
《有度篇》 **34**.4.9
《有感》 **32**.1.8
《有客》 **20**.1.3
《酉阳杂俎》 **32**.3.10
《于忠肃祠怀古》 **34**.3.16
《余在邮部与长官不相得,困顿无聊,人或劝余何不舍而之他,答之曰:昔柳下惠有言,直道而事人,焉往而不三黜;枉道而事人,何必去父母之邦?今之天下滔滔皆是,吾去将焉之也?感赋一首》 **34**.6.22
《鱼藏剑》 **27**.4.12
《渔洋精华录》 **20**.2.9
《瑜珈师地论》 **27**.1.12
《虞书》 **24**.5.17,5.29,6.6;**27**.7.28
《愚溪诗序》 **19**.12.22
《舆地广记》 **33**.1.22
《与昌黎论史官》 **19**.12.26
《与二我电机谭诗》 **32**.1.14
《与孙司封书》 **20**.1.16

《与吴季重》 **20**.1.22

《与萧翰林俛书》 **19**.12.26

《与张之洞书》 **27**.1.18

《与朱仲我论小学书》 **20**.1.20

《宇宙锋》 **27**.8.19

《宇宙形质论》 **27**.9.30

《雨过》 **32**.5.21

《雨过晚凉,园中赏月,得柏林电书有感》 **34**.5.15

《雨几洗尘》 **23**.1.4

《禹贡》 **32**.1.16

《语》 见《国语》

《语林》 **33**.7.19

《庾子山集》 **20**.3.11;**34**.3.6,3.19,4.23,5.1,5.13,5.18

《玉关怨》 **34**.8.3,8.4

《玉虎坠》 **32**.4.10

《玉露》 **32**.4.16,4.17,4.19,4.20,4.29,4'.1,4'.4

《玉篇》 **23**.2.3;**24**.7.29;**27**.6.13;**32**.2.23;**33**.1.12

《玉馨兰》 **29**.5.24,5'.5

《玉山主人对客问》 **24**.8.4

《玉藻》 **33**.10.23

《郁华集》 **29**.2.29

《郁离子》 **32**.4'.19,4'.26

《狱中上书》 **19**.11.20

《谕摺汇存》 **33**.9.21

《御览》 见《太平御览》

《御选禅门语录》 23.1.12

《御选唐诗》 29.4.4

《御选语录》 23.1.14

《鬻子》 29.3.15

《元朝秘史》 20.1.23;33.1.8

《元旦感赋》 20.1.3

《元旦漫兴》 24.1.1

《元史》(《元史·兵志》、《元史·食货志》、《元史·刑志》、《元史·兵志》、《成宗纪》) 20.12.25;24.1.10,2.10,2.11,3'.2;34.8.22,9.8,9.11

《元史新编》 34.9.18

《元文类》 20.2.18

《元遗山集》(《元遗山全集》) 20.1.28,2.17;34.5.25,5.26

《袁家渴记》 19.12.28

《原臣》(《原臣篇》) 23.7.11;28.7.17

《原道》 23.2.28

《原法》(《原法篇》) 23.7.11;28.7.17

《原富》 27.3.22,3.29,4.3,4.4,4.11,4.14,4.17,4.20,5.1,5.2,5.4;28.7.22,12.11

《原君》(《原君篇》) 23.7.11;28.7.17

《原人婚姻论》 28.12.24

《原善》 24.4.17

《原生》(《原生篇》) 24.2.17

《原性》 24.11.19

《原治》 24.2.17

《圆觉经》 27.12.20
《圆圆曲》 19.12.16
《缘论》 23.11.3
《源流考》 34.2.19
《辕门射戟》 27.8.15
《远谏》 24.12.20
《约章成案汇编》 33.4.4
《月》 32.12.16
《月赋》 19.11.2,11.3;34.7.26
《岳家庄》 27.8.17
《阅江楼记》 19.12.18
《阅史郤视》 32.7.5,7.7,7.19,7.20
《阅微草堂笔记》(《阅微草堂》) 33.8.21,8.22,8.24
《越南游历记》 32.4'.8
《粤东报》 23.11.13
《云门禅师语录》 23.1.17
《云溪友议》 32.2.26
《筠郎随笔》 32.11.14
《韵补》 20.1.13;33.1.8
《韵会》 24.7.29

Z

《杂诗》 19.11.8,11.9
《杂事秘辛》 33.9.24
《杂体诗》 19.11.11,11.12;23.10.19

《葬经》 **33**.2.13
《早雁诗》 **34**.8.19
《则天实录》 **24**.4.5
《泽存堂五种》 **33**.1.12
《曾涤笙家书》 **29**.12.9,12.23
《曾子立事篇》 **32**.3.30
《赠从弟》 **19**.11.3
《赠杳孙行》 **23**.2.2
《赠徐幹》 **19**.11.4
《铡美案》 **27**.6.10
《占察经》 **27**.10.12
《战国策》(《国策》、《国》、《策》) **28**.7.29;**32**.4'.23;**33**.2.20;**34**.7.2,11.6;**34**.6.9,8.8,8.18,8.28,9.11,11.7,11.11,11.17,11.27,12.13
《战宛城》 **29**.5.28
《战血馀腥记》(《战血馀腥》) **34**.9.1,9.2,9.7,11.2
《张释之传》 **29**.1.7
《张素碑》 **33**.10.3
《张子正蒙注》 **27**.5.25
《章句》 **27**.2.10
《章氏遗书》 **23**.2.27-2.30
《漳江送别》 **32**.2.10
《长阿含经》 **27**.7.29
《长春真人西游记》 **20**.1.13,1.23
《长笛赋》 **20**.1.13

《长风歌》 **34**.8.22
《长恨歌》(《长恨》) **27**.9.2;**34**.6.15
《长生》 **24**.2.17
《长生殿》 **20**.1.16
《招》 见《九招》
《招魂》 **19**.11.12;**32**.1.5
《招隐》 **19**.11.12
《招隐诗》 **19**.11.2;**34**.5.2
《赵充国传》 见《汉书·赵充国传》
《赵州禅师语录》 **23**.1.15
《哲学论纲》 **27**.1.18,1.22
《哲学史》 **29**.4.8
《哲学要领》 **29**.8.27,9.4
《哲学原理》 **29**.11.14
《浙江潮》 **29**.2.21,7.8
《浙江日报》 **34**.10.10
《浙学堂开学观礼感赋,仿琴操体》 **32**.4.1
《真惟识量》 **23**.11.6
《枕中书》 **33**.9.24
《震川文集》 **34**.11.6
《征教匪疏》 **23**.1.15
《正书》 **24**.5.30
《证果》 **28**.1.26
《郑固碑》 **33**.10.3
《政党论》 **29**.6.24

《政法论》 28.12.7

《政法学报》 29.10.17

《政法哲学》 27.3.18

《政教进化论》 29.4.6

《政教考》 32.4'.9

《政界时评》 29.6.27

《政务处条议明辨》 27.10.2;28.3.28

《政学文编》 33.5.11

《政艺通报》 33.5.11

《政治官报》 33.9.21

《政治学提纲》(《政治学》) 27.3.4,3.7,9.15,10.15,10.16;28.8.27

《支那地图》 29.2.5

《支那文明史论》(《支那文明论》) 28.3.5

《知新报》 23.2.27,3.21,4.10,9.12;24.4.10

《知言》 32.5.27,6.8

《植物图说》 23.8.24,8.25,8.28,8.29

《止观辅行》(《止观》) 28.2.16,2.26,2.28,3.1,3.3,3.4,3.7,3.11,3.13,3.18,3.19

《至元新格》 24.3'.2

《志林》 32.3.17

《志氏姓》 见《潜夫论》

《制言篇》 32.3.30

《炙輠录》 32.3.18,3.20,3.23,3.26

《治病篇》 28.1.26

《治盗议》　**20**.2.30
《治功天演论》　**23**.12.2
《治国论》　**29**.10.20
《治河奏》　**32**.9.3
《致直隶讷制军书》　**20**.12.7
《置相》　**24**.7.23
《中国度支考》　**23**.12.20,12.21
《中国魂》　**28**.7.12,7.16
《中国四十年大事记》　**28**.1.28,1.30
《中国铁路指南》　**33**.4.25
《中国兴亡一问题》　**29**.6.25
《中国最新度支》　**28**.8.27
《中论》　**24**.4.23；**29**.5'.19
《中秋前四日,与大理院同庭李菊庄、蒋树人、聂玉叔、胡菱孙、秦揆楚、汪茗生六君往游农事试验场,日暮方归,月色甚朗,夜寝不眠,俄闻大雨》　**34**.8.12
《中秋之夕,感孟晋瓜代有期,行将返国,爰仿古乐府体,赋明月三章》　**34**.8.15
《中外报》　**27**.2.6,2.7,2.9,2.11,3.4,3.9,10.19,11.5,11.6,12.3,12.25；**28**.10.30,11.2；**29**.6.10,6.27
《中外日报》　**33**.2.30
《中西度量权衡表》　**32**.2.15
《中西纪事》　**20**.12.15
《中英商约驳议》　**29**.8.26
《中庸》　**20**.1.20；**24**.12.22；**27**.2.7,3.21,12.10,12.13；**28**.1.12,9.9,

10.10;**29**.11.1;**32**.5.11;**33**.10.23

《中庸论略》 **23**.10.9

《重学须知》 **23**.4.27

《周髀》 **29**.1.16

《周髀北极璇玑四游解》 **24**.4.16

《周诰》 **24**.5.17

《周礼》(《周礼·春官》、《周礼·夏官》、《周礼·秋官》、《周礼·大司马》、《夏官》、《冬官》、《地官》、《周官》、《周官·司寇篇》、《周官·小司寇篇》) **23**.1.25,2.21,2.24,3.1,3.7-3.9,3.11,3.13,3.23,3.25,3.27,3.30,4.7,6.13,11.25;**24**.3.23,4.10,5.14,6.9,6.11,6.18,7.29,8.1,8.27,12.3,12.5,12.6;**27**.5.28,7.3,7.14,11.21;**28**.8.3;**32**.2.14,3.11,4'.1;**33**.10.23

《周礼疑义举要》 **23**.2.21

《周礼注疏》(《周礼注疏·地官》、《周礼注疏·考工记》《周礼注疏·秋官》、《周礼注疏·夏官》) **23**.2.21-2.26,2.28-2.30,3.3-3.5,3.7,3.12,3.15-3.22,3.26-3.29,4.2-4.7

《周南》 见《诗》

《周书》 **24**.6.2

《周易》、《周易·系辞》、《周易·下经》 见《易》

《周易集解》 **33**.9.27

《周易学》 **33**.2.14

《朱建论》 **20**.1.9

《朱子集》 **23**.1.11

《朱子语类日钞》 **23**.9.1,9.3

《诸葛庙诗》 **20**.2.7

《诸子攻儒考》 **24**.5.18

《竹叶亭杂记》 **20**.12.15,12.16;**34**.4.13

《祝由科秘书》 **34**.3.7,4.15

《庄子》 **23**.1.4,1.10,3.25,4.4,4.7,4.27,5.4;**32**.4'.26;**33**.1.9;**34**.2.23

《庄子·盗跖篇》 **33**.1.9

《庄子·马蹄篇》 **32**.7.17

《庄子·齐物论》 **29**.5.3

《庄子·秋水篇》 **32**.8.2

《庄子·天下篇》 **24**.5.18

《庄子·逍遥游》(《逍遥游》) **28**.10.11;**33**.1.9

《庄子·徐无鬼篇》(《徐无鬼篇》) **23**.4.4

《庄子注》 **32**.3.11

《追悼亡友孙颐斋》 **32**.4.9

《子夏易传》 **33**.2.9

《紫竹山园图》 **20**.1.13

《自二我家晚归口占》 **33**.7.29

《自姑苏买舟旋杭途中作》 **34**.10.8

《自来水》 **24**.1.3

《自秣陵朝发,行三日始至汉口,中涂江路盘曲,山景奇丽。是时已得两宫上宾之信,怆然有感,援笔赋之》 **34**.11.2

《自强报》 **23**.2.14

《自然》 **32**.12.21

《自述》 **23**.1.16

《自由书》 见《饮冰室自由书》

《自责》(《自责诗》) **32**.12.8,12.12
《自助论》 **27**.1.15;**29**.10.26-10.28,11.11,11.12
《字鉴》 **33**.1.12
《宗镜录》 **27**.11.4
《奏弹刘整》 **19**.11.22
《奏弹王源》 **19**.11.23
《奏记诣蒋公》 **19**.11.24
《奏七夕诗启》 **19**.11.22
《族制进化论》 **28**.12.24
《尊圣篇》 **23**.12.5
《尊闻居士集》 **28**.3.10
《左传》(《左》、《左氏传》、《左氏》) **19**.11.2-11.5,11.7;**23**.2.8,2.21,12.1;**23**.11.21;**24**.5.29;**27**.11.21;**28**.7.4,12.3;**32**.4.16,4'.23,11.18;**33**.1.4,2.12,2.20;**34**.7.2
《左传旧疏考正》 **33**.2.20
《佐治刍言》 **27**.3.27,4.2,8.9,8.13,8.19,8.21,9.5,9.25